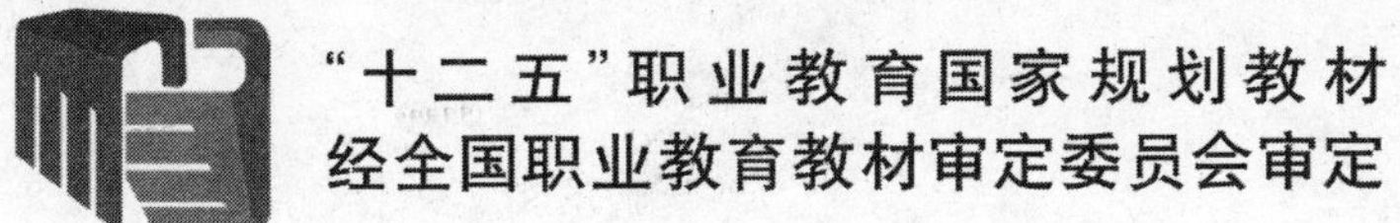

中国交通教育研究会职业教育分会推荐教材
高等职业院校船舶技术类专业教学用书

# 船舶电站调试与交验

（第二版）

【船舶电气工程技术专业】


宋运伟　主　编
洪　茜　副主编
周　涛　主　审


CHUANBO DIANZHAN TIAOSHI YU JIAOYAN


人民交通出版社

## 内 容 提 要

本书为"十二五"职业教育国家规划教材，并为高等职业教育船舶技术类船舶电气工程技术专业中国交通教育研究会职业教育分会船舶技术专业委员会规划教材，按照《船舶电站调试与交验》课程标准的要求编写。

本书从船舶电站的认知入手，以发电机的起压励磁控制和主配电装置及各种保护调试为主线，详细地讲授了船舶电站系统的组成、发电机的原理与调试、配电装置的电气保护原理及系统调试与交验的具体技术要求和试验方法；同时，介绍了船电系统的常见故障检测知识和相应的故障诊断与维修的技巧和方法。

本书是高职院校船电技术及相关专业的全日制教材，中职学校的同类专业也可选用。同时，本书还可作为船厂及社会各行业从事船电设计和专业维护工作人员的培训教材和自学参考书使用。

本书配套多媒体教学课件，挂在人民交通出版社股份有限公司水运图书网(www.chinasybook.com)上供下载之用。

**图书在版编目(CIP)数据**

船舶电站调试与交验 / 宋运伟主编. —2版. —北京：人民交通出版社，2014.4

ISBN 978-7-114-11267-6

Ⅰ.①船… Ⅱ.①宋… Ⅲ.①船用电站—高等学校—教材 Ⅳ.①U665.12

中国版本图书馆CIP数据核字(2014)第048915号

"十二五"职业教育国家规划教材

**书　　名**：船舶电站调试与交验(第二版)
**著 作 者**：宋运伟
**责任编辑**：张　淼
**出版发行**：人民交通出版社
**地　　址**：(100011)北京市朝阳区安定门外外馆斜街3号
**网　　址**：http://www.chinasybook.com
**销售电话**：64981400，59757915
**总 经 销**：北京交实文化发展有限公司
**印　　刷**：北京鑫正大印刷有限公司
**开　　本**：787×1092　1/16
**印　　张**：15
**字　　数**：344千
**版　　次**：2006年8月　第1版　　2014年10月　第2版
**印　　次**：2017年8月　第2版　第2次印刷
**书　　号**：ISBN 978-7-114-11267-6
**印　　数**：2001－4000册
**定　　价**：40.00元

(有印刷、装订质量问题的图书由本社负责调换)

# 高等职业院校“十二五”船舶规划教材

## 编审委员会名单


**主 任 委 员:** 杨　震

**副主任委员:** 陆春其　丛培亭　陈晓琴

**委　　　员:**（按姓氏笔画排序）

马希才　马瑶珠　方晓勤　曲鲁滨　向　阳

刘明伟　刘桂香　刘继辉　许宝森　阮秉瑞

吴邦文　张心宇　张依莉　陈　彬　苗永臣

周　涛　周启学　赵晓玲　胡强生　倪依纯

徐曼平　徐得志　高新春　唐永刚　黄兴娜

彭　辉　蒋　璐　鲁凤莲　谢　荣　蔡厚平

# 前言

为规范高等职业教育船舶技术类专业的教学，积极推进课程改革与教材建设，提高教学质量，更好地满足我国船舶工业快速发展的需要，中国交通教育研究会职业教育分会船舶技术专业委员会组织全国开办有船舶技术类专业的职业院校及其骨干教师，编写了“十二五”高职船舶规划教材，其中，部分教材还入选了“十二五”职业教育国家规划教材。

这些教材分别适用于船舶工程技术专业、船舶动力工程技术专业和船舶电气工程技术专业，以及船舶检验、船舶舾装、焊接技术及自动化、游艇设计与制造等船舶技术类专业。

“十二五”高职船舶规划教材大部分是在“十一五”高职船舶规划教材的基础上修订而成。本规划教材注重以就业为导向，以职业能力培养为核心，面向行业企业，充分体现职业教育的特色，满足高素质实用型、技能型船舶技术类专业高等职业人才培养的需要。

本规划教材主要是针对高等职业教育编写的，其他形式的职业教育、职工培训、专业考证训练以及相关技术人员也可参考使用。

《船舶电站调试与交验》为“十二五”职业教育国家规划教材，按照《船舶电站调试与交验》课程标准的要求而编写。船舶电站调试与交验是船舶电气技术专业的一门专业核心课，课程的宗旨是为船舶行业培养具有船电技术与电气控制基本知识和实际操作技能的工艺技术人员和施工人员。在教材的编写过程中，编者深入生产一线，了解并结合我国现行船舶工业和技术的新发展及社会对这一专业知识的基本需求，本着实用性、实时性、易读性、够用适度的原则，对所搜集的素材进行了精心的提炼和加工，并以基本电站构成、基本控制环节、常用保护及调试与交验为主线来组织本教材中的各知识模块。同时，兼收并蓄了兄弟院校的成功经验，既注重行业特色，又适应市场需求，既考虑到通用性又考虑了一定的专门化。

本教材以项目为引导，通过具体的工作任务实施，完成具体的项目学习目标。全书共包含七个项目，合计 23 个工作任务。基本涵盖了船舶电站的主发电机、主配电装置及各种主保护控制的基本工作技能和调试技巧，并介绍了在船舶电站调试与交验的实际工作过程中的电气参数的设置及具体的调试与交验工作程序，及常用船舶电站的故障排除方法等全部内容。在教材编写过程中，针对船舶电气行业技术的不断发展，在应用实例选取上进行了多方案的反复比较和讨论，力求反映时代特点，并具有一定的代表性。本教材是在严格执行国际电工委员会和相关国家标准或规范的前提下组织编写的。

“工学结合、校企合作”是职业教育健康发展的基础。本教材在编审过程中，邀请了企业专家参与编审工作。

本教材由渤海船舶职业学院宋运伟担任主编，负责全书的编写、组织和统稿，渤海船舶职业学院洪茜担任副主编。具体编写分工：渤海船舶职业学院宋运伟、渤船重工有限责任公司周铁梅编写项目一、二、三；渤海船舶职业学院范大鸣、渤船重工有限责任公司贺业隆编写项目四、五；渤海船舶职业学院洪茜、渤船重工有限责任公司王绍刚编写项目六、七。全书由江苏海事职业技术学院周涛担任主审。

在本教材的编写过程中，渤船重工有限责任公司船研所及电装分厂多名同志提供了许多符合现行工厂实际的最新素材，哈尔滨工程大学的费红姿博士、吉林大学的王德军博士、武汉船舶职业技术学院及大连海事大学的相关同志也提出了指导性的意见，为本教材的编写提高给予了有力的保障。在此一并表示诚挚的感谢。

限于编者经历和水平，书中难免有疏漏与不足之处，恳请读者批评指正，以便修订时完善。

**中国交通教育研究会职业教育分会船舶技术专业委员会**

**2017 年 8 月**

目录
MULU

# 项目一　船舶电力系统的认知

进入21世纪以来,随着我国造船工业的迅速发展,我国已经成为世界第一大造船国。船舶作为重要的交通工具,具有无法替代的重要作用。而船舶电站作为现代船舶的重要组成部分,其技术水平的不断进步与发展也标志着现代船舶技术的发展,它反映了一个国家的战略地位和综合实力。随着世界造船市场竞争的日益加剧,船舶电气在船舶建造过程中的地位日益提高,甚至在国际市场竞争上起着举足轻重的作用;同时也已成为增强企业活力、参加国际经济大循环、与世界经济接轨的重要因素。作为从事船舶电气技术的专业技术人员,学习和掌握船舶电力系统的构成及功能,对于全面掌握船舶电气技术的专业知识,具有极其重要的作用。通过本项目的学习,相信大家会对这些知识有一个初步的理解和认识。

● **知识目标**

1. 能简单叙述船舶电力系统的组成及特点;
2. 能正确理解和掌握船舶电力系统的主要特点;
3. 能正确地描述船舶配电装置的分类及各装置的工作原理;
4. 能简单叙述船舶用电设备的主要分类及工作特点。

● **技能目标**

1. 会进行船舶电力系统的简单分析;
2. 会进行船舶主电站的系统初步设计和容量选择;
3. 会进行船舶配电装置的简单设计及检修维护。

## 任务一　船舶电站的基本认知

◎ **任务描述**

通过对船舶电站的基本构成、特点及电气参数的介绍,将各种电站的构成单元及分类、工作特点及系统组成呈现给大家。使同学们能够结合船舶电站系统的实际,了解并掌握船舶电站系统的基本知识。

◎ **知识链接**

### 一、船舶电站的基本单元

船舶电站,是指由一个或几个在统一监控之下运行的船舶电源及与之相连接的船舶电网所组成的、用以向负载供电的整体。换句话说,船舶电力系统是由电源装置、电力网和负载按照一定方式连接的整体。船舶电力系统是船上电能生产、传输、分配和消耗等全部装置和网络

的总称。

1. 船舶电源装置

电源装置是将其他形式的能量(如:机械能、化学能、核能)转换成电能的装置。目前船上常用的电源主要是发电机组和蓄电池。由于柴油机的热效率比较高、启动快、机动性好,所以在民用船舶上发电机的原动机多为柴油机。如图1-1-1所示。

2. 船舶配电装置

船舶配电装置主要是指用于控制、保护、监测和分配船舶电源产生的电力,并对船舶正常航行或应急状况下使用的电力和照明负载进行配电、保护及控制的组合装置。配电装置常包括各种配电开关、转换及控制保护电器、互感器、测量仪表、连接母线及各种自动化装置等。根据供电范围及对象的不同,其可划分为主配电板、应急配电板、区域配电板、分配电板、充放电板和岸电箱等。如图1-1-2所示为船舶主配电板。

图1-1-1　船用柴油发电机组示意图

图1-1-2　船舶主配电板示意图

3. 船舶电力网

船舶电力网是船舶输电电缆与电线所组成的馈电系统的总称,其作用是把船舶电源的电能传输给全船所有的用电设备。船舶电力网通常由动力电网、照明电网、应急电网、低压电网和弱电电网等组成。

4. 船舶负载

船舶负载又称船舶用电设备,是将船舶电能转变为机械能、光能、热能等其他形式能量的装置总称。主要分为动力负载(各种电力拖动机械)、照明负载及通信设备等。其中,采用电动机拖动的甲板机械(锚机、绞缆机、起货机)、舱室机械(各种油泵、通风机、空压机、厨房及空调设备)等动力负载的用电量约占全船用电量的70%左右。

船舶电力系统单线图如图1-1-3所示。

**二、船舶电力系统的特点**

船舶电力系统由于受到水上环境条件及船舶自身运行情况的影响,与陆地电力系统相比较,具有如下特点:

1. 船舶电站的容量较小

普通船舶电源多为单一电站,一般电站容量小于2000kW,单机容量小于1000kW;而远洋船舶的主电站则通常由3台发电机组构成,发电机的单机容量约为400~900kW。

由于船舶上大的用电负载如起货机等,其功率可与发电机容量相当,因此电动机的启动电流引起的电网电压降较大,因而对船舶电力系统的稳定性提出了更高的要求,如:要求船用发电机的动态特性要好,有强励发电能力,有较大的过载能力等。

2. 船舶电站与用电设备之间的距离短

船舶用电设备虽然较多,但比较集中,因此电网长度短,输送容量小,输电电压低,多采用

电缆供电。一般船用电缆的长度不会超过200m，电压小于500V。船舶配电装置的保护也相对简单，一般只采用低压电气开关及控制和保护装置，设置有发电机过载及外部短路保护等，电网的保护和发电机的保护通常共用。此外，除照明系统须配置容量不大的变压器外，并无其他的变压设备。

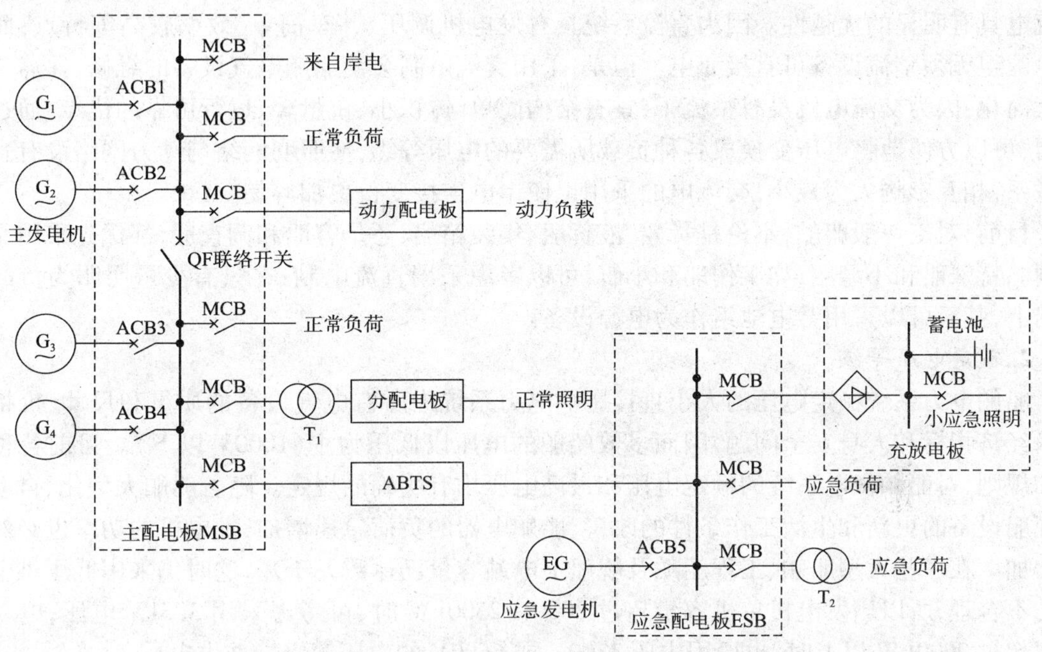


图 1-1-3　船舶电力系统单线示意图

$G_1$、$G_2$、$G_3$、$G_4$-主发电机；EG-应急发电机；ACB1、ACB2、ACB3、ACB4、ACB5-空气断路器；MCB-装置式断路器；ABTS-汇流排自动转换装置

由于船舶电站直接对用电设备供电，造成它们之间相互影响较大，电压也易于波动。

3. 船舶电气设备工作条件恶劣

船舶在水上航行，必然受到各种恶劣气候条件的影响，给船舶电气设备的正常、安全运行带来很多困难，这些困难可能造成的后果将比陆地上严重得多。

(1)环境温度高。机舱内由于散热条件差，温度可高达50℃以上，这样会加速电气设备的绝缘老化，缩短其有效使用寿命。对发电机而言，它的输出电压随温度上升而下降，对电动机而言，其出力不足。

(2)相对湿度较大。电气设备经常处在大量水汽之中，使其相对湿度有时高达95% ~ 100%，这样将造成电气设备因受潮而大大降低绝缘性能的后果。

(3)金属部件易于腐蚀。电气设备长期受到空气中存在的盐雾、油雾和霉菌的腐蚀，易使金属部件的镀层剥落，导电性能下降，绝缘性能降低。

(4)工作稳定性差。船舶航行时，将受到波浪的冲击而产生摇摆，同时由于机器振动等内部原因，对电气设备的安装方向、可动的导电部分和紧固部分均提出较高要求，否则将无法正常工作。

## 三、船舶电力系统的基本参数

船舶电力系统的主要电气参数有电流种类、电压等级和频率等级等。正确地选择合适的

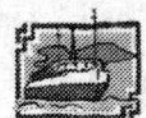

电气参数,可以保证船舶电力系统的可靠性、稳定性和经济性。

1. 电流种类

电流种类又称电制。船舶电力系统常采用的有交流和直流两种电制。

船舶电气技术发展早期,主要造船国家均采用直流电制,因为在当时的技术条件下,采用直流电具有明显的优越性。因为直流系统具有发电机调压、并车简单、效率较高等特点;而且蓄电池组无须整流设备可直接充电。但是,采用交流电制会使船舶电气设备的维修、保养工作大大简化:因为交流电机没有整流子,具有结构简单、体积小、重量轻、运行可靠的优点;通过变压器,可以方便地将电压变换成各种负载所需要的电压等级,使照明网络与动力网络没有直接的联系,相互影响大为减小;交流电的采用也使岸电连接变得更加容易。

目前,对于一般船舶,不论是货船、液货船、集装箱船、还是客船和调查船,都优先采用交流电制。特殊船和小型船,如工作船和小艇,可以考虑采用直流电制;在只有少量照明为负载的小船上,甚至可以采用蓄电池组作为电源设备。

2. 额定电压等级

船舶电力系统额定电压的大小直接影响电力系统中所有电气设备的质量和尺寸、价格等技术经济指标和人身安全问题,因而多数船舶的电压以低压为主(1000V 以下)。目前各种规范和规则,对船舶供电系统的额定电压和最高电压均有明确的规定。随着船舶大型化、自动化及舰船设备的更新和生活工作条件的改善,船舶电器的负荷急速增加,发电机的功率也必然随之增加。在一些大型船舶、工程船舶及舰船上电站容量已达数万千瓦,这时仍采用低压供电显然已不合理,所以当发电机单机容量超过 2000 ~ 2500kW 时,可考虑采用 3.3kV 电压;电动机功率超过 2000kW 以上时,也可用中压 3300V 或 6600V 的中压等级标准供电。

我国《钢质海船入级规范》(简称"海规")规定:一般交流电网采用 50Hz、380V;固定安装的电气设备采用 380V 或 220V;便携设备一般采用 24V;照明电网的电压采用 220V 或 110V;临时应急照明电网与弱电电网一般采用 24V。国外船舶电压等级多为 440V 或 660V。

3. 额定频率等级

对于船舶电力系统的频率,我国"海规"规定为 50Hz,与陆用电力系统的频率标准一样。国外有些国家采用 60Hz。对于一些弱电设备,如无线电导航系统,则采用 500Hz 和 1000Hz 的中频电源等,这些中频电源通常是由变流机组或变频器供电。

在一定范围内提高频率,可提高自动化系统动作的快速性并降低自动化元件、电机、电器元件的重量与尺寸。因此,国外一些军舰为减轻电气设备的重量和尺寸,开始采用 400Hz 的中频电源供电。但提高频率也带来一些不利因素,如要求制造特殊频率的电机、电器和仪表等;同时,交流阻抗加大,损耗增加,需要制造高速机械装置和高速轴承与电动机配套;此外,中频电器、变压器的工作噪声和电磁干扰较大。

提高交流电力系统的频率能否成为船舶电力系统的发展方向,目前国内外尚处于研究尝试阶段,有待于进一步探讨。

4. 线制

中国船级社所规定的船舶电力系统可采用的主要线制有直流双线、交流单相双线、交流三相三线等。其中交流三相三线绝缘系统是最常用的线制。

(1)直流线制:

①双线绝缘系统；

②负极接地的双线系统；

③利用船体作为负极回路的单线系统。

直流电制的系统图如图 1-1-4 所示。

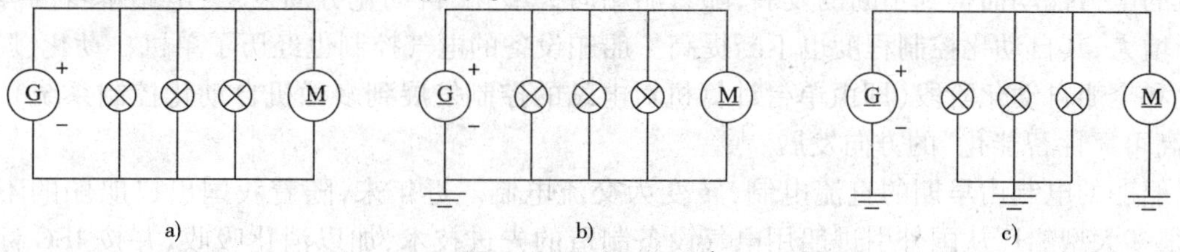


图 1-1-4　直流电制系统图

a）双线绝缘系统；b）负极接地的双线系统；c）利用船体作为负极回路的单线系统

（2）交流线制：

①三相交流电制的线制：

A. 三相三线绝缘系统；

B. 中点接地的三相三线系统（以船体作为中性线回路的三相三线系统）；

C. 中点接地的三相四线系统（但不以船体作为中性线回路）。

三相交流电制的线制如图 1-1-5 所示。

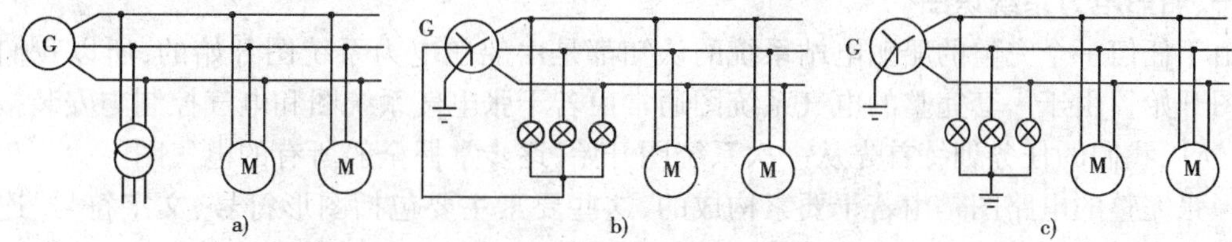


图 1-1-5　三相交流配电系统线制

a）三相三线绝缘系统；b）中点接地的三相四线系统；c）中点接地的三相三线系统

②单相交流电制的配电方式：

A. 单相双线绝缘系统；

B. 一极接地的单相双线系统；

C. 一极以船体作为回路的单线系统。

各有关规范有些具体的规定，必须予以充分的重视。例如中国船级社《钢质海船入级与建造规范》规定：1600 总吨及 1600 总吨以上的船舶动力、电热及照明系统，均不应采用利用船体作回路的配电系统。又规定钢铝混合结构的船舶，严禁铝质部分作导电回路。

对于油船、化学品船等液货船及其他特殊船舶，必须注意其配电系统的特殊要求，如油船可以采用的配电系统只限制在：

①直流双线绝缘系统；

②交流单相双线绝缘系统；

③交流三相三线绝缘系统。

实际上目前交流船舶绝大多数都采用三线绝缘系统，只有个别船舶采用中性点接地的三相四线制，采用三相三线绝缘系统有许多优点：如三相照明系统与动力系统无直接电的联系。相互影响小；发生单相接地不形成短路，仍可维持电气设备短时工作；测量三相电流可用二个

电流互感器和电流转换开关,一个电流表进行。

## 四、船舶电力系统的发展

电气技术在船上的应用,已有一百多年的历史。从早期的用于单一照明到电力驱动、再到辅机的电力拖动而得到不断的发展,随着船舶向大型化、自动化方向发展,电站本身的容量也不断增大,其自动化控制程度也不断提高。船舶设备的电气控制也经历了单机自动化、局部自动化和全船自动化阶段(即由单台计算机对电站的控制发展到多微机自动化控制系统),并朝着“高可靠性智能化”的方向发展。

船舶的电制由早期的直流电制,转变为交流电制。近年来,随着我国出口船舶的不断增多,很多大型船厂从国外引进船用电气设备制造的先进技术,加以消化吸收,并按 IEC 标准修订我国船电设备的制造标准,使国产船用电气设备的技术水平和可靠性不断提高,完全可以适应我国船舶行业现代化建设和发展的需要。

总之,随着船舶自动化技术的不断提高,船舶电气技术发展的目标就是要把自动化船舶的研究与开发推向无人化程度,并保证机电设备处于最佳运行状态,出现异常情况时能够及时发现和排除故障。

## ◎ 任务实施

### 一、船舶电力系统识图

由于任何一个完整的船舶电站系统的认知都是由船舶电力系统图开始的,所以我们首先从识图开始。由于一套完整的电气系统图通常由若干张电气系统图和电气控制与安装接线图组成,所以我们的任务训练首先从一次系统图开始,逐步掌握全船所有的电气图。

一张完整的电路图是由若干要素构成的,这些要素主要包括图形符号、文字符号、连线以及注释性字符等。通过实训项目训练,达到熟悉图形、文字及注释的目的。

1. 图形符号

图形符号是构成电路图的主体。各种图形符号代表了组成电路的各个元器件。各个元器件图形符号之间用连线连接起来,就可以反映出控制系统的电路结构。

2. 文字符号

文字符号是构成电路图的重要组成部分。为了进一步强调图形符号的性质,同时也为了分析、理解和阐述电路图的方便,在各个元器件的图形符号旁,标注有该元器件的文字符号。例如“FR”表示热继电器,“KM”表示接触器等。

3. 注释性字符

注释性字符也是构成电路图的重要组成部分,用来说明元器件的数值大小或者具体型号。

除了规定统一的图形符号和文字符号外,电路图还要遵循一定的画法规则。了解并掌握电路图的一般画法规则,对于看懂电路图是必不可少的。

(1)电路图的信号处理流程方向。电路图中信号处理流程的方向一般为从左到右或从上到下,即将先后对信号进行处理的各个单元电路,按照从左到右或从上到下的方向排列,这是最常见的排列形式。

(2)连接导线。元器件之间的连接导线在电路图中用实线表示。导线的连接与交叉如图 1-1-6所示,图 1-1-6a)中横竖两导线交点处画有一圆点,表示两导线连接在一起。图 1-1-6b)

中两导线交点处无圆点，表示两导线交叉而不连接。导线的丁字形连接如图1-1-6c）所示。

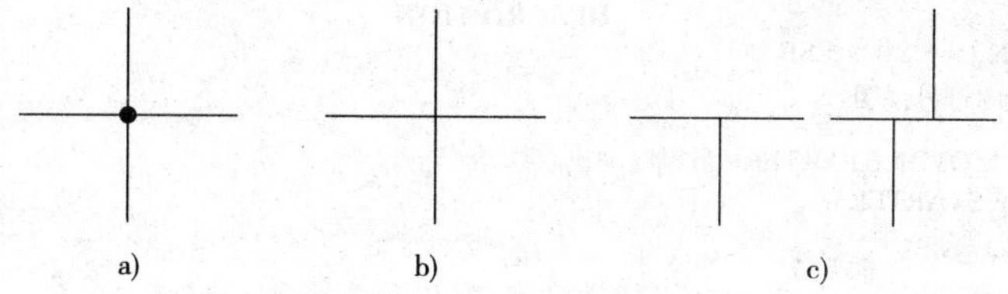


图1-1-6　两导线交叉接线图

a）两导线连接；b）两导线交叉（不连接）；c）丁字形连接

下面通过识读真实的船舶电力系统一次图，掌握船舶电力系统的基本构成及图形符号。

## 二、附图材料

1. 图纸目录（图1-1-7）
2. 图纸文字符号（图1-1-8）
3. 图形文字说明（图1-1-9）
4. 一次接线图（图1-1-10）

目　录

**INDEX**

项目
ITEM

1.主配电板#1屏(NO.1组合启动屏)
1MSB(NO.1 GROUP STARTER PANEL)

2.主配电板#2屏(主配电板1号AC440V馈电屏)
2MSB(MSB NO.1 AC440V FEEDER PANEL)

3.主配电板#3,4,5屏(1,2,3号主柴油发电机屏)
3MSB & 4MSB & 5MSB (NO.1&2&3 MAIN DIESEL GENERATOR PANEL)

4.主配电板#6屏(主配电板2号AC440V馈电屏)
6MSB(MSB NO.2 AC440V FEEDER PANEL)

5.主配电板#7屏(NO.2组合启动屏)
7MSB(NO.2 GROUP STARTER PANEL)

6.主配电板#8屏(主配电板AC220V馈电屏)
8MSB(MSB AC220V FEEDER PANEL)

7.应急配电板#1屏(应急发电机屏)
1ESB(EMERGENCY GENERATOR PANEL)

8.应急配电板#2屏(应急配电板AC440V馈电屏)
2ESB(ESB AC440V FEEDER PANEL)

9.应急配电板#3屏(应急配电板AC220V馈电屏)
3ESB(ESB AC220V FEEDER PANEL)

图1-1-7　图纸目录

符　号　表

**SYMBOL LIST**

|  |  |
|---|---|
| DOL | 直接启动<br>DIRECT ON LINE STARTING |
| S–D | 星–三角启动<br>STAR–DELTA STARTING |
| SOFT | 软起动<br>SOFT STARTING |
| PRE | 优先脱扣<br>PREFERENTIAL TRIPPING |
| LVR | 低压释放<br>UNDER VOLTAGE RELEASE |
| LVT | 失压脱扣<br>UNDER VOLTAGE TRIPPING |
| UVP | 失压保护<br>UNDER VOLTAGE PROTECTION |
| REV | 可逆转<br>REVERSIBLE RUNNING |
| HCR | 重负荷起动请求<br>HEAVY CONSUMER WITH START REQUEST |
| SEQ | 顺序启动<br>SEQUENTIAL STARTING(IN SECONDS) |
| ACO | 故障自动切换<br>FAIL AUTOMATIC CHANGE OVER |
| (A) | 电流表<br>AMMETER |
| (V) | 电压表<br>VOLTAGE METER |
| (HZ) | 频率表<br>FREQUENCY METER |
| (KW) | 功率表<br>POWER METER |
| (MΩ) | 绝缘表<br>INSULATION METER |
| (SY) | 同步表<br>SYNCHRONIZE METER |
| (H) | 运行小时表<br>RUNNING HOUR METER |

图1-1-8　文字符号

说　明

**DESCRIPTION**

A. DESCRIPTION OF SIGN IN MSB & ESB
主配电板和应急配电板内符号说明

1. GSP X–X PUMP MOTOR STARTER 泵组电动机启动器
   └NO. OF STARTER 启动器编号

2. ≪× ⁄ ≫ ACB 框架式空气断路器
   ACB X – NO. OF ACB 框架式空气断路器编号

3. XX / XX
   MCCB RATED CURRENT(A) 塑壳式空气断路器额定电流(A)
   MCCB AMPERE FRAME 塑壳式空气断路器电流框架
   MCCB 塑壳式空气断路器

4. SLT 塑壳式空气断路器的分离脱扣线圈
   SLUT–COIL IN MCCB

   SHT–1 紧急切断机舱油泵
   EMERGENCY STOP E/R ON PUMPS

   SHT–2 紧急切断机舱风机
   EMERGENCY STOP E/R FANS

   SHT–3 向机舱释放二氧化碳前紧急切断机舱油泵和风机
   EMERGENCY STOP E/R ON PUMPS&FANS BEFORE RELEASING $CO_2$ INTO ENGINE ROOM

   SHT–4 紧急切断舱室通风机
   EMERGENCY STOP ACCOMODATION FANS

   SHT–5 向分油机室释放二氧化碳前紧急切断该处油泵和风机
   EMERGENCY STOP E/R ON PUMPS&FANS BEFORE RELEASING $CO_2$ INTO PTRIFLRE ROOM

   PT–1 优先脱扣一级卸载
   PREFERENTIAL TRIPPING ALARM ARRANGEMENT FOR FIRST STAGE UNLOAD

   PT–2 优先脱扣二级卸载
   PREFERENTIAL TRIPPING ALARM ARRANGEMENT FOR SECOND STAGE UNLOAD

5. KR 过电流继电器
   OVER–CURRENT RELAY

B. DESCRIPTION OF PUSH BUTTON BOX
按钮盒符号说明

1. **PB / XXX 就地控制按钮盒
   LOCAL CONTROL PUSH BUTTON BOX
   起动按钮
   1–START PUSH BUTTON
   停止按钮(自锁)
   1–STOP PUSH BUTTON WITH SELF–BLOCK FUNCTION
   运行指示灯(AC 24V)
   1–PUMP RUN INDICATION LAMP (AC 24V)
   重载指示灯(AC 24V)
   1–START POWER AVALL INDICATION LAMP (AC 24V)

2. PB / XXX 就地控制按钮盒
   LOCAL CONTROL PUSH BUTTON BOX
   启动按钮
   1–STANT PUSH BUTTON
   停止按钮(自锁)
   1–STOP PUSH BUTTON WITH SELF–BLOCK FUNCTION
   运行指示灯(AC 24V)
   1–PUMP RUN INDICATION LAMP (AC 24V)

3. *PB / XXX 就地控制按钮盒
   LOCAL CONTROL PUSH BUTTON BOX
   启动按钮
   2–START PUSH BUTTON
   停止按钮(自锁)
   1–STOP PUSH BUTTON WITH SELF–BLOCK FUNCTION
   运行指示灯(AC 24V)
   2–PUMP RUN INDICATION LAMP (AC 24V)

图 1-1-9　图形文字说明

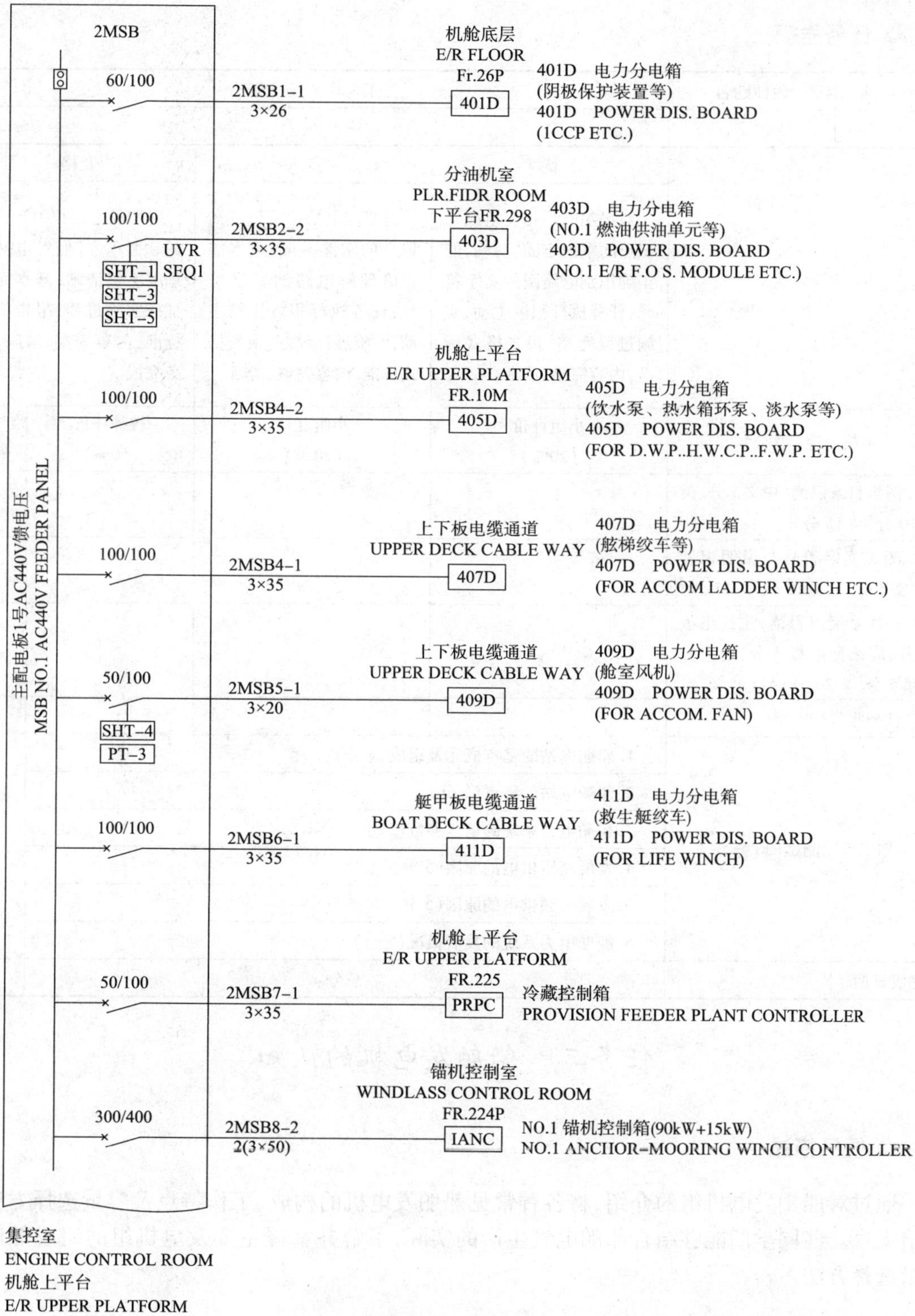

2MSB
主配电板1号AC440V馈电压
MSB NO.1 AC440V FEEDER PANEL
60/100
2MSB1–1
3×26
机舱底层
E/R FLOOR
Fr.26P
401D
401D　电力分电箱
(阴极保护装置等)
401D　POWER DIS. BOARD
(1CCP ETC.)
100/100
UVR
SEQ1
SHT–1
SHT–3
SHT–5
2MSB2–2
3×35
分油机室
PLR.FIDR ROOM
下平台FR.298
403D
403D　电力分电箱
(NO.1 燃油供油单元等)
403D　POWER DIS. BOARD
(NO.1 E/R F.O S. MODULE ETC.)
100/100
2MSB4–2
3×35
机舱上平台
E/R UPPER PLATFORM
FR.10M
405D
405D　电力分电箱
(饮水泵、热水箱环泵、淡水泵等)
405D　POWER DIS. BOARD
(FOR D.W.P..H.W.C.P..F.W.P. ETC.)
100/100
2MSB4–1
3×35
上下板电缆通道
UPPER DECK CABLE WAY
407D
407D　电力分电箱
(舷梯绞车等)
407D　POWER DIS. BOARD
(FOR ACCOM LADDER WINCH ETC.)
50/100
SHT–4
PT–3
2MSB5–1
3×20
上下板电缆通道
UPPER DECK CABLE WAY
409D
409D　电力分电箱
(舱室风机)
409D　POWER DIS. BOARD
(FOR ACCOM. FAN)
100/100
2MSB6–1
3×35
艇甲板电缆通道
BOAT DECK CABLE WAY
411D
411D　电力分电箱
(救生艇绞车)
411D　POWER DIS. BOARD
(FOR LIFE WINCH)
50/100
2MSB7–1
3×35
机舱上平台
E/R UPPER PLATFORM
FR.225
PRPC
冷藏控制箱
PROVISION FEEDER PLANT CONTROLLER
300/400
2MSB8–2
2(3×50)
锚机控制室
WINDLASS CONTROL ROOM
FR.224P
IANC
NO.1 锚机控制箱(90kW+15kW)
NO.1 ANCIIOR–MOORING WINCII CONTROLLER
集控室
ENGINE CONTROL ROOM
机舱上平台
E/R UPPER PLATFORM

图 1-1-10　一次接线图

## ◎ 任务考核

<table>
<tr><td>学生姓名</td><td>教师姓名</td><td colspan="4">工　作　任　务</td></tr>
<tr><td></td><td></td><td colspan="4"></td></tr>
<tr><td colspan="2" rowspan="2">考核标准</td><td>优</td><td>良</td><td colspan="2">及格</td></tr>
<tr><td>对船舶电站相关组成知识点的掌握牢固、明确，能正确识别电路图的文字符号；任务执行积极主动，实施过程完整，报告格式标准，内容完整、清晰。</td><td>对船舶电站相关组成知识点的掌握一般，基本能正确理解电路的文字符号；任务执行积极比较主动，实施过程较好，报告格式标准，内容完整、清晰。</td><td colspan="2">对船舶电站相关知识点的掌握牢固，但对电站的理解不够清晰；基本完成任务实施过程，报告格式标准，内容完整、清晰，任务完成。</td></tr>
<tr><td colspan="2">考核内容（70 分）</td><td>小组评价<br>（20%）</td><td>小组互评<br>（20%）</td><td>教师评价<br>（60%）</td><td>得分</td></tr>
<tr><td colspan="2">1. 图纸目录识读（中文 5 分、英文 10 分，共 15 分）</td><td></td><td></td><td></td><td></td></tr>
<tr><td colspan="2">2. 图纸文字符号与说明识读（中文 5 分、英文 10 分，共 15 分）</td><td></td><td></td><td></td><td></td></tr>
<tr><td colspan="2">3. 一次系统图识读（主配电板 10 分、应急配电板 5 分、电力分电箱 5 分，共 20 分）</td><td></td><td></td><td></td><td></td></tr>
<tr><td colspan="2">4. 任务报告（20 分）</td><td></td><td></td><td></td><td></td></tr>
<tr><td colspan="2" rowspan="6">知识巩固测试（30 分）</td><td colspan="3">1. 船舶电站的基本概念及组成（5 分）</td><td></td></tr>
<tr><td colspan="3">2. 船舶电站的特点（5 分）</td><td></td></tr>
<tr><td colspan="3">3. 船舶电力系统的电气参数（5 分）</td><td></td></tr>
<tr><td colspan="3">4. 发展高压供电的原因（5 分）</td><td></td></tr>
<tr><td colspan="3">5. 发展中频供电的原因（5 分）</td><td></td></tr>
<tr><td colspan="3">6. 船舶电力系统的发展概况（5 分）</td><td></td></tr>
<tr><td>完成日期</td><td></td><td colspan="3">总分</td><td></td></tr>
</table>

# 任务二　船舶发电机的认知

## ◎ 任务描述

通过对船用发电机组的介绍，将各种常见船舶发电机的构成、工作特点及容量选择方法呈现给大家。使同学们能够结合船舶电气生产的实际，了解并掌握主要发电机组的组成部件及容量选择方法。

## ◎ 知识链接

柴油发电机组是一个复杂的系统，该系统由柴油发动机、供电系统、冷却系统、启动系统、

发电机、励磁控制系统、保护单元、电控单元、通信系统及主控系统组成。发动机、供油系统、冷却系统、启动系统及发电机可以统一归纳为柴油发电机组的机械部分。而励磁控制器、保护控制器、电控系统、通信系统及主控系统可以统称为柴油发电机组的控制部分。

## 一、船舶发电机的构成

柴油机发电系统是柴油发动机，供油系统，冷却系统，启动系统加上同步无刷发电机的总成。系统结构如图 1-2-1 所示，其中无刷同步发电机及控制系统部分是柴油发电机系统的核心部件，下面重点介绍这些设备的各自特点和连接方式。

### 1. 柴油发动机

柴油机是整个发电系统的动力核心，柴油发电机组的第一级是能量转化装置，将化学能转化为机械能的关键设备。柴油机主要由以下几部分组成：集体组件和曲轴连杆机构、配气机构与进排气系统、柴油机供给系统、冷却系统、润滑系统、启动和电气系统及增压系统等。

### 2. 无刷同步发电机

随着军事、工业现代化和自动化程度的不断提高，对发电机供电质量的要求也越来越高。作为主要发电设备的同步发电机的改进发展也较快，由原来的有刷同步发电机演化到无刷同步发电机，发电机及其励磁系统的控制技术也在不断发展和改进。无刷发电机的结构形式如图 1-2-2 所示。

图 1-2-1　船用柴油发电机组

图 1-2-2　无刷发电机的结构形式

无刷同步发电机的特点是：

(1) 无滑动接触部分，可靠性高，维护简单，可长期连续运行而很少维护修养，特别适用于自动化电站和环境恶劣的场合。

(2) 导电部分没有旋转接触，不产生火花，适用于有易燃气体及多粉尘等高危、恶劣环境条件下运行，同时无滑环的特点也能适应高温度的环境。

(3) 所发出的电压波形好，畸变率小。

(4) 由于无刷发电机是由多级发电机组成，间接控制主发电机励磁功率，因而控制励磁功率很小，故励磁功率调节装置具有可控功率器件体积小，发热量低等特点，因而故障率低，可靠性很高。

(5) 无刷同步发电机虽为自励励磁系统，但具有他励式同步发电机的特点，容易实现并联运行。

一般而言，柴油机和发电机有两种连接方式：一为柔性连接，即用联轴器把两部分对接起来，二为刚性连接，用高强度螺栓将发电机刚性连接片和柴油机飞轮盘连接而成。

### 3. 发电机控制系统

柴油机和发电机连接好之后安装在公共底架上，然后配上各种起保护作用的传感器，如水温传感器、油压传感器等，通过这些传感器，直观地将柴油机的运行状态显示出来或进行上位

机传送,从而实现自动化控制。这些传感器可根据实际控制要求设定限值,当达到或超过这个限定值的时候控制系统会预先报警,控制系统也可自动将机组停掉,从而实现柴油发电机组的自动保护。传感器作为现场的检测单元,起接收和反馈各种信息的作用,这些数据和保护功能的实现,完全依赖于柴油发电机组的控制系统。

控制屏一般安装在发电机上,称为背包式控制屏,也有部分大型机组是独立屏设计,放置在操作室内,称为分体式控制屏,控制屏通过电缆和发电机以及传感器连接,分别显示电参数和柴油机运行参数。

此外,发电机组还有底盘、联轴器、散热器、燃油箱,有的还装设有消声器和外罩。

## 二、船舶发电机容量的确定

船舶在各种状态下的用电量不尽相同,船舶主发电机的容量也并不是全船各用电设备的功率总和。因为全船电气设备虽然很多,但根据船舶在航行或停泊时的工作情况不断变化的特点,全部用电设备不可能同时工作;如锚机、货机、货油泵、分油机、消防泵等。即便已工作的用电设备,也不可能都处于满载状态;如舵机、锚机等。所以船舶用电设备的额定容量总和,远远大于实际用电量的总和。如果按用电设备额定容量总和来选择发电机,不仅造价高,而且运行也不经济。

确定船舶发电机容量的主要根据是船舶用电设备的实际功率需要量的总和。由于用电设备的实际功率需要量往往不是一个常数,而是随工作情况而变的变量,这样就不能用一个现成的理论公式进行计算或用一个模型实验来计算,只能按照统计规律,积累大量的经验数据,采用近似算法进行估算。所以,应该与轮机和设备专业等有关专业密切配合,对用电设备负载和使用情况加以全面分析,以获得比较准确的计算结果。

### 1. 船舶运行状态的分类

在进行电力负载计算时,通常要考虑船舶运行工况,虽然不同类型、用途的船舶其运行工况略有不同,但都有相应的运行工况。为了使电站更合理的适应各种工况的要求,电力负荷的计算通常分工况进行。一般船舶运行的工况可划分成以下几种类型:

(1)航行状态:指满载货物全速航行的状态。

(2)进出港状态:指港内低速航行或机动时的工作状态。

(3)压载状态:进出港压载航行的状态。

(4)靠离码头状态:设计时,一般需考虑起锚和系缆状态。有时该工况与进出港工况合并为进出港工况。

(5)停泊状态:指船舶停靠在码头或锚地上无作业的状态。

(6)装卸货状态:指货船的装卸货或油船的装卸油状态。

(7)作业状态:调查船的海上作业、工程船舶的水上作业等状态。

(8)应急状态:指船舶在火灾或海损时的状态。

应注意的是类型不同的船舶其运行状态的划分也不尽相同,所以设计时应视具体情况而定。例如对客船就不需要考虑装卸货状态,而根据其照明负荷的使用情况,则需将其正常航行状态分为昼夜两种状态进行计算。此外,根据航区及使用目的的不同,船舶运行状态又有热带航行和寒带航行、装货和不装货(特别是装有冷藏货物时很重要)、载客与不载客之分;而且还有季节和时间的不同,例如:冬天和夏天、白天和黑夜、早晨和傍晚等。因此说,船舶运行工况

的划分并不是一成不变的。

2. 负载分类

在负荷计算时，除了要考虑船舶的工况外，还要考虑负荷的不同类型。一般将负荷分为连续负载和间断负载。顾名思义，连续负载即连续运行的负载，间断负载即间断运行（短时或重复短时运行）的负载。

连续使用的大功率辅机对发电机影响较大，所以，进行电力负载计算时，对其需要功率的估算应仔细慎重，精度应尽量高。对小容量的辅机也采用大容量辅机的计算方法当然是理想的，但十分烦琐，可以采用实际的平均值，对计算结果不会产生很大误差。

对于频繁波动的负载所需功率的计算，通常是求其均方根值，而不是按其最大值计算。电动机启动时的过电流或过载，一般也不要在其需要功率的计算上再加算。

3. 容量的计算方法

目前，确定船舶发电机容量的方法较多，各种方法略有不同；即使是同一方法在不同用途的船舶上使用也有些差别。尽管方法千差万别，但其基本构思是一样的，即计算船舶各种工况下用电设备所需的功率。常用的方法主要有：负荷系数表格法（包括需要系数法；三类负载法）、日夜负载法（昼夜航行图表法）、概率分析计算法、算式计算法及以某项特重负载为基数的计算方法等。

上述方法中，目前应用较多的是需要系数法和三类负载法。如果需要系数、负载系数或同时使用系数等选取恰当，均能够得到比较准确的计算结果。

### ◎ 任务实施

通过计算方法确定船舶主发电机的容量。

**一、用需要系数法确定电站容量**

1. 需要系数

负载实际需要功率是由各设备的种类及其使用方法决定的，其值可用需要系数来计算。所谓需要系数，就是指用电设备使用时实际所需要的最大功率与额定状态时所需要的输入功率之比，即：

$$\text{需要系数}=\frac{\text{设备的需要功率}}{\text{设备的额定输入功率}}\times 100\%$$

设备的额定输入功率，对电动机而言，就是其额定输入功率；对照明和弱电设备而言，可采用安装的总功率；对负载随时间上下波动时，一般取其平均功率。

需要系数随船舶运行工况不同而不同，对于一般商船，可以取下述各值：

| | |
|---|---|
| 一般辅机 | 60%～95% |
| 舵　机 | 20%～30% |
| 电热设备 | 50%～100% |
| 一般照明 | 70%～80%（航行） |
| | 60%～70%（装卸货） |
| | 50%～60%（停泊） |
| 工 作 灯 | 100%（装卸货） |

2. 同时系数

各间断性负载不会都在同一时刻使用。所以,在确定的条件下,可能运行的各间断负载的最大需要功率之和,总比所有间断负载所需要的最大功率之和要小。因此,把运行的间断负载的最大需要功率与所有间断负载的最大需要功率之比,称为同时系数。

$$同时系数=\frac{运行的间断负载的最大需要功率之和}{所有间断负载的最大需要功率之和}$$

船舶处于不同的运行状态时,其值也是不同的,同时还受到船舶装载状态、航区和季节的影响,通常根据经验和实际试验结果确定。无精确计算值时,同时系数可以选定0.3~0.5范围内。

对于一些特殊设备,如电动起货机可以看作间断负载,计算其功率实质上就是要选择一个合适的同时系数。但实际计算负载时,通常是把这些起货机看作一组连续的负载,用需要系数计算,该需要系数与起货装置台数有关,用一概略数值表示。

对于发电机-电动机系统,以拖动电动机的额定输入功率作为基准;对于变极式鼠笼电动机,一般以第二档的额定输入功率作为基准;对于甲板起重机,通常以提升和回转同时动作时所需额定输入功率作为基准。如果起货机、绞车等装卸货装置耗电大,占整个用电负载比例较高时,用该需要系数计算,有时显得不够合适。这时,应采用概率计算法计算其所需功率,这种方法需要周密的调查装卸货的工作周期以及负载周期,还应计算出概率计算的置信系数提供给用户。

3. 负载表的编制

编制全船电力负载表时,可按下述方法和程序进行:

(1)计算各用电设备的额定输入功率。

(2)选择计算工况,并确定各工况下所需使用的电气设备,并按连续负载和间断负载加以区分。

(3)确定各用电设备的需要系数。

(4)计算各用电设备的所需功率,并计算出各工况下所需总功率。

(5)选用间断负载的同时系数,计算总需要功率。

上述计算可以用式(1-2-1)表述。

$$P_G=\sum K_i\cdot P_{ci}+K_2\cdot\sum K_i\cdot P_{Ii} \tag{1-2-1}$$

式中:$P_G$——计算总功率;

$P_{ci}$——各连续负载额定输入功率;

$P_{Ii}$——各间断负载额定输入功率;

$K_i$——需要系数;

$K_2$——同时系数。

当间断负载中有较大的负载时,为了精确计算结果,可以采用连续负载所需功率之和($\sum K_i\cdot P_{ci}$)加上最大的间断负载所需功率($K_1\cdot P_{Ii}$)再加上其他间断负载所需功率之和($K_2\cdot\sum K_{(i-1)}\cdot P_{I(i-1)}$)。

(6)考虑5%网络损失,计算所需要总功率。

(7)根据上述总功率,选择发电机组的容量和台数,并计算各工况下使用发电机的负载率。

作为计算实例,可见表1-2-1。本例中没有划分连续负载和间断负载,也没有考虑间断负载的同时系数$K_2$。

表 1-2-1

**100t 运输船电力负载计算书**

| 序号 | 受电器名称 | 数量 | 轴功率（kW） | 电动机 额定功率（kW） | 电动机 型号 | 电动机 转速（r/min） | 电动机 效率（%） | 利用系数 | 消耗功率（kW） | 消耗总功率（kW） | 航行 需要系数 | 航行 实际消耗功率（kW） | 靠离码头 需要系数 | 靠离码头 实际消耗功率（kW） | 装卸货 需要系数 | 装卸货 实际消耗功率（kW） |
|---|---|---|---|---|---|---|---|---|---|---|---|---|---|---|---|---|
| | 一、甲板机械 | | | | | | | | | | | | | | | |
| 1 | 舵机 | 1 | 1.2 | 2.8 | | 1400 | 85 | 0.43 | 3.3 | 3.3 | 0.2 | 0.66 | 0.2 | 0.66 | | |
| 2 | 锚机 | 1 | 4.8 | 6 | ZZYH－21 | 1370 | 83 | 0.8 | 7.2 | 7.2 | | | 0.4 | 2.88 | | |
| 3 | 起货机 | 4 | 12 | 17 | ZZYH－41 | 630 | 79 | 0.7 | 21.5 | 86 | | | | | 0.55 | 47.3 |
| | 二、机舱机械 | | | | | | | | | | | | | | | |
| 4 | 空气压缩机 | 1 | 8.5 | 10 | Z2C－61 | 1500 | 85 | 0.85 | 11.8 | 11.8 | | | 0.85 | 10 | | |
| 5 | 锅炉给水泵 | 1 | 0.8 | 1.1 | Z2C－32 | 1000 | 79 | 0.73 | 1.4 | 1.4 | 0.85 | 1.19 | 0.85 | 1.19 | 0.85 | 1.19 |
| 6 | 燃油输送泵 | 1 | 1.2 | 1.5 | Z2C－31 | 1500 | 80 | 0.8 | 1.9 | 1.9 | 0.1 | 0.19 | 0.1 | 0.19 | | |
| 7 | 淡水泵 | 1 | 0.8 | 1.1 | Z2C－32 | 1000 | 79 | 0.73 | 1.4 | 1.4 | 0.4 | 0.56 | 0.4 | 0.56 | 0.4 | 0.56 |
| 8 | 舱低泵 | 1 | 4.5 | 5.5 | Z2C－61 | 1000 | 82 | 0.82 | 6.7 | 6.7 | 0.2 | 1.34 | 0.2 | 1.34 | | |
| 9 | 消防泵 | 1 | 11 | 13 | Z2C－52 | 3000 | 86.5 | 0.84 | 15 | 15 | | | | | | |
| 10 | 机舱通风机 | 1 | 1.2 | 2.2 | Z2C－32 | 1500 | 83 | 0.56 | 2.7 | 2.7 | 0.85 | 2.3 | 0.85 | 2.3 | 0.85 | 2.3 |
| | 三、其他辅机 | | | | | | | | | | | | | | | |
| 11 | 舱室通风机 | 1 | 0.13 | 0.6 | Z2C－22 | 1500 | 73 | 0.21 | 0.82 | 0.82 | 0.8 | 0.66 | 0.8 | 0.66 | 0.8 | 0.66 |
| 12 | 蓄电池抽风机 | 1 | 0.27 | 0.8 | Z2C－21 | 1500 | 74 | 0.34 | 1.1 | 1.1 | 0.8 | 0.88 | 0.8 | 0.88 | 0.8 | 0.88 |
| | 四、照明、弱电 | | | | | | | | | | | | | | | |
| 13 | 照明 | | | | | | | | | 8 | 0.8 | 6.4 | 0.8 | 6.4 | 0.8 | 6.4 |
| 14 | 电冰箱 | 1 | | 0.8 | | | | | | 0.8 | 0.5 | 0.4 | 0.5 | 0.4 | 0.5 | 0.4 |
| 15 | 电暖器 | 1 | | 0.5 | | | | | | 0.5 | 0.5 | 0.25 | 0.5 | 0.25 | 0.5 | 0.25 |
| 16 | 助行通信设备 | | | | | | | | | 1.5 | 0.4 | 0.6 | 0.4 | 0.6 | | |
| 总功率 （kW） | | | | | | | | | | | 15.43 | | 28.31 | | 59.94 | |
| 考虑 5% 电压损失时的总功率 （kW） | | | | | | | | | | | 16.3 | | 29.8 | | 62.9 | |
| 使用发电机 （台数 × kW） | | | | | | | | | | | 1 × 35 | | 1 × 35 | | 2 × 35 | |
| 发电机负载的百分比 （%） | | | | | | | | | | | 46.6 | | 85.2 | | 90 | |
| 备用发电机 （台数 × kW） | | | | | | | | | | | 1 × 35 | | 1 × 35 | | | |

注：本船安装两台 230V、35kW 柴油发电机组作为主发电机

## 二、用三类负载法确定电站容量

由于需要系数法主要是根据用设备的负荷状态和工作制等因素,只考虑一个总的系数 $K$ 来确定用电设备和发电机的容量,因此,准确性较差。对于用电设备较多,且有较充分数据可供选用的较大型船舶,大多采用多系数的三类负载法确定电站容量。它的主要特点是借助各种数据,求得各用电设备的几种负荷系数,再确定每台用电设备的实际需要功率。另外,还将各用电设备按其在船上的地位和作用,分成三类负载予以区别对待,并考虑同时使用情况,因此得出的结果比较精确。

### 1. 三类负载的确定

第Ⅰ类负载:某一运行状态下连续使用的重要负载。例如:航行状态下的舵机,主机冷却水泵;离靠码头状态下的锚机;装卸货状态下的货机。

第Ⅱ类负载:某一运行状态下短时或重复短时使用的负载。例如:航行状态下的燃油输送泵、滑油输送泵、卫生水泵和空压机等。

第Ⅲ类负载:某一状态下偶然短时使用的负荷或可以在用电高峰时间以外使用的负载。例如:靠离码头状态下的电动舷梯;航行状态下的机修设备等。

三类负载的分法,与船舶运行工况有关,如在航行工况下使用若干小时、停止使用若干小时的负载(如燃油离心分油机等)作为第Ⅱ类负载;而在靠离码头时,虽然起锚机工作时间较短(仅有30min左右),但在该工况下,一般都作为第Ⅰ类负载。现将万吨级柴油机船电气设备的负载分类列入表1-2-2。

**万吨级柴油机船电气设备负载分类** 表1-2-2

| 第Ⅰ类负载 | | 第Ⅱ类负载 | | 第Ⅲ类负载 |
|---|---|---|---|---|
| 舵机 | 消防泵 | 燃油离心分油机 | 主空气压缩机 | 主机盘车机 |
| 起货机 | 货油泵 | 轻柴油离心分油机 | 油灶鼓风机 | 机舱起吊机 |
| 起锚机 | 冷藏货舱压缩机 | 滑油离心分油机 | 空调压缩机空调 | 车床 |
| 绞盘 | 冷却泵 | 燃油油驳运泵 | 淡水泵 | 砂轮 |
| 主机淡水泵 | 盐水接力泵 | 轻柴油输送泵 | 空调送风机 | 钻床 |
| 主机海水泵 | 货舱通风机 | 滑油输送泵 | 伙食冷库压缩机 | 电焊机 |
| 主机滑油泵 | 机舱通风机 | 舱底泵 | 电动锅炉给水泵 | 救生艇吊艇机 |
| 主机喷油嘴冷却泵 | $CO_2$室抽风机 | 压载泵 | 电动锅炉循环泵 | 舷梯起吊机 |
| 排气涡轮滑油泵 | 冷藏机舱送风、抽风机 | 日用淡水泵 | 充电机组 | 探照灯 |
| 主机燃料油循环泵 | 厨房送风、抽风机 | 卫生水泵 | 无线电 | |
| 涡轮发电机凝水泵 | 浴室、厕所抽风机 | 饮水泵 | 雷达 | |
| 锅炉燃油泵 | 照明设备 | 热水循环泵 | | |
| 锅炉鼓风机 | 助航、通信用变流机 | 蒸发器凝水泵 | | |
| 消防总用泵 | | 蒸发器给水泵 | | |

### 2. 负载系数的确定

当数据充分时,可以根据辅机的轴功率、机械负载系数和电动机的额定功率求得。如果没有确切资料,可参考表1-2-3选取。

### 3. 同时系数的确定

第Ⅰ类负载:有时考虑到各辅机和用电设备最大负载的不同时性,可取其同时系数为0.8~0.9。

负载系数变化范围　　表1-2-3

| 用电设备 | 负载系数 | 附注 | 用电设备 | 负载系数 | 附注 |
|---|---|---|---|---|---|
| 主机冷却泵 | 0.6~0.9 | 柴油机船 | 燃油驳运泵 | 0.75~1.0 | |
| 主机滑油循环泵 | 0.65~0.9 | | 滑油驳运泵 | 0.65~1.0 | |
| 排气涡轮滑油泵 | 0.70~1.0 | | 淡水泵 | 0.6~1.0 | |
| 喷油嘴冷却泵 | 0.7~1.0 | | 卫生水泵 | 0.8~1.0 | |
| 辅锅炉给水泵 | 0.85~1.0 | | 热水循环泵 | 0.8~1.0 | |
| 辅锅炉燃油泵 | 0.65~0.9 | | 主机盘车机 | 0.8~1.0 | |
| 辅锅炉鼓风机 | 0.6~0.85 | | 货油泵 | 0.6~0.85 | |
| 主空气压缩机 | 0.75~1.0 | | 机修设备 | 0.5~0.7 | |
| 燃油离心分油器 | 0.65~1.0 | | 机舱通风机 | 0.6~1.0 | |
| 滑油离心分油器 | 0.65~1.0 | | 泵舱通风机 | 0.7~0.9 | |
| 轻柴油输送泵 | 0.65~1.0 | | 货舱通风机 | 0.6~0.8 | |
| 重柴油输送泵 | 0.7~1.0 | | 电热器 | 0.5~0.9 | |
| 主机循环水泵 | 0.7~0.9 | 汽轮机船 | 消磁装置 | 1.0 | |
| 主凝水泵 | 0.65~0.75 | | 变流机 | 0.35~0.8 | |
| 燃油泵 | 0.75~0.85 | | 充电机 | 0.4~1.0 | |
| 主机滑油循环泵 | 0.6~0.9 | | 锚机 | 0.6~0.9 | |
| 给水泵 货船 | 0.65~0.7 | | 舵机 | 0.2~1.0 | |
| 给水泵 油船 | 0.75~0.8 | | 起货机 | 0.3~0.65 | |
| 自动燃烧装置 | 0.8~0.9 | | 绞盘 | 0.3~0.8 | |
| 总用空气压缩机 | 0.8~0.9 | | 绞车 | 0.3~0.8 | |
| 总用泵 | 0.65~0.75 | | 无线电 | 0.8~1.0 | |
| 舱底压载泵 | 0.85~1.0 | | 探照灯 | 0.8~1.0 | |
| 舱底泵 | 0.75~1.0 | | 工作灯 | 0.8~1.0 | |
| 救火泵 | 0.75~1.0 | | 照明 | 0.6~1.0 | |

第Ⅱ类负载：可按该负载的平均工作时间和工作周期之比来估算。当没有确切资料时，可参考表1-2-4选取。不难看出，利用同时系数逐一计算各间断负载的所需功率也是十分烦琐的，所以实际计算时，通常采用负载系数计算出各间断负载总需要功率之后，再乘以总的同时系数的方法，这一同时系数一般取0.3~0.5。

如果某一间断负载较大，比如其需要功率大于或接近其他间断负载总和时，则该大功率的间断负载一般不乘以同时系数。

第Ⅲ类负载：在计算电力负载时，通常可以不计。但对小型船舶或考虑高峰负载时，应予以充分注意。

4. 负载表的编制

编制全船电力负载表时，可按下述方法和程序进行：

(1)根据有关专业提供的数据，确定全船电气设备，并计算各电动机和电气设备的额定输入功率。

(2)根据船舶类型选定所需计算工况，按负载分类确定各工况下所需使用的电动机等电

气设备。

(3)计算负载系数,并计算各用电设备在各工况下的实际使用功率。

第 II 类负载同时系数　　表 1-2-4

| 名　称 | 航行 | 进出港 | 靠离码头 | 停泊 | 海上停泊 | 应急 |
|---|---|---|---|---|---|---|
| 轻柴油驳运船 | 0.3 | 0.3 | 0.2 | — | 0.2 | — |
| 重柴油驳运船 | 0.3 | 0.3 | 0.2 | — | 0.2 | — |
| 滑油驳运船 | 0.2 | 0.2 | 0.2 | — | 0.2 | — |
| 滑油离心分油器 | 0.3 | 0.3 | — | — | 0.3 | — |
| 燃油离心分油器 | 0.3 | 0.3 | — | — | 0.3 | — |
| 主空气压缩机 | — | 0.4 | 0.4 | — | — | — |
| 辅锅炉给水泵 | 0.3 | 0.3 | 0.3 | 0.3 | 0.3 | — |
| 蒸发器给水泵 | 0.3 | 0.3 | — | — | 0.3 | — |
| 舱底泵 | — | — | 0.5 | — | — | 0.3 |
| 舱底压载泵 | — | — | 0.5 | — | — | 0.3 |
| 污水泵 | 0.2 | — | — | 0.2 | — | — |
| 卫生水泵 | 0.5 | — | — | 0.5 | 0.5 | — |
| 淡水泵 | 0.5 | — | — | 0.5 | 0.5 | — |
| 热水循环泵 | 0.5 | — | — | 0.6 | 0.5 | — |
| 冷藏机 | 0.3 | 0.2 | 0.2 | 0.3 | 0.2 | — |
| 空调冷却水泵 | 0.3 | 0.2 | 0.2 | 0.3 | 0.2 | — |
| 厨房用电 | 0.4 | 0.4 | 0.4 | 0.4 | 0.4 | 0.2 |
| 回转起货机(起货) | — | — | — | 0.5 | 0.5 | — |
| 回转起货机(变幅) | — | — | — | 0.3 | 0.3 | — |
| 回转起货机(回转) | — | — | — | 0.3 | 0.3 | — |
| 绞车 | — | — | — | 0.4 | 0.4 | — |

(4)计算各工况下各类负载的实际使用功率的总和。

(5)选定同时系数,计算总负载。在交流系统中,有时还需要计算无功功率和平均功率因数。

(6)考虑5%的网络损失,计算所需的总功率。

(7)根据上述总功率,选择发电机组的容量和台数,并计算各工况下使用发电机的负载率。

同时为了满足船舶各运行工况的用电,还必须正确地选择主电站的容量和发电机台数。

船舶设计早期,由于各用电设备容量尚不明确,一般都采用根据主机功率和船舶吨位大小,利用经验公式进行估算电站容量的大小。

发电机容量的最后决定,应根据电力负载计算书的计算结果决定。实际决定发电机容量时,对交流发电机特别要注意系统的功率因数、发电机的电压波动特性和负载的变化特性。除此之外,还应根据可靠性和经济性的分析确定,还必须遵循下述原则:

①运行效率最高。发电机及其原动机在不超过额定值而在额定值附近运行时效率最高。在通常运行状态下,应以航行工况所必需的功率为基准,对负载的变动及增加,也不得使发电机过载。发电机的额定容量要有适当的储备量。

②容量和台数选择要合适。发电机组的容量和台数，应能在任一发电机组停止工作时，仍然能继续对正常推进运行、船舶安全以及具有冷藏级船舶的冷藏货物所必需的设备供电。同时基本生活条件也应得到保证。该基本生活条件至少包括适当的炊事、取暖、食品冷冻、机械通风、卫生和淡水等设备。

③发电机的容量要足够。发电机组应能在任一发电机或其原动机不工作时，其余发电机组仍能供应从瘫船状态启动主推进装置所必需的电力。

④备用容量要足够。在交流系统中，当一台发电机停止工作时，其余的发电机组应有足够的容量，以保证当最大电动机启动时产生的瞬态电压降不会使任何电动机失速或其他电气设备失效。容量特别大且非船舶安全航行所必需的电动机，例如侧推器电动机，可以在所有发电机投入工作情况下启动，但不应导致任何重要设备停止工作。

⑤原动机的容量要足够。当以柴油机为原动机时，在连续运行条件下，希望柴油机额定输入功率有10%左右的余量；同时还要注意到，不应使柴油机明显地运行在低负载状态。

⑥发电机组同型选用。主发电机组至少应为两台，从便于维护、保养和管理出发，最好选用同类型的发电机组。

## ◎ 任务考核

<table>
<tr><td>学生姓名</td><td>教师姓名</td><td colspan="4">工　作　任　务</td></tr>
<tr><td></td><td></td><td colspan="4"></td></tr>
<tr><td colspan="2" rowspan="2">考核标准</td><td>优</td><td>良</td><td colspan="2">及格</td></tr>
<tr><td>对船舶发电机相关组成知识点的掌握牢固、明确，能正确识别电路图的文字符号；任务执行积极主动，实施过程完整，报告格式标准，内容完整、清晰。</td><td>对船舶发电机相关组成知识点的掌握一般，基本能正确理解电路的文字符号；任务执行积极比较主动，实施过程较好，报告格式标准，内容完整、清晰。</td><td colspan="2">对船舶发电机相关知识点的掌握牢固，但对电站的理解不够清晰；基本完成任务实施过程，报告格式标准，内容比较完整、清晰。</td></tr>
<tr><td colspan="2">考核内容(70分)</td><td>小组评价<br>(20%)</td><td>小组互评<br>(20%)</td><td>教师评价<br>(60%)</td><td>得分</td></tr>
<tr><td colspan="2">1. 发电机部件识别(定子5分、转子5分、励磁单元5分，共15分)</td><td></td><td></td><td></td><td></td></tr>
<tr><td colspan="2">2. 发电机部件安装位置识别(供电部分5分、励磁5分、供油系统5分，共15分)</td><td></td><td></td><td></td><td></td></tr>
<tr><td colspan="2">3. 发电机部件的简单拆装(定子部分5分、转子部分5分、保护单元5分、控制部分5分，共20分)</td><td></td><td></td><td></td><td></td></tr>
<tr><td colspan="2">4. 任务报告(20分)</td><td></td><td></td><td></td><td></td></tr>
</table>

续上表

| | | |
|---|---|---|
| 知识巩固测试(30分) | 1. 船舶电站容量的确定依据(5分) | |
| | 2. 船舶电站的运行状态分类(5分) | |
| | 3. 船舶电站容量的确定方法(5分) | |
| | 4. 需要系数法的设计步骤(5分) | |
| | 5. 三类负载法的设计步骤(5分) | |
| | 6. 发电机的选用原则(5分) | |
| 完成日期 | 总分 | |

# 任务三　船舶配电装置的基本构成

## ◎ 任务描述

通过船舶配电装置的功能介绍,将各种常见配电装置的分类、工作特点及系统组成呈现给大家。使同学们能够结合配电系统的实际,了解并掌握船舶配电系统的组成部件及工作特点。

## ◎ 知识链接

### 一、概述

船舶配电装置是用来接收和分配船舶电能,并能对发电机、电网及各种用电设备进行切换、控制、保护、测量和调整等工作的设备。它是由各种开关、自动控制与保护装置、测量仪表及互感器、调节和信号指示等电器设备按一定要求组合而成的一个整体,其功能主要有:

(1)正常运行时接通和断开电路(手动或自动);

(2)电力系统发生故障或不正常运行状态时,保护装置动作,切断故障元件或发出报警信号;

(3)测量和显示运行中的各种电气参数,例如电压、频率、电流、功率、电能、绝缘电阻等;

(4)进行某些电气参数或有关的其他参数的调整,如电压、频率(转速)的调整;

(5)对电路状态、开关状态以及偏离正常工作状态进行信号指示。

典型配电装置如图1-3-1所示。

图1-3-1　船舶配电装置图

1. 配电装置的种类

按照配电装置在船上不同的用途分类有：

(1)主配电板：用来控制、监视和保护主发电机的工作，并将主发电机产生的电能，通过主电网或直接给用电设备配电。

(2)应急配电板：用来控制、监视和保护应急发电机的工作，并将应急发电机产生的电能，通过主应急电网或直接给用电设备配电。

(3)蓄电池充放电板：用来控制、监视和保护充电发电机和充电整流器对蓄电池组的充电与放电工作，并将蓄电池组的电能通过低压电网或直接给用电设备配电。

(4)岸电箱：船舶停靠码头或大修时，船上发电机停止供电，将岸上电源线接到船上岸电箱，再由岸电箱送电到应急配电板和主配电板进行分配。

(5)区配电板：介于主配电板或应急配电板与分电箱(亦称分配电板或分配电箱)之间，用以向分电箱和最后支路供电的配电板。

(6)分电箱(分配电板)：将由主配电板输送来的电能向不同区域的成组用电设备进行配电，并装有保护装置。按其使用目的和使用性质，分电箱通常又分为：

①电力分电箱(或称分配电板)；

②照明分电箱(或称分配电板)；

③无线电分配电板(无线电电源板)；

④助航通讯分配电板；

⑤专用设备分配电板(如冷藏集装箱电源板)。

(7)交流配电板：当船舶采用直流电制时，由于多数通信导航设备仍需要交流电源，所以需装设交流变流机组。交流配电板用来控制和监测交流变流机组，并给用电设备配电。

(8)电工试验板：接有全船各种电源和必要的检测仪表，专供船上检修和校验各种用电设备的配电板。

2. 配电板的结构形式

(1)防护式：较大型配电板如主配电板、应急配电板等均采用此种结构，用钢板制成，板前有面板，以便操作时不触及带电部分，板后敞开，不能防止水滴渗入，便于修理，连接电缆一般从下部开孔引入。

(2)防滴式：机舱和舵机舱中的分配电板采用此种结构，用钢板制成外壳，能防止与垂直线成15°角的下落水滴浸入。电缆多从下面引入，亦有从侧面通过套管引入的，两侧可开散热窗。

(3)防水式：这种形式的配电板适于露天或潮湿处安装，如岸电箱，它能够经受4～10m水柱的集中水流从任何方向进行喷射15min而不致有水滴进入，连接电缆的引入采用水密填料函。

3. 配电板的汇流排

汇流排是指配电板中用铜质裸条排制成的发电机电源引出线和电网并联线等。它具有外形美观大方、通过电流大、散热条件好、并联接头方便等优点，因此在配电板中得到广泛使用。母线结构如图1-3-2所示。

图1-3-2　母线结构图

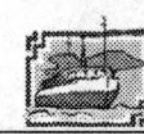

汇流排应满足以下要求:

(1)汇流排及其连接件应为铜质的,一般采用电导率为97%以上的铜材,汇流排的连接处应作防腐和氧化处理。汇流排的允许最高温度为45℃,汇流排连接处的温升不得高于表1-3-1规定。

汇流排连接处允许温度　　表1-3-1

| 汇流排类别 | 环境温度为45℃时允许温升(℃) | 汇流排类别 | 环境温度为45℃时允许温升(℃) |
|---|---|---|---|
| 铜-铜 | 40 | 铜镀银-铜镀银 | 55 |
| 铜烫锡-铜烫锡 | 45 | | |

(2)汇流排和裸线的颜色应满足有关规范和规则的要求。例如,按我国国家标准和中国船级社(CCS)的要求如下:

对直流汇流排和裸线的极性颜色规定为:

正　极——红色

负　极——蓝色

接地线——绿色和黄色间隔

对于交流汇流排和裸线的相序颜色规定为:

第一相——绿色

第二相——黄色

第三相——褐色或紫色

接地线——绿色和黄色间隔

中性线——浅蓝色

(3)汇流排在配电板内的排列,应符合有关规范和规则的规定。例如,按我国国家标准和中国船级社的要求,应满足表1-3-2的规定。

汇流排在配电板内排列　　表1-3-2

| 汇流排 | 相序或极性 | 汇流排安装的相互位置 | | | 辅　图 |
|---|---|---|---|---|---|
| | | 垂直布置 | 水平布置 | 引下线 | |
| 交流 | 第一相 | 上 | 前 | 左 | 配电板正视方向示意图<br>上<br>前<br>右 |
| | 第二相 | 中 | 中 | 中 | |
| | 第三相 | 下 | 后 | 右 | |
| 直流 | 正极 | 上 | 前 | 左 | |
| | 均压极 | 中 | 中 | 中 | |
| | 负极 | 下 | 后 | 右 | |

注:交流中性线汇流排可放在适当位置。

(4)均压汇流排的载流能力,应不小于电站中最大发电机额定电流的50%;交流三相四线制中中性线汇流排的截面积,应不小于相汇流排截面积的50%。

(5)主汇流排分段:与主汇流排相连的发电机总容量超过1000kW时,主汇流排至少应分为两部分,这两部分之间可用负荷开关或自动开关连接起来。发电机及任何有2台设备的负

载都应在这两部分上平均连接。

**二、船舶主配电板**

主配电板是船舶电力系统中最主要的配电装置。一般来说，总是装设于电源（发电机组）不远处。为了避免油水的沾污，大多装于机舱平台上。在自动化程度较高的船上则与主操纵台一起都装在带空调并隔音的集控室中。它由多个金属结构的落地式箱、盘或柜组装而成，每一箱柜称为一个屏，屏与屏之间以螺钉固紧，每一屏的面板上装有各种必需的配电电器和测量仪表。

主配电板主要由发电机控制屏、并车屏、负载屏组成。

1. 发电机控制屏

发电机控制屏是用来控制、调节、监视和保护发电机组用的，每台发电机组均需配备有单独的控制屏。发电机的控制屏面板常设计成上、中、下三部分。上面板安装有测量仪表、转换开关、指示灯等，中间板上安装有主要电源开关、电磁按钮、指示灯等；下面板内安装有自动励磁调节装置中的相复励变压器，移相电抗器等较沉重的设备，为便于检修，面板多制成门式。

发电机控制屏上需配置的仪表和电器主要有以下种类：

（1）电流表及转换开关：可分别测量发电机任意一相的负载电流（每台发电机一个）；

（2）电压表及转换开关：可分别测量各发电机及汇流排各相（线）的电压（每台发电机一个）；

（3）频率表：测量各台发电机的频率（每台发电机一个）；

（4）功率表：测量各台发电机的有功功率（每台发电机一个）；

（5）原动机调速开关：并车时用以调整发电机的频率和并联运行时用以转移有功功率（每台发电机组一个）；

（6）框架式自动空气断路器：作为发电机正常通、断及其过载、短路、失压等继电保护用（每台发电机一台）；

（7）逆功率继电器：并联运行时作发电机逆功率保护用（每台发电机一个）；

（8）发电机自励控制装置及必要的仪用互感器；

（9）必要的电磁操作按钮及有关的指示灯等。

船舶主配电板仪表和电器布置方式如图 1-3-3 所示。

2. 并车屏

在并车屏上一般安装有隔离开关（即将左右两侧母线连通的开关）、粗同步电抗器及其主接触器、保险丝等，有些船装有粗同步或准同步并车装置。面板上安装有同步表、同步指示灯、转换开关、操纵按钮及指示灯，在这一屏上可以操纵任意一台发电机的调速、投入、切除、自动或半自动并车。如图 1-3-4 所示。

3. 负载屏

负载屏上装有装置式自动开关，从母线馈电给各重要负载或者区域配电板，并对它们和线路进行保护。负载屏上也常装有电流表并通过转换开关能够测量各馈电线路的负载电流。

照明负载集中于独立的屏上，通常叫作照明负载屏，上面装设有变压器开关、电流表、电压表及转换开关等设备。

图 1-3-3　船舶主配电板仪表和电器布置示意图

图 1-3-4　并车屏示意图

在负载屏上还装有指示电网绝缘情况的装置等。

目前,由于船舶自动化的发展,配电装置为适应新技术革命的大趋势,具有小型、高性能的主配电板已投入批量生产,其控制副回路多采用可编程控制器,使之无触点化;自动并车及自动负荷分配装置可采用微处理机控制;信息显示及运行数据的打印、监视则由一台计算机来完成;经济运行和综合保护等也由一台计算机来完成。

**三、应急配电板**

用于控制由应急发电机发出的电功率,并在船舶应急状态下,对有关旅客和船员安全所必需的电力负载进行配电的开关设备和控制设备的组合装置,称为应急配电板。它往往包括应急发电机自动启动装置(自动化程度较高的船舶)和船用蓄电池的充放电装置等。

应急配电板通常包括发电机控制屏及负载屏。发电机屏上的电器及仪表与主配电板上的发电机屏相似,只是因为不需要并联运行而无须整步表及逆功率继电器等。负载屏因馈电回路较少而将动力负载与照明负载组装在一块屏上。

对装有自动启动装置的应急发电机,当主电网失电后,经一定的延时确认后,应急发电机自动启动并合闸向全船应急电网供电;一旦主电源恢复供电,应急发电机组便自动脱离电网并自动停车。

应急配电板的接线应该反映出主发电机、应急发电机和岸电开关之间的电气联锁,以防非同期合闸。

**四、充放电板**

充放电板是用来控制和监视充电电源进行充、放电,并将电能分配给船上低压用电设备。

**五、岸电箱**

在船舶停靠码头时接岸电用,并送至主配电板进行配电,岸电箱至主配电板之间,应设有足够容量的固定电缆。

岸电箱上除了设有相序继电器或相序测定器外,还需清楚标出船舶电源系统的参数,对于中线接地三相交流系统,当接岸电时,应设置一个接地端,以便将船体与岸上的接地装置相连。

**六、分配电箱**

用于向成组的用电设备进行配电。按用途可分为:电力、照明、无线电助航设备分配电箱等。它将用电设备的保护、控制装置及仪表、指示灯组合安装于同一箱体中。分配电箱一般应

按装在靠近其供电负荷的集中区域，且应该尽可能安装于干燥通风的舱室内。不允许装在蓄电池室及有易燃易爆物品的舱室。

**七、集中综合控制板**

对主机、辅机和发电机等进行集中控制和监视的装置，设置在机舱内的集中控制室中，设计成桌形或工作台式，通常又称为机舱中央控制板，在其上装设有微机巡回检测装置和数据处理装置等。

**◎ 知识拓展**

**一、应急电站**

对现代商船而言，电源的重要性不言而喻。船舶电力对于船舶就像人的血液一样，而电站就是船舶的心脏。船舶电站由主电站（由主电源供电）和应急电站（由应急电源供电）两部分组成，而应急电源是船舶主电源之外唯一的替补。应急电站顾名思义就是在船舶发生突发状况的情况下，用来提供应急电能需要的设备。当船舶发生事故或主电源出现故障失电的情况下，应急电源应立即对船舶应急照明和应急设备进行供电，来保障船舶的应急控制和船上人员的安全撤离。所以，应急电站是关系到船舶和人员安全的重要设备。一般而言，应急电源应该选用独立的蓄电池组或发电机组，或者两者兼备。

我国《钢质海船入级与建造规范》规定，客船及500总吨以上的货船在一般情况下应该配有应急电源，应急电源应该独立于主电源。如果应急电源是发电机组，则必须有蓄电池作为临时应急电源。

船舶应急电站系统应包括应急发电机组、应急配电板和应急蓄电池组及其充放电板所组成的应急电源系统的所有设备，此外，还应包括作定期功能试验的一些设备。通常称应急发电机为大应急电源，称临时应急蓄电池组为小应急电源。

应急发电机和应急配电板通常都安装在艇甲板的同一舱室内。

1. 应急发电机

由于柴油机具有比较好的独立性和机动性，能够及时迅速地在应急时投入运行，因此应急发电机组均采用柴油发电机组。应急发电机组应该具有独立的冷却装置和燃油供给单元，并设有满足《钢质海船入级规范》要求的启动装置。

应急发电机的控制一般分成“手动”和“自动”。当选择“手动”时，发电机的启动和停止都由人为在机旁操作，转速控制由人为调节油门操作，也有的油门由调速电动机带动，可在控制箱上操作控制柴油机转速。这时应急配电板的合闸和分闸操作，均由人为在应急配电板上完成。当选择“自动”时，应急发电机的启动，由应急配电板送出的启动信号控制。当主配电板停止对应急配电板供电时，应急配电板发出启动信号，应急发电机启动，柴油机转速控制是由机旁控制箱发出信号控制调速电动机来改变油门大小，从而改变柴油机转速。应急发电机的保护和主发电机类似，包括淡水高温和滑油低压。当淡水高温和滑油低压时，应急发电机停机。

应急发电机平时置于“自动”状态。当船舶发生火灾或其他灾害引起主电源供电失效时，应急发电机组经延时确认后，应自动启动、并自动连接到应急配电板，尽快地承载额定的应急负载，响应时间不得超过45s。通常冷车启动时，可能一次启动不一定成功，所以自动启动装

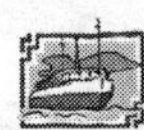

置一般都是在30s内控制启动三次,若三次启动失败则停车并发出警报。当主电源恢复供电后,应急发电机主开关自动跳闸,发电机组启动控制装置自动关油门并停车。

应急发电机的启动多采用两种方式启动,分别为压缩空气启动和蓄电池启动。其中蓄电池启动为主要启动方式,压缩空气启动为备用启动方式,所以通常设有电池充放电回路。大多数应急发电机还具有滑油和冷却水加热控制回路,在环境温度较低的时候投入使用,控制元件主要是温度开关,可按试验大纲要求整定压力开关的动作值。

2. 应急配电板

应急配电板用于应急发电机的控制和监视,并向应急负载供电。应急配电盘与应急发电机安装在同一舱室内,通常应急配电板由应急发电机控制屏和负载屏组成,板面的仪器仪表的配置及各项监测功能均与主配电板基本相同。应急发电机为单机运行,因而不需要并车屏、逆功率继电器和同步表。负载屏也分为动力屏和照明屏,应急照明负载通过照明变压器供电。

应急配电板在控制接线上与主配电板(主发电机)、应急发电机和岸电开关之间均设有电气连锁,用以防止在几个电源之间的非同期合闸,电气联锁通过对应电源开关的辅助触点来实现,并应满足如下技术要求:

(1)应急配电板正常时,由船舶主配电板供电。当主发电机故障或检修时,由应急发电机供电。

(2)主电板通过供电联络开关连通应急配电板,联络开关与应急配电板的主开关之间装设电气连锁,用以保证主发电机向电网供电(即主电网不失电时,应急发电机不工作)。

(3)主电网失电后,供电联络开关自动断开,应急发电机组的自动启动装置经延时确认后,自动启动应急发电机组,并自动合闸向应急电网供电。

(4)主电网恢复供电后,应急发电机主开关立即断开,联络开关自动闭合;应急电网恢复由主电网供电,应急发电机组经延时自动停车。

3. 蓄电池

蓄电池是任何类型的机动船舶都无法离开的可靠电源装置,其用途之一是作为应急电源或备用电源,一般商船都把蓄电池作为船舶的小应急电源,在船舶主电网失电而应急发电机组尚未正常供电的时间内,为小应急负载供电;用途之二是作为低压设备的电源,向内外通讯、助航、信号等设备供电,如电话、车钟、航行信号灯等。蓄电池的外形结构如图1-3-5所示。

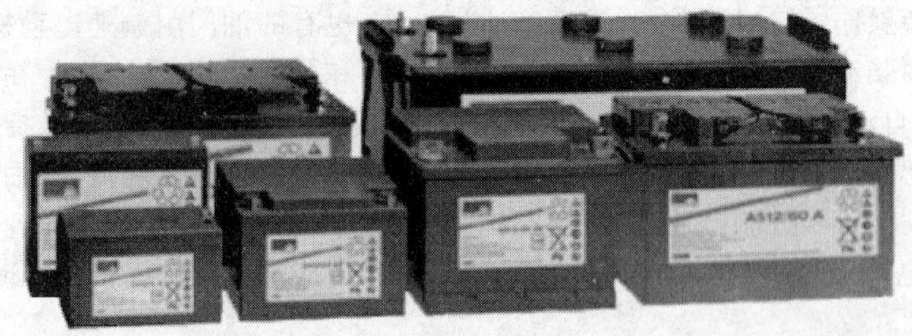

图1-3-5　常用蓄电池的外形结构图

此外,蓄电池也是应急发电机组和救生艇上柴油机的启动电源及电罗经的直流电源。因此,每条船上都备有蓄电池组,并附有一套充电装置,和放电配电板一起,构成了一个独立的电力系统——蓄电池充放电系统。

(1)船用蓄电池的类型。船用蓄电池根据电极和电解液的物质不同,可分为酸性蓄电池和碱性蓄电池两大类。酸性蓄电池又称铅酸蓄电池,船上使用历史最久、价格便宜、用途最广,常用于内燃机的启动和应急照明。碱性蓄电池包括镉-镍蓄电池、铁-镍蓄电池、锌-银蓄电池和镉-银蓄电池等,主要用于无线电通信设备。由于价格较昂贵,所以民用船舶使用较少。目前民用船舶上多以酸性蓄电池为主。

常用蓄电池的性能参数,如表1-3-3所示。

**常用蓄电池性能参数**　　表1-3-3

| 种类 | 组成 | | | 单个电池电压(V) | 充放循环(周期) |
|---|---|---|---|---|---|
| | 负极 | 电解液 | 正极 | | |
| 铅酸蓄电池 | Pb | $H_2SO_4$ | $PbO_2$ | 2.0 | 100~400 |
| 镉-镍蓄电池 | Cd | KOH | NiOOH | 1.2 | 500~5000 |
| 铁-镍蓄电池 | Fe | KOH | NiOOH | 1.2 | 500~1000 |
| 锌-银蓄电池 | Zn | KOH | $Ag_2O$ | 1.5 | 20~200 |
| 镉-银蓄电池 | Cd | KOH | $Ag_2O$ | 1.1 | 300~2000 |

(2)蓄电池的主要性能。蓄电池的主要性能指标包括开路电压、电池容量、使用温度、寿命和储存期等。

酸性蓄电池中每个小电池的电动势为2.0~2.1V。放电时,电压逐渐下降,到达某一电压(称放电终止电压)时,将急剧下降,当低至放电终止电压时,不应再放电。10h放电率的每个小电池放电终止电压为1.8V。充电时,电压变化在2.05~2.8V范围内,充电终期电压,每个小电池为2.5~2.8V。充电设备应考虑能调节到每个小电池2.8V的数值。

碱性蓄电池中每个小电池的电动势为1.3V左右,在额定放电率时平均放电电压为1.2V。根据不同结构形式充放电特性是不同的。具体内容可查阅相关手册。

酸性蓄电池和碱性蓄电池的性能比较,如表1-3-4所示。

**酸性蓄电池和碱性蓄电池性能比较**　　表1-3-4

| 项目 | 酸性蓄电池 | 碱性蓄电池 | 项目 | 酸性蓄电池 | 碱性蓄电池 |
|---|---|---|---|---|---|
| 放电电压 | 较高:2.1V | 较低:1.25V | 保管 | 有酸液腐蚀 | 方便 |
| 内电阻 | 较小:平均为0.005Ω | 较大:平均为0.03~0.06Ω | 开路损失 | 较大,需维护性充电 | 较小,可长期放置 |
| 体积 | 较小 | 较大 | 放电 | 不可在长期放电状态 | 可在长期放电状态 |
| 维护 | 较易 | 较精细 | 忍受短路性能 | 好 | 较差 |
| 机械性能 | 较差 | 较好:不怕振,耐冲击 | 电液 | 不需调换 | 需调换 |
| 使用寿命 | 较短 | 较长 | 价格 | 较便宜 | 较贵 |

(3)充放电方法:

①恒流充电:以恒定电流的方式充电至放电结束。

②恒压充电:以恒定电压方式进行充电(由于充电初期通过电流大,所以应根据该充电电

流选定整流器的容量)。

③恒流恒压充电:在充电初期通以适当的恒定大电流,达到某一电压时,保持恒定电压进行连续充电。

④连续补充充电:给无负载的蓄电池自行放电进行补充充电。

⑤分段充电:以 2 ~ 3 段变化的恒电压或恒电流进行充电。

4. 充放电板

由于船舶小应急照明、操纵仪器和无线电设备的电源均采用蓄电池,所以船舶上都设有充放电板用来对蓄电池进行充电放电,从而实现向用电设备的正常供电。常用充放电板主要由两个部分组成,即电源部分和充放电回路。前者多采用整流装置,将交流电变为直流电,而后者在充电回路中,都设有防止逆流的逆电流继电器或二极管。

正常时,充放电板对船舶上安装的蓄电池组进行充电和放电,同时控制和监视充电电源的工作情况,并将蓄电池组的电能分配给船上的低压用电设备;在主电网或应急电网都失电的情况下,自动接通蓄电池的放电回路并直接向小应急设备供电。

通用充放电板的原理一般如图 1-3-6 所示。

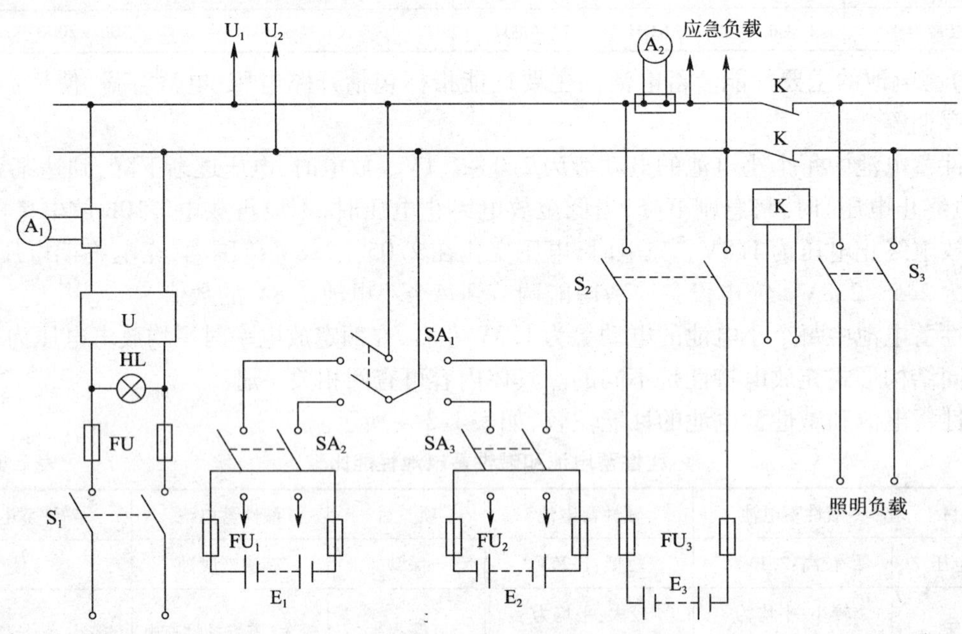


图 1-3-6　常用充放电板的原理图

图 1-3-6 中 U 表示充电装置,充电电路用转换开关 $SA_1$、$SA_2$、$SA_3$ 和开关 $S_2$ 进行控制。$E_1$、$E_2$、$E_3$ 为三组电压相等的蓄电池。由于充电装置输出的电流有限,因此图中采用转换开关进行轮流充电。

若改变图 1-3-6 中转换开关 $SA_2$ 或 $SA_3$ 的合闸方向,即可将蓄电池的电能对外放电。

当蓄电池 $E_3$ 作为应急电源使用时,如果只用一组蓄电池,此蓄电池不能使用转换开关控制,只能将充放电路合一。否则应配用两组蓄电池轮流充电和放电。

交流接触器 KM 的线圈电路由船舶主电站的电网供电,当主电网有电时,低压照明负载由

主电网供电，当主电网失电时，则改由应急电源自动供电。

## 二、岸电箱

船舶靠港或进厂修理时，有时需用陆上电源来供电，称为“岸电”。尤其是定期航行的班船，停靠一定的码头，在码头上都设置接岸电的装置，使船舶一靠码头即可使用岸电，将船上发电机组全都停机，一方面可以减少值班人员，另一方面又可对发电机组进行正常的维护或修理。

### 1. 直流电制船舶的岸电系统

直流电制的船舶进坞修理时，须接用直流岸电，此时可以安装直流岸电箱；也可以将直流岸电电缆直接拉至机舱主配电板临时接用，不安装直流岸电箱。

由于码头上陆用电源多为交流电，因此，停泊码头时应考虑接用交流岸电的可能，设置交流岸电箱。交流岸电的供电方式有两种：

(1)接用单相交流岸电，仅供船上照明回路使用。此时，配电板内照明汇流排应与电力汇流排分开。

(2)船上安装一台变流机组或整流装置，将交流岸电变为直流电，再供电给船上停泊负载。

### 2. 交流电制船舶的岸电系统

交流电制的船舶不论进坞修理还是停泊码头，都须接用交流岸电，因此，应在码头和船上设置交流岸电箱。岸电箱的容量大小，应根据停泊负载确定，各类船舶的停泊负载是不同的，通常包括：

(1)照明：机舱照明、舱室照明、甲板照明和信号灯等。

(2)厨房设备：电灶、电烘箱和电茶桶等。

(3)日用设备：日用海水泵、日用淡水泵以及空压机等。

(4)通风机：厨房风机、住舱风机等。

(5)冷藏空调设备。

(6)修理机械：车床、钻床和电焊机等。

(7)通信设备：无线电、广播和电话等船内外通信设备。

(8)娱乐设备：电视接受、录像放像和电影设备以及体育设施等用电设备。

交流岸电箱的外形如图1-3-7所示。

图1-3-7　交流岸电箱的外形图

### 3. 岸电箱及接岸电的基本要求

设计岸电箱和接用岸电时，应注意下述基本要求：

(1)岸电箱应有下列措施：

①岸电箱内应设有切断所有绝缘极(相)的断路器或开关加熔断器进行保护。

②指示端电压的指示灯或电表。

③用于连接软电缆的合适接线端子。

④对岸电为中性点接地的交流三相系统，应设有接地接线柱，以便将船体接至岸上的接地装置或岸上电网的零点。

⑤应有检视岸电极性(直流时)和相对船舶配电系统的相序(三相交流时)是否相符的

设施。

⑥标明船电系统的配电系统的形式、额定电压和频率(对于交流)的铭牌。

⑦根据船东要求,有时还应装设电度表。

(2)接岸电时应注意下述各点:

①岸电箱应安装在便于连接来自外部电源软电缆的处所,根据安装处所,选择合适的外壳防护等级。

②岸电箱与主配电板间应以固定敷设的电缆连接,该电缆应有足够的定额。

③当岸电或(和)船电系统为中性点接地的交流三相系统时,应将船体与岸地连接。

④利用船体作导电回路的船舶,在接岸电时,不能以陆地或海水作岸电回路,而应以与绝缘的岸电相线或极线同类型且同截面的导线将船体与岸电网络的零点或接地的相线或接地的负极相连。岸电箱内应有连接此电缆的接线柱,该接线柱应在岸电箱附近与船体可靠地连接。

三相交流岸电箱上可以采用指示灯组成相序指示器。相序指示灯的接线图可参考图1-3-8。采用两个指示灯时,亮的指示灯表示超前相,暗的指示灯表示滞后相;采用一个指示灯时,亮是表示超前相。

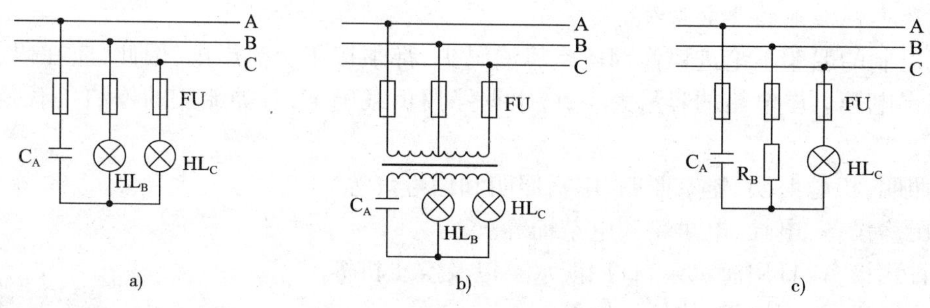


图1-3-8 相序指示灯电路图

4.岸电控制箱原理图

岸电通过岸电箱引入船舶电网。根据规定,船电和岸电不得同时向用电设备供电,即不得并联运行。因此,在使用岸电前,船电必须与电网脱离,船电与岸电的控制开关之间必须要有可靠的电气联锁。如图1-3-9所示。

只有当船电 $G_1$ 和 $G_2$ 均停电跳闸后,主开关 $QF_1$ 和 $QF_2$ 常闭辅触点复位,才能接通岸电总开关 $QF_3$ 的失压线圈电路,使 $QF_3$ 合闸后供电。否则 $QF_3$ 无法合闸。

图1-3-9中虚线框内的电路为岸电控制箱电路,它由换相转换开关SA和相序指示电路组成。在接入岸电时,必须保证岸电相序与船电相序一致,否则,电动机将反转,其他与相序有关的用电设备也会工作不正常。为判断接入岸电时相序是否正确,在岸电箱上附有相序测定器见图1-3-8。其工作原理分析如图1-3-10所示。

两只相同的电阻(指示灯) $R_B$、$R_C$ 和一只电容C组成三相星形不对称负载电路,其三相电源通常来自电压互感器TV的次级(图1-3-8)。由于电容的移相作用,使电路的中性点 $O_1$ 发生位移。指示灯 $R_B$、$R_C$ 将显示出不同的明暗程度,以表示接入的岸电相序是否与船电相序相一致。

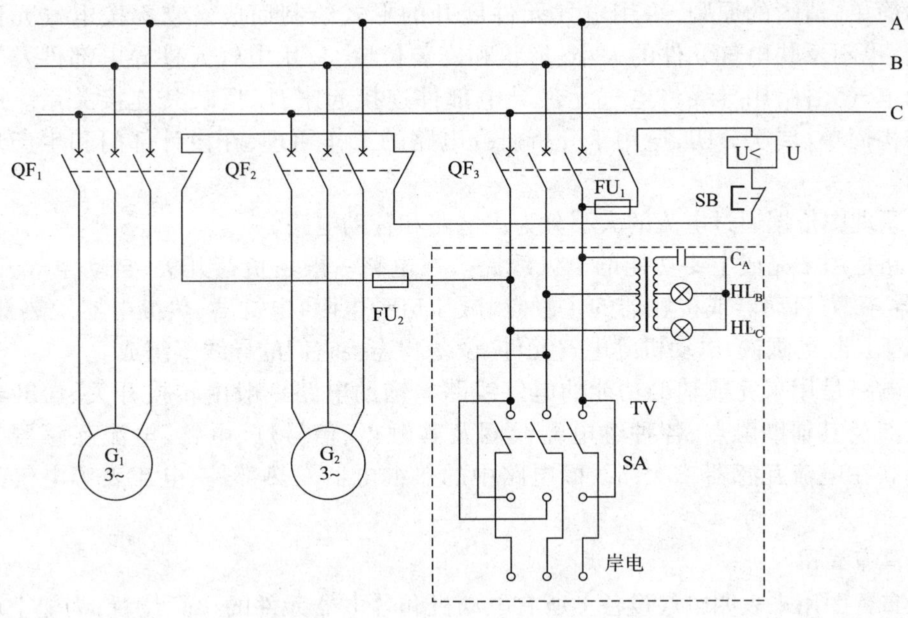


图 1-3-9　岸电与船电连锁控制原理图

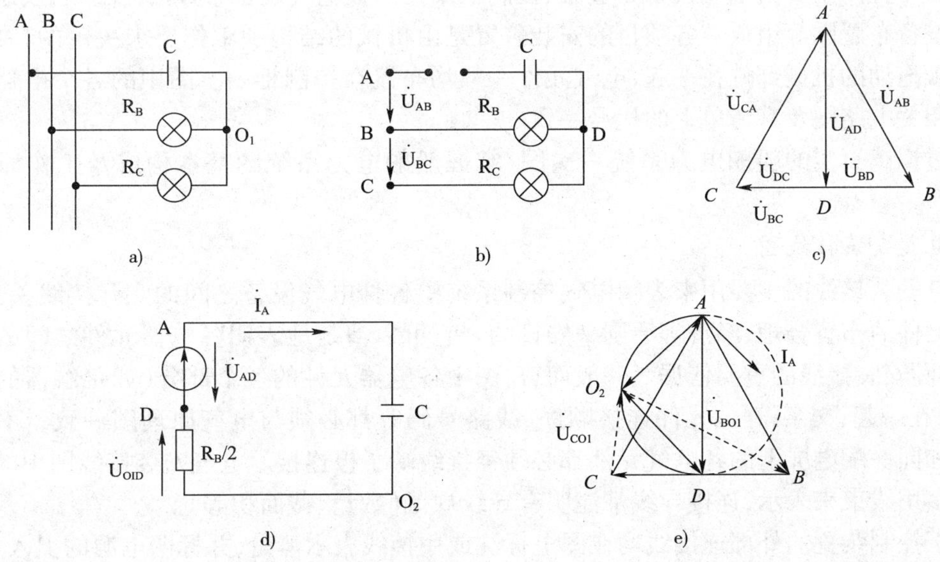


图 1-3-10　相序测定器原理接线图

a）线路图；b）断开电容后；c）断开电容后的位形图；d）等值发电机电路；e）相序测定器位形图

## ◎ 任务实施

### 一、船舶配电装置识图

#### 1. 电气原理图

电气原理图是用来表示电路各个电气元件导电部件的连接关系和工作原理的图。此

图应根据简单、清晰的原则,采用电气元件展开的形式绘制而成。它不按电气元件的实际位置来画,也不反映电气元件的大小、形状和安装位置,只用电气元件导电部件及其接线端钮来表示电气元件,用导线将电气元件导电部件连接起来,以反映其连接关系。所以电气原理图结构简单、层次分明,适用于分析研究电路的工作原理,在设计部门和生产现场获得广泛应用。

电气原理图依据通过电流的大小分为主电路和辅助电路。

主电路是用来完成主要功能的电气线路。主电路一般由负荷开关、自动空气开关、刀开关、熔断器、磁力启动器或接触器的主触点、减压启动电阻、电抗器、热继电器发热部件、电流表、频敏变阻器、电磁铁、电动机等电气元件、设备和连接它们的导线等组成。

辅助电路是用来完成辅助功能的电气线路。辅助电路一般由转换开关、熔断器、按钮、接触器线圈及其辅助触点、各种继电器线圈及其触点、信号灯、电铃、电流互感器二次侧线圈以及串联在电流互感器二次侧线圈电路中的热继电器发热部件、电流表等电气元件和导线组成。

2. 电器布置图

电器布置图用来表明电气设备上所有电动机和各电器元件的实际位置,为船上电气控制设备的安装和维修提供必备的资料。

电器布置图主要由电气设备布置图、控制柜及控制板电气设备布置图、操纵台及悬挂操纵箱电气设备布置图等组成。各项目的安装位置是由机械的结构和工作要求决定的,一般电动机要和被拖动的机械部件在一起,电气元件一般均布置在控制柜内。图中的各个电器的代号一般和相关电路图及其清单上的代号一致。

通过识读真实的船舶电力系统一次图,掌握船舶电力系统的基本构成及工作原理图形符号。

3. 电气安装接线图

电气安装接线图主要用来表示电气控制系统中各种电气设备之间的实际接线关系,是根据电器元件的布置合理、经济等原则来安排的。它可以清楚地表明各电器元件之间的电气连接,是实际安装接线的重要依据。一般而言,图中各电器元件的各个部分(如接触器的线圈和触点)画在一起,文字符号、元件连接顺序、线路号码等都必须与电气原理图一致。不在同一控制箱和同一配电屏上的各电气元件都必须经接线端子板连接。电气安装接线图中的电气连接关系多用线束来表示,连接导线都注明有导线规范(数量、截面积等)。

对于控制装置的外部连接线均在图上标注或用接线表示清楚,并标明电源的引入点。

**二、附图材料**

1. 发电机控制屏原理图(图 1-3-11)

2. 馈电屏原理图(图 1-3-12)

3. 组合启动屏原理图(图 1-3-13)

4. 应急发电机控制屏原理图(图 1-3-14)

5. 应急配电系统 440V 馈电屏原理图(图 1-3-15)

6. 应急配电系统 220V 馈电屏原理图(图 1-3-16)

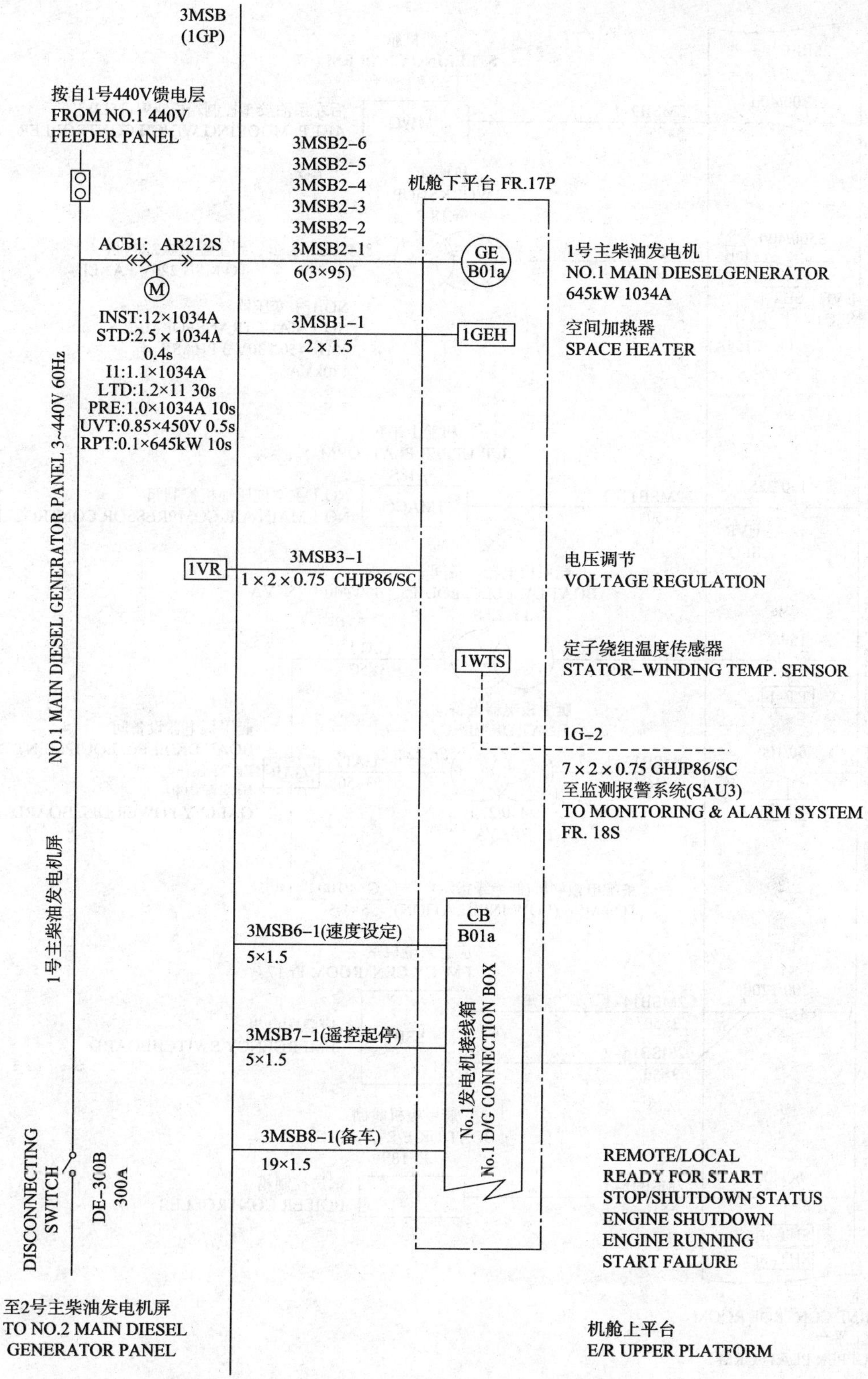

图 1-3-11　发电机控制屏原理图

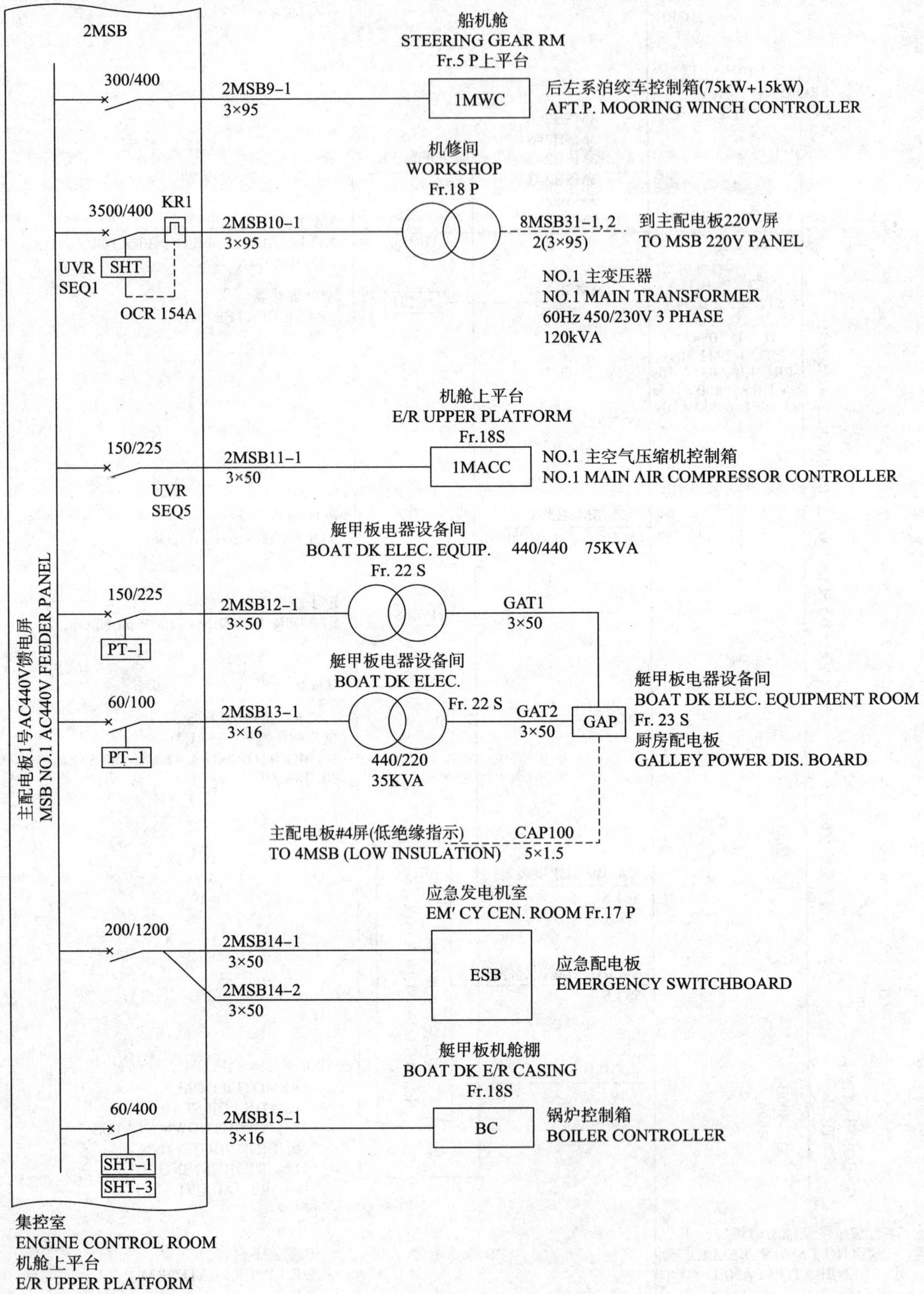

图 1-3-12　馈电屏原理图

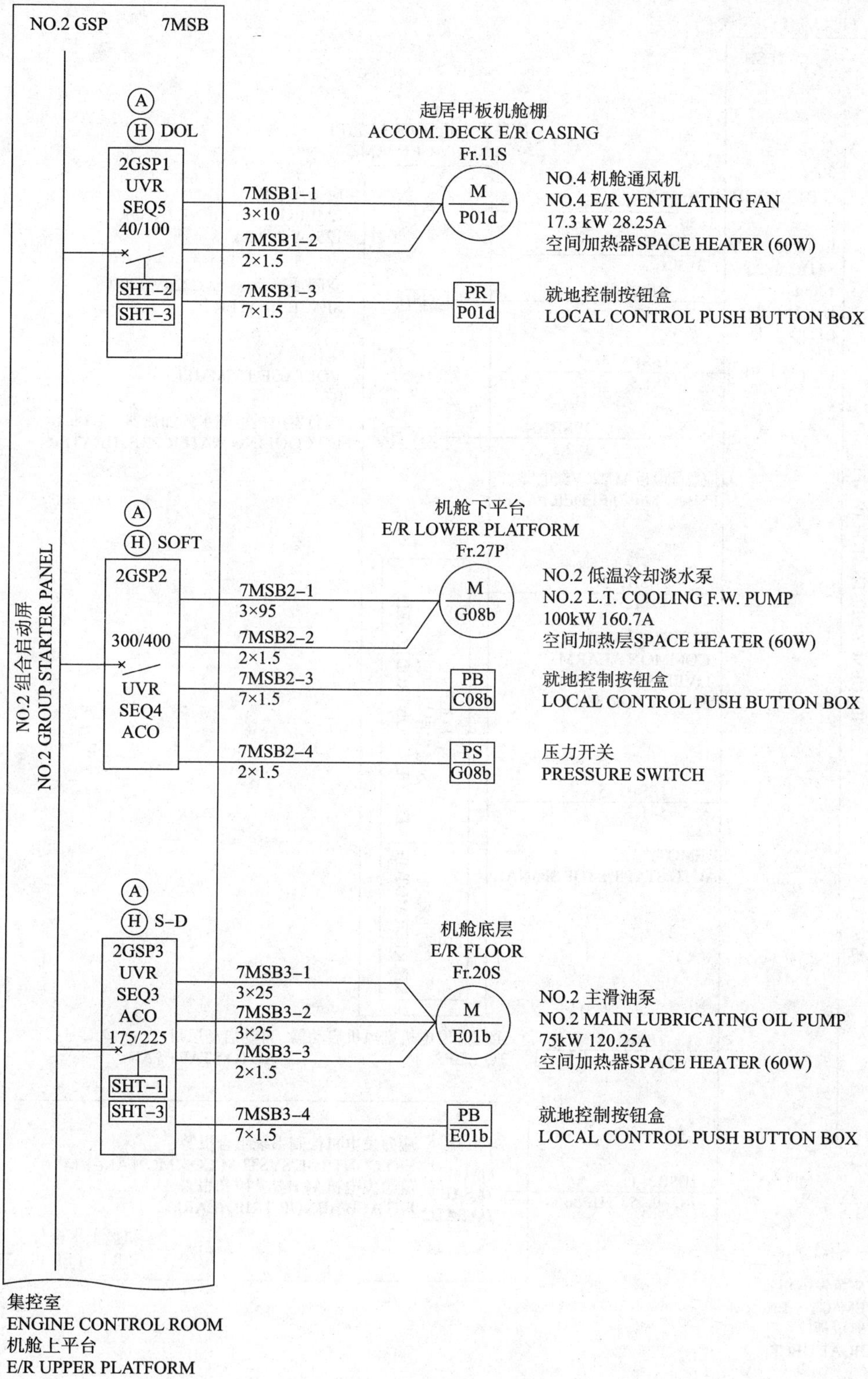

NO.2 GSP　7MSB

NO.2 组合启动屏
NO.2 GROUP STARTER PANEL

A
H DOL
2GSP1
UVR
SEQ5
40/100
SHT−2
SHT−3

起居甲板机舱棚
ACCOM. DECK E/R CASING
Fr.11S

7MSB1−1
3×10
7MSB1−2
2×1.5
M
P01d
NO.4 机舱通风机
NO.4 E/R VENTILATING FAN
17.3 kW 28.25A
空间加热器SPACE HEATER (60W)

7MSB1−3
7×1.5
PR
P01d
就地控制按钮盒
LOCAL CONTROL PUSH BUTTON BOX

A
H SOFT
2GSP2
300/400
UVR
SEQ4
ACO

机舱下平台
E/R LOWER PLATFORM
Fr.27P

7MSB2−1
3×95
7MSB2−2
2×1.5
M
G08b
NO.2 低温冷却淡水泵
NO.2 L.T. COOLING F.W. PUMP
100kW 160.7A
空间加热层SPACE HEATER (60W)

7MSB2−3
7×1.5
PB
C08b
就地控制按钮盒
LOCAL CONTROL PUSH BUTTON BOX

7MSB2−4
2×1.5
PS
G08b
压力开关
PRESSURE SWITCH

A
H S−D
2GSP3
UVR
SEQ3
ACO
175/225
SHT−1
SHT−3

机舱底层
E/R FLOOR
Fr.20S

7MSB3−1
3×25
7MSB3−2
3×25
7MSB3−3
2×1.5
M
E01b
NO.2 主滑油泵
NO.2 MAIN LUBRICATING OIL PUMP
75kW 120.25A
空间加热器SPACE HEATER (60W)

7MSB3−4
7×1.5
PB
E01b
就地控制按钮盒
LOCAL CONTROL PUSH BUTTON BOX

集控室
ENGINE CONTROL ROOM
机舱上平台
E/R UPPER PLATFORM

图 1-3-13　组合启动屏原理图

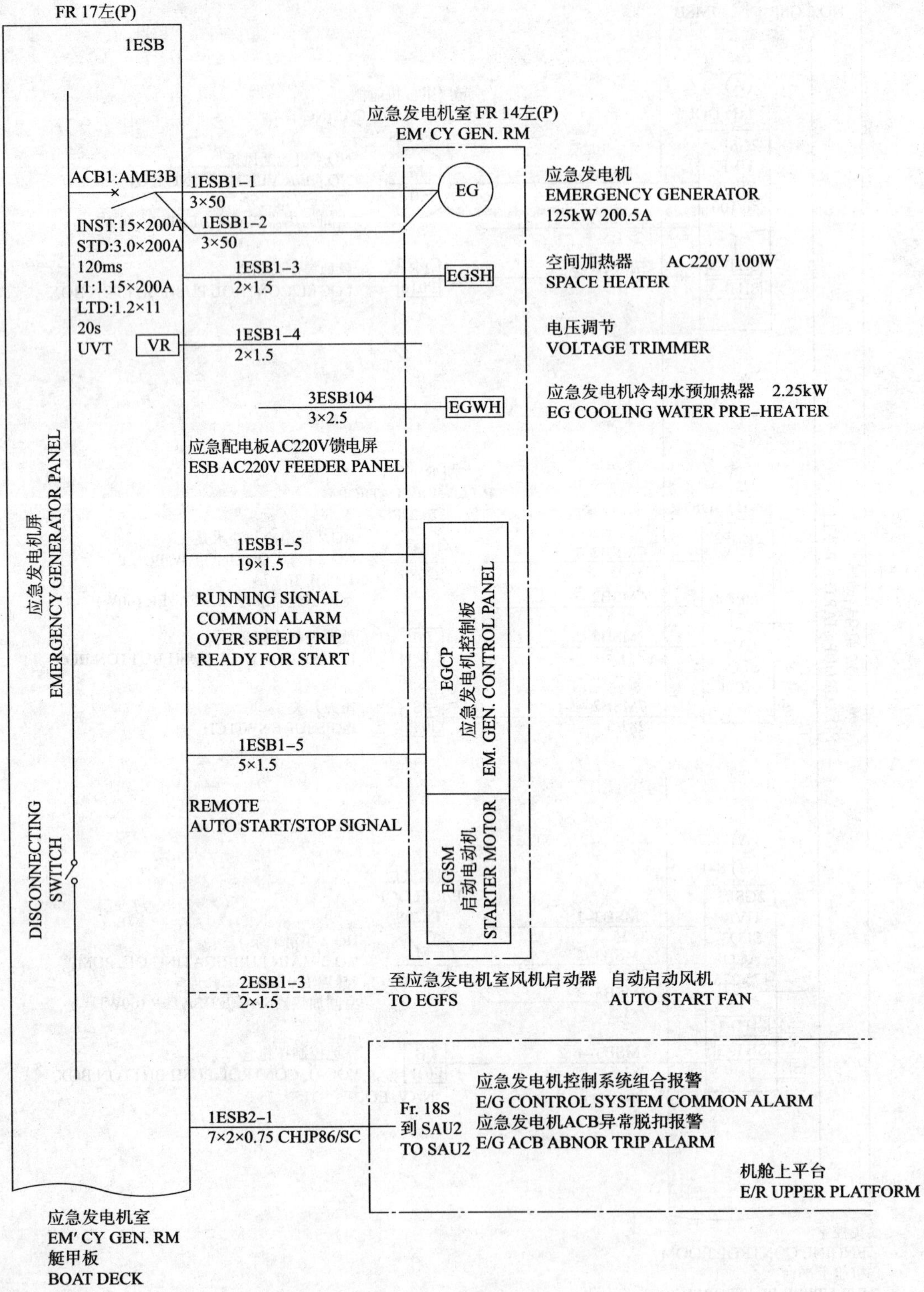

图 1-3-14 应急发电机控制屏原理图

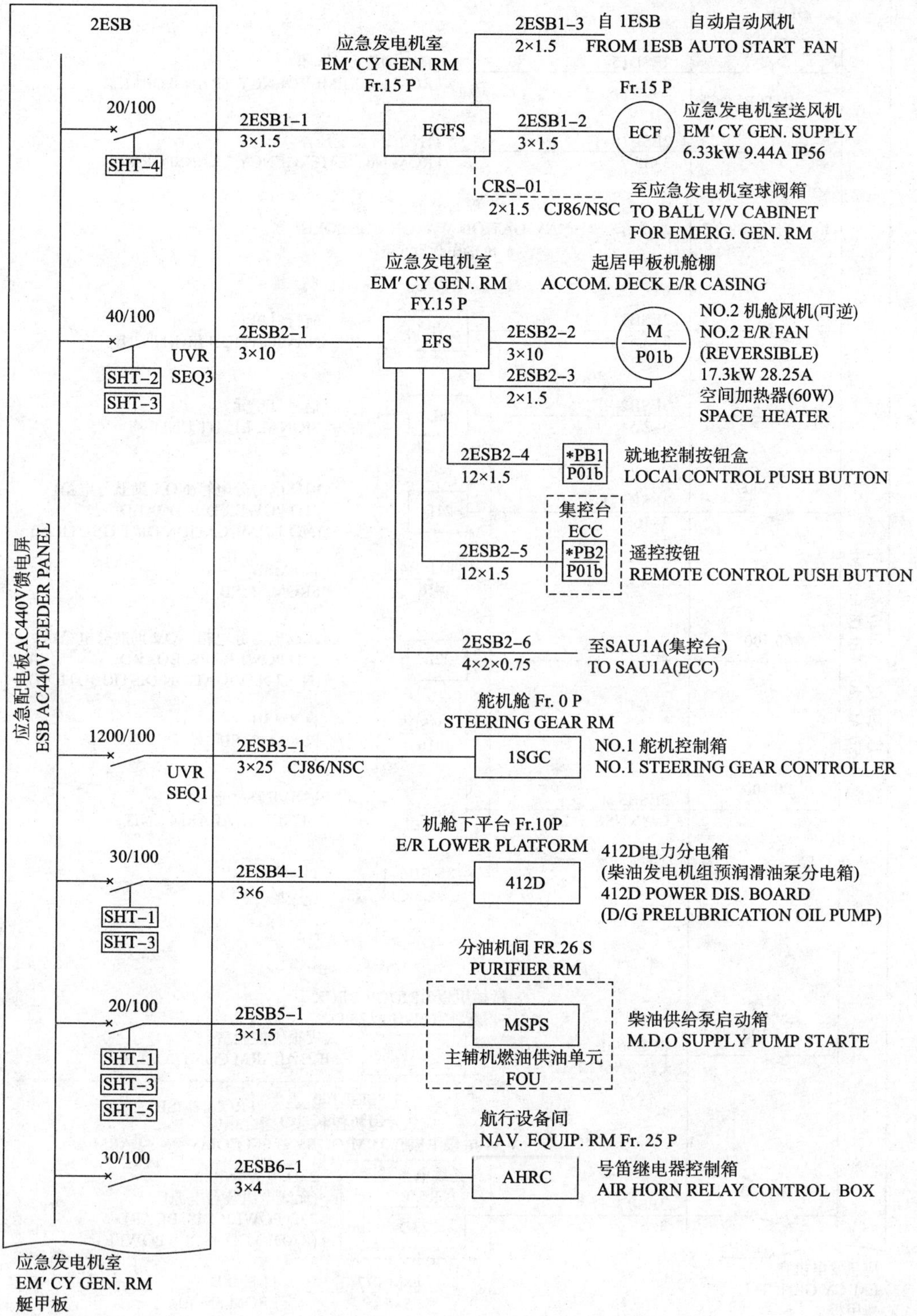

图 1-3-15　应急配电系统 440V 馈电屏原理图

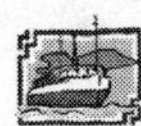

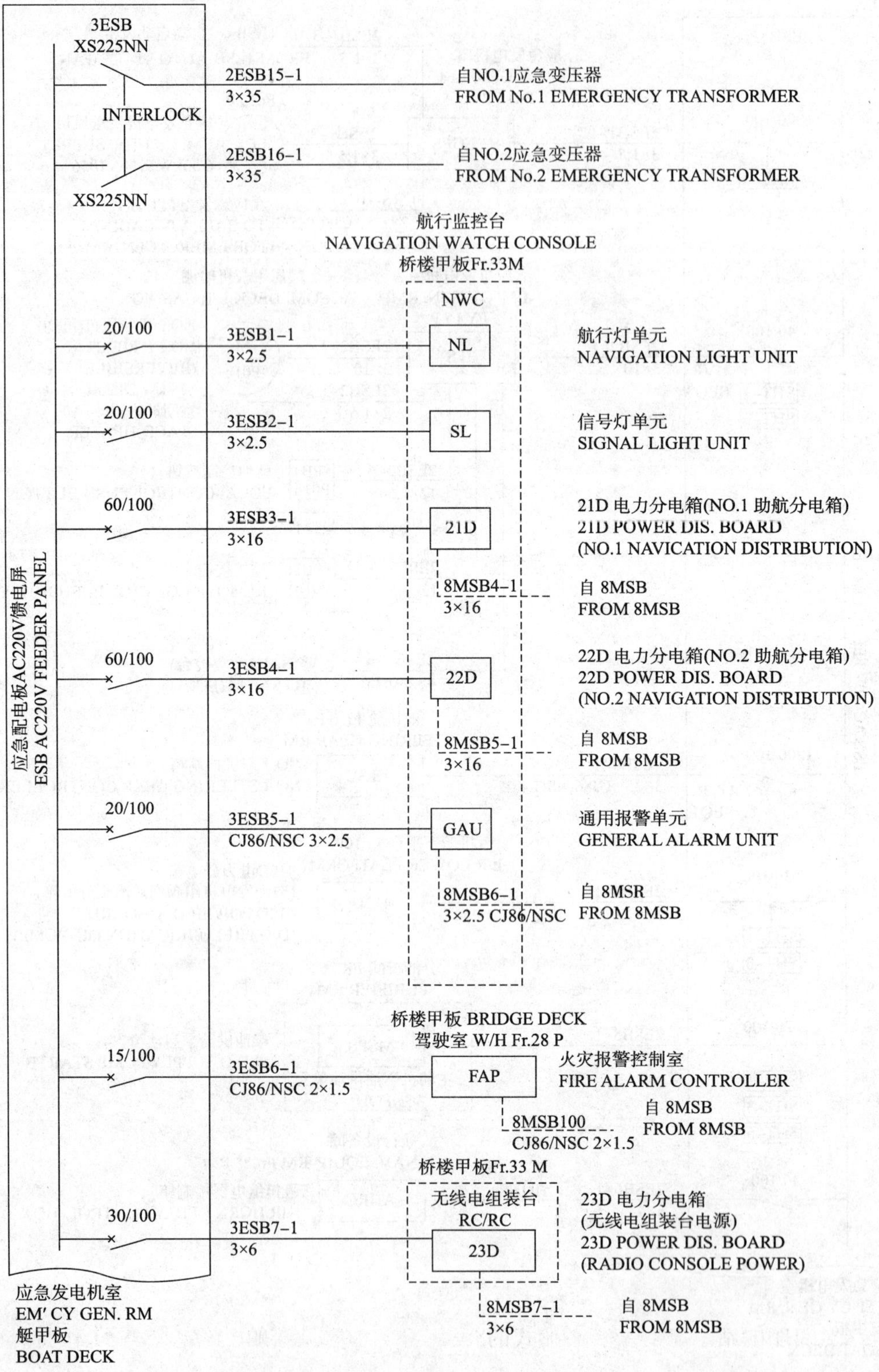

图 1-3-16 应急配电系统 220V 馈电屏原理图

## ◎ 任务考核

<table>
<tr><td>学生姓名</td><td>教师姓名</td><td colspan="4">工　作　任　务</td></tr>
<tr><td></td><td></td><td colspan="4"></td></tr>
<tr><td colspan="2" rowspan="2">考核标准</td><td>优</td><td>良</td><td colspan="2">及格</td></tr>
<tr><td>对船舶发电机相关控制原理组成知识点的掌握牢固、明确，能正确识别电路图的文字符号；任务执行积极主动，实施过程完整，报告格式标准，内容完整、清晰。</td><td>对船舶发电机相关控制原理组成知识点的掌握一般，基本能正确理解电路的文字符号；任务执行积极比较主动，实施过程较好，报告格式标准，内容完整、清晰。</td><td colspan="2">对船舶发电机配电装置相关知识点的掌握牢固，但对电站的理解不够清晰；基本完成任务实施过程，报告格式标准，内容完整、清晰。</td></tr>
<tr><td colspan="2">考核内容(70 分)</td><td>小组评价<br>(20%)</td><td>小组互评<br>(20%)</td><td>教师评价<br>(60%)</td><td>得分</td></tr>
<tr><td colspan="2">1. 发电机控制屏原理图识读(文字符号 5 分、界限 5 分、布置 5 分，共 15 分)</td><td></td><td></td><td></td><td></td></tr>
<tr><td colspan="2">2. 馈电屏原理图识读(文字符号 5 分、界限 5 分、布置 5 分，共 15 分)</td><td></td><td></td><td></td><td></td></tr>
<tr><td colspan="2">3. 组合启动屏原理图的识读(文字符号 5 分、界限 5 分、柜内布置 10 分，共 20 分)</td><td></td><td></td><td></td><td></td></tr>
<tr><td colspan="2">4. 任务报告(20 分)</td><td></td><td></td><td></td><td></td></tr>
<tr><td colspan="2" rowspan="6">知识巩固测试(30 分)</td><td colspan="3">1. 船舶配电装置的概念与功能(5 分)</td><td rowspan="6"></td></tr>
<tr><td colspan="3">2. 船舶配电装置的分类(5 分)</td></tr>
<tr><td colspan="3">3. 船舶配电装置的结构形式(5 分)</td></tr>
<tr><td colspan="3">4. 交流电制的配电方式(5 分)</td></tr>
<tr><td colspan="3">5. 主配电板的功能(5 分)</td></tr>
<tr><td colspan="3">6. 主配电板的组成及特点(5 分)</td></tr>
<tr><td>完成日期</td><td></td><td colspan="3">总分</td><td></td></tr>
</table>

# 任务四　船舶输电网的配置与电缆选用

## ◎ 任务描述

通过对船舶电站输电网及结线形式的介绍，将各种常见船舶电网的分类、工作特点及系统组成呈现给大家。使同学们能够结合船舶电力网的实际，了解并掌握船用电缆的结构、组成及选型方法。

◎ 知识链接

船舶输电网络泛指主配电板和应急配电板到用电负载之间的电缆连线。船舶输电网根据具体供电电源的不同分为主电网、应急电网、临时应急电网和弱电网络等不同形式。

**一、船舶输电网的分类**

1. 主电网

主电网由主发电机通过主配电板供电的网络。该网络输送的电能占全船电能的70%左右。

2. 应急电网

应急电网由应急发电机通过应急配电板供电,或由蓄电池通过蓄电池充放电板供电的网络。当主电源失电时,应急电源自动启动并通过应急电网供电给应急用户。在主电源正常工作时,应急负载可由主配电板经联络开关供电给应急配电板再经应急电网供电。

3. 临时应急电网

临时应急电网由蓄电池通过蓄电池充放电板用以传输、分配临时应急电能的网络。对于装设有应急发电机组但无自启动装置的船舶,要求安装临时应急电网,而且蓄电池的容量应能满足连续供电30min的要求。

4. 一次网络

一次网络由主配电板直接向区配电板、分配电板和负载供电的网络,亦称为一次系统。

5. 二次网络

二次网络由区配电板或分配电板向负载供电的网络,亦称为二次系统。

6. 动力电网

动力电网指供电给三相异步电动机负载的电网,也包括供电给380V三相电热负载的电缆。该网络输送的电能约占全船全部电能的70%左右。

7. 照明网络

照明网络船舶电网中向照明设备、电风扇及小容量电热设备供电的网络,该电网由照明变压器副边算起,通过主配电板中的照明负载屏馈电给各照明分配电板,再由各分配电板供电给全船所有舱室及甲板的照明灯具,对机舱中的照明网络需交叉布置,并至少有两个独立的馈电路径,以保证在其中一路故障时机舱仍有50%的照明负载正常工作;甲板等外部照明电网应能在驾驶室集中控制其通断。

8. 弱电网络

弱电网络是向全船无线电通信设备、各种助航设备、信号报警系统等用户供电的低压直流电网或中频电网,因其对供电电压、频率等有特殊要求,因此要专门配置蓄电池组及变流机组。

**二、船舶输电网的结线方式**

电源、配电装置及用电设备之间电缆的连接方式称之为结线方式。在设计电力系统时应根据用电设备的具体要求和整个电力系统的供电可靠性、经济性、灵活性以及操作方便等,合理地确定其结线方式。目前采用较多的是馈线式和环路式。此外,还有干线式、棋盘式、两舷供电式和混合式等。

1. 馈线式

馈线式又称枝状结线、干馈混合式或放射式，如图 1-4-1 所示，是以主发电机馈电的主汇流排作为主干，配电网络像树枝式地分布。这种方式在船上应用最为普遍，它有以下特点：

（1）电缆的总长度比较小；

（2）便于增加新的负载；

（3）继电保护装置与开关电器数量比较少，整定、检修和维护容易；

（4）与环路方式比较投资少；

（5）主要供电开关均在一个控制场所，便于集中控制。

2. 环路式

环路式如图 1-4-2 所示，是指发电机主汇流排与各分配电板汇流排通过自动开关串联成环状，负载分别由各段汇流排上引出。这种方式的特点：

（1）比馈线式配电可靠性高；

（2）电压损耗和功率损耗比较小；

（3）检修维护复杂；

（4）与树枝式相比价格高。

这种配电方式主要用在军舰和客轮的配电网络中。

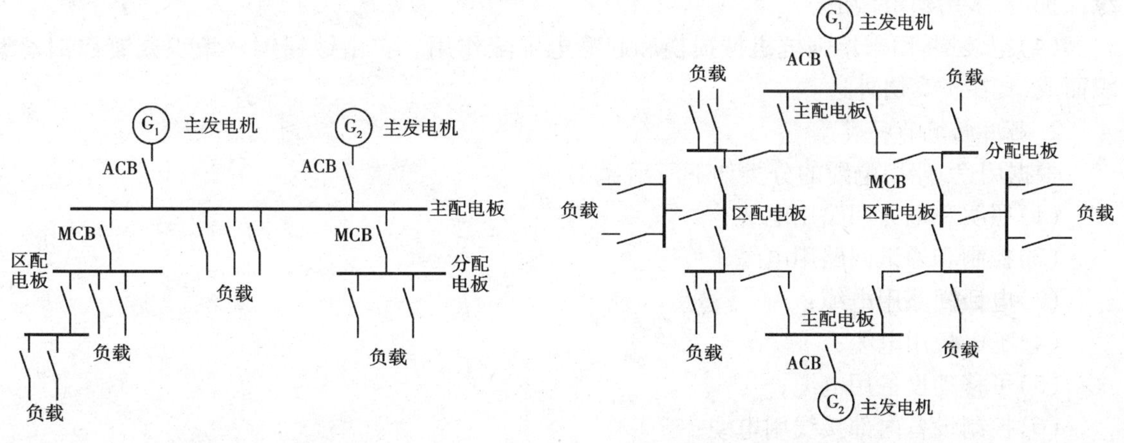


图 1-4-1　馈线式供电方式　　　图 1-4-2　环路式供电方式

## ◎ 任务实施

### 一、船舶电缆的识别

船舶电缆主要用于配电板和用电器之间的电能输送。由于船舶工作的环境条件恶劣，因此要求电缆在机械强度、绝缘强度和防护性能等方面较陆用电缆有较高的技术要求。

1. 船舶电缆的结构

船用电缆主要由导体、绝缘层、护套层和铠装层等组成，其结构如图 1-4-3 所示。

（1）导体：用来传输电流。为了减少输电线上的电压损失和功率损失，船用电缆的芯线应采用铜线；为了增加芯线的机械强度和减少温升影响，船用电缆多用直径 0.26 ~ 0.27mm 的多股软铜丝绞合而成。铜丝应镀锡或镀合金，表面要求光亮。

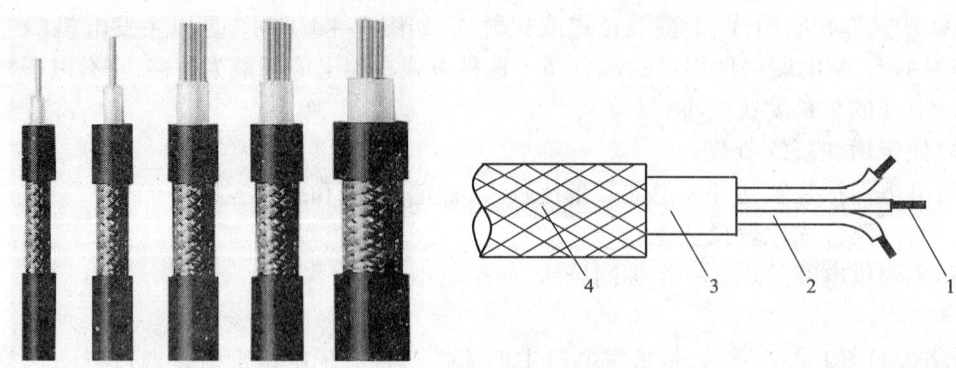


图 1-4-3　电缆结构图

1-芯线;2-绝缘层;3-护套层;4-铠装层

(2)绝缘层:用来隔绝芯线电流,防止芯线接地或相碰造成短路事故。目前使用的绝缘材料有天然橡胶、塑料、漆布、绝缘纸和矿物等。电力电缆一般采用橡胶绝缘;照明和控制电缆一般选用耐热塑料绝缘,提高绝缘层的性能是延长电缆使用寿命的关键。

(3)护套层:用来保护绝缘层,以免受到机械损伤,油雾、烟雾的腐蚀。它实际上是一层绝缘保护层,多用塑料做成。

(4)铠装层:用来增强抗机械损伤和起静电屏蔽作用。它由镀锡铜丝编织或镀锌钢丝编织而成,套在护套层外边。

2. 船用电缆的种类

根据用途,船用电缆的分类如下所示:

(1)照明和电力回路用电缆;

(2)控制和通讯回路用电缆;

(3)电话回路用电缆;

(4)配电板用电缆;

(5)可移动设备用电缆;

(6)控制设备内部接线用电缆;

(7)其他特殊装置用电缆。

**二、船用电缆的选择**

船用电缆的选择应根据敷设场所的环境条件、敷设方法、额定电流和允许电压降等因素来考虑。并应遵循一定的基本步骤和原则。

(1)根据电缆的用途、敷设位置和工作条件选择合适的电缆型号;

(2)根据用电设备的工作制、电源种类、电缆芯线和负载电流选择合适的电缆截面;

(3)根据系统短路电流计算结果,判断电缆的短路容量是否满足要求;

(4)根据环境温度对电缆的额定载流量进行修正,然后,再判断电缆的允许电流是否大于负载电流;

(5)根据成束敷设修正系数,对电缆的额定载流量进行修正,然后,再判断电缆的允许电流是否大于负载电流;

(6)校核线路电压降,判断线路电压降是否小于规定值;

(7)根据保护装置的整定值,判断电缆与保护装置是否协调;如果不协调,判断是否可以改变合适的保护装置或整定值,否则应重新选择合适的电缆截面。

在选用电缆时,主要采用以下步骤:

1. 电缆型号的选择

电缆型号的选择应考虑下述因素:

(1)电缆的用途:用于动力、照明和无线电通信等;

(2)电缆敷设位置:干燥、低温、潮湿和是否要求屏蔽等;

(3)工作条件:固定敷设、穿管敷设和可移动等。

2. 电缆截面的确定

选择导体的截面时,应根据电缆供电的电路,估算电缆可能承载的最大负载电流;同时根据不同环境空气温度时的修正系数、成束敷设的修正系数和不连续工作的修正系数,对预选用电缆的额定载流量进行修正,每根电缆在修正后,电流定额不应小于该电缆所可能承载的最大电流。常用铜导线的载流量如表 1-4-1 所示。

3. 电缆界面的校核

电缆的截面初步确定后,还要校核线路电压降,保证电缆在正常工作条件下承载最大电流时的电压降,不超过各国规范、规则的规定值;还要按照上述条件确定导体截面后,校核由短路和电动机启动电流所引起的温升应满足要求。

此外,还应注意导体应有足够的机械强度以满足敷设和工作条件;在三相交流供电系统,当电缆截面较大时(一般限定 $120mm^2$),可以采用二根或多根三芯电缆并联使用;对于临时应急低压灯具,由于受到填料函尺寸的限制,选用电缆截面不应超过 $2.5mm^2$;而对于进入蓄电池室的蓄电池连接线应选用单芯电缆,以便于连接;当船舶采用单线制时,照明灯具、无线电和导航设备等所使用的电缆一般仍选用双芯电缆,通过分配电板的汇流排进行总接地。

**三、船舶输电网的电压损失、电压偏移和电压降的计算**

当负载电流通过电缆时,由于电缆本身有电阻,就会在电缆上产生功率损耗,使导线发热,同时电缆的首末端间电压将发生变化,线路中任意两点间电压的矢量差通常称之为电压降,该两点间电压的代数差称为电压损失,但工程上主要对电压差的绝对值感兴趣,因此经常将电压损失叫作电压降。电压偏移则指负载处实际电压与额定负载电压之差,也都可用对额定电压的百分数即相对值来表示。

例如发电机汇流排为 400V,锚机电动机处电压为 375V,则由汇流排到锚机电动机之电压损失为 25V(用绝对值表示),或为 $25/380\times100\%=6.5\%$(用相对值的百分数表示)。

锚机电动机处电压偏移为 $375V-380V=-5V$(用绝对值表示),或为 $-5/380\times100\%=-1.3\%$(用相对值的百分数表示)。

1. 线路电压降允许值

计算线路电压降是为了校核所选用的电缆回路产生的电压降,是否满足有关规范和规则的要求。其实际意义在于确保电力系统的供电质量。有关规范和规则的线路电压降的允许值列入表 1-4-2,供参考。

**BV-105 型耐热聚氯乙烯绝缘铜芯电线的载流量表**

表 1-4-1

| 截面($mm^2$) | 明敷(A) | | | | 2 根穿管(A) | | | | 管径(mm) | | 3 根穿管(A) | | | | 管径(mm) | | 3 根穿管(A) | | | | 管径(mm) | |
|---|---|---|---|---|---|---|---|---|---|---|---|---|---|---|---|---|---|---|---|---|---|---|
| | 50℃ | 55℃ | 60℃ | 65℃ | 50℃ | 55℃ | 60℃ | 65℃ | G | DG | 50℃ | 55℃ | 60℃ | 65℃ | G | DG | 50℃ | 55℃ | 60℃ | 65℃ | G | DG |
| 1.5 | 25 | 23 | 22 | 21 | 19 | 18 | 17 | 16 | 15 | 16 | 17 | 16 | 15 | 14 | 15 | 16 | 16 | 15 | 14 | 13 | 15 | 16 |
| 2.5 | 34 | 32 | 30 | 28 | 27 | 25 | 24 | 23 | 15 | 16 | 25 | 23 | 22 | 21 | 15 | 16 | 23 | 21 | 20 | 19 | 15 | 19 |
| 4 | 47 | 44 | 42 | 40 | 39 | 37 | 35 | 33 | 15 | 19 | 34 | 32 | 30 | 28 | 15 | 19 | 31 | 29 | 28 | 26 | 20 | 25 |
| 6 | 60 | 57 | 54 | 51 | 51 | 48 | 46 | 43 | 20 | 25 | 44 | 41 | 39 | 37 | 20 | 25 | 40 | 38 | 36 | 34 | 20 | 25 |
| 10 | 89 | 84 | 80 | 75 | 76 | 72 | 68 | 64 | 20 | 25 | 67 | 63 | 60 | 57 | 25 | 32 | 59 | 56 | 53 | 50 | 25 | 32 |
| 16 | 123 | 117 | 111 | 104 | 95 | 90 | 85 | 81 | 25 | 32 | 85 | 81 | 76 | 72 | 25 | 32 | 75 | 71 | 67 | 63 | 32 | 38 |
| 25 | 165 | 157 | 149 | 140 | 127 | 121 | 114 | 108 | 32 | 38 | 113 | 107 | 102 | 96 | 32 | 38 | 101 | 96 | 91 | 86 | 32 | (51) |
| 35 | 205 | 191 | 185 | 174 | 160 | 152 | 144 | 136 | 32 | 38 | 138 | 131 | 124 | 117 | 32 | (51) | 126 | 120 | 113 | 107 | 50 | (51) |
| 50 | 264 | 251 | 238 | 225 | 202 | 192 | 182 | 172 | 40 | (51) | 179 | 170 | 161 | 152 | 40 | (51) | 159 | 151 | 143 | 135 | 50 | (51) |
| 70 | 310 | 295 | 280 | 264 | 240 | 228 | 217 | 204 | 50 | (51) | 213 | 203 | 192 | 181 | 50 | (51) | 193 | 184 | 174 | 164 | 65 | — |
| 95 | 380 | 362 | 343 | 324 | 292 | 278 | 264 | 249 | 50 | — | 262 | 249 | 236 | 223 | 65 | — | 233 | 222 | 210 | 198 | 65 | — |
| 120 | 448 | 427 | 405 | 382 | 347 | 331 | 314 | 296 | 65 | — | 311 | 296 | 281 | 265 | 65 | — | 275 | 261 | 248 | 234 | 65 | — |
| 150 | 519 | 494 | 469 | 442 | 399 | 380 | 360 | 340 | 65 | — | 362 | 345 | 327 | 308 | 65 | — | 320 | 305 | 289 | 272 | 80 | — |

注:本电线的聚氯乙烯绝缘中加了热增塑剂,线芯允许工作温度可达105℃,适用于高温场所,但要求电线接头用焊接或绞接后表面锡 la 处理。电线实际允许工作温度还取决于电线与电线线及电器接头的允许温度,当接头允许温度为95℃时,表中数据应乘以0.92,85℃时应乘以0.84。

电力系统电压降允许值　　表 1-4-2

| 回路 | 允许值(%) | 规范和规则 |
| --- | --- | --- |
| 电力 | 10<br>7<br>6<br>5 | USSR(短时定额)<br>BV,GL,USSR<br>NK,LR,NV,CCS,IEC92 号出版物<br>AB,IEEEStd. 45,船舶设备规程 |
| 照明 | 6<br>5<br>3 | LR,NV,NK,CCS<br>ABS,BV,GL,USSR,IEC92 号出版物,船舶设备规程<br>IEEEStd. 45 |
| 24V 回路 | 10<br>6<br>5 | NK,USSR,IEC 船舶设备规程,CCS<br>LR,NV<br>AB,BC,GL |

注:USSR——苏联船舶登记局;BV——法国船级社;GL——德国劳氏船级社;NK——日本海事协会;LR——英国劳氏船级社;CCS——中国船级社;IEEE——美国电机工程协会;ABS——美国船级社;IEC——国际电工委员会

2. 线路电压降计算

船舶配电网络的电压降的计算方法很多,一般采用下述计算公式进行计算。

(1)直流二线制回路的计算公式。直流二线制回路导线两端的电压降可以采用式(1-4-1)、(1-4-2)计算:

$$\Delta U = \frac{2L \cdot I}{\gamma \cdot S} \tag{1-4-1}$$

$$\Delta u = \frac{2L \cdot I}{\gamma \cdot S \cdot U} \cdot 100\% \tag{1-4-2}$$

式中:$\Delta U$——线路电压降(V);

$\Delta u$——线路百分比电压降(%);

$U$——线路额定电压(V);

$I$——负载电流(A);

$L$——线路长度(m);

$S$——电缆截面积($mm^2$);

$\gamma$——电导率,$\gamma_{铜} = 54(m/\Omega \cdot mm^2)$。

(2)交流单相二线制回路的计算公式。交流单相二线制回路的电压降可采用式(1-4-3)、(1-4-4)进行计算:

$$\Delta U = \frac{2L \cdot I}{\gamma \cdot S} \cdot \cos\varphi \tag{1-4-3}$$

$$\Delta u = \frac{2L \cdot I}{\gamma \cdot S \cdot U} \cdot \cos\varphi \cdot 100\% \tag{1-4-4}$$

(3)交流三相三线制回路的计算公式。交流三相三线制网络的电压降的计算公式与交流单相二线制回路的电压降的计算方法基本相同,仅是电流应为负载电流的交流单相二线制回路电压降的$\sqrt{3}/2$倍,所以式(1-4-3)、(1-4-4)可变为下述各式:

$$\Delta U=\frac{\sqrt{3}\cdot L\cdot I}{\gamma\cdot S}\cdot\cos\varphi \tag{1-4-5}$$

$$\Delta u=\frac{\Delta U}{U}\cdot 100\%=\frac{\sqrt{3}\cdot L\cdot I}{\gamma\cdot S\cdot U}\cdot\cos\varphi\cdot 100\% \tag{1-4-6}$$

通过工程计算熟悉具体工程案例的计算方法,并将其应用于实际的布置课题,完成要求的电缆选型计算工作。

**工程案例:**某船有一台三相电动机距配电板75m,配电板电压为三相380V,电动机的额定功率为10kW,电流为20A,电压为380V,当选用的输电缆截面分别为1mm$^2$和2mm$^2$时,确定其三相电压损失的绝对值和相对值各为多少?

## ◎ 任务考核

<table>
<tr><td>学生姓名</td><td>教师姓名</td><td colspan="4">工 作 任 务</td></tr>
<tr><td></td><td></td><td colspan="4"></td></tr>
<tr><td colspan="2" rowspan="2">考核标准</td><td>优</td><td>良</td><td colspan="2">及格</td></tr>
<tr><td>对船舶结线形式及相关电缆选型知识点的掌握牢固、明确,能正确识别电路图的文字符号;任务执行积极主动,实施过程完整,报告格式标准,内容完整、清晰。</td><td>对船舶结线形式及相关电缆选型知识点的掌握一般,基本能正确理解电路的文字符号;任务执行积极比较主动,实施过程较好,报告格式标准,内容完整、清晰。</td><td colspan="2">对船舶结线形式及相关电缆选型相关知识点的掌握一般,但对电缆选型的理解不够清晰;基本完成任务实施过程,报告格式标准,内容比较完整、清晰。</td></tr>
<tr><td colspan="2">考核内容(70分)</td><td>小组评价<br>(20%)</td><td>小组互评<br>(20%)</td><td>教师评价<br>(60%)</td><td>得分</td></tr>
<tr><td colspan="2">1. 船舶配电装置结线形式识图(馈线式5分、环路式5分、其他5分,共15分)</td><td></td><td></td><td></td><td></td></tr>
<tr><td colspan="2">2. 电缆布置原理图识读(电缆型号5分、电缆编号5分、其他5分,共15分)</td><td></td><td></td><td></td><td></td></tr>
<tr><td colspan="2">3. 电缆的选型与校核计算(选型原则10分、电压损失5分、电压降5分,共20分)</td><td></td><td></td><td></td><td></td></tr>
<tr><td colspan="2">4. 任务报告(20分)</td><td></td><td></td><td></td><td></td></tr>
<tr><td colspan="2" rowspan="6">知识巩固测试(30分)</td><td colspan="3">1. 船舶配电装置的结线形式分类(5分)</td><td rowspan="6"></td></tr>
<tr><td colspan="3">2. 馈线式结线的特点(5分)</td></tr>
<tr><td colspan="3">3. 环路式结线的结构形式(5分)</td></tr>
<tr><td colspan="3">4. 电缆的结构特点(5分)</td></tr>
<tr><td colspan="3">5. 电缆的选用原则(5分)</td></tr>
<tr><td colspan="3">6. 电缆截面的校核方法(5分)</td></tr>
<tr><td>完成日期</td><td></td><td colspan="3">总分</td><td></td></tr>
</table>

# 任务五　船舶照明系统与构成

## ◎ 任务描述

船舶照明不但关系到船舶航行的安全,也会对船员的日常生活和生产工作产生直接的影响。因此,掌握船舶照明系统的分类、熟悉船舶常用灯具与控制线路的基本构成,学会照明系统的维护保养和常用故障检查方法,对于船舶系统的运行安全,必将发挥积极的作用。

## ◎ 知识链接

**船舶照明系统的分类**

船舶照明系统与陆地照明系统不同,一般分为主照明、应急照明、临时应急照明和航行灯信号灯照明系统等几种主要的类型。

1. 主照明系统

船舶主照明系统分布在船舶内外各个生活和工作场所中,为工作场所和各舱室提供足够的照度。其主要特点是:主配电板上的照明汇流排直接向各照明配电箱供电,然后由照明分电箱向临近舱室或区域的照明灯具供电;照明电压一般为交、直流 220V 或 110V,通过 380V/220V的专用照明变压器变压而来,不同舱室和处所均有不同的照度要求;所有照明灯具均设有控制开关。

2. 应急照明系统(大应急系统)

船舶应急照明系统主要分布于机舱内的重要处所、船员和旅客舱室、艇甲板及各人员通道。它在主配电板失电、主照明系统故障情况下作为应急照明使用。其特点是:应急发电机通过应急配电板及专用线路供电;照明电压与主照明系统相同;应急照明灯布置点较少,无照度要求;需要足够的用电量。对于客船,应急电源的供电时间应大于 36h;对于货船,应急电源的供电时间一般应大于 18h。

3. 临时应急照明(小应急照明)

当主照明和应急照明系统发生故障时,临时应急照明系统应能发挥作用。它的灯点少,无照度要求,灯具涂以红漆标志。它主要分布在驾驶室、船舶重要通道、扶梯口和机舱的重要处所。小应急照明由蓄电池组供电,与主、应急照明系统之间有电气联锁;馈线上不设开关;它应能连续供电 30min 以上。

4. 航行灯信号灯照明

(1)航行灯。航行灯由前桅灯、主桅灯、艉灯、左右舷灯和前后锚灯组成,用于船舶夜航和指示船舶的状态和相应位置。驾驶室设置专用的航行灯控制箱,由主配电板和应急配电板两路供电。航行灯一般为 60W 的双丝白炽灯。每盏灯具都为双套,其中一个做备用,可在控制箱上切换。

(2)信号灯。信号灯一般采用两路电源供电,在驾驶室实现控制。为了适应某些国家的港口和狭小水通道的特殊要求,远洋船舶的信号灯设置比较复杂。这些信号灯通常安装在驾驶台顶部专设的信号桅或雷达桅上。按照规定,十几盏(8 ~ 12 盏)红、绿、白等颜色的环照灯

分成两行或三行安装。

## ◎ 任务实施

### 船舶常用灯具的识别

1. 船舶常用灯具的基本类型

船舶常用灯具应具有一定的机械防护性能,以确保工作可靠。根据使用场合的不同,船舶常用灯具的结构可分为下列四种类型。

(1)防溅式:用于外走廊等有水溅的场所。

(2)防水式:它的水密性能比防溅式更好,用于高湿度和可能受到水冲击的场所,如机炉舱、冷藏舱、厨房、浴室、厕所等。

(3)防护式:用于较干燥的生活区舱室和不可能有油水浸入的舱室,如船员、旅客房间、餐厅、会议室、驾驶室、海图室、内走廊等。

(4)防爆式:其密封性能最好,用于装有易燃性物体和存在爆炸性气体的舱室,如蓄电池室、油漆储藏室、分油机室、机舱底花铁板下和油舱的第二类区域。

2. 船舶照明电光源

船舶照明电光源可分为两大类:一类为热辐射光源,如白炽灯和卤钨灯;另一类为气体放电光源,如荧光灯、汞灯、金属卤化物灯和汞氙灯等。

(1)热辐射光源。

①白炽灯。白炽灯是最普通的照明电光源,它依靠电流通过螺旋状的钨丝产生大量热,使灯丝温度升高到白炽程度而发光。白炽灯结构简单,能瞬时点燃、无频闪、可调光,价格低廉,在照明系统中得到了广泛应用。60W 以下功率的白炽灯保持真空,以减少热量损耗;功率在 60W 以上的白炽灯内充氩氮气,以减少钨丝蒸发,延长其使用寿命。

船用白炽灯灯丝稍粗,具有较高的机械强度和耐振性。除普通照明光源外,船舶航行灯、信号灯和应急照明灯都采用白炽灯,因为它不会因电压跌落而熄灭。便携灯和大部分控制系统指示灯也采用白炽灯。航行灯多采用插口灯头,大功率白炽灯多采用螺口灯头,以增大导电接触面积。

普通白炽灯的寿命和光通量受电压波动的影响较大,当电压升高 5% 时,灯泡寿命缩短 25%;当电压降低 5% 时,其光通量减少 18%。

②卤钨灯。为克服普通白炽灯的缺点,出现了卤钨灯。双端型卤钨灯的结构如图 1-5-1 所示。

在耐高温的石英玻璃灯管内加入微量的卤族元素碘或溴等,并充以较高压力的惰性气体。在高温下,卤族元素与蒸发的钨原子化合成卤化钨,然后再回到灯丝附近被那里的高温分解成为钨和卤原子,形成循环,从而抑制了钨原子向管壁的沉积,抑制了管壁的黑化。另外,由于灯管内惰性气体的压力很高,大大抑制了钨丝的蒸发,所以延缓了灯丝的变细速度,延长了其使用寿命。

卤钨灯的灯泡尺寸较小,机械强度高,耐压增加。由于它的工作温度高,所以宜采用耐高温导线,如硅橡胶导线。它的发光效率约是普通白炽灯的两倍,额定寿命可达 2000h。卤钨灯适用于要求高照度、空间开阔的场所,如机舱上部、辅机平台和甲板等处所的集中照明。有些碘钨灯的灯管要求水平安装,其倾斜度不得超过规定的角度。

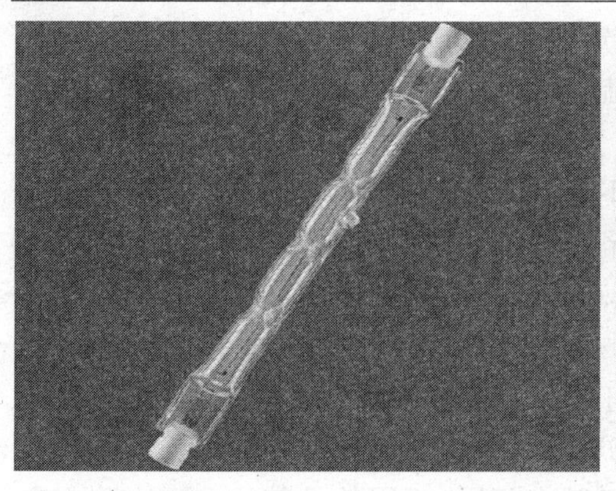

图 1-5-1　双端型卤钨灯的结构图

3. 气体放电光源

(1)荧光灯(日光灯)。荧光灯灯管在抽真空后充入了少量的氩气和汞,灯管内壁涂有荧光物质,管内两端灯丝上涂有发射电子的阴极物质,是一种预热式低压汞蒸气放电灯。其结构如图 1-5-2 所示。荧光灯的电极一般用螺旋状钨丝做成,具有良好的热电子发射能力,管内的工作介质为汞蒸气。它的发光效率约为白炽灯的 6 倍,平均寿命可达 5000h 左右。

图 1-5-2　荧光灯结构图

荧光灯的启动电压较高,一般采用灯丝预热,高压击穿启动,启动后需用镇流器限流,荧光灯光效高,寿命长,表面温度低,光通分布均匀,被广泛应用于精细工作或长时间从事紧张视力工作的场所,目前几乎所有船舶舱室内的主照明均采用它。但如果其开关次数频繁,电压过高或过低,均会使荧光灯寿命降低,电压大幅度跌落,从而会导致荧光灯熄灭。连续点燃的荧光灯寿命比额定寿命长 2.5 倍,因此机舱内的荧光灯的使用寿命很长。

荧光灯具有各种规格和外观形式,具有暖色、冷色、三基色等多种光式。

(2)高压汞灯。高压汞灯的主要构成部分是放电管,它由耐高温的石英玻璃制成,两端装有主、辅电极,电极用钨丝浸渍碳酸钡、碳酸锶等热电子发射材料制成,有良好的热电子发射能力;辅助电极用于热启动,放电管内充以氩气作为启动气体,而工作气体为汞蒸气,汞蒸气的压力较高(约 2 ~6 个大气压),因此称它为高压汞灯。

高压汞灯属于气体放电灯,必须串镇流器限流。

接通电源后,辅助电极(启动电极)与其较近的主电极之间首先发生辉光放电,加热放电管,使管内汞蒸气的压力升高。随着管内温度、压力的升高,激发电位较低的汞蒸气成为放电的主要因素。主电极之间的汞蒸气击穿产生电弧,发出更为明亮的蓝绿色光。如果放电管的压力较低,产生紫外线较多,则一般在灯泡壁内涂以荧光粉,可由这部分紫外线激发荧光物质发出红色的补充光色;如果放电管内压力较高,紫外线比例减少,灯泡壁内则不涂荧光粉。目前该两种产品都有。

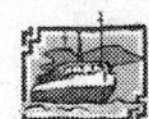

高压汞灯的发光效率约为白炽灯的6倍左右,额定寿命为5000h,还有一种利用钨丝代替镇流器的自镇流高压汞灯,钨丝装在灯泡内,作为限流电阻串在电路中,也发出一定的可见光,此种汞灯发光效率较低,额定寿命仅为3000h。

高压汞灯在工作中因瞬间断电或欠压而熄灭后不能立刻燃亮,必须降温后重新启动,一般必须间隔5~10min,因此它不适用于频繁开关的场所。

高压汞灯在船舶上被广泛用于辅机平台、主甲板和货舱口等处的照明,但因其光色较差,近年来有被金属卤化物灯代替的趋势。

(3)金属卤化物灯。金属卤化物灯是继高压汞灯之后诞生的一种新型电光源,为当前较新的船舶普遍采用,其用途同汞灯,功率有400~3500W等多种规格。

它的外形结构、工作原理、热启动工作线路与汞灯基本相同,不同的是其放电管中除充有汞和氩气外,还加入了金属卤化物气体。此时,汞蒸气只用作辅助作用,金属卤化物气体为工作气体。由于金属卤化物更易激发,所以其发光效率更高,加入不同比例、不同品种的卤化物可得到不同的光色。有一种冷启动的金属卤化物灯,需要1万伏左右的高压才能实现其冷启动。

(4)高压钠灯。高压钠灯的结构形式与冷启动的金属卤化物灯相似。

管内氩气为启动气体,汞蒸气起缓冲气体和增加放电电抗的作用。钠化汞更易激发,因此高压钠灯以钠蒸气放电为主,是主要的工作气体。

钠灯的发光效率和光色与钠蒸气的压力有关。当压力较低时,光色偏黄(属低压钠灯),且效率很高;当压力较高时,光色接近日光(金白色),但发光效率降低。高压钠灯的使用场所与高压汞灯相同。

(5)氙灯及汞氙灯。氙灯是惰性气体弧光放电灯。氙灯依靠氙气放电发出强光,比金属蒸气放电灯的启动快,俗称"小太阳",适用于港口、广场、车站、机场等大面积照明场所。

氙灯分长弧和短弧两种:长弧氙灯是圆柱形石英放电管;短弧氙灯为椭圆形石英灯泡,有圆柱形伸长部分。

在氙灯管内充入适量的汞就成为汞氙灯。汞氙灯保留了氙灯启动快、稳定时间短、再启动容易和透光性好等优点,又具有高压汞灯的某些优点,改善了发光效率和使用寿命。长弧汞氙灯广泛用于海船甲板和货舱上的照明,短弧汞氙灯一般作为探照灯使用。

## ◎ 任务考核

| 学生姓名 | 教师姓名 | 工 作 任 务 | | |
|---|---|---|---|---|
| | | | | |
| 考核标准 | | 优 | 良 | 及格 |
| | | 对船舶灯具相关选型知识点的掌握牢固、明确,能正确识别灯具的文字符号;任务执行积极主动,实施过程完整,报告格式标准,内容完整、清晰。 | 对船舶灯具相关选型知识点的掌握一般,基本能正确理解电路的文字符号;任务执行积极比较主动,实施过程较好,报告格式标准,内容完整、清晰。 | 对船舶灯具相关电路知识点的掌握一般,但对灯具电路的理解比较清晰;基本完成任务实施过程,报告格式标准,内容完成比较完整、清晰。 |

续上表

| 考核内容(70分) | | 小组评价(20%) | 小组互评(20%) | 教师评价(60%) | 得分 |
|---|---|---|---|---|---|
| 1. 常用船舶灯具的结构辨识(光源5分、灯具5分、其他5分,共15分) | | | | | |
| 2. 灯具形式的识读(常用灯具5分、特殊灯具5分、其他5分,共15分) | | | | | |
| 3. 船舶照明原理图的识读与分析(接线原理10分、接线方式5分、灯具类型5分,共20分) | | | | | |
| 4. 任务报告(20分) | | | | | |
| 知识巩固测试(30分) | | 1. 船舶照明系统的常用分类(5分) | | | |
| | | 2. 船舶灯具的常用类型(5分) | | | |
| | | 3. 船舶照明灯具的光源种类(5分) | | | |
| | | 4. 荧光灯的接线原理(5分) | | | |
| | | 5. 高压钠灯的发光特点(5分) | | | |
| | | 6. 汞灯的工作特点(5分) | | | |
| 完成日期 | | 总分 | | | |

# 任务六　船舶节能电站的认知

## ◎ 任务描述

通过对节能型船舶电站及船舶轴带发电机的介绍,将节能电站的工作方式及轴带发电机的系统组成、工作特点及技术特性呈现给大家。使同学们能够结合轴带发电机系统的实际,了解并掌握节能电站系统的组成及工作特点。

## ◎ 知识链接

在船舶航运费用中,燃料费占(50~60)%;因此,合理利用能源,降低燃油消耗量,对于提高船舶的经济效益有巨大的意义。对船舶运输中的节能来说,其包括船舶电站的节能和船舶用电负载的节能,在当前是以船舶电站的节能为主要研究方向。

### 一、节能型船舶电站

船舶电站的节能大体有如下四种途径。

1. 提高主机废气热的回收率(T/G系统)

根据主机的热平衡图可知,主机的有效工作率仅为(40~50)%,主机的废热高达(50~60)%,余热的利用装置包括废气锅炉和废气汽轮发电机。

废气汽轮发电机系统(T/G系统)是将推进用柴油机废气引入废气锅炉,产生蒸气,再驱

动汽轮发电机。这种系统在主机输出较小或主机输出虽然较大但全船用电负载更大的情况下,仅由废气汽轮发电机是无法满足全船用电需要的。因此只有在输出较大的柴油推进装置中,采用T/G系统才是合适的,近年来,随着主机热效率的提高,单独采用这种系统的船舶有减少的趋势。

2. 用烧重油的主机取代烧轻油的柴油辅机作为发电机原动机,即通常的基本型轴带发电机系统(S/G系统,简称:轴发系统)

在船舶航行期间,全船电能由轴发系统提供,使用重油发电,而烧轻油的柴油发电机则可停止运行。可以降低燃料费用和润滑油费用,还可减少维护费用以及发电机组中柴油机零部件的损耗费用等,带来相当的经济效益。因此,在非大型船舶主机输出功率较小,其排气余热利用装置只能满足船舶用汽需要,可采用S/G系统。

3. 废气汽轮与轴带发电机系统联合系统(T/G+S/G系统)

近年来因船用主机采用各种节能措施及不断朝低速化发展的结果,使今后建造的船舶主机输出功率相对地越来越小,各种形式的船舶废气汽轮发电机系统输出功率也越来越小,因此很难只靠T/G系统提供全船用电需要,而由轴带发电机系统对T/G系统的不足部分予以补充就构成了T/G+S/G系统,因T/G和S/G两者同时兼有节能效果,故节能效率高,该系统还能在负载变动时维持稳定运行,具有快速调节负荷平衡的能力,因此具有较大的优越性。其缺点是初次投资大。

4. 高经济性能应用型轴带发电机系统(SSG系统)

该系统进一步提高了主机推进装置的经济效益,它兼有T/G和S/G系统的优点,可结合船舶航行状况来选用节能效果最优的使用方式,其典型功能是在汽轮发电机和主机(轴发系统)之间能相互传递功率,从而更有效地进行废热回收。

## 二、船舶轴带发电机

船舶轴带发电机系统简称轴发系统(Shaft Generator,简称S/G)或轴机系统,是由主机驱动船舶发电机,利用主机富裕功率达到节能的目的,在20世纪70年代初,中东石油危机后得到迅速发展。采用主机轴带发电,早在直流电制时代各国在中小型船舶上就已应用。随着电力电子技术的发展,轴带发电装置作为节约运行费用及改善机舱管理运行条件的有效手段,以其特有的优越性引起了各国造船界和航运界的重视。

1. 轴带发电机的优点

(1)降低了燃油消耗量。通常船舶主机的功率都有10%以上的裕量,而船舶上所安装的发电机容量却不会超过这个数值,并且主机效率也比常规的柴油辅机发电机高,因此理所当然的优先考虑轴带发电机。燃油耗费大约占船舶营运费的53%左右,燃油的节约立即显示出巨大的经济效益。

(2)减少了昂贵的轻柴油消耗。船舶主机一般都采用价格较低的重油,而柴油发电机大多使用轻柴油作燃料,轻柴油要比重油贵2倍以上,使用轴发后,使轻柴油的用量大为减少。

(3)降低了维修费用和延长了维修周期。船舶在海上航行时,由轴带发电机供给全船所需电能,仅在停泊或在复杂航道中才需要辅助发电机组投入运行,轴发的维修工作量要比辅助柴油发电机组要少得多,维修周期又长得多,使船舶的运行管理得到了简化。

(4)改善了工作环境和条件。装有轴发装置的船舶能配备较小容量的辅机,有利于扩大

机舱的空间、降低机舱温度并减少了机舱的噪声。

(5)减少滑油消耗。船舶在航行中不使用辅柴油发电机组,减少其消耗的滑油。

(6)有利于机舱布置。由于辅助柴油发电机组总工作时间缩短,故可以选用较高速的柴油发电机组,使用轴带发电机时,往往会减少一台辅机,故节省了占用机舱空间。

2. 轴带发电机的缺点

采用轴带发电机系统也会带来一些不利因素:

(1)在停泊或港口装卸货工况时,因主机不工作,故轴发不能供电,船舶仍需装置一定功率的柴油辅机。

(2)对于采用交流电制的大多数商船,大多采用主机转速可调的中、低速柴油机,为了保证电网系统频率的恒定,使控制系统变得复杂,相应地导致管理人员的技术水准要求提高。

(3)初次投资大,虽然这一部分投资会从年运行费的节余中得到补偿,但补偿年限随轴发的功率和船舶航行工况所占比例而有所变化。一般来说,在五年之内,年营运费的节余已可抵消初投资的增加部分,有的经常航行并采用较大功率轴发系统的船舶,在短期内即可收回成本。因此,采用轴发系统仍有发展前途。

3. 轴带发电机系统分类

随着船电交流化,在国内外商船上,已很少见到使用直流电制的船舶,因此在研究轴发分类时,一般不包括直流轴发。在交流船舶上,根据主机的种类,轴带发电机可分为二大类:一类是对使用可变螺距推进器(变距桨 CPP)的主机形式;另一类即常见的使用定距推进器(定距桨 FPP)的主机形式。

主轴转速的变化对轴带发电机工作带来的影响是轴带发电机的一个主要技术关键问题。在变距桨船舶上工作的轴带发电机固然不存在这个问题,但为了保持主机恒速旋转,螺旋桨不能工作在最佳曲线上,螺距的变化又降低了推进效率,而且变距桨比定距桨昂贵得多。因此,一般不因轴带发电机使用方便而选用调距桨。

推进器为定距桨时,船速是通过改变主机转速来控制的。在这种情况下,要获得频率恒定的交流电源,就必须设置带有转速或频率补偿的轴带发电机。转速补偿形式有:电磁滑差联轴器式、油压多板离合器滑差联轴器式、行星齿轮变速式及渥特－列昂那得式等;频率补偿的形式有:可控硅逆变器式、克雷默式及谢非尔毕斯式等。

各种形式轴带发电机的比较如表 1-6-1 所示。

## ◎ 任务实施

### 典型轴带发电机系统的原理及特性分析

西门子可控硅轴发系统属频率补偿型轴发系统,是西门子公司的专利产品,目前在带有轴发系统的船舶上得到较广的应用。整个系统的原理图及各部分说明如图 1-6-1 所示。该系统主要由轴带发电机、可控硅变换器、同步补偿机、控制系统等组成。

1. 系统构成

(1)轴带发电机。本轴带发电机采用无刷同步发电机,因其无阻尼绕组,超瞬变短路电流很小,当发生短路时,无须断开快速熔断器,可控硅元件通过短路电流时也不致损坏,从而提高了供电可靠性。

**轴带发电机装置类型及优缺点** 表 1-6-1

| 螺旋桨型 | 频率或转速补偿 | 补偿装置形式 | 发电机形式 | 优、缺点 | | |
|---|---|---|---|---|---|---|
| | | | | 输出频率补偿性能 | 效率 | 价格 |
| 变距桨 | 不用 | — | 通用恒频同步发电机 | 不能与其他发电机并联运行 | 高 | 如包括变距桨的费用,就最高 |
| 定距桨 | 转速补偿 | 电磁滑差联轴节 | | 一般,补偿范围小 | 低*,滑差损失大 | 中,增速机费用+联轴节费用 |
| | | 油压多板离合器滑差联轴节 | | | | |
| | | 齿轮变速式 | | 不良,不能并联运行,补偿范围小 | 高 | 低 |
| | | 渥特-列昂那得式 | | 最良 | 中,三种旋转机的损失 | 最高,轴带发电机+变换器直流电动机+控制装置 |
| | 频率补偿 | 可控硅逆变器式 | 变频同步发电机 | 最良 | 中,两种旋转机的损失 | 高,轴带发电机+变换器+控制装置 |
| | | 克雷默式 | 异步发电机 | 良,补偿范围小 | | 高,轴带发电机+变换器直流电动机+控制装置 |
| | | 谢非尔毕斯式 | | | | 高,轴带发电机+变换器+控制装置 |

注:* 由于滑差损失全部以热的形式发散,故节能效果差(总效率为 50% 左右)。

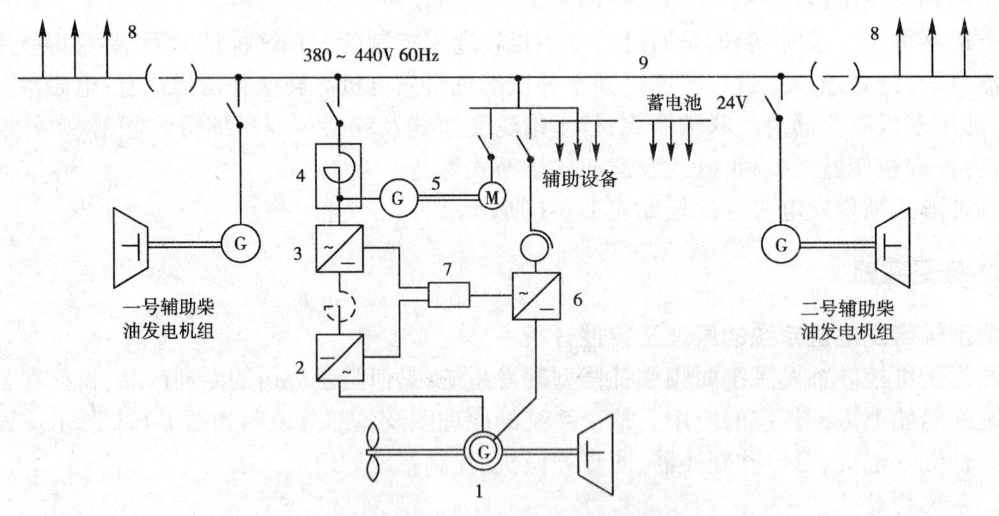


图 1-6-1 西门子可控硅轴带发电机系统结构图

1-轴带发电机;2-可控硅整流器;3-可控硅逆变器;4-系统电抗器;5-同步补偿机;6-励磁用可控整流器;7-控制系统;8-汇流排(3 ~440V 60Hz);9-负载

(2)可控硅变换器。可控硅变换器由可控硅整流器和逆变器组成，轴带发电机产生的三相交流电经可控硅整流器变为直流电，再经逆变器变换成电压、频率恒定的交流电，供给船舶电力系统。

本轴发控制系统的特点是通过发电机励磁电流的改变调节其输出，因而在电压、频率变化的情况下，无须改变可控硅的触发角便可控制可变的直流电压，使轴带发电机的功率因数经常保持在最佳值并提高了可靠性。

(3)同步补偿机(调相机)。同步补偿机是一台三相无刷同步发电机，经由一台三相异步电动机启动，启动成功后即切断该电动机，它在轴发系统中主要有以下功能：

①借助于同步补偿机的电压调节器，使船舶电网电压恒定；

②检测电力系统频率，实现频率自动调节，维持频率恒定；

③除了为船舶负荷提供无功功率外，还能为他励式有源逆变器在换相时供给无功功率；

④交流侧短路时，由其供短路电流，使保护装置能完成选择性切断故障的任务；

⑤同步补偿机的谐波阻抗小，从逆变器进入船舶电网的大部分谐波电流均由补偿机实现分流，从而减少了输出中的谐波成分，改善了电压波形。

(4)交流电抗器。可控硅变换器和船舶电网之间，接入一系列电抗器。其作用是限制谐波电流、改善输出电压波形，还可以限制交流侧短路电流。

整个系统工作过程简述如下：

在图1-6-1中，主机经主轴拖动特制无刷同步发电机1，发出频率随主机转速而变化的交流电压，经三相可控硅整流器2整流、电抗器滤波后，由可控硅逆变器3根据船舶电力系统电压和频率，将直流逆变成三相交流，再通过系统电抗器4进行滤波后就可向船舶电力系统供给有功功率。在正常情况下，逆变器的每只可控硅，随触发器的触发及电网三相电压瞬时值的变化而有确定的开、断时刻，因此，逆变器不能向电网输送滞后或超前电压90°相位的无功电流，而只能提供与电压相同相位的有功电流。在轴带发电机的额定功率范围内，由控制系统7对发电机励磁进行自动控制，使轴带发电机发出的功率和系统的需求平衡，从而维持了电网的频率恒定。

电力系统所需无功功率，全部由(调相机)5来承担，补偿机不输出有功功率，只输出无功功率，并通过补偿机的自动电压调节器维持电网电压为额定值。补偿机由启动电动机M拖动，补偿成为一台过励状态的同步发电机，承担系统所需的全部无功功率。

总之，在正常工作时，同步调相机保证系统的无功平衡，维持电网电压额定值，它运行于功率因数$\cos\varphi=0$的状态下，轴带发电机输出应保证系统的有功平衡，维持电网频率为额定值，它运行在功率因数$\cos\varphi=1$的状态下；逆变器工作于有源逆变状态，在控制器控制下严格按电网的频率将直流逆变成交流向电网供电。

2. 功率输出特性

所谓功率输出特性是轴带发电机的输出功率$P$随主机转速$n$而变化的规律，它是由轴机控制系统通过自动调节来实现的。西门子可控硅轴发系统的功率输出特性如图1-6-2所示。该特性共分三个区域。

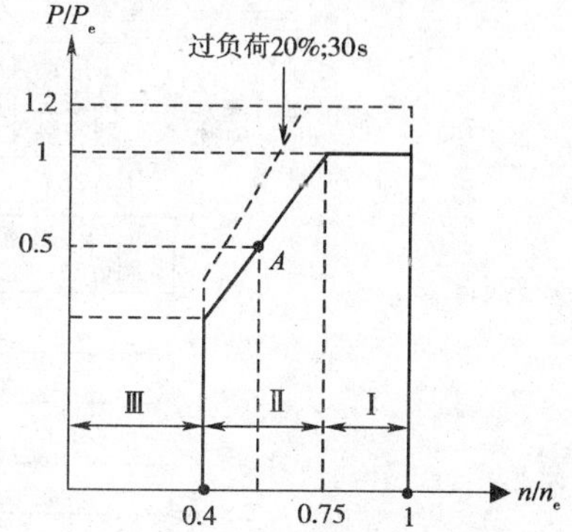


图1-6-2　轴带发电机的功率输出特性

(1)额定功率输出区域(区域Ⅰ)。主机转速由100%

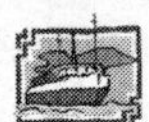

$n_e$($n_e$为额定转速)降至75%$n_e$区间,轴带发电机输出额定功率。

(2)输出功率线性递减区域(区域Ⅱ)。转速由75%$n_e$降至40%$n_e$区间,输出功率线性下降。轴带发电机仍可向电网供电,只是其输出功率随转速下降而线性减少。此时,应自动卸去次要负载或启动辅助柴油发电机组。根据实践经验,启动柴油机需8~10s,因此当主机接到停机指令时,轮机员在将其转速由75%$n_e$降至40%$n_e$这一输出功率的递减过程,应保证不少于8~10s,否则可能因柴油机未及启动成功而导致全船停电。

(3)轴带发电机停止运转区域(区域Ⅲ)。当主机转速降至40%$n_e$以下时,轴带发电机停止运转,输出功率为零,一般将40%$n_e$称为安全速度,这是因为在使用船舶轴带发电-电动机系统中,当主机出现故障无法正常运转时,则可由船舶电网供电通过轴机推进螺旋桨,以安全速度返回港内。

*3. 系统的启动*

正常航行中,轴带发电机依据车钟的位置控制决定其是否可以启动。若车钟位置使主机转速范围满足$n_{min} < n < n_{max}$,同时没有任何故障信号,则主控制板上"轴发可以启动"(SHAFT GENERTOR READY FOR START)指示灯亮,此时,按下"启动"按钮,则启动过程自动进行。在主机转速范围的规定中,$n_{min}$是轴发装置允许的主机最低转速,也称安全转速,$n_{max}$是轴发装置允许的主机最高转速。对本西门子可控硅轴发系统$n_{min}$=70r/min,$n_{max}$=130r/min。

整个启动过程的流程图如图1-6-3所示。

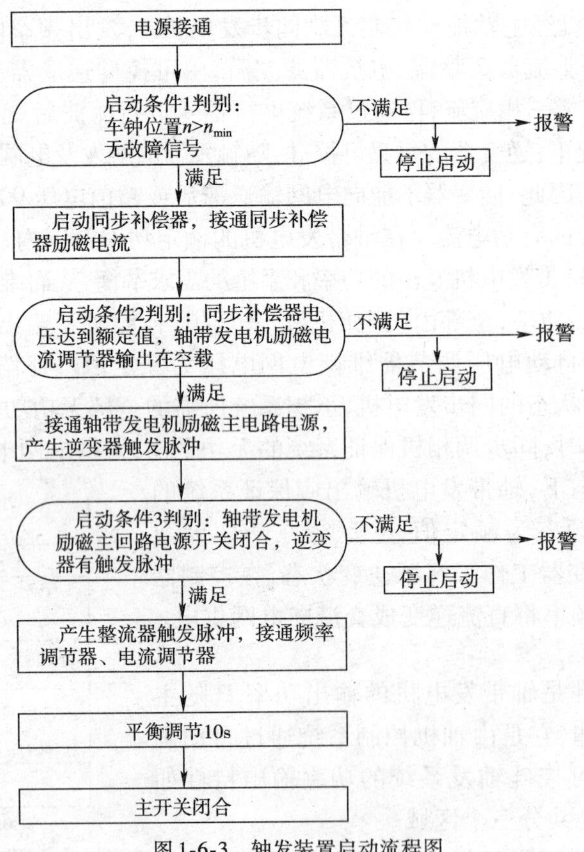


图1-6-3 轴发装置启动流程图

## ◎ 任务考核

<table>
<tr><td>学生姓名</td><td>教师姓名</td><td colspan="4">工　作　任　务</td></tr>
<tr><td></td><td></td><td colspan="4"></td></tr>
<tr><td colspan="2" rowspan="2">考核标准</td><td>优</td><td>良</td><td colspan="2">及格</td></tr>
<tr><td>对船舶轴带发电机相关知识点的掌握牢固、明确，能正确掌握轴带发电机的功率输出特性；任务执行积极主动，实施过程完整，报告格式标准，内容完整、清晰。</td><td>对船舶轴带发电机相关知识点的掌握一般，基本能正确理解轴带发电机的功率输出特性；任务执行积极比较主动，实施过程较好，报告格式标准，内容完整、清晰。</td><td colspan="2">对船舶轴带发电机相关知识点的掌握比较牢固，但对轴带发电机的功率输出特性的理解不够清晰；基本完成任务实施过程，报告格式标准，内容比较完整、清晰。</td></tr>
<tr><td colspan="2">考核内容（70 分）</td><td>小组评价<br>（20%）</td><td>小组互评<br>（20%）</td><td>教师评价<br>（60%）</td><td>得分</td></tr>
<tr><td colspan="2">1. 轴带发电机的系统结构识读（轴带发电机 5 分、控制系统 10 分，共 15 分）</td><td></td><td></td><td></td><td></td></tr>
<tr><td colspan="2">2. 轴带发电机的功率特性的仿真调整（额定 5 分、过载 5 分、停机 5 分，共 15 分）</td><td></td><td></td><td></td><td></td></tr>
<tr><td colspan="2">3. 轴带发电机的工作区域调整操作（额定 5 分、过载 5 分、停机 5 分、其他 5 分，共 20 分）</td><td></td><td></td><td></td><td></td></tr>
<tr><td colspan="2">4. 任务报告（20 分）</td><td></td><td></td><td></td><td></td></tr>
<tr><td colspan="2" rowspan="6">知识巩固测试（30 分）</td><td colspan="3">1. 轴带发电机的典型分类与特点（5 分）</td><td rowspan="6"></td></tr>
<tr><td colspan="3">2. 轴带发电机的优缺点（5 分）</td></tr>
<tr><td colspan="3">3. 轴带发电机的工作原理（5 分）</td></tr>
<tr><td colspan="3">4. 轴带发电机的功率输出特性（5 分）</td></tr>
<tr><td colspan="3">5. 轴带发电机的功率调整特点（5 分）</td></tr>
<tr><td colspan="3">6. 轴带发电机的启动操作流程（5 分）</td></tr>
<tr><td>完成日期</td><td></td><td colspan="3">总分</td><td></td></tr>
</table>

# 项目二　船舶发电机的起压与调试

船舶发电机作为船舶电站的重要组成部分,在船舶电力系统调试工作中,起到举足轻重的作用。作为从事船舶电气技术的专业技术人员,学习和掌握船舶发电机的原理、构成及调试技能,对于全面掌握船舶电气技术的专业知识,具有极其重要的作用。通过本项目的学习,相信大家会对这些知识有一个初步的理解和认识。

● 知识目标

1. 能简单叙述船舶发电机的组成、工作原理及特点;
2. 能正确理解和掌握船舶发电机的励磁方式与调压方式;
3. 能正确地描述船舶发电机励磁系统的分类及各装置的工作原理;
4. 能简单分析船舶发电机调整的主要工作特点,掌握常用的调试技巧。

● 技能目标

1. 会进行船舶发电机自励起压的分析;
2. 会进行船舶发电机的保护配置与整定;
3. 会进行船舶发电机的并车操作及特性调试。

## 任务一　船舶同步发电机的起压与励磁

◎ 任务描述

通过对船舶同步机的基本构成、特点及电气参数的介绍,将各种发电机的构成单元、分类、工作特点及系统组成呈现给大家。使同学们能够结合船舶发电机系统的实际,了解并掌握船舶发电机起压与励磁的基本知识。

◎ 知识链接

### 一、船舶同步发电机

在使用交流电制的船舶上,均采用三相交流同步发电机作为主电源设备。三相交流同步发电机同样也是根据电磁感应原理,将机械能转变为电能的装置。随着现代船舶的大型化,船舶同步发电机的单机容量不断增大,船舶的自动化也对发电机运行的稳定性及可靠性提出了更高的要求。

1. 同发电机分类

同步发电机按其原动机的不同可分为水轮发电机、汽轮发电机和柴油发电机三种,船上广泛使用的就是柴油发电机组。若按结构划分,同步机可分为旋转电枢式和旋转磁极式,旋转磁

极式还可按磁极形状分为凸极式和隐极式。凸极式同步发电机的结构如图 2-1-1 所示。

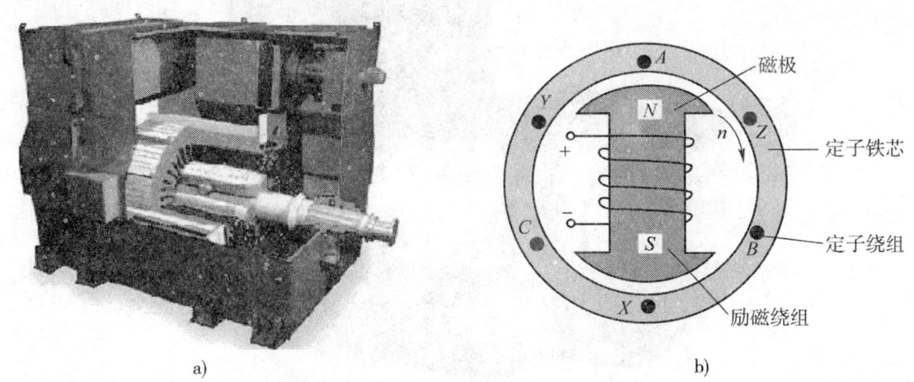


图 2-1-1　凸极式同步发电机结构图

2. 同步发电机结构

同步发电机由定子和转子两部分组成。按三相对称分布,在定子铁芯上绕有三相对称绕组;转子上也有铁芯,在铁芯上绕有一对或数对绕组,有刷发电机一般借助两个滑环引入直流电流,以获得固定磁极极性的磁场。

3. 同步发电机的铭牌数据

(1)额定容量 $S_N$(kVA):指额定运行时,同步发电机输出的额定容量。

(2)额定功率 $P_N$(kVA):指额定运行时,同步发电机输出的额定功率。

(3)额定电压 $U_N$(V):指额定运行时,定子输出端的线电压。

(4)额定电流 $I_N$(A):指额定运行时,定子输出端的线电流。

(5)额定功率因数 $\cos\varphi_N$:指额定运行时,同步发电机输出的功率因素。

(6)额定频率 $f_N$(Hz):指额定运行时,同步发电机输出的工作频率。

(7)额定转速 $n_N$(r/min):指额定运行时,同步发电机的转速,即同步转速。

(8)绝缘等级:指同步发电机的绝缘材料的等级(船舶一般采用 E 级以上温升,即额定运行时允许的最高温度为 120℃)。

(9)励磁电压 $U_{fN}$(V):指额定负载时,所加的励磁电压。

(10)励磁电流 $I_{fN}$(A):指额定负载时,所加的励磁电流。

## 二、同步发电机的起压与励磁

同步发电机的转子由原动机带动而旋转,这样转子的磁场就变成旋转磁场。当它切割定子上的三相绕组以后,根据电磁感应原理,则感应出三相交流电。

1. 励磁电源

对同步发电机励磁,必须具备供给励磁电流的直流电源——励磁电源。

励磁电源可以在同步发电机定子输出的交流电压上加装整流装置作为直流电源,从而实现自励。若通过直流发电机或是带整流器的交流发电机来励磁;则作为励磁电源用的直流或交流发电机称为励磁机,这种由励磁机进行励磁的方式称为他励式,当(主)励磁机转子(电枢绕组)与主发电机转子(励磁绕组)同轴时,这样的同步发电机也称为无刷同步发电机,目前得到应用广泛。其结构如图 2-1-2 所示,其控制原理如图 2-1-3 所示。

图 2-1-2　无刷同步发电机结构图

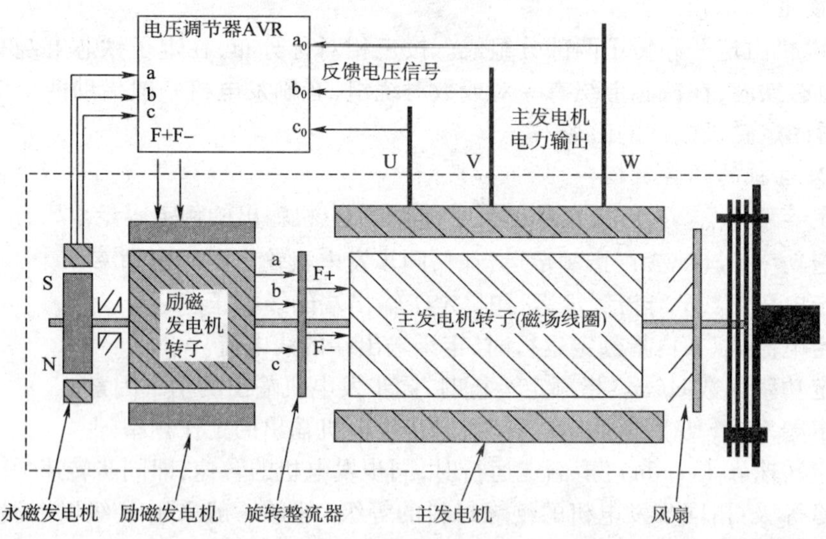


图 2-1-3　无刷同步发电机控制原理图

2. 同步发电机的自励起压

若同步发电机采用自励系统,则自励起压特性由线如图 2-1-4 所示(以单线图表示)。

自励是一种内反馈,整个系统并无外来输入量。在发电机的磁极上存在剩磁的条件下,当其转子即磁极以额定转速旋转时,在定子绕组中感应出具有额定频率的交流剩磁电势。这个剩磁电势经整流后加在励磁绕组($W_L$)上,励磁绕组($W_L$)内将通过不大的励磁电流,在发电机磁路中建立磁势,这样系统的输出量返回到输入端,如果磁化方向与剩磁方向相同,就可使气隙磁场得到加强,由感应产生的电势得以升高,从而增大整个系统的输出量——电枢电压,由于整流装置交流侧励磁电压就是电枢电压,因此,气隙磁场更得到增强。如此反复,发电机的端电压便上升到一定值。通常装设移相电抗器(X)及谐振电容器以形成自激震荡,从而加速自励起压过程,缩短起压的时间。

自励过程如图 2-1-5 所示。

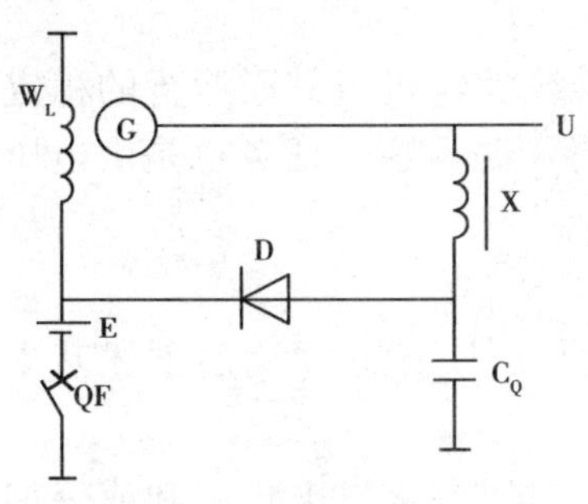


图 2-1-4 同步发电机自励起压原理图

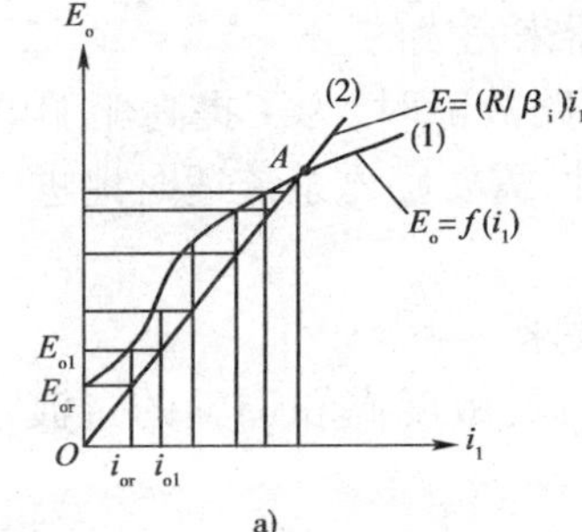


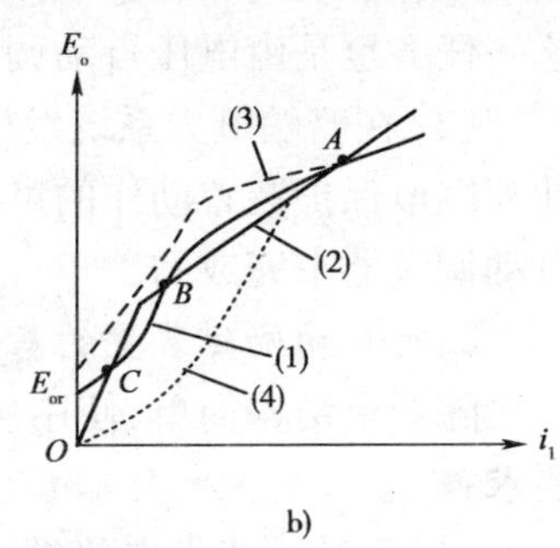


图 2-1-5 自励起压特性曲线

a）理想的自励起压过程；b）实际的自励起压过程

图中 $E_o=f(i_1)$，为发电机空载特性(1)（$E_o$ 为励磁电势的有效值，$i_1$ 为励磁电流），$E_o=R/\beta_i$为不计电感的综合励磁回路与电枢回路的伏安特性(2)（$R$ 为励磁回路的等值电阻，包括直流侧励磁绕组的电阻，碳刷，滑环间接触电阻，以及整流器的电阻等，$\beta_i$为电流整流系数），在图中表明自励开始时，首先在电枢绕组中感应产生剩磁电势 $E_{or}$。$E_{or}$作用于综合励磁回路与电枢回路的励磁系统，由 $E_{or}$产生励磁电流 $i_{or}$，经整流后建立励磁磁势，增强了气隙磁场并升高了电枢电势到 $E_{o1}$，励磁电流由 $i_{or}$增加到 $i_{o1}$，气隙磁场得到进一步增强，自励过程就这样极其迅速，往复地进行下去，直到两特性的交点 $A$，过程终止。

同步发电机若不能自励起压，大多由于自励条件未满足，因此需从以下几方面考虑：

(1)发电机是否有剩磁，这是自励的必要条件，新造的发电机无剩磁，长期不运行的发电机剩磁也会消失，这时通过开关(QF)控制，使用别的直流电源(E)进行充磁。

(2)要使自励系统成为正反馈系统，由剩磁电势所产生电流建立的励磁磁势必须与剩磁方向相同。所以整流装置直流侧的极性与对励磁绕组所要求的极性必须一致。

(3)发电机的空载特性与综合励磁回路及电枢电路的伏安特性必须有确定的交点。

**三、恒压控制与自动励磁**

船舶电站的负载经常是变化的，由于同步发电机电枢反映的作用，且用电设备多为感性负载，负载电流对交流同步发电机是起去磁作用，负载电流大小和功率因数的变化都会引起发电机端电压的变化，并直接影响船舶电站电压的稳定和电气设备的正常使用与运转（如继电器，接触器动作不正常，电机停转，日光灯熄灭等），为此，必须在同步发电机系统中加装自动电压调整器（即自动励磁装置），以确保发电机电压在各种可能变化的负载情况下，都能保证工作在允许的变化范围内。

衡量电能质量好坏的指标有三个，即电压、频率和波形。电压大小是否稳定，取决于自动调节励磁装置性能的优劣；频率恒定与否，则取决于原动机容量大小与调速机构的灵敏度；波形畸变是否符合国家标准要求，很大程度上由电机设计来决定。

*1.励磁装置的任务*

(1)在船舶电力系统正常运行情况下，要求船舶电网电压维持在某一允许范围内，为此，要求发电机端电压几乎不变。这样一来，发电机的励磁电流必须适时地做出相应的调整。这一任务是由电压自动调整器来完成的。

(2)为了保持发电机组并联运行的稳定，各并联发电机间无功功率必须进行合理地分配。

这一任务也是由电压自动调整器来完成的。

(3)在船舶电力系统发生短路故障时,为了提高船舶电力系统发电机组并联运行的稳定性和继电保护装置动作的可靠性,需要励磁系统适时地进行强行励磁。这一任务也是由电压自动调整器来完成的。

2. 对自动励磁装置的基本要求

除要求结构简单、使用可靠、灵敏度高和调整的过渡过程短以外,还必须满足下述基本要求:

(1)保证同步发电机端电压在允许范围内。为了保证供电质量,要求发电机突卸或突加负载时,其电压调整性能的静态指标、动态指标以及发电机组并联运行时无功功率分配的不均匀度指标,必须满足有关规范和规则的要求。

(2)要求保证强行励磁。当发电机负载突然增大或电力系统发生短路时,发电机电压会突然下降很大,甚至使电力系统运行不稳定。要求强励系统应能保证在短时间内将励磁电流升高到超过额定状态的最大值,使发电机电压迅速得到恢复;同时强行励磁也能使发电机的电势和短路电流大为增加。对保证电站运行的稳定性和保证继电保护装置动作的可靠性是必要的。

(3)要求合适的放大系数。电压自动调整器的放大系数是被调量的变化值与被测量的变化值的比值。一般来说,提高放大系数可以提高发电机电压自动调整器的静态特性指标;但放大系数过大时,会使调整系统不稳定,甚至会影响整个电力系统运行的稳定性。所以保证合适的放大系数是必要的。

(4)保证自励同步发电机的起始励磁。在发电机组启动后,转速接近额定转速时,自动励磁装置应保证发电机在任何情况下都能够可靠起励,建立额定空载电压。对于有励磁机的他励系统来说,靠励磁机自励建立电压;对于无刷机的自励系统来说,应要求励磁装置能确保发电机能自励建立电压。由于交流同步发电机的剩磁比直流发电机的剩磁少,而磁场回路的总电阻又比较大,还存在炭刷——滑环接触电阻和整流元件正向电阻这样的非线性电阻,所以交流同步发电机的自励比直流发电机的自励要困难一些。

## ◎ 知识拓展

### 一、自动励磁装置的分类

船用同步发电机的自动励磁装置的类型很多,分类方法也不一致。通常可按照励磁装置的组成元件和励磁调节器的作用原理等进行分类。

1. 按照励磁装置所使用的元件分类

(1)不可控的相复励(包括电流叠加、电势叠加和电磁叠加)自励恒压装置;

(2)可控相复励(包括直流侧分流和交流侧分流)自励恒压装置;

(3)可控硅励磁调节器;

(4)无刷励磁装置。

2. 按照励磁调节器的作用原理分类

(1)按扰动调节的励磁调节器(即电流叠加);

(2)按偏差控制的励磁调节器(即可控硅励磁调节器);

(3)按复合控制的励磁调节器(即可控相复励)。

在各种类型的发电机自动励磁装置中,相复励的应用是最多的。下面就重点介绍船舶发电机常用的一些自动励磁装置类型。

## 二、相复励励磁恒压装置

相复励励磁恒压装置分为可控和不可控两大类。据有关资料统计,在所有船舶电站同步发电机的励磁装置中,各种形式的相复励装置所占的比例超过70%。相复励装置应用的如此广泛,究其原因,主要在于它具有优良的动态性能和恶劣环境下工作的可靠性。

### 1. 不可控相复励励磁恒压装置

图2-1-6a)、b)、c)、d)线路既能反映电流大小,也能反映电流相位,统称为相位复励线路,简称相复励线路。

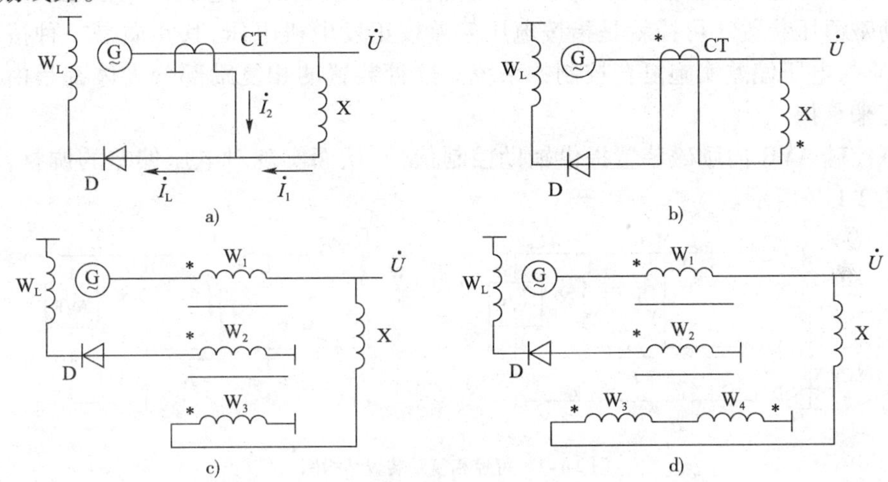


图2-1-6　典型相复励线路原理图

a)电流叠加相复励;b)电势叠加相复励;c)电磁叠加相复励;d)带有电压曲折绕组的电磁叠加相复励

$W_L$-励磁绕组;CT-电流互感器;D-整流器;X-移相电抗器;$W_1$-电压绕组;$W_2$-输出绕组;$W_3$-电流绕组;$W_4$-电压曲折绕组

图2-1-6a)是电流叠加相复励线路。发电机端电压经电抗器X产生的交流侧励磁电流$\dot{I}_1$,电流互感器CT副边电流为$\dot{I}_2$,这两个分量的电流在整流器的交流侧相加,形成总的交流励磁电流$\dot{I}_L$,$\dot{I}_L$经整流后再给发电机励磁。由于$\dot{I}_2$不仅随发电机负载电流的大小而变化,其相位也随发电机负载功率因数的变化而变化,因此合成交流励磁电流既能反映负载电流的大小,又能反映负载的功率因数。

图2-1-6b)与图2-1-6a)线路相比,其不同之处是负载电流被转换为与之成正比的某一个电压信号,它与发电机端电压按相位关系移相后形成的电压分量合成,然后经整流器整流产生直流励磁电流。这种线路也能同时反映负载电流的大小和负载的功率因数,称为电势叠加相复励线路。

图2-1-6c)是磁势相加线路,它是目前应用最广泛的线路。磁势相加线路的主要优点是:定子电压和转子电压易于匹配,可以增加其他绕组(如磁化绕组、曲折绕组等)以完成一些其他的功能,调整也比较方便。为了改进三绕组电磁叠加不可控相复励系统的性能,提高调压精度。在相复励变压器的铁芯上增加一个电压绕组$W_4$,图2-1-6d)是带有电压曲折绕组的磁势叠加相复励线路,其每相铁芯柱上的$W_1$绕组总是与其滞后相上的$W_4$绕组反向串联,即A相

铁芯柱上的 $W_1$ 绕组与 B 相铁芯柱上的 $W_4$ 绕组反向串联、B 相铁芯柱上的 $W_1$ 绕组与 C 相铁芯柱上的 $W_4$ 绕组反向串联、C 相铁芯柱上的 $W_1$ 绕组与 A 相铁芯柱上的 $W_4$ 绕组反向串联,电流叠加和电磁叠加不可控相复励系统,结构简单,工作可靠,无运动部件,动态调整特性好,有一定的强励能力。但是静态特性与提高供电质量的要求相比,仍存在一定的差距。主要原因是对端电压变化后的调节与校正不能即时解决,而必须通过负载电流或功率因数的变化来调压。故称不可控相复励系统。

2. 可控相复励励磁恒压装置

为了进一步提高发电机的静态电压调整率使其达到小于 ±1% 的高水平以满足船舶自动化的需要,在不可控相复励励磁恒压装置的基础上再引进按电压偏差进一步进行调整发电机静态电压的部分即电压校正器(AVR)部分,由这两部分组成的发电机自励恒压装置称之为可控相复励励磁恒压装置。可控就是指按电压偏差校正发电机电压,其实质是一种按负载电流的大小,性质与电压偏差实施复合控制的系统。这种装置的相复励部分大体都是由前面讲的相复励系统来承担。

采用可控硅 AVR 向励磁装置提供辅助控制信号,从而实现对电压偏差的调整,常用的两种方法如图 2-1-7 所示。

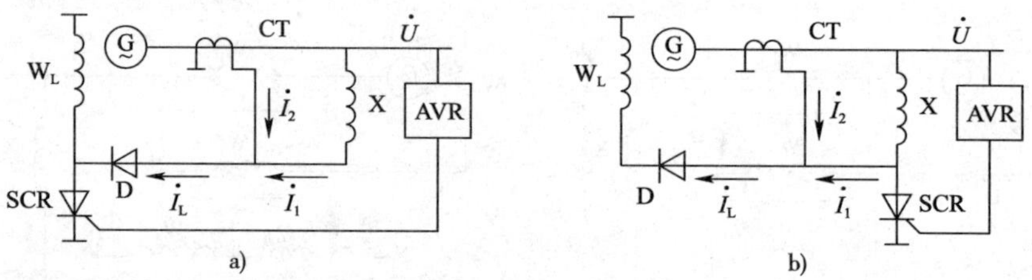


图 2-1-7　可控相复励装置结构图

a)直流侧可控硅分流;b)交流侧可控硅分流

$W_L$-励磁绕组;CT-电流互感器;D-整流器;X-移相电抗器;SCR-可控硅;AVR-自动电压调整器

(1)直流侧可控硅分流的可控相复励装置。如图 2-1-7a)所示,可控硅直流开关联在桥式整流器的直流侧,AVR 控制可控硅的导通角进行断续式分流,直流侧分流方案通用性较强,但所需可控硅容量较大,直流开关的关断电路也比较复杂。

(2)交流侧可控硅分流的可控相复励装置。如图 2-1-7b)所示,用可控硅交流开关并联在励磁装置的交流侧起分流作用。为限制可控硅导通时的分流电流,在可控硅电路中应串联一适当的阻抗。可控硅交流侧分流可以在整个整流桥的交流侧分流,也可以在整流桥的某一桥臂上分流。

## 三、可控硅励磁恒压装置

可控硅励磁恒压装置的励磁能源取自发电机的电枢,而无须励磁机,因此属于自励方式,励磁调节器则按电压偏差进行调节,属于负反馈形式。

发电机电枢电压经降压,整流、滤波后,转换成与之成正比的平滑直流电压,并与给定电压进行比较,其差值用来控制移相触发电路的触发脉冲相位,从而对可控硅的导通角进行控制。

可控硅励磁装置的主要优点是:

(1)整个励磁系统是一个负反馈闭环调节系统,具有很高的调压精度,很好的调压特性线性度和较高的特性稳定度。

(2)半导体元件的惯性很小,所以整个系统的动态性能较好。

(3)励磁装置的体积小、重量轻、成本低、通用性好、易于系列化。

尽管如此,可控硅励磁装置在船舶电站中使用还是受到限制,主要原因在于:

(1)由于可控硅整流电路的电源直接取自发电机电枢电路,在可控硅触发导通瞬间,发电机端电压波形上会出现相应的凹陷,如图 2-1-8 所示。这样就会对用电设备产生干扰,电源线引到哪里,这种干扰就会带到哪里。对于一般强电设备来说,这种干扰影响不大,但对于无线电等弱电设备来说,这种干扰就增加它们的误差,严重时甚至会破坏它们的正常工作。

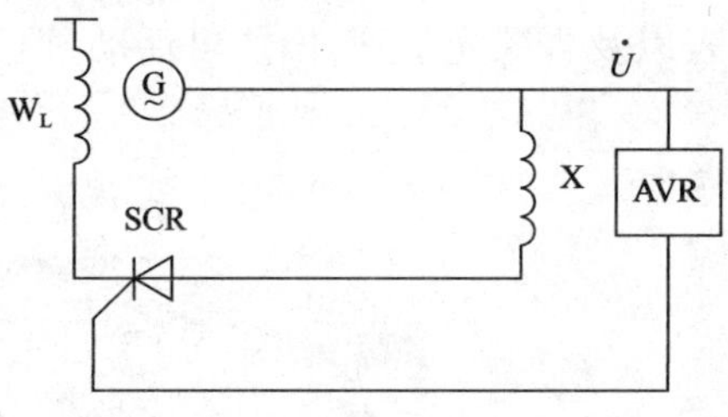


图 2-1-8　可控硅励磁调节器原理图

$W_L$-励磁绕组;X-移相电抗器;SCR-可控硅;AVR-自动电压调整器

(2)当电网发生短路(完全短路或不完全短路),电网电压大幅度跌落时,可控硅整流变压器的输出电压也大幅度跌落,励磁装置无法提供必要的励磁电流,当然更谈不上强励,也无法满足 IEC 对短路电流必须大于或等于三倍额定电流的要求。改进的办法可以加装电流补偿环节(或电流复合环节),但是由于种种原因,这种线路并没有得到更多的应用。

(3)由于可控硅元件质量不够稳定,对过电流和过电压比较敏感,在一定程度上说其可靠性还是比不上电磁元件,对元件进行严格的筛选,设计时适当加大安全系数以及采取有效的保护措施,可以降低故障率,提高可靠性。

## ◎ 任务实施

### 船舶发电机的励磁与起压综合实验平台的操作与使用

一套完整的船舶电站综合自动化实验装置通常能够完成单台发电机的励磁起压、启停控制、发电机及配电系统基本运行、参数特性调整及过载、短路、欠压及逆功率保护等多项保护试验与调整工作。通过本实训项目的训练,能够使同学们达到基本熟悉船舶电站综合自动化实验装置及配套发电机系统的基本使用方法和操作规程的目的,为后续任务的顺利开展打好基础。

1. 熟悉实验设备和设备平台的实验内容

船舶电站实训室所采用的船舶电站综合自动化实验平台为 JDZ-1 型产品。

“JDZ-1 型电力系统综合自动化实验平台”是根据船舶电站课程的特殊需要及实验教学要求而设计的,本实验平台紧密跟踪当前电力系统的前沿技术,结合学生实验的具体要求,吸取当前最新电站科技的特点并进行改进,利用微电子技术、控制技术的最新发展而制成的先进的一体化实训设备。除可适用于船舶电气技术及相关专业核心课程的教学实验以外,还可用于高职专科的课程设计实验,并可作为教师的产品开发及船舶电站工程技术人员培训的工作平台。系统如图 2-1-9 所示。

(1)熟悉平台结构。整个实训平台结构为三层铝合金框架形式,依照功能块分成上中下三部分:

①底层为固定式结构,完全模拟实际输电线路,从左到右分别为交流电源、A 段线路、负载,同时提供各种继电器所需的 220V 电源。

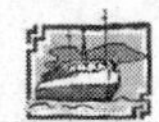

②中间层为活动模块，放置各种实验继电器、重合闸实验装置和微机保护装置等，各校可根据需要进行选配。

③上层为测量数据所需要的交流电压表、交流电流表、相位仪、电秒表、直流电压表、电流表以及告警光示牌，模块可活动，但正常实验情况下，不需要更换模块。

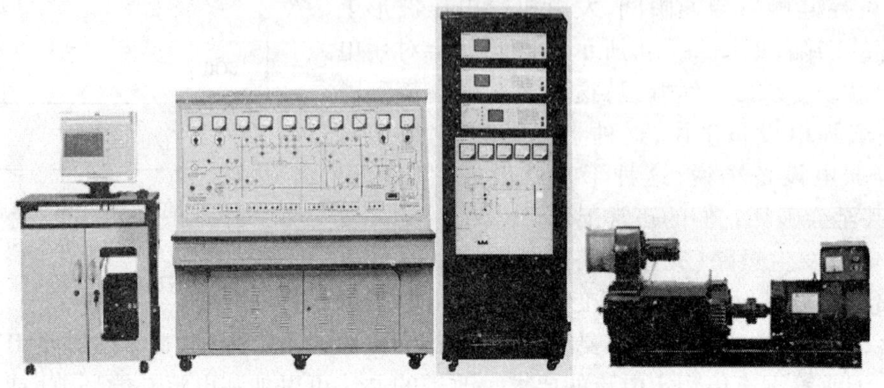

图 2-1-9　JDZ－1 型电力系统综合自动化实验平台

(2)熟悉实验设备的技术参数。本实训平台输出功率为 3kVA，输出电流超过 5A。由于电力系统中现场使用的继电器比较多地使用额定电流为 5A 的标准，因而当实验电流达到 5A 左右时，其实验数据和曲线将真实地反映继电器的特性。此外，单相最大输出电流为 20A，可以完好的体现差动继电器和反时限继电器的特性曲线。

(3)了解设备的安全可靠性。装置设有电流型漏电保护，电压型漏电保护、隔离变压器浮地保护、交直流电源的过流保护等多种安全措施，学生的人身安全得到了保障，设备的安全性有了保障，同时采用了高可靠性安全实验导线，避免了学生双手摸电的可能。实验装置还具有跳闸保护，便于处理紧急事故。

(4)掌握平台常用电气设备元件的安装方法。电压、电流、中间继电器均为凸出式，安装在面板的表面，学生应对其实际形式有一完整的认识，便于识别面板上的图形符号，更直观。

(5)了解实训平台的实训项目与功能：

①发电机组的启动与运转；

②同步发电机励磁控制实验；

③同步发电机准同期并列运行；

④自并励实验；

⑤单机－无穷大系数稳定运行方式实验；

⑥单机带负荷实验；

⑦同步发电机实验。

2. 实训步骤

(1)实训设备的开机。

(2)实训控制软件的操作使用。

(3)找到实训指导书对应目录的船舶电站具体实训项目的系统图，完成系统的熟悉和认知工作任务。

①找到对应图纸，熟悉电路构成说明并记录电路的工作原理；

②找到图纸提到的主要原件的规格型号并记录；

③熟悉相关图纸的对应实验单元的接线形式并作记录；

④完成任务并关机。

### ◎ 任务考核

<table>
<tr><td>学生姓名</td><td>教师姓名</td><td colspan="4">工　作　任　务</td></tr>
<tr><td></td><td></td><td colspan="4"></td></tr>
<tr><td colspan="2" rowspan="2">考核标准</td><td>优</td><td>良</td><td colspan="2">及格</td></tr>
<tr><td>对船舶同步发电机相关知识点的掌握牢固、明确，能正确区分不同发电机的励磁装置类型；任务执行积极主动，实施过程完整，报告格式标准，内容完整、清晰。</td><td>对船舶同步发电机相关知识点的掌握一般，基本能正确理解不同发电机的励磁装置分类；任务执行过程比较主动，实验操作过程较好，报告格式标准，内容完整、清晰。</td><td colspan="2">对船舶同步发电机相关知识点的掌握比较牢固，但对发电机的励磁装置类型的分类理解不够清晰；基本完成任务实施过程，报告格式标准，内容比较完整、清晰。</td></tr>
<tr><td colspan="2">考核内容(70 分)</td><td>小组评价<br>(20%)</td><td>小组互评<br>(20%)</td><td>教师评价<br>(60%)</td><td>得分</td></tr>
<tr><td colspan="2">1. 同步发电机控制系统组成部分辨识(定子 5 分、转子 5 分、励磁装置 5 分，共 15 分)</td><td></td><td></td><td></td><td></td></tr>
<tr><td colspan="2">2. 同步发电机励磁系统的识别(不可控相复励 5 分、可控相复励 5 分、可控硅励磁装置 5 分，共 15 分)</td><td></td><td></td><td></td><td></td></tr>
<tr><td colspan="2">3. 同步发电机励磁起压系统图识读(不可控相复励 5 分、可控相复励 5 分、可控硅励磁装置 5 分、无刷励磁 5 分，共 20 分)</td><td></td><td></td><td></td><td></td></tr>
<tr><td colspan="2">4. 任务报告(20 分)</td><td></td><td></td><td></td><td></td></tr>
<tr><td colspan="2" rowspan="6">知识巩固测试(30 分)</td><td colspan="3">1. 船舶同步发电机的分类(5 分)</td><td rowspan="6"></td></tr>
<tr><td colspan="3">2. 船舶同步发电机的励磁形式(5 分)</td></tr>
<tr><td colspan="3">3. 船舶同步发电机的铭牌数据(5 分)</td></tr>
<tr><td colspan="3">4. 船舶同步发电机的励磁电源(5 分)</td></tr>
<tr><td colspan="3">5. 船舶同步发电机的起压条件与方法(5 分)</td></tr>
<tr><td colspan="3">6. 船舶同步发电机的协助起压方法(5 分)</td></tr>
<tr><td>完成日期</td><td></td><td colspan="3">总分</td><td></td></tr>
</table>

# 任务二　船舶发电机的保护与调试

## ◎ 任务描述

通过船舶发电机的保护与调试功能介绍,将各种常见保护的分类、工作特点及系统组成呈现给大家。使同学们能够结合发电机系统的实际,了解并掌握船舶发电机保护与调试的分类及特点。

## ◎ 知识链接

船舶同步发电机是现代船舶的重要设备之一,船舶电力系统的可靠性首先取决于船舶发电机的连续供电。因此,发电机的保护是船舶电力系统保护的重要组成部分,保护发电机不受损坏是船舶安全航行的重要保证。

发电机保护的目的主要是:

(1)防止发电机过载损伤,以保证绝缘不受破坏。

(2)切除发电机故障。

(3)发电机断路器与馈电用保护装置协调动作,提高供电的连续性。

(4)发电机并联运行时,防止原动机损伤。

同步发电机在运行过程中,由于种种原因引起发电机的电压、电流、频率、功率等参数发生变化,并形成过渡过程。这种过渡过程有时是正常的,有时是属于非正常的。

所谓正常过渡过程一般历时很短,只需 1 ~ 2s 即可恢复正常工作状态。例如电动机正常启动过程即是如此。

而非正常过渡过程一般历时较长,或者对电网产生的冲击力非常大,如不及时采取必要的保护措施,将对电网或发电机造成不必要的损失。

由于船用发电机的电压等级较低,容量较小,并且又经常进行定期检查,经验证明,低压发电机的内部故障出现的机会极少。因此,按规定,对船用低压发电机的保护,只限于发电机不正常运行的外部保护,不设置发电机的内部保护。

根据《钢质海船入级与建造规范》的规定,船舶同步发电机的外部继电保护内容有:短路保护、过载保护、欠压保护、逆功率保护等四类。

### 一、同步发电机的短路保护

同步发电机的短路是指不同相线之间或相线与零线之间相碰形成的特大电流现象。

短路故障造成的后果是严重的。三相短路时,发电机的短路电流可达额定电流的 10 倍以上,此电流产生的热量和机械力可以比正常值大 100 倍以上,对发电机产生巨大的破坏作用。

发生短路的原因主要是维护不周、检修不良;绝缘老化或受机械损伤;误操作;停电检修时,导电物品遗放在裸体导体上以及动物触电等。

发电机外部短路故障一般有四种：单相接地短路（中性点直接接地系统）；两相相间短路；两相两点接地短路；三相短路。由于船舶电力系统都采用电缆线路，并大多采用中性点绝缘系统，发生三相对称短路的故障率最高。

短路电流的大小与船舶电站的装机容量和短路点在电力系统中的位置等有关。

为了防止短路故障，对于运行人员来说，应在平时加强对设备的维护管理，定期检查各主要电气设备的绝缘情况，严格执行操作规程，消灭误操作。为了限制短路故障的破坏作用，在技术措施方面则必须装设继电保护装置，以便在故障发生后，能自动地切除故障部分，保护设备，防止事故扩大，保证非故障部分得以正常运行。

对于船舶发电机外部短路保护，我国《钢质海船入级与建造规范》做了规定：对于船舶发电机外部短路保护一般应设有短路短延时和短路瞬时动作保护。短路短延时保护的启动电流整定为3～5倍的发电机额定电流，动作时限整定为0.2～0.6s作用于发电机跳闸，短路瞬时保护的启动电流整定为5～10倍的发电机额定电流，瞬时作用于发电机跳闸。

船舶发电机的外部短路保护是由万能式自动空气断路器中的过电流脱扣器来承担的。

**二、同步发电机的过载保护**

在船舶发电机的运行过程中，如果发生发电机容量不能满足负载的需要或当并联运行的发电机组负载分配不均匀时，都可能造成发电机过载。过载有两种情况：电流（视在电流）过载和功率（有功功率）过载。它们对发电机（组）均是不利的。长期的电流过载将使发电机过热，引起绝缘老化和损坏。长期的功率过载则可导致原动机寿命缩短和部件损坏。这都是不允许的。故应设置相应的保护装置，以保护发电机（组）。

对发电机的过载保护，我国一般规定：

对无自动分级卸载装置的发电机过载保护，其启动电流值，可整定在其额定电流值的125%～135%，延时15～30s，过载保护装置动作，使发电机自动跳闸。

对有自动分级卸载装置的发电机过载保护，当过载达110%～120%额定值时延时10～20s使自动卸载装置动作，自动卸掉部分次要负载；当过载达150%额定值时，延时5～10s过载保护装置动作，使发电机自动跳闸。

船舶同步发电机的过载保护主要由自动分级卸载装置和万能式自动空气断路器中的过电流脱扣器来承担。

**三、同步发电机的欠压保护**

同步发电机的欠压或失压是指发电机由于内部或外部原因引起端电压远远低于额定电压或无压的现象。

发电机在欠压状态下运行将引起电机的电流增加，电动机转矩下降，发电机过热，绝缘损坏，这对发电机本身和异步电动机的运行都是很不利的，必须设置相应的保护装置。

但在系统中如有大电动机启动或突加较大负载时，也可能引起瞬间电网电压跌落现象，此时欠压保护不应动作，要求保护有一定的延时，以躲过暂时性的电压下降。因此，对于船舶发电机的欠压保护的整定，我国《钢质海船入级与建造规范》规定为：对带时限的发电机欠压保护，整定在当发电机电压低于其额定电压的70%～80%时，延时1.5～3s动作于跳闸；对不带时限的发电机欠压保护，整定在当发电机电压低于其额定电压的40%～75%时，瞬时动作于

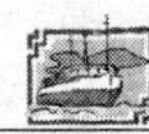

跳闸。

船舶同步发电机的欠压保护主要由万能式自动空气断路器中的失压脱扣器或自动分级卸载装置中的欠压保护装置来承担。

**四、同步发电机的逆功率保护**

同步发电机的逆功率运行,是指该同步发电机不是发出有功功率,而是从电网吸收有功功率,即变为同步电动机运行。

逆功率现象只有在发电机并联运行时才能形成。

逆功率产生的主要原因是原动机失常,如燃油供给减少或中断,发电机与原动机的联轴节损坏等。

同步发电机在逆功率状态下运行,可能造成正在并联运行的另一台发电机过载,以致造成其过载跳闸,全船供电中断。因此,逆功率保护的主要任务是:当发电机出现逆功率时,将该发电机从系统中切除。

对逆功率保护的要求是:因为发电机过载保护是有时限的,所以逆功率保护也并不要求立即跳闸,即也可以具有一定的时限。当同步发电机在非同步条件下并车时,也可能短时出现逆功率,这是允许的,此时逆功率保护不应动作。因此,从断开并车时可能出现的短时逆功率冲击方面来要求,则逆功率保护也应具有一定的时限。

我国《钢质海船入级与建造规范》规定:并联运行的同步发电机应设有延时3～10s动作的逆功率保护。并联运行的发电机逆功率值按原动机的类型不同可整定为:

(1)原动机为柴油机时,动作值整定在发电机额定功率的8%～15%;

(2)原动机为汽轮机时,动作值整定在发电机额定功率的2%～6%;

船舶同步发电机的逆功率保护由逆功率继电器来承担。

综上所述,为了对同步发电机进行上述四种保护,可以通过三种保护装置来实现。即万能式空气断路器可以同时完成短路、过载和欠压保护;自动分级卸载装置可以完成前期过载保护;逆功率继电器可以完成逆功率保护。

## ◎ 任务实施

**同步发电机的主保护整定与调试**

船舶同步发电机在使用过程中,通常设置的保护主要有过载、短路、欠压及逆功率。通过完成发电机组保护参数的整定与测试、可使同学们基本独立完成发电机及配电系统的基本保护整定操作,确保船舶电站的正常供电需求。通过实训项目训练,要求每位同学都能实际操作达到熟悉船舶电站发电机的综合保护设置的基本使用方法和操作规程的目的,为船舶电站设备的后续试验项目的顺利开展打好基础。

1. 实训内容及设备

船舶电气实训室所采用的船舶电站综合自动化实验平台所对应的发电机组为7.5kW的小型变频发电机组,故可完成常规的各种发电机基本保护试验。船舶电气实训中心所采用的船舶电站综合自动化实验平台所对应的发电机组为7.5kW的小型变频发电机组,如图2-2-1所示。基本能够满足正常的船舶电站电源及发电机的模拟和仿真任务需要。

本装置包含两台同样配置的同步发电机，能够满足保护测试与调整的操作任务需要。具体实训内容如下：

(1)同步发电机的过载实验；

(2)同步发电机的突加负载试验；

(3)同步发电机的欠压实验；

(4)同步发电机的逆功率实验。

图 2-2-1　小型变频发电机组

2. 实训与操作步骤

(1)同步发电机的过载实验。单台发电机组启动及主开关闭合成功之后，在检查机组频率及电压均正常的情况下，按照实验指导书的顺序接通阻性负载及感性负载，观察负载电流表、发电机组电流表、功率表及功率因数表，同时顺时针调节阻性负载调节旋钮(两组应相对均匀调节)，当功率表指示为 80% 额定功率时(6kW)，停止阻性负载的调节，再顺时针调节感性负载调节旋钮，使无功电流加大，当发电机额定电流达到 110% 额定值时($I_e = 16.5$A)，主开关不应跳闸，发电机组能正常工作(两小时左右)。继续调节感性负载旋钮，加大无功电流，使发电机总输出等于(或稍大于)125% 额定电流(在 18.75A 左右)时，应延时 15 ~ 30s 左右，便主开关跳闸(主开关合闸指示灯灭，主开关分闸指示灯亮)，同时在报警板上发电机过载指示灯亮。

以上试验应记录发电机过载脱扣电流值及脱扣时间。

(2)同步发电机的突加负载试验。机组启动及主开关闭合程序成功之后，在检查机组频率及电压均为额定值且稳定后，按照实验指导书的顺序接入负载电阻及电抗，并同时进行调整，使发电机电流达到其额定电流的 60%(9A)，功率因数不超过 0.4(滞后)时，分断发电机主开关(按下分闸按钮)，观察发电机组电压及频率等的波动情况及恢复至原来值的时间，然后在不改变负载的情况下，直接按下主开关合闸按钮，即发电机突加 60% 额定负载，观察发电机组的电压、频率变化情况。

以上实验应做好记录(包括发电机组电压、频率的波动范围，电压及频率波动后恢复至额定值的时间)。

(3)同步发电机的欠压实验。机组启动及主开关闭合程序成功之后，在检查机组频率及电压均为额定值且稳定后，调节频率控制转换开关在下降位置，使发电机频率及电压下降，当电压表显示电压值在 280V 左右时，调整速度应稍慢一些，直到主开关跳闸(接触器)，主开关合闸指示灯灭，分闸指示灯亮，此时记录发电机电压值(即为主开关欠压脱扣值)。

以上试验应记录发电机欠压脱扣动作值及脱扣时间。

(4)同步发电机的逆功率实验。根据实验要求，完成相关机组的手动或自动并车操作后，使两台机组的有功及无功分配均匀，然后将 1#(或 2#)机组频率调高，2#(或 1#)机组频率调低，使有功功率向 1#(或 2#)机组转移，调节时观察功率表指示情况，直到频率调低的机组功率表指针指向负值，调整值为 -0.2kW 左右，等待约 5 ~ 10s，主开关应跳闸，跳闸后同步盘逆功率报警指示灯亮。

实验时应记录发电机组逆功率脱扣值及脱扣延时时间。

## ◎ 任务考核

| 学生姓名 | 教师姓名 | 工 作 任 务 | | |
| --- | --- | --- | --- | --- |
| | | | | |
| 考核标准 | 优 | 良 | 及格 | |
| | 对船舶同步发电机相关保护配置知识点的掌握牢固、明确,能正确区分不同发电机的保护配置类型及整定方法;任务执行积极主动,实施过程完整,报告格式标准,内容完整、清晰。 | 对船舶同步发电机相关保护配置知识点的掌握一般,基本能正确理解不同发电机的保护配置类型及分类;任务执行过程比较主动,实验操作过程较好,报告格式标准,内容完整、清晰。 | 对船舶同步发电机相关知识点的掌握比较牢固,但对发电机的保护配置类型的分类理解不够清晰;基本完成任务实施过程,报告格式标准,内容比较完整、清晰。 | |
| 考核内容(70分) | 小组评价(20%) | 小组互评(20%) | 教师评价(60%) | 得分 |
| 1. 同步机短路保护的配置与整定(保护原理5分、保护分类5分、保护整定5分,共15分) | | | | |
| 2. 同步机欠压保护系统原理与整定(保护原理5分、保护分类5分、保护整定5分,共15分) | | | | |
| 3. 同步机逆功率保护系统原理与整定(保护原理5分、保护分类5分、保护整定5分、保护元件5分,共20分) | | | | |
| 4. 任务报告(20分) | | | | |
| 知识巩固测试(30分) | 1. 船舶同步机短路保护的定义与分类(5分) | | | |
| | 2. 船舶同步机短路保护整定要求(5分) | | | |
| | 3. 船舶同步机欠压保护的定义(5分) | | | |
| | 4. 船舶同步机欠压保护的整定范围(5分) | | | |
| | 5. 船舶同步机逆功率保护的定义(5分) | | | |
| | 6. 船舶同步机逆功率保护的整定要求(5分) | | | |
| 完成日期 | | 总分 | | |

# 任务三 船舶同步发电机的并联运行

## ◎ 任务描述

船舶在不同工况下的用电量相差很多,通过并联运行可减少对船员的日常生活和生产工作产生直接的影响。因此,通过对并联运行的条件及方法的介绍,使大家掌握并列运行的优点

及正确的并车方法，这对于船舶系统的运行安全，必将发挥积极的作用。

◎ 知识链接

船舶在不同工况下的用电量相差很大，为充分发挥船舶发电机组的效率，通常采用几台发电机组联合供电的方式。两台以上的发电机同时工作，通过共同的公共母线供电给全船的电力负荷称为并联运行，也称并车。

**一、并联运行的优点**

因为并联运行有如下两个优点，所以船舶电站的发电机都采用并联运行的方式。

(1)船舶电力负荷随船舶工况的变动而经常变动，例如航行工况与停泊无装卸工况的负荷差别很大，我们知道，对发电机来说，一般都设计成在接近满负荷使用时具有最高的效率，因此，船舶电站总是设计成由两台以上的发电机组成，在小负荷时，适宜于单机运行，而负荷大时，则采用两台或两台以上发电机并联运行，这样能保证在各种不同工况下，运行中的发电机都能在高效率下工作。

(2)为了保证供电的可靠性和连续性，船舶电站总设置有备用发电机组，当要检修运行中的发电机组时，先将备用机组启动并与电网并联后，再转移负载，将所检修的运行机组的负载转移到备用机组上后，再从电网解列，这样可以保证不停电的检修运行中的发电机组。

**二、同步发电机并联运行的条件**

为了使并联运行的交流同步发电机保持稳定地工作，每台并联运行的发电机必须满足如下的电气方面的条件：

(1)各发电机电压的相序应该一致。

(2)各发电机电压的大小应该一致(有效值)。

(3)各发电机电压的相位应该一致。

(4)各发电机电压的频率应该一致。

由于船舶电站在建造时，三相相序已正确接好，各机组的三相相序已分别通过主开关与电网或汇流排的三相相序分别对应接好，只要不是人为的错误换接，那么船舶发电机并联时要求相序相同的条件，事实上已经得到满足，因此三相发电机的三相电流相序一旦接好后，不得改动。

**三、并联运行的条件分析**

1. 三相相序条件的分析

如果待并发电机的频率、相位、电压三个条件均已满足运行发电机的要求，只有相序条件不满足，是绝对不能并联的。因为错相序后，相当于直流发电机并联时正负极性错位一样，变成两电源电压叠加，形成严重的短路现象。

这时，两发电机间的短路负载为其各发电机的内部阻抗，此阻抗值极小，因此强行并联后，必将产生严重短路电流，在此电流的冲击下，电网电压迅速下降，主开关立即跳闸，造成全船电网失电。

在测量相序时，可采取如下方法：三相相序相同时，各机间三相的对应电压为零伏。否则将产生 400 伏的线电压，因此，可以用万用表或交流电压表检测三相相序是否相同。图 2-3-1 表示待并机 $G_2$ 的 A、C 两相与汇流排相序不同的情况。由图 2-3-1 可见，用电压表“V”应能测

出 $U_{AC2}$与 $U_{CA2}$的电压均为400伏,而 $U_{BB2}$的电压为0伏。说明B相极性相同,但A、C两相反相,故不得并联合闸。

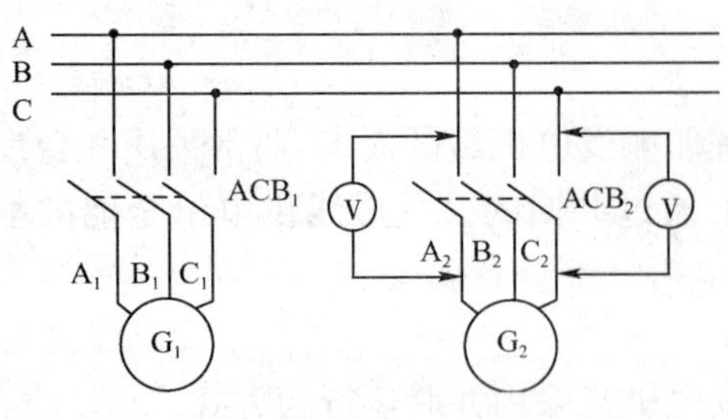

图2-3-1　相序条件分析图

2. 三相电压条件的分析

如果待并机的相序、频率、相位均满足电网的要求,只有待并机的三相电压值与电网三相电压值不相等,也不能并联。为分析方便,设 $U_2>U_1$。

在两台发电机存在电压差时合上待并发电机的主开关 $ACB_2$,此时在 $ACB_2$两端将产生一差值电压 $\Delta\dot{U}=\dot{U}_2-\dot{U}_1$,此电压差将在两机组间产生一环流 $\dot{I}_{PH}$。如图2-3-2b)所示,因为环流流经的回路主要是感抗,故 $\dot{I}_{PH}$滞后 $\Delta\dot{U}$ 约为90°,矢量图如2-3-2c)所示,这一环流对两台发电机均产生均压作用,由于 $\dot{I}_{PH}$与 $\dot{I}_2$的方向一致,对发电机 $G_2$来讲,$\dot{I}_{PH}$相当于是 $G_2$输出一个滞后的无功电流,它产生的电枢反应是去磁的,将使 $G_2$的端电压比并联前 $\dot{U}_2$有所下降,但对运行机 $G_1$来讲,$\dot{I}_{PH}$与 $\dot{I}_1$反方向,因而 $\dot{I}_{PH}$相当于是减少 $G_1$输出的滞后无功电流,其电枢反应的结果是减少了原来的去磁作用,这样将使 $G_1$的端电压比并车前的 $\dot{U}_1$有所升高,结果使二台发电机并联运行于同一电压 $\dot{U}$ 上。这是对并车有利的方面。

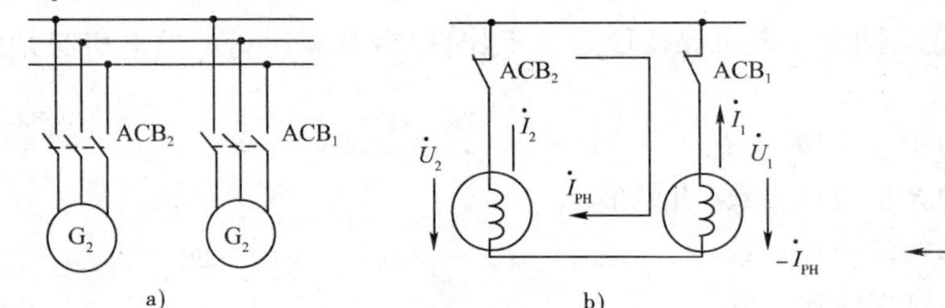

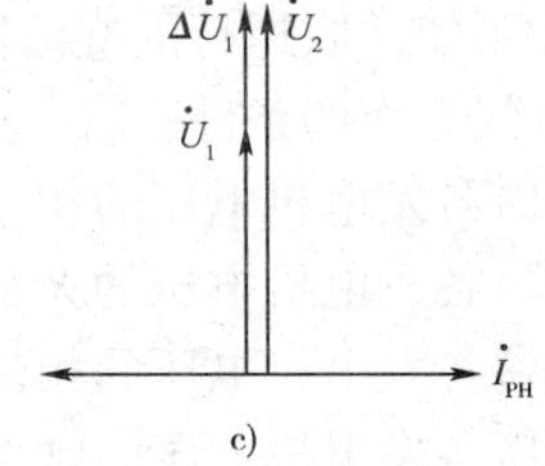

图2-3-2　电压条件分析图

由于发电机并车时,等值电抗很小,在电压差较大的情况下进行并车时,回路中阻抗主要为发电机的超瞬变电抗 $X_d$,它比稳定时发电机电抗小得多。这样,即便比较小的电压差都将在机组间产生很大的冲击电流。在并车时应予避免,因此一般要求,在并车操作中,电压差不得超过10% $U_e$。

3. 三相相位条件的分析

如果待并机的相序、频率、电压均满足电网的要求,只有待并机的三相相位与电网不相同,也不能并联,设 $\delta_0=\delta_{20}-\delta_{10}=0$。

如图2-3-3所示,尽管两电压的有效值相等,频率相同,但由于初相位不一致,合闸瞬间 $ACB_2$的动静触头之间仍然存在有电压差 $\Delta U=U_2-U_1$,其大小为:

$$\Delta U=2U\sin(\delta_0/2)$$

当 $\delta_0=180°$时,则 $\Delta U=2U$,此时电压差最大,由于 $\Delta U$ 的存在,产生平衡电流 $\dot{I}_{PH}$,它滞后于 $\Delta\dot{U}$ 为90°,滞后于 $\dot{U}_2$为 $\delta_0/2$,而超前 $\dot{U}_1$为 $\delta_0/2$。$\dot{I}_{PH}$对发电机 $G_2$而言是与其输出电流 $\dot{I}_2$的正方向相同,可分解为与 $\dot{U}_2$同相的有功分量 $\dot{I}_{PHP}$及与 $\dot{U}_2$垂直的无功分量 $\dot{I}_{PHq}$,对发电机 $G_1$

而言，环流 $\dot{I}_{PH}$ 的负值 $-\dot{I}_{PH}$ 与 $G_1$ 的输出电流 $\dot{I}_1$ 的正方向相同，如图2-3-4所示，它也可分解为两个分量，即与 $\dot{U}_1$ 反相的有功分量是 $\dot{I}_{PHP1}$ 及与 $\dot{U}_1$ 垂直的无功分量 $\dot{I}_{PHq1}$。由于 $\dot{I}_{PHP}$ 与 $\dot{U}_2$ 同相，对发电机 $G_2$ 将增加有功负荷，在轴上产生一个制动力矩，但对 $G_1$ 来说，$\dot{I}_{PHP1}$ 与 $\dot{U}_1$ 反相位，$G_1$ 吸收有功功率，$G_1$ 运行于电动状态，在轴上产生一个驱动力矩，两者作用的结果均有利于使二台机组拉入同步，即相位一致，同步发电机内部的这样作用称为"自整步"作用。

在相位差很大的情况下进行并车时，过大的 $\Delta U$ 将产生很大的冲击电流，在发电机轴上将产生很大的冲击转矩。可能引起机组转子的振荡或失步而逆功率跳闸，甚至损坏机组。因此，一般要求并车瞬间，相位差不得超过15°。

4. 频率条件的分析

如果待并机的相序、电压、相位均满足电网的要求，只有待并机的频率与电网不相等，也不能并联。设 $f_2>f_1$。

由图2-3-5可知，在合闸瞬间（$t=0$）两发电机组电压向量重合，但由于 $f_2>f_1$，经过 $\Delta t$ 后，$\dot{U}_2$ 将超前 $\dot{U}_1$ 一个角度 $\delta=2\pi(f_2-f_1)\Delta t$，同样会产生电压差 $\Delta\dot{U}$，其结果与前面分析相同，即也将产生环流 $\dot{I}_{PH}$。若在并车瞬间，两机组的频率相差较小，依靠自整步作用可自行拉入同步；若频率差太大，因自整步作用不足以拉入同步，将造成机组失步而跳闸，严重时将造成全船失电。所以在并车时，希望频率差在±0.5Hz以内。

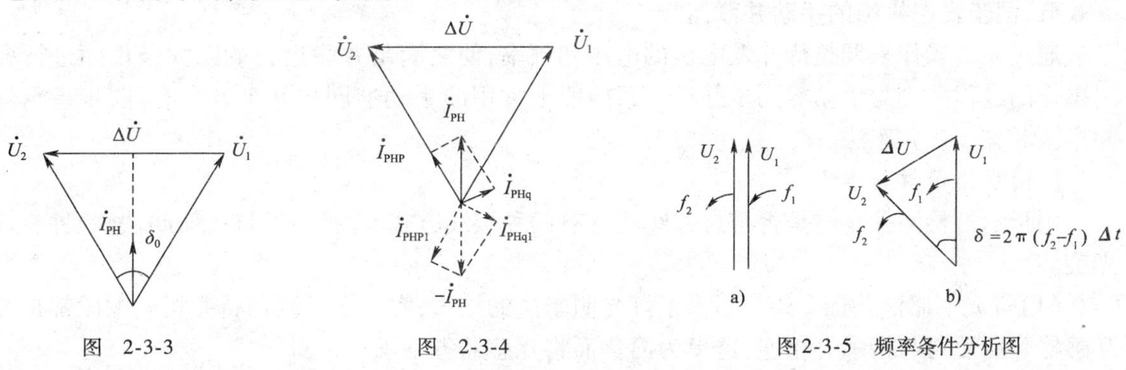


图　2-3-3　　　图　2-3-4　　　图2-3-5　频率条件分析图

从上面分析可知，当发电机间并联运行时，必须同时满足上述四个条件。其中任何一个条件不满足时，将产生电压差，形成环流。这个环流可能是短路环流，可能是无功环流，也可能是无功和有功环流，并包括动能。如果根据发电机的承受能力，限制环流变化范围，则能自动将各并联机组拉入同步运行。如果并联条件超过允许范围后（即 $\Delta U>10\%\,U_e$；$\Delta\delta>15°$；$\Delta f>1\%f_e$），过大的冲击电流和能量，可能导致并联失败或使电网电压突然下降而跳闸及损坏机组等事故，这都应该设法避免，以保证并联供电安全。

**四、并车方法**

为了使待并机正确无误的并联成功，必须采取科学的方法进行并联操作。目前，船舶同步发电机组并联运行的方法可分为三类：准同步法、粗同步法和自同步法。

1. 准确同步法

准确同步法是将待并发电机组及运行发电机组的电压、频率及相位都调得十分接近，再合上待并发电机组的主开关。此法在并车时引起的冲击电流、冲击转矩和母线电压的下降都很

小,对系统的影响较小,是目前船舶上普遍采用的并车方法,但采用此法并车时,对操作者的素质要求较高,若因某种原因造成非同步并联时,将造成很大的冲击电流,最严重时其冲击电流与机端三相短路电流相同。

目前,船舶上通常采用的手动并车、半自动并车及自动并车均属准同步并车法。

2. 粗同步法

粗同步法是指待并机基本满足电网所需的并联条件后,即可先行串联一个电抗器与电网并联,然后再合主开关的方法。

3. 自同步法

自同步法是将未经励磁的发电机的转速加速到接近同步转速,再将主开关合闸,并立即给发电机加上励磁,依靠机组间自整步作用而拉入同步,使发电机与电力系统并联运行。

自同步原理与前述并联条件的分析相同,当待并机上网后再起压时,定子的磁场与转子的磁场必相互作用,产生同步力矩,如果待并机转子转速高于定子磁场转速时,产生阻力矩,相当于工作在发电机状态;如果待并机转子转速低于定子磁场转速时,产生加速力矩,相当于工作在电动机状态。结果将待并机拉入同步运行。

这种并联方法的主要优点是操作简单,上网迅速,但由于定子在无压下并联,实际上是一个感性负载,因此合闸时的冲击电流和冲击转矩较大,电压下降过度,一般船舶电站的容量无法满足其要求,因此在船上极少采用。

**五、同步发电机组的手动并联运行**

通过人工操作来调整待并发电机的电压和频率,使之满足并联运行的三大条件而进行合闸操作的过程称之为手动准同步并车。目前船上常用的手动准同步并车方法有:同步指示灯并车法和整步表并车法。

1. 同步指示灯并车法

用指示灯检测并车时是否符合并车条件有两种接线方式,一种叫作灯光明暗法,一种叫灯光旋转法。

(1)灯光明暗法。图 2-3-6 画出了灯光明暗法的接线,实际上电网与待并机的电压都是经互感器降压后再与指示灯相连,这里为简化而将互感器省略了。

将三个(也可以只用两个)指示灯 $HL_1$、$HL_2$、$HL_3$ 的两端分别接在待并发电机与电网电压的对应相上,这样,每个指示灯两端的电压就是其对应相的电压差 $\Delta U$,在并车条件的讨论中已说明过当电压、频率和相位不一致时,在待并机与电网之间都会出现电压差,指示灯就会发亮。因为灯泡上所加电压的大小是随相位差的不同而变化的,所以三个指示灯随相位差的变化而同时忽亮忽暗,并且频差越大,灯泡的亮、暗变化越快,当指示灯亮、暗变化较慢时(频差越小时),在指示灯完全熄灭的那一瞬间(相位差为零)就是我们在并车操作中要捕捉的合闸时刻。一般灯泡当电压降到 30% ~50% 额定电压时已经熄灭,因此在观察过程中可以发现灯泡在熄灭的状态下要逗留一段时间。操作者要仔细地观察指示灯,以求掌握其亮、暗的规律,准确地捕捉住灯光熄灭过程中正中间的一瞬使待并机主开关恰好合上闸。

(2)灯光旋转法。图 2-3-7 画出了灯光旋转法的接线图和矢量图。

$HL_1$ 接在待并机与电网的对应相 A 相上,$HL_2$ 接在 $C_1$ B 间,$HL_3$ 接在 $B_1$ C 间,采用交叉接法。

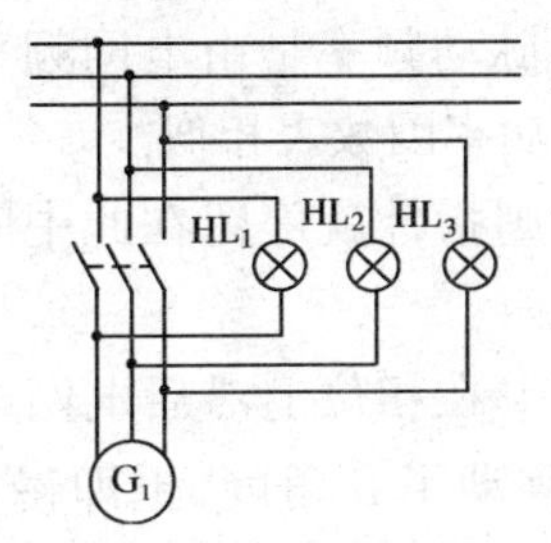


图 2-3-6　灯光明暗法接线图

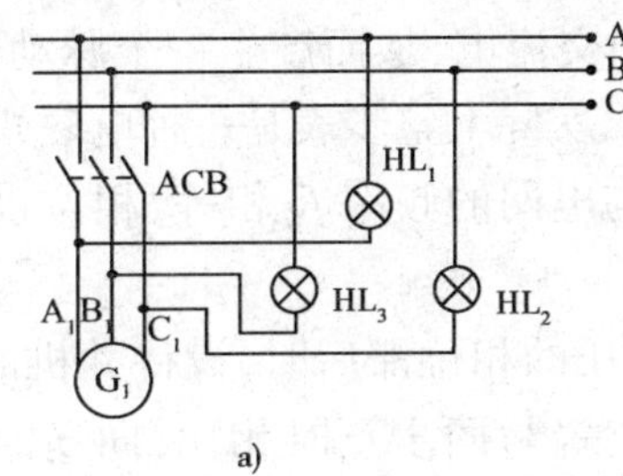


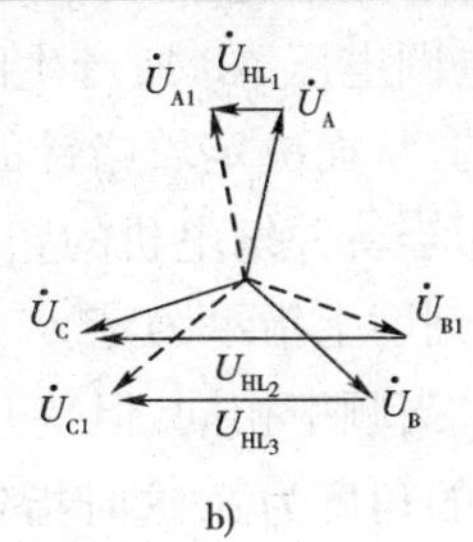


图 2-3-7　灯光旋转法接线图及矢量图

当待并机频率 $f_1$ 高于电网频率 $f_2$ 时，则两个电压相对运动的角速度为 $2\pi(f_1-f_2)$ 参看图 2-3-7b)，若以电网电压为参考。则待并机电压矢量以 $2\pi(f_1-f_2)$ 的角速度反时针方向（$f_1>f_2$）或顺时针方向（$f_1<f_2$）旋转，待并机与电网电压矢量的夹角周期性地变化，加在三个指示灯上的电压会不断地变化。由此可以看出，当 $f_1>f_2$ 时，三个灯泡将轮流熄灭，次序是 $HL_1 \rightarrow HL_2 \rightarrow HL_3 \rightarrow HL_1$；反之，当频差改变方向时（$f_1<f_2$）三个灯泡轮流熄灭的次序将变为 $HL_1 \rightarrow HL_3 \rightarrow HL_2 \rightarrow HL_1$。当频差越大，灯光旋转的越快；当频差改变方向时，灯光旋转的方向也改变。因此可以根据灯光旋转的方向和快慢，辨别频差的正负和大小，从而进行正确的频率预调，以便选择适当的时机进行并车。两机进入整步的标志是灯光停止旋转，$HL_1$ 完全熄灭，$HL_2$、$HL_3$ 具有相同的亮度。

采用指示灯检测并车条件尽管简便易行，所有的交流船全都设置，但因观察灯泡亮暗变化及旋转易使人眼花缭乱，而不易准确掌握，所以几乎所有的交流船都采用整步表来检测并车条件，同步指示灯只是作为一种辅助并车指示。

2. *整步表并车法*

整步表是通过指针的转动情况，检测待并机与电网间的相位差和频率差。它又叫同步表，其结构及原理示意图如图 2-3-8 所示，它的定子上绕有三相绕组，中间是转子励磁线圈，固定在底盘上，最中央是转轴，转轴上下各有一块同样大小的扇形铁片组成的 Z 形铁芯，转轴的上端有指针，转轴上无线圈，它的两头是通过宝石轴承加以固定，可以自由转动。整步表无游丝和导电片，因此，无反作用力矩，指针可以在 360° 自由转动。

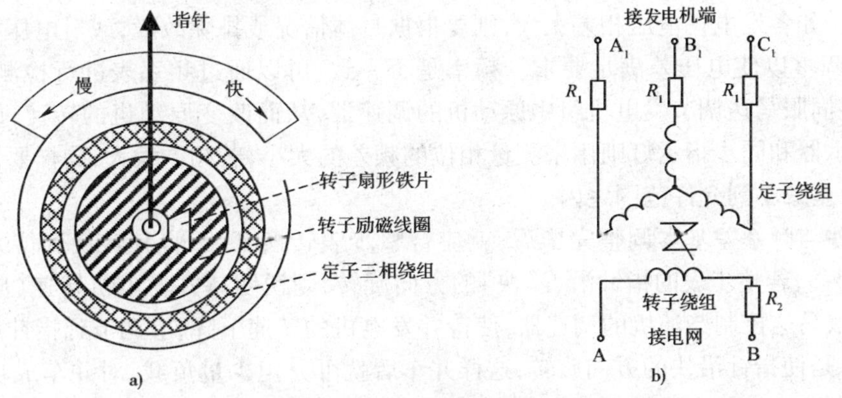


图 2-3-8　整步表结构及原理示意图

在工作时，定子绕组接在待并发电机的 $A_1$、$B_1$、$C_1$ 三相电压上，产生一个径向旋转磁场，其大小是固定的，转子铁芯的励磁线圈接在电网的 AB 相上。这样在铁芯励磁线圈中就通过

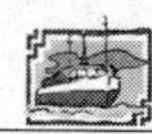

由电网电压 AB 所产生的单相交流电,从而产生一个脉动磁场。其脉动频率是由电网频率决定的,从而决定着指针的位置,实际上整步表是一种电磁式仪表,与功率因数表相似。

当待并发电机的频率$f_F$与电网的频率$f_W$相等,相位也相同时,则指针就停留在此中间位置,刻度上指示为零。

当频率相同,但待并机电压的相位滞后时,设待并机的电压$U_{A_1B_1}$在相位上滞后电网电压$U_{AB}$的角度为$\delta$,这时指针的位置与同步点时相比,向逆时针方向移动了$\delta$角度,也即慢了$\delta$角度。

同理,当频率相同,但待并机电压的相位超前时,设超前角为$\delta$,则此时指针的位置与同步点时相比,将向顺时针方向移动$\delta$角度,也即快了$\delta$角度。

当待并机的频率$f_F$低于电网频率$f_w$时,相当于旋转磁场的旋转速度低于脉动磁场的变化速度。所以脉动磁场达到最大时,铁片与旋转磁场相遇的地点将不断沿着逆时针方向移动,即整步表指针将不断地向"慢"的方向转动。

同理,当待并机的频率$f_F$高于电网频率$f_W$时,相当于旋转磁场的旋转速度高于脉振磁场的变化速度,因而电网的脉动磁场达到最大值时,铁片与旋转磁场相遇的位置将不断沿顺时针方向移动,即整步表指针将不断地向"快"的方向转动。

在整步表接线中,其转子励磁线圈一定要接电网的 AB 相,如果接错,整步表的指示将不正确。即使$f_w=f_F$,且相位一致,指针也不指示零点,而是固定偏转某一角度。

由于整步表为指示仪表,按理说频差越大,指针的转动速度也越快,但频差过大时,由于可动部分的惯性影响,指针将不旋转,或只作一定幅度的摆动;而当频差过小时,由于可动部分摩擦力矩的影响,指针将停止转动。因此,通常要求频差在 0.125Hz 时,指针应能不停地转动。

3. 手动准同步并车操作

并车操作就是要测量和调整待并发电机的电压大小、相位与频率,使其与电网上已运行的机组基本相同,合上主开关,使发电机拉入同步。

主配电板上的电压表、频率表、同步指示器就是检测并车条件的工具,电压表的数值可以指示待并发电机电压是否与电网电压一致。目前船用自励恒压发电机一般均能满足电压在允许偏差之内。如各发电机电压相差太大,则要根据具体情况或排除故障,或对电压校正器的参数进行适当调整以使电压差满足要求。频率是否一致,可以通过频率表进行检测,若相差太大,则可通过伺服马达调节发电机组中原动机的调速器,从而改变原动机的转速,即调整了频率。同步指示器和同步指示灯则用来测量相位的频差的大小,若频差太大,同样要调节原动机的转速,使频差减小到允许范围之内。

当电压差与频率差基本调整完毕后,就应合整步表转换开关,将其转换到待并发电机位置。见图 2-3-8,若整步表的指针沿着"快"的方向旋转,则说明待并发电机转速(频率)快了。则要通过伺服马达控制柴油机的调速器,使待并发电机的转速下降,等调节到指针旋转比较缓慢时(一般总是使指针沿快的方向旋转,这样并车后就可分担少量负载,对并车成功有利),当指针快到中点即相位差为零时立即合闸。(考虑到主开关有一定的动作时间,故要适当提前一个角度),待并发电机依靠自整步作用被拉入同步,观察整步表将固定在"整步"位置不再转动,然后再进行负载转移。并车完毕后,应立即通过整步表转换开关将整步表从电路中切除。

### 六、船舶同步发电机组的粗同步并联运行

粗同步并车又叫电抗并车，它放宽了对准同步并车的条件，提高了并车的成功率，因而深受船员欢迎。

图2-3-9画出了粗同步原理接线。当待并发电机$G_1$启动后，大致调节一下频率，观察一下电压差别不大，至于相位甚至可以不考虑，就可以接通接触器$KM_1$，使发电机通过电抗器L与电网并联。这时尽管电压差、频率差和相位差比起准同步的三个条件都要宽得多，但由于L的阻抗很大，它限制了并车时由于三个条件不满足所产生的冲击电流，使这个电流数值不会超过发电机额定电流的1.8倍，所以电机不会损坏。当发电机$G_1$通过电抗器L与电网并联后，由于机组间的自整步作用，很快就会被拉入同步。观察整步表，当指针固定在“整步”标记的位置时，就可以合上主开关$ACB_1$，将电抗器短路，使发电机不再通过电抗器，而是直接与电网并联运行，因为机组此时已经与电网同步，所以合主开关时，不会产生冲击电流，然后再断开接触器$KM_1$将电抗器切除，粗同步并车就完成了。因为粗同步并车用电抗器是按短时工作制设计的，只在并车时使用，并车完毕后，一定要从电网上将其切除，否则电抗器就可能被烧毁。

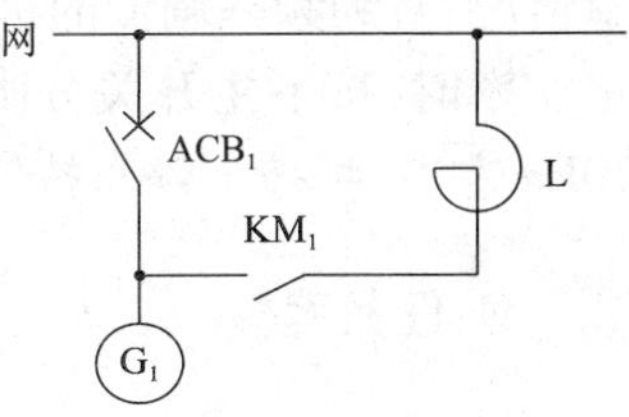

图2-3-9 粗同步原理图

◎ 任务实施

### 船舶同步发电机实训装置的并车操作

船舶同步发电机在使用过程中，经常要实现多机并车和解列运行。并车实训通过完成备用发电机的启停控制、完成发电机及配电系统的基本运行调整、并车解列等实际操作，确保船舶电站的正常供电需求。通过实训项目训练，要求每位同学都能实际操作达到熟悉船舶电站综合自动化实验装置中发电机的多机运行和解列的基本使用方法和操作规程的目的，为后续试验项目的顺利开展打好基础。

1. 手动准同步并车操作（以1#机组在网，2#机组作为待并机为例）

1#机组启动及主开关闭合程序在前面的实训中已经掌握。在1#机组向负载正常供电后，启动2#机组（机组启动程序同1#机组），2#机组启动成功并升速至额定转速后观察2#机组电压并调节电压调节电位器，使之电压为400V左右（1#机组电压也应为此值），保证两台机组的电压差不能超过10%。将“同步选择”开关转至“DG2”位置（即待并机组位置），观察同步表及同步指示灯，同时调节“频率控制”选择开关，使之加速或减速，使同步表指针摆动速度周期大于2s左右，并在其指针接近中点（同步指示灯在将近暗的瞬间）按下2#机主开关合闸按钮，直至主开关合闸，并车完成。并车完成后应即时观察两只功率的读数情况，若功率分配不均匀，则应调节两台发电机组的“频率控制”开关，使现有功率多的机组降速，现有功率少的机组升速，直至达到额定功率均衡，并观察电流表及功率因数表，如无功分配不均，则同时调节电压调节电位器，使之均衡。

2#机组为在网机组，1#机组为待并机组时，具体操作同以上程序相反操作。

注意：进行频率调节和电压调节时速度不能过快，应同时观察电流表、功率因数表、功率表及频率表。不能调节过大，以防烧毁发电机组或盘内元件。

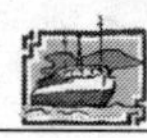

2. 同步发电机手动发电机解列操作

根据上述要求进行并车操作后,使两台机组的有功及无功分配均匀,然后将 $1^{\#}$(或 $2^{\#}$)机组频率调高,$2^{\#}$(或 $1^{\#}$)机组频率调低,使有功功率向 $1^{\#}$(或 $2^{\#}$)机组转移,调节时观察功率表指示情况,直到频率调低的机组功率表指针指向负值,当频率调低的机组的有功功率等于5%额定功率时,按下主开关分闸按钮,使机组脱离电网,然后再降低发电机转速,当频率指针指向30Hz左右时,按下停车按钮,使机组停机。

## ◎ 任务考核

<table>
<tr><td>学生姓名</td><td>教师姓名</td><td colspan="4">工 作 任 务</td></tr>
<tr><td></td><td></td><td colspan="4"></td></tr>
<tr><td colspan="2" rowspan="2">考核标准</td><td>优</td><td>良</td><td colspan="2">及格</td></tr>
<tr><td>对船舶同步发电机相关并车操作知识点的掌握牢固、明确,能正确区分不同发电机的并车操作方法;任务执行积极主动,实施过程完整,报告格式标准,内容完整、清晰。</td><td>对船舶同步发电机相关并车操作知识点的掌握一般,基本能正确理解不同发电机的并车操作方法;任务执行过程比较主动,实验操作过程较好,报告格式标准,内容完整、清晰。</td><td colspan="2">对船舶同步发电机相关并车操作知识点的掌握比较牢固,但对发电机的并车操作方法的分类理解不够清晰;基本完成任务实施过程,报告格式标准,内容比较完整、清晰。</td></tr>
<tr><td colspan="2">考核内容(70分)</td><td>小组评价<br>(20%)</td><td>小组互评<br>(20%)</td><td>教师评价<br>(60%)</td><td>得分</td></tr>
<tr><td colspan="2">1. 同步发电机并车操作条件(电压相序5分、电压大小5分、电压频率5分,共15分)</td><td></td><td></td><td></td><td></td></tr>
<tr><td colspan="2">2. 手动准同步并车操作(15分)</td><td></td><td></td><td></td><td></td></tr>
<tr><td colspan="2">3. 同步发电机手动发电机解列操作(20分)</td><td></td><td></td><td></td><td></td></tr>
<tr><td colspan="2">4. 任务报告(20分)</td><td></td><td></td><td></td><td></td></tr>
<tr><td colspan="2" rowspan="6">知识巩固测试(30分)</td><td colspan="3">1. 船舶电站并车的概念及意义(5分)</td><td></td></tr>
<tr><td colspan="3">2. 船舶电站并车的方法及技术要求(5分)</td><td></td></tr>
<tr><td colspan="3">3. 准同步并车的概念与要求(5分)</td><td></td></tr>
<tr><td colspan="3">4. 粗同步并车的技术要求(5分)</td><td></td></tr>
<tr><td colspan="3">5. 自同步并车的主要特点(5分)</td><td></td></tr>
<tr><td colspan="3">6. 整步表并车的工作原理(5分)</td><td></td></tr>
<tr><td>完成日期</td><td></td><td colspan="3">总分</td><td></td></tr>
</table>

# 任务四　船舶同步发电机的特性调试

## ◎ 任务描述

通过对船舶发电机的运行特性、负载特性的调整，将发电机单机运行、并联运行的静态调试方法及要求呈现给大家。使同学们能够结合发电机并车的实际，了解并掌握正确的发电机单机及并车时的动态及静态的负载调整方法。

## ◎ 知识链接

同步发电机由原动机拖动直流励磁的同步发电机转子，以转速 $n$(rpm)旋转，根据电磁感应原理，三相定子绕组产生感应交流电势。定子绕组若接入用电负载，电机就有交流电能输出。若认为磁路不饱和，则电枢磁势与磁极磁势各自产生相应的磁通，并在定子绕组内感应电势。

### 一、运行特性

同步发电机的运行特性，主要表现为：空载特性、短路特性、外特性和调节特性。同步发电机的空载特性是一个很重要的特性，它直接影响着电机的其他特性。短路特性也属于同步电机的重要特性，和空载特性配合，可以求出同步发电机的动态参数及确定出补偿电枢的励磁电流。同步发电机的外特性曲线是求取电机运行参数及电压调整率的重要指标。同步发电机的调整特性可使运行人员知道在功率因数一定时，不改变端电压值的情况下，负载电流调到多大而不至于使励磁电流超过规定值。下面就分别介绍不同的特性。

#### 1. 发电机的空载特性

若同步发电机的定子绕组输出端开路，即为同步发电机的空载运行。同步发电机空载运行时，其定子绕组输出端电压 $U_o(E_o)$ 与励磁电流 $I_f$ 之间的关系称为同步发电机的空载特性，表示为 $U_o=f(I_f)$。由于 $E_o$ 与 $Ø_o$ 成正比，而 $Ø_o$ 由 $I_f$ 励磁产生，这两者之间的关系即为磁化曲线，故 $E_o$ 与 $I_f$ 之间的空载特性曲线与磁化曲线具有相同的形状，如图 2-4-1 所示。

空载特性曲线不仅反映了发电机空载时输出端电压与励磁电流之间的关系，而且当发电机带负载运行时，可以通过这一曲线及励磁电流来推算出电枢感应电动势的数值。此外，空载特性曲线在研究、分析发电机自励起压的过程中也发挥着重要的作用。空载特性曲线可通过实验方法测出。

#### 2. 同步发电机的短路特性

原动机拖动同步发电机转子旋转，在同步发电机的转子绕组加上直流励磁，定子三相电枢绕组端点短路，此运行状态即为同步发电机的短路运行。同步短路运行时，同步发电机的输出端电压为零，此时电枢绕组中通过的电流即为短路电流。当同步发电机的转速为同步转速，电枢绕组端点三相短路时，电枢短路电流 $I_k$ 与励磁电流 $I_f$ 的关系称为短路特性，表示为 $I_k=f(I_f)$。

由于电枢内阻 $r_0$ 远小于电抗，可以省略不计，所以短路电流可以认为是感性的，此时电路中的电流滞后空载电势 90°，它所产生的直轴电枢反应完全起去磁作用，电枢绕组的电抗为直轴同步电抗 $X_d$，空载电动势和直轴同步电抗压降相等。同步发电机在短路时的相量图如图 2-4-2 所示。

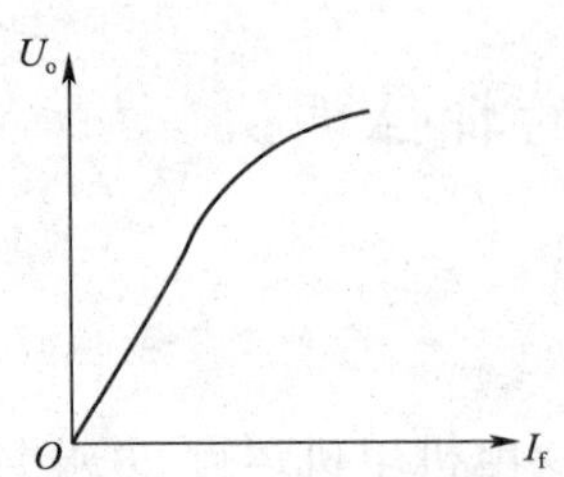


图 2-4-1　同步发电机的空载特性曲线图

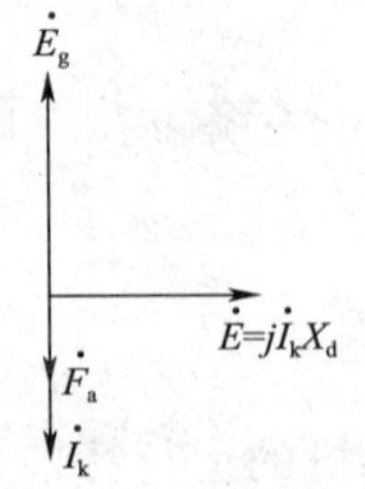


图 2-4-2　同步发电机在短路时的相量图

直轴电枢反应的结果使得同步发电机的磁路处于不饱和状态，短路电流 $I_k$ 与励磁电流 $I_f$ 成正比，此时同步发电机的短路特性为一直线，如图 2-4-3 所示。

同步发电机的短路特性可以通过实验方法测得，试验接线如图 2-4-4 所示。实验时，同步发电机的转速为同步转速，调节励磁电流，使得电枢的短路电流从零开始，直到其值为 $I_N$ 的 1.25 倍为止，记录几组短路电流及与励磁电流 $I_f$ 的值，即可得到短路特性曲线。

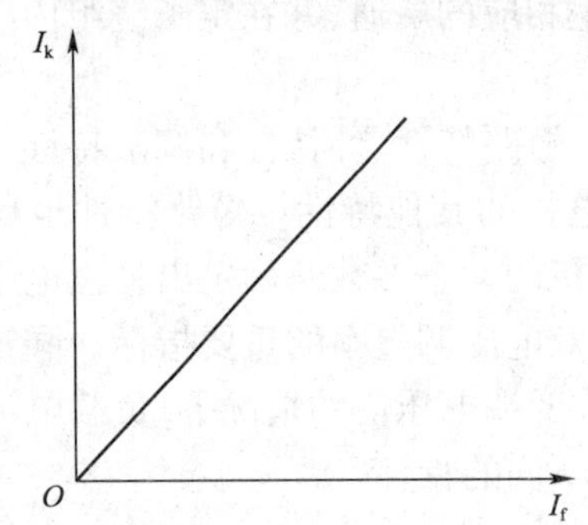


图 2-4-3　同步发电机的短路特性

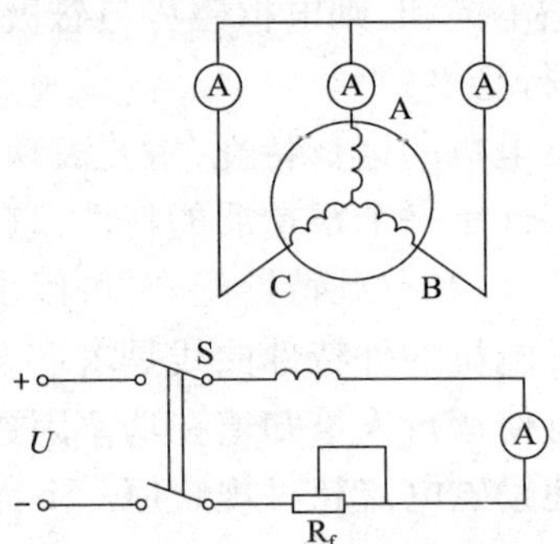


图 2-4-4　同步发电机的试验接线

3. 同步发电机的外特性

同步发电机的外特性是指在转速额定值下运行，励磁电流不变，负载功率因数一定时，发电机端电压和负载电流的关系，即 $U=f(I)$。图 2-4-5 中给出了同步发电机带不同性质负载时的外特性。

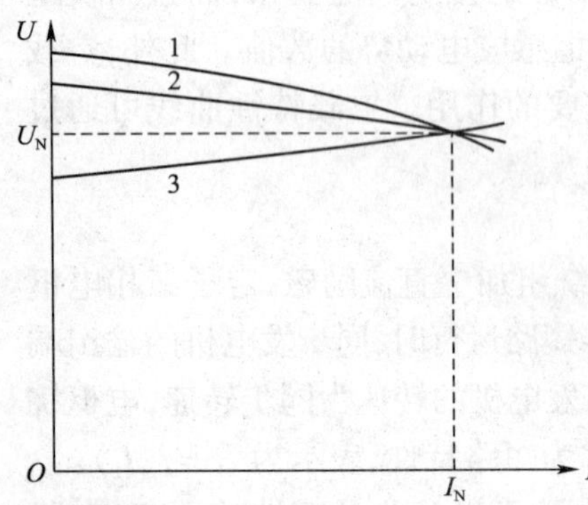


图 2-4-5　同步发电机带不同负载时的外特性

由图可见，不管负载性质如何，发电机端电压 $U$ 均随负载电流 $I$ 变化而变化。电压变化不仅取决于电枢电流在电枢绕组电阻上的压降及漏电抗压降，而且还取决于负载性质。图 2-4-5 中的曲线 3 是感性负载时的外特性，此时发电机端电压随着负载电流增加而下降，这是因为感性负载时，既有交轴电枢反应，又有直轴去磁电枢反应，使得气隙的有效合成磁通 Ø 减小，所以发电机端电压有所下降。曲线 2 是纯电阻负载时发电机的外特性，此时的发电机端电压下降慢，这是因为纯电阻负载的电枢反应是交轴电枢反应，使得气隙的有效合成磁通 Ø 略有减小，发电机端电压有所下降。曲线 1 为容性负载，此时的发电机端电压随负载电流增加而增加，这是因为容性负载时，既有交轴电枢反应又有直轴增磁电枢反应，使得气隙的有效合成磁通增加。

又由图 2-4-5 可知，在相同额定电压 $U_N$、额定电流 $I_N$ 的情况下，不同负载性质，其对应的空载电动势 $E_0$ 不一样，感性负载时，$E_0 > U_N$，容性负载时 $E_0 < U_N$。可用发电机的静态电压变化率 $\Delta U\%$ 来描述这种电压变化量。

同步发电机的静态电压变化率是指发电机额定负载（即 $I = I_N$，$U = U_N$，$\cos\varphi = \cos\varphi_N$，）且保持励磁电流 $I_f$ 和转速不变时，当卸去全部负载后，发电机端电压 $U_0$（空载电动势为 $E_0$）升高（或降低）的变化值与额定电压比值的 $U_N$ 百分数，即

$$\Delta U\% = (U_0 - U_N) \times 100\% / U_N$$

静态电压变化率是同步发电机运行的一个重要指标，根据《钢质海船入级与建造规范》可知，船舶同步发电机的静态电压变化率，主发电机为 ±2.5%，应急发电机为 ±3.5%。

4. 同步发电机的调节特性

同步发电机的调节特性是指在同步转速及发电机端电压 $U = U_N$ 和功率因数 $\cos\varphi = \cos\varphi_N$ 的情况下，励磁电流 $I_f$ 随负载电流 $I$ 变化的关系曲线，即 $I_f = f(I)$。由发电机的外特性线可知，感性负载的电枢反应呈去磁作用，电流越大，去磁作用越强，为了保持端电压不变，励磁电流 $I_f$ 应随 $I$ 增加而增加，此时发电机处于过励状态，输出感性无功功率，用电感负载消耗；容性负载的电枢反应是增磁作用，为了保持发电机端电压不变，励磁电流 $I_f$ 应随电流 $I$ 增加而减小，此时发电机处于欠励状态，吸收电网感性无功功率，该无功功率由电容负载提供；对于纯电阻性负载，只有电枢电阻压降和漏电抗压降，励磁电流 $I_f$ 随负载 $I$ 增加比较缓慢。因此，同步发电机的调节特性如图 2-4-6 所示。由此，可得出结论：对于单机运行工况，调节励磁电流相当于调节发电机的输出电压；对于同容量同步发电机并联运行工况，调节励磁电流则会改变发电机间的无功功率分配和电压。

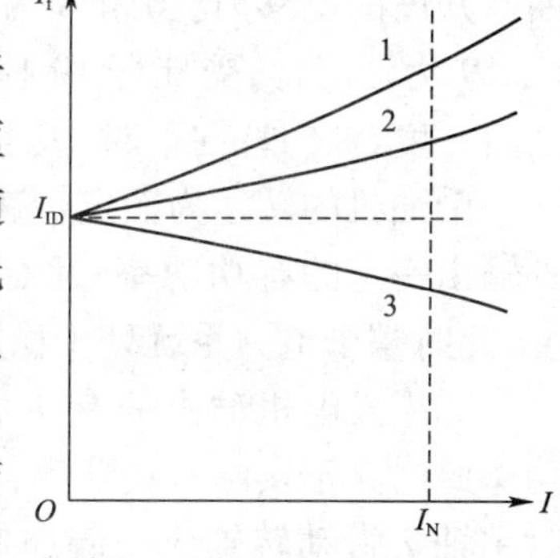


图 2-4-6　同步发电机的调节特性

**二、静态特性调试**

当船舶电力系统的频率发生变化时，整个系统的负荷功率也将随之改变，这种负荷功率随频率而改变的特性称为负荷的功率频率特性，属于负荷的静态频率特性。依据船舶电力系统中的各种有功负荷与频率的关系，可将负荷分为如下几种类型。

（1）功率与频率无直接关系的负荷，如白炽照明、电热、整流器等。

（2）功率与频率成正比的负荷，如机床、压缩机、卷扬机等，其转矩基本恒定。

（3）功率与频率的三次方成正比的负荷，如吸风机、通风机、水泵等。

由于（1）、（2）负荷在船舶电力系统中占的比例较大，所以整个船舶电力系统的有功负荷与频率有密切的关系。

当因某种原因造成电网频率下降时，负载从电网吸收的有功功率将随之下降；当频率上升时，负荷吸收的有功功率也将随之上升，这就意味着原动机提供的机械功率小于（或大于）电网的负荷功率，引起频率的下降（或上升），又将使总负荷从电网吸收的功率减小。发电机转速的调整是由原动机的调速器来实现的，因此发电机组的功率频率特性取决于调速器的特性。由于船舶电力系统要求频率能维持在一定范围之内，所以调速器应是一种“定速调速器”。也

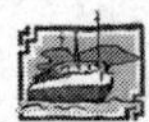

就是说,通过调速器调节维持原动机转速不变。调速器的形式有机械式、液压式和电子式等。但无论哪种形式,其工作原理都是根据测出的偏差大小和极性去调节原动机,用来以在负载从零到额定值范围内变化时,将原动机的转速维持在允许的范围内。

1. 调速器的结构和动作原理

调速器是反映实际转速与给定值之间的偏差,从而对转速进行调整的自动调节器。由于船舶电力系统要求发电机工作在恒频状态,所以柴油发电机组的调速器是一种“定速调速器”。柴油发电机常使用离心式调速器,离心式调速器一般都是基于飞铁的离心力与弹簧反力相平衡的原理而制成的,因此称为离心式调速器。调速器的示意图如图 2-4-7 所示。

图中 1 为操作手轮,也可改由伺服电动机进行遥控。它的主要作用是调节弹簧 2 的预紧力,使调速器的转速稳定在某一给定值。图中 4 为飞铁,它绕转轴 5 旋转时,将产生离心力,由此而定名为离心式调速器。3 为滑套,它承受弹簧 2 的压力和飞铁 4 的离心力而处于相对平衡的位置,同时通过杠杆 10 输出控制油门开度的位移力。6 和 8 为斜齿轮,用来改变主轴 7 的运转方位。9 为油门杆,受杠杆 10 控制,当油门杆向上提时,表示增大油门开度,油门杆向下时,表示减小油门开度。

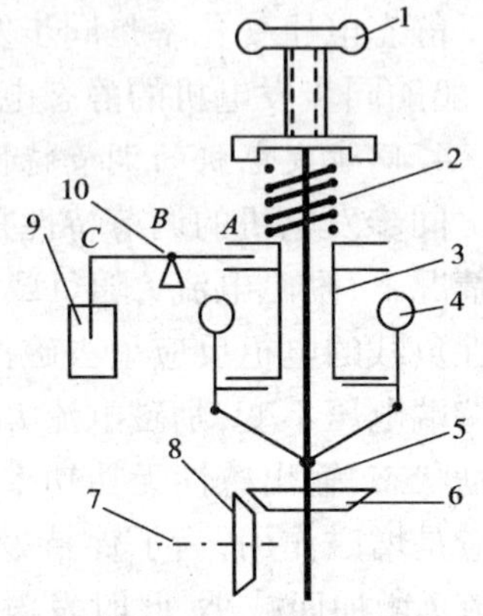

图 2-4-7　离心式调速器结构图

1-手轮;2-弹簧;3-滑套;4-飞铁;5-转轴;6-斜齿轮;7-主轴;8-斜齿轮;9-油门杆;10-杠杆

柴油机的转速为额定转速时,发电机的频率为额定频率,对外输出一定的有功功率,此有功功率对应一定的柴油机油门开度,此时整个电力系统处于稳定运行状态。

如果发电机输出的有功功率突然减少,由于柴油机的机械功率此时大于实际有功功率,故柴油机加速,电网频率上升。此时主轴 7 带动转轴 5 一起加速,飞铁 4 在离心力的作用下进一步向外张开,将滑套 3 向上推动,通过杠杆 10 使油门杆 9 向下移动,而减小油门开度,减小机械功率输出,阻止柴油机转速进一步上升。当滑套 3 向上推动时,压缩弹簧 2,同时也使弹簧的反作用力增加,至飞铁的离心力与弹簧压力重新平衡时,则滑块处于某一新的平衡位置,而对应了柴油机一定的油门开度和喷油量,使柴油机在一个新的转速下稳定运行。

必须指出,这个新的转速应略高于原额定转速。因为原来的油门开度同时对应额定转速和一定的有功功率。现输出的有功功率突然减少,则对应的油门开度必然减少才能实现新的功率平衡。由图 2-4-7 可看出,当油门杆 9 向下移动减少喷油量时,则滑套 3 的位置必须比原额定转速对应的位置要高一点,因此飞铁的转速必然比原额定转速要高一些。否则不能实现新的平衡。实质上这种离心式调速器也是一种比例调节器。

反之,如果发电机输出的有功功率突然增加,则通过此调速器的自动调节后,油门开度将增加,加大喷油量,以阻止转速进一步下降,最后稳定在略低于额定转速的新转速下稳定运行。

如果要改变给定值的大小时,可以通过手轮 1 来改变弹簧的预紧力。弹簧越向下压紧时,表示预紧力越大,通过滑套作用使油门开度增加,因此,如果要求频率不变时,则可增加有功功率的输出,如果要求有功功率不变时,则可增加转速,即电网频率上升。反之,减小预紧力后,可以减少有功功率输出或减少电网频率。这种人工操作方法,在正常运行时不宜进行经常调节。

2. 调速器的静态特性

当柴油机输出的功率与发电机组的负载功率平衡时(不计损耗),机组将进行匀速运转,频率稳定在某一值上。设此时已将调速器的弹簧预紧力整定在使机组的转速正好等于额定转速(由调速器进行自动调节),若负载突然增加,由于油门还来不及改变,则原动机发出的机械功率将低于负载实际的功率,机组减速,频率逐渐下降。由于转速下降,飞铁离心力减少,在弹簧"预紧"力的作用下,滑套下移,使油门加大,柴油机发出的功率逐渐增加,以阻止其转速进一步下降。当原动机功率增加到与负载功率重新平衡时,自动调节完毕后会进入匀速运转,但新平衡状态的转速比原来的转速低了。同样,若负载减小时,调节完成后的新转速将比原来的转速要高些。

静态调速特性是指柴油机转速 $n$(或频率 $f$)与柴油机输出功率的关系。如图 2-4-8 所示。如果转速(或频率)与输出功率大小无关,则称为无差调速特性[图 2-4-8 曲线(1)]。具有离心式调速器的柴油机其转速随柴油机输出功率增加而降低,故称为有差调速特性[图 2-4-8 曲线(2)]。

调速特性一般用调差系数 $K_C$ 来表示:

$$\begin{aligned} K_C &= -(\Delta n/\Delta P) \\ &= -(\Delta f/\Delta P) \\ &= (n_0 - n_1)/P_e = \tan\alpha \end{aligned}$$

式中:$\tan\alpha$——调速特性斜率;

$n$ 与 $P$ 均用标幺值。

3. 单机运行时频率的调整

当柴油机输出功率(其所连接的发电机所带有功负荷)变化时,依靠调速器的固有调速特性自动改变油门的开度,实现转速与功率平衡的过程称为转速(或频率)的一次调节。

对有差调速特性的调速器来说,仅靠调速器的一次调节,并不能维持功率变化时频率保持不变,为此必须进行二次调节。

所谓调速器的二次调节是经由图 2-4-7 中套筒通过蜗轮蜗杆由伺服电动机 M 进行控制的。转动伺服电动机 M,便可以改变套筒的上下位置,亦即改变弹簧对联结器压力的大小,就可实现调速特性上下平移[如图 2-4-9 的曲线(1)、(2)、(3)]。

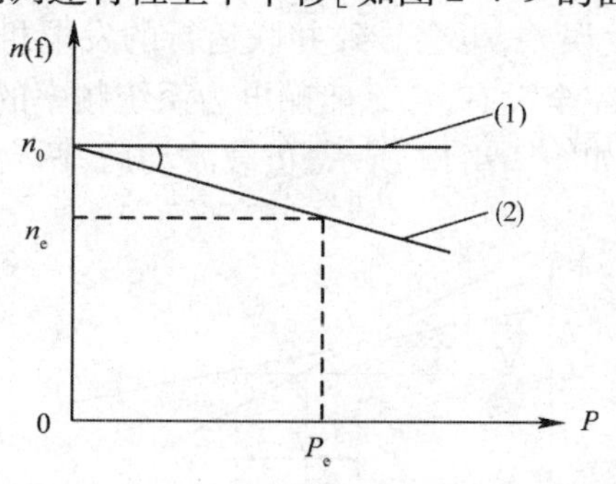


图 2-4-8　调速特性

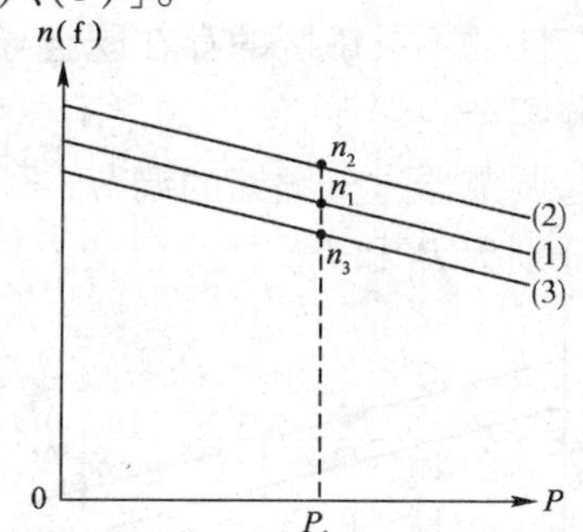


图 2-4-9　弹簧压力改变使调速特性平移

如果柴油机负荷 $P_1$ 保持不变,对应的转速为 $n_1$[调速特性(1)],若需要提高转速时,可接通伺服电动机 M 的电源,使它朝一个方向转动(设这时为正向),它便通过蜗轮蜗杆使套筒下移,弹簧压力增大,A 点下移,C 点上升,油压缸活塞下移,油门增大。但由于负荷没变,油门的

增大使柴油机的转速升高,飞锤离心力增加,A 点又上移,C 点回到原来位置。这时 A 点与 B 点比原来都下移了一些,柴油机工作在新的稳定平衡状态。上述的动作过程使整个调速特性也相应上移,即从特性(1)移到特性(2),使负荷对应的转速上升为 $n_2$。

反之,为了降低发电机的转速(频率),则接通 M,使它朝另一个方向转动(与升速时相反),使套筒向上移动,减少弹簧的压力,调速特性向下移动,即从特性(1)移到特性(3),负荷对应的转速下降为 $n_3$。

二次调节实质上就是通过伺服电动机的正、反转控制使调速特性上下平移,从而实现转速(频率)的重新调整之目的。

### 三、发电机的动态特性调试

所谓动态特性是指当负荷突变时,机组转速随时间变化的规律。它包括瞬时调速率 $J$、转速恢复到稳定值所需时间 $T$、调速特性的失灵区三方面的指标。

1. 瞬时调速率 $J$

$$J=\frac{n_2-n_1}{n_e}\times 100\%$$

式中:$n_1$——突变前的转速;

$n_2$——突变瞬间的转速;

$n_e$——额定转速。

规范要求:$J< \pm 10\%$。

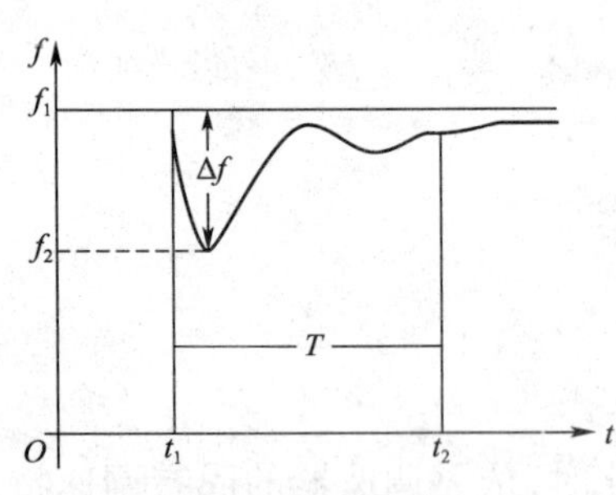


图 2-4-10　动态调速特性图

2. 转速恢复到稳定值所需时间 $T$

要求:$T<5\text{s}$。

转速恢复过程应当没有振荡。转速恢复过程如图 2-4-10 所示。

3. 调速特性的失灵区

以上的讨论,都假定调速器的调速特性是一条理想的直线。但实际上由于调速器机构中的间隙,所以它对微小的转速变化不能产生反应(机械离心式调速器尤为明显),即调速器存在一定的失灵区。因此,实际的调速特性是一条具有一定不灵敏范围的带子,如图 2-4-11 所示。

调速特性的不灵敏区的存在既会导致频率产生误差,也会导致并联运行的发电机组间的有功功率分配产生误差,但是如果不灵敏区太小或完全没有,那么船舶电力系统频率的微小波动就会引起调节器过分频繁的调节,不利于使用。如图 2-4-12 所示,负载波动后,两台机组的功率分配分别为 $P_1$ 和 $P_2$。

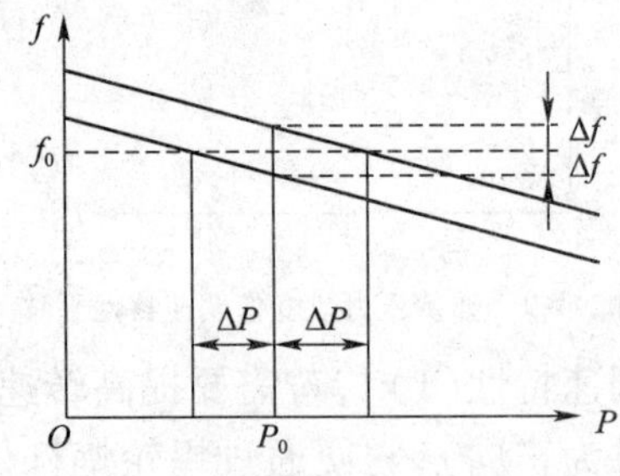


图 2-4-11　调速器的不灵敏区

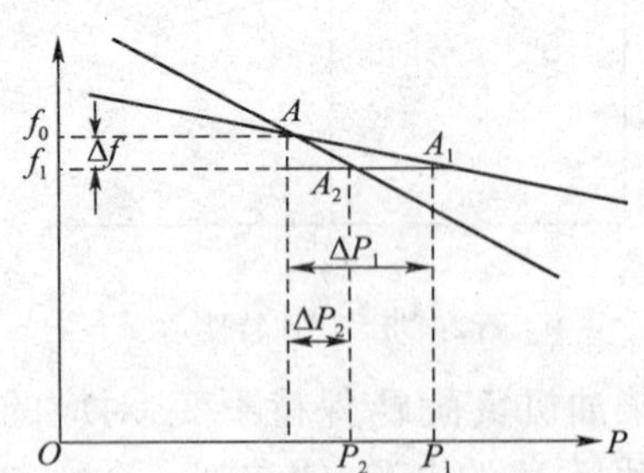


图 2-4-12　船舶电力系统频率的有差调节

## 四、不同调速特性并联运行发电机组间有功功率的调整

发电机输出的有功功率是由原动机的机械功率转化来的，交流发电机要求原动机有几乎不变的转速，以保证频率恒定。

改变并联运行同步发电机有功功率的分配，是通过改变各台发电机原动机油门的大小，以改变单位时间内进入气缸的燃油量来实现的。由于柴油机喷油量的大小，既关系到柴油机在一定转速下输出功率，也关系到在一定负荷下转速的高低，因而也关系到电力系统频率的变化，所以，并联机组间有功功率的分配与电力系统的频率相关联。

并联运行发电机组间有功功率的分配，与两台发电机所具有的频率功率特性如图 2-4-13 所示。

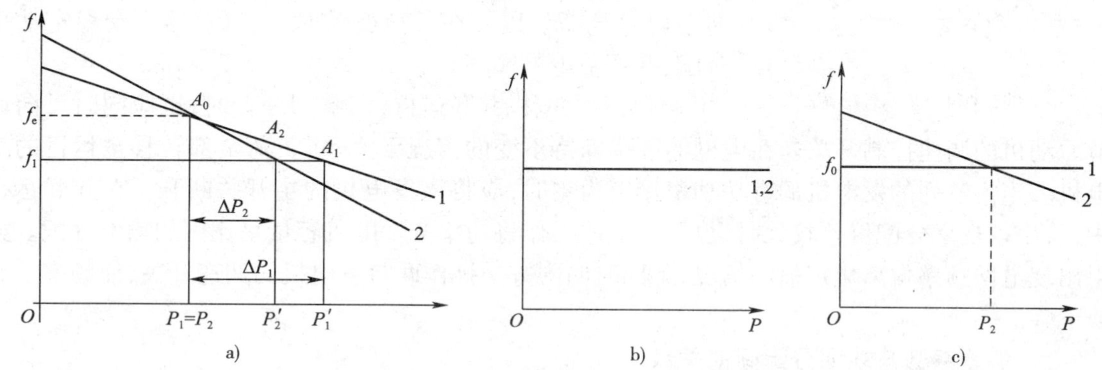


图 2-4-13　不同调速特性并联运行发电机组间有功功率的分配

a）有差特性；b）无差特性；c）有差和无差特性

如图 2-4-13a）所示的两台发电机都具有有差特性。两台发电机并联运行时，两条特性曲线有稳定的交点 $A_0$，此时所对应的频率为额定频率 $f_e$，1 号发电机和 2 号发电机承担的有功功率分别为 $P_1$ 和 $P_2$，并且 $P_1 = P_2$。当船舶电力系统的有功功率增加 $\Delta P$ 时，频率下降为 $f'_1$ 两台发电机分别运行在 $A_1$ 和 $A_2$ 点，各自承担功率 $P'_1$ 和 $P'_2$，且 $P'_1 \neq P'_2$。因此有有差特性的发电动并联运行时，随电网负荷的变化能够自动、稳定地分配有功功率，使两发电机稳定地并联运行。但由于特性曲线的斜率不一致，所以功率不能按容量呈比例分配。若适当手动或自动调节两台发电机的油门，如可将特性曲线 1 和 2 分别适度地向上平移，使负荷均匀分配，此时的频率 $f = f_e$。

如图 2-4-13b）所示为具有无差调节特性的情况，尽管在图上可以看出在任何情况下，电网的频率均保持不变，但因为这两台并联运行的发电机有无数个交点，所以只要稍有扰动，就会使一台发电机功率增加，油门加大，另一台发电机功率减少，油门减小，这种无法逆转的趋势将很快使一台发电机过载，而另一台发电机成为电动机运行，因此不能稳定地并联运行。

如图 2-4-13c）所示为一台具有有差特性与一台具有无差特性的发电机并联运行的情况。从图中可见系统的频率能保持不变。但当负荷变化时，具有有差特性的发电机所承担的有功功率不变，而负荷的变化量将全部由具有无差特性的发电机来承担。

## 五、有功功率的转移操作

假设电网上已有一台发电机带负载 $P$ 在运行，频率为 $f_e$。第二台发电机并入后，还处于空载状态。现需要将负荷的一半转移给第二台发电机，若没有自动负荷分配装置，就必须由手动

来调节。如图 2-4-14 所示,开始时设一号发电机运行于特性曲线 1′的 $A$ 点,对应于 $f_e$ 和 $P_1$,二号发电机为并入发电机,处于空载状态,运行于特性曲线 2′的 $B$ 点,对应于 $f_e$ 和 $P_2=0$。第 2 台发电机的频率 - 功率特性曲线分别为 1′和 2′。

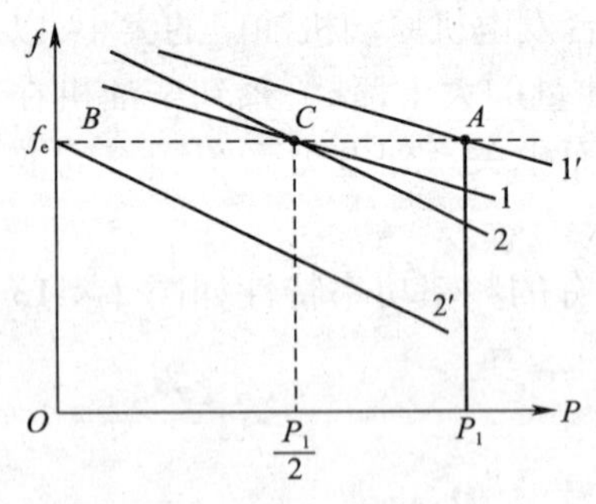


图 2-4-14　负荷转移图

转移过程:为保持电网的频率稳定,在转移负载时,必须同时向相反方向调节两台发电机的调速控制开关。对于上述情况,需增大二号发电机的油门,使特性曲线 2′向上平移到特性曲线 2;同时减少一号发电机的油门,使特性曲线 1′向下平移到特性曲线 1,并与曲线 2 交于 $C$ 点。两特性曲线 1 和 2 的交点 C 说明两台发电的频率均为,而两台发电机各自分担的功率均为 $P_1/2$。以后在负荷变动时,由调速器自动稳定功率分配,并调节电网频率。

当两台发电机并联运行,需解列一台时,也应同时反向调节原动机的调速控制开关。在电网的频率保持不变的情况下,应将负荷全部转移至运行的发电机。当需解列的发电机的有功功率接近为零时,应将该发电机的主开关断开。在并联运行中,若出现功率分配偏差较大时,也要按上述操作将功率按发电机容量呈比例的均匀分配。如果出现电网频率偏离额定值的情况,可同时向同方向操作两台发电机的调速开关,使频率上升或下降。

## 六、调差系数与功率分配间的关系

并联运行发电机组间有功功率的分配与发电机的调速特性有关。要想保证并联运行的稳定,必须要求有功功率分配稳定,而且两台并联发电机的调整特性必须是有差特性。要使并联发电机在任意负载下都能稳定地按容量比例自动分配功率,则调速特性不仅是有差特性,而且其调差系数(即特性曲线的下降斜率)也要一致。由于调速器特性总是存在一定的差别,所以为了使电网频率不至于随负载变化过大,又使功率稳定分配,特性曲线的下降率应在 3% 左右,不超过 5%,以保证有功分配偏差在 10% 以内。

当多台发电机并联运行时,各发电机具有相同的频率。此时有功功率的分配取决于各发电机的调速特性。因此多台发电机并联运行时,为保证频率稳定,发电机之间的有功负载与各自的调差系数须呈反比关系。

由于船舶电站多采用同型号、同容量的两台发电机,所以希望配置特性相同的调速器,若调速器具有相同的调差系数,则两台发电机能均分系统的负载增量。实际上,当调速器的调差系数不可调时,很难满足完全一致。另外,由于调速器结构中的间隙,使调速器有失灵区,其调速特性并不是一条理想的直线,而是一条宽带,此时功率分配仍可能不均匀,所以两台具有相同调速特性的发电机并联运行,功率分配不可能做到完全均匀。因此,功率分配也就存在一定的偏差。

从功率分配的角度来看,调速特性的调差系数越大,其分配的误差越小,船舶电力系统负载波动越大,频率的波动越大。而从频率稳定的角度来看,要求调速特性的斜率越小越好,两者存在着矛盾。一般调速器的调差系数以 3% ~5% 为宜。

一般来说,若调速器选配恰当,在调速器的一次调节作用下,功率分配的静态误差和频率的静态误差都不会太大,但由于两台发电机的调速特性不可能做到完全一致,两台发电机的有

功功率分配也不均匀，所以要想维持频率恒定和有功功率分配均匀，必须进行二次调整。

◎ 知识拓展

**一、发电机组的无功调整**

并联运行的同步发电机，除各机组所承担的有功功率应按机组额定容量成比例分配以外，它们所承担的无功功率也应按机组容量成比例分配。这一要求是基于下述理由而提出来的。第一，无功电流不按比例分配，会造成部分机组电流偏大，部分机组电流偏小。这样会使总的定子铜损加大，使效率降低。第二，并联机组所承担的无功电流不按比例分配，会造成某些机组电流过载，另一些机组可能转化为输入滞后无功电流的运行状态。电流过载将导致保护电器动作，发生不应有的停电事故。为此，海船规范对并联机组的无功分配提出了一定的要求。我国《钢质海船建造规范》规定："并联运行的交流发电机组，当负载在总额定功率的20% ~ 100%范围内变化时，应能稳定运行，其功率与按发电机额定功率分配比例的计算值之差，应不超过最大发电机额定无功功率的±10%"。

由于发电机间的无功功率的分配可以通过调节励磁电流来实现。因此，通过发电机的自动电压调整器来调整励磁电流，进行相位补偿，可以实现对无功功率的合理分配。这样一来，自动电压调整器不仅担负着自动调整电压的任务，而且还担负着自动合理分配无功功率的任务。

1. 无功功率的调整特性

无功功率的分配情况通常可用同步发电机的电压调整特性来说明，如图2-4-15所示，它有两种形式：有差调节特性（曲线1、2）及无差调节特性（曲线3），当发电机无功电流 $I$ 增加时，发电机端电压 $U$ 随无功电流的增加而降低，发电机的电压调节特性曲线1是一条向下倾斜的直线。

通常用调差系数 $K_C$ 定量地表示电压调节特性曲线的斜率，并且习惯上规定向下倾斜的特性曲线的调差系数为正，调差系数的计算以发电机额定电压 $U_e$ 为准，即：

$$K_C = \frac{\Delta U/U_e}{\Delta I/I_e} \tag{2-4-1}$$

式中：$\Delta I/I_e$——负载电流变化值与额定值之比，即电流变化的相对值；

$\Delta U/U_e$——被调电压的差值与额定电压之比，即电压变化的相对值。

图2-4-15中曲线1，向下倾斜，$K_C$ 为正；曲线2向上倾斜，$K_C$ 为负；曲线3的调差系数 $K_C$ 为零（即无差特性）。

几台具有无差特性的机组是不能并联运行的，因为它们之间的无功功率分配不稳定。一台具有无差特性的机组与几台具有有差特性的机组，虽然可以并联运行并有确定的无功分配，但是电网的无功变量仅由这台具有无差特性的机组承担，这是不符合"海规"规定的。在实际中采用的是几台具有有差特性的机组并联，能实现无功功率在各机组间稳定合理的分配。

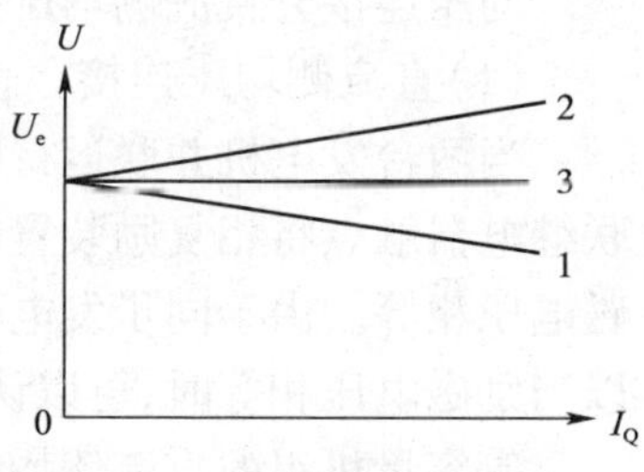

图2-4-15　发电机的电压调节特性

图2-4-16表示两台发电机间无功负载的分配曲线。设两台发电机的容量相同。

图中a）表示两台发电机的电压调整器调差系数 $K_1 = K_2$，因此，曲线1（设为1号发电机）

与曲线 2(设为 2 号发电机)相互平行。为什么不重合呢？这是由于待并机并网以后，两机的电动势不相等造成的。所以它们各自承担的无功负载 $I_{Q1} \neq I_{Q2}$。为了使两机的无功负载平均分配，可以用人工操作的方法，首先增加 2 号发电机的励磁电流，使曲线 2 平移上升至曲线 3 位置时为止，则可增加无功负载的承担量；同时，应减小 1 号发电机的励磁电流，使曲线 1 也平移至曲线 3 位置时止，让两曲线自行重合，结果它们与 $U_e$ 均交于 $c$ 点，达到平均分配无功负载的目的。这样一来，无论用电设备的无功负载如何变化，两发电机的无功负载始终均分。

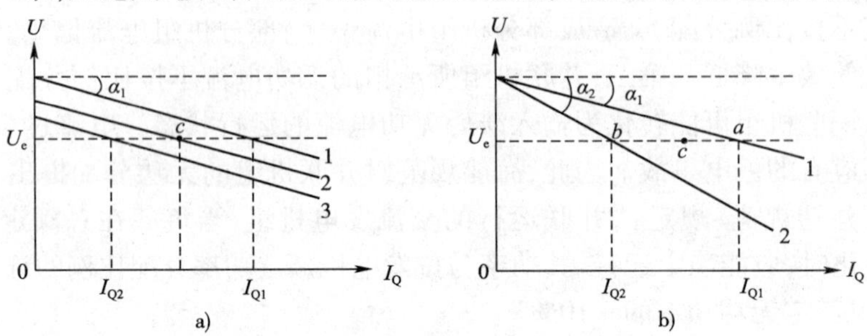


图 2-4-16　有差调节特性的无功负载分析

如果只调节曲线 2 至曲线 3 位置，而曲线 1 不调节，则两机的无功负载之和超过用电设备的无功负载，必将引起电网电压的上升，电网电压上升后，将使输出的无功负载略有增加，直至达到平衡为止。

图中 b)表示两台发电机的调差系数 $K_1 \neq K_2$ 时情况，由于电压调整器的特性也不可能绝对一样。因此实际上各机的调差系数不可能相等。即使两机并联后，电动势相等，即空载电压相等，由于 $\alpha_1 \neq \alpha_2$，故它们承担的无功负载不可能相等。如果要求它们平均分配无功负载，则也应采用人工操作方法进行调整。由图可知，需增加 2 号发电机的励磁电流，平移曲线 2 使其与 $Ue$ 的交点也为 c 点，这样，它们即可达到平均分配无功负载的目的。但是，当外界无功负载发生变化后，两机的无功负载又会失去平衡，造成不能均分的局面。因此，这样发电机的电压调整特性曲线只能进行无功负载的自动分配，而自动均分必须经常通过人工操作来完成。因此在实际使用中，尚存在一定困难。

船用发电机的调压器为有差调节，由于各调压器存在一定差异，因此它们的调差系数不相等，难于实现无功负载自动均分。因而必须通过均压连接装置来完成。

2. 均压连接装置

均压连接分直流侧均压连接和交流侧均压连接两种。

(1)直流侧均压连接。直流侧均压连接法如图 2-4-17 所示。

当两台发电机并联运行时，随着主开关的闭合，其辅助触点也闭合，将并联继电器接通，并联继电器触点将相复励装置的输出端(即两台发电机转子绕组)也投入并联，从而保证两机励磁电压相等。由于同步发电机的制造工艺比较严格和完善，标么值特性的一致性容易保证，所以当励磁电压相等时，可以认为励磁电流和定子电势基本相等。

等容量机组的直流侧均压线简单易行，均压效果较好，所以在实际中应用较多。对于不等容量机组，可以采用加接分压电阻的连接方法。适当调节电阻的分压比，即可保证两机无功电流按机组容量成比例分配。

(2)交流侧均压连接。交流侧均压线一般接在电抗器和电压绕组的连接点之间，如图

2-4-18 所示。在主开关闭合，电机定子并联的同时，并联继电器吸合，将交流均压线也接通。

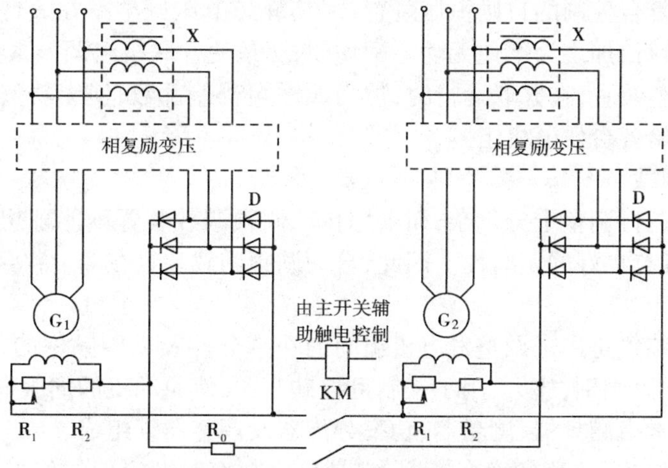


图 2-4-17　直流侧均压连接图

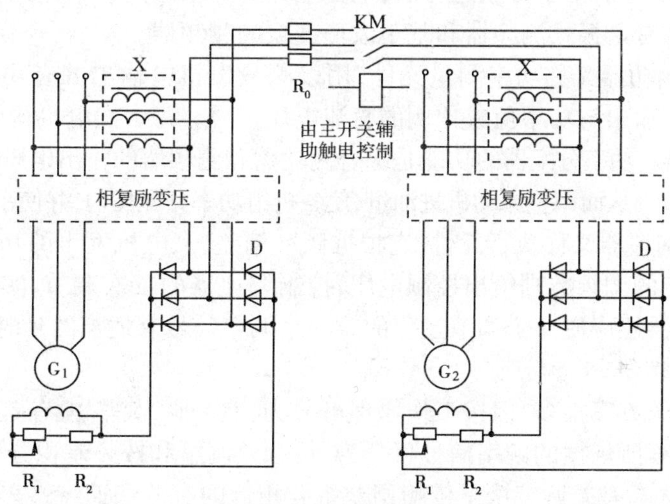


图 2-4-18　交流侧均压连接图

对于不同容量的发电机组，可采用加接均压变压器的方法进行均压。

从并联运行稳定性来讲，均压线电阻值越小，效果越好。但从转移无功负载的角度来看，均压电阻应较大为好，因此在转移负载时，可将均压线中接入一电阻 $R_o$，在正常运行时再将其切除。

3. 调差装置

为了并联，要求发电机的外特性是有差的，负载电流升高时，端电压有所下降。按电压偏差信号进行调节的励磁装置，只要电压偏离给定值，就自动地调节发电机的励磁电流，使端电压保持不变，这种励磁装置实际上使发电机的外特性接近于无差特性。

调差系数调整装置的基本原理是在发电机自动电压调节器（AVR）的电压测量回路中，附加一个与发电机电流成比例的电压，使其测量比较环节的输入电压随发电机无功电流而变化。当无功电流增加时，输入测量比较环节的电压也增加，通过 AVR 去减少发电机的励磁，这样就增大了发电机的调差系数。这个附加的电压是由发电机电流互感器回路所取得的电流在串联

于电压检测回路的调差电阻上产生压降。改变调差电阻的大小,可整定调差系数。

按电压偏差与复合控制的自励恒压装置,因其静态电压调整率在±1%以下,近似于无差特性,不利于稳定运行,加之为了使无功分配均匀,尽量使并联机组调差系数相等,所以很多都装设了调差系数调整装置,在并联运行时,适当地增大调差系数,使无功负载的总的增量按机组容量稳定地分配给各台发电机组。

## 二、自动调频调载

发电机的并联运行调整十分复杂,而采用自动调频调载装置则能理想地提高频率和负载的调节精度,并且具有良好的实时性。因此,自动调频调载装置在船上得到广泛应用。

1. 组成

自动调频调载装置是用来调整发电机组间的功率分配及电网频率的,因而需要检测机组的转速和负荷,并加以判别、放大,用于控制可控硅开关,使原动机的伺服电动机正反转。因此自动调频调载装置常由测频器、测功器、功率分配器及调整器等组成。

(1)测频器。测频器又称频率变换器,它是反应频率对额定值的偏差 $\Delta f$,并给出与 $\Delta f$ 成正比例的直流电压信号。由于并联运行后,电网上只有一个共同频率,故船舶电站只设一个测频器,常用的测频器有谐振式测频器和基于波形变换的测频器。

(2)测功器。测功器又称功率测量元件,用以测量发机电输出的有功功率。测功器输入发电机的有功功率,输出与功率值成比例的直流电压信号。每台发电机均要配置一个测功器。

(3)功率分配器。功率分配器的功能是综合测功器和测频器的输出电压信号给各调整器,用以对各机组进行调节。从而调整原动机进油量,使各机组功率分配均匀,并使系统的频率恒定。

(4)调整器。调整器又称执行元件,它根据频率偏差、发电机发出的功率和分配功率的偏差等信号,按照预定的调频准则给出控制电压,控制调速器的二次调节,实现频率和有功功率的自动调节。调整器还应使每个调节过程的第一个调整信号有适当的延时,以避开动态过程。

2. 自动调频调载方法

自动调频调载的方案很多,但按工作原理可分为:有差调节法,虚有差调节法和主导发电机法。若按调节过程所依据的频率信号可分为:按频差调整和按频差积分调整等。

(1)有差调节法。有差调节法是依赖调差系数相近的有差调速特性来稳定频率和负荷分配的方法,此法没有外加的自动调频调载装置进行二次调节,各机组仅依靠自身有差的调整器来进行控制,它不能恒频,由于调差特性的非一致性,负荷分配也难以均衡,也不能自动转移负载。此法目前在船上很少采用。

(2)虚有差调节法。采用虚有差调节法调频调载,每一台发电机所装设的调速器的特性仍是有差的,但调整的结果可使电网的频率恒定,功率均分(或按比例分配),是无差的,故称为虚有差法。

虚有差法是将系统的负荷按固定比例分配给所有参与并联运行的发电机组并使系统频率维持额定值的频载调节方法,此法目前在船上应用广泛。

(3)主调发电机法。主调发电机法是在并联运行的发电机中选择一方作为“主调发电机”。其余的机组总是保持运行在接近额定负荷,作为基载发电机,当电网的变化而出现频差时,由主调发电机改变油门,使电网的频率维持在额定值,并承担系统负荷的变化量。此时,自动调频调载装置只作为主调发电机的调频器,它只需检测电网的频率差,并将相应的信号送至主调发电机的调整器,所有基载发电机调速器的调速特性均为有差,且调速特性只经一次整定于额定频率,不再受到自动调频调载装置的控制。

采用主调发电机法,将使主调机和基载机的功率因数不一致,并随负载而异;因为只有主调机组在调整,当负荷变化时,调整过程较缓慢。

(4)积差调节法。积差调节法又称同步时间法,是按频率偏差对时间的积分信号调整器进行作用的调频方法,同时引入与机组实际功率成比例的功率信号来校正负荷分配,在调整完毕时,总是保持恒频和按比例分配负载。

## ◎ 任务实施

### 船舶发电机的负载特性调整

船舶同步发电机在使用过程中,经常要实现发电机的静态和动态特性的调整,以满足生产运行的需要以及多机并车及解列后的运行调整需要。本实训通过完成备用发电机的自动启停控制、完成发电机及配电系统的基本运行调整、并车解列等实际操作,确保船舶电站的正常供电需求。通过实训项目训练,要求每位同学都能实际操作达到熟悉船舶电站综合自动化实验装置中发电机的多机自动运行和解列的基本使用方法和操作规程的目的,为后续试验项目的顺利开展打好基础。

船舶电站实训室所采用的船舶电站综合自动化实验平台所对应的发电机组为15kW的小型变频发电机组,本装置包含两台同样配置的同步发电机,能够满足正常的船舶电站单机运行、手动和自动准同步并车运行及电源的解列操作任务需要。具体任务操作如下:

(1)岸电供电,两台机组均为备车状态,岸电失电后备用机组自动启动:

外部电源供电后,合岸电开关,由岸电向主汇流排及各负载供电。将两台机组的"方式选择"开关转至自动位置,"备车顺序选择"开关转至"DG1"位置,"变频器电源"开关、"AC220V电源"开关、"DC24V电源"开关、1#(2#)"发电机主断路器"开关均置闭合位置,机组控制地点"本地 - 遥控"选择开关转至"遥控"位置。实验时,以上各项准备就绪后,断开岸电电源开关,则主汇流失电,当延时2s后,由可编程控制器向1#机组发出启车信号,使1#机组启动,并自动进行升速操作,直到频率达到48.5Hz以上时,发出自动合闸信号,使1#发电机组主开关闭合,由1#机组向负载供电,同时自动控制部分继续进行频率调节直至达到50Hz,该种状态下若"备车顺序选样"开关转至"DG2"位置,则可编程控制器首先发出2#机组的自动启车信号。

(2)一台机组供电,另一台机组备用,供电机组故障跳闸:

假设机组运行并向电网供电,其他状态同上,此时应将"备车顺序"选择开关转至"DG2"位置,如果1#机组运行中故障跳闸则2#机组根据可编程控器发出的启动信号、调频、合闸并向汇流排供电。

(3)一台机组供电,另一台机组备用,供电机组输出功率大于80%额定功率时备用机组自动启动并与原在网机组自动并车,分配负载:

此时,系统工作状态同上,只是启车信号源于在网机组过载。操作时,先调节负载电阻使在网机组输出有功功率超出80%额定功率(可调节在80% ~90%额定功率之间即12 ~13.5kW)。负载设定好后,由GPC根据负载情况延时10s发出启动备用机组信号至可编程控制器,再由可编程控制器进行综合判断。如条件允许则发出自动启车信号至备用机组,使机组自动启动,

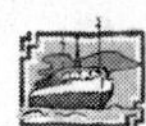

再与原在网机组自动准同步并车,向电网供电。

(4)同步发电机自动准同步自动并车操作:

以80%额定功率增机试验为例,即1台发电机组在网向负载供电,另一台发电机组在备车位置,变频器电源供电正常“方式选择”开关在“自动”位置,“本地-遥控”选择开关在“遥控”位置。增大负载电阻及负载电抗,使在网发电机组电流表指示大于80%额定电流(30×80%,但不应超过125%额定电流)经延时10s后,备用机组自动启动并进行调频操作。此时可将“同步选择”开关转至待并机组位置(DG1或DG2)。观察同步表及同步指示灯工作情况,同时观察两只频率表的工作情况(正常工作时可不用该项操作,只作为教学演示用),当同步表指针摆动频率变慢且在中间位置,同步指示灯熄灭时,待并机组主开关应自动闭合,“主开关合闸”指示灯亮。

此时可观察两只功率表的指示情况,即原在网机组的功率表指示应逐渐减小,而后并入电网机组的功率表指示应逐渐增加,即电站管理器正在进行功率自动分配操作,直至两台机组的功率分配达到平衡为止。

(5)同步发电机自动解列操作:

在两台机组并车、负载分配完成且机组工作稳定后,调节负载电阻及负载电抗,使之逐渐减小,并同时观察两台机组的电流表指示情况。当电流表指示值均低于20%额定电流(7.5A)时,停止调节工作,待延时30s后,一台机组经电站管理器发出低载信号至可编程控制器,由可编程控制器发出自动解列信号至另一台机组的电站控制器,使电站控制器开始负载自动转移工作,即待解列机组的负载自动向另一台机组转移,此时观察电流表及功率表指针可看见待解列机组的功率及电流逐渐减小,而另一台机组的功率逐渐增加,当待解列机组的功率(或电流)小于5%额定值时,发出主开关分闸信号,解列机组主开关分闸。主开关分闸成功后,再延时180s后可编程控制器自动发出停机信号,使解列机组自动停机,完成解列工作。

## ◎ 任务对象

船舶电站实训室的综合自动化实训设备、综合仿真实训室仿真实训计算机、CAD软件及某船舶同步发电机工作特性图。

## ◎ 任务考核

| 学生姓名 | 教师姓名 | 工 作 任 务 | | |
|---|---|---|---|---|
| | | | | |
| 考核标准 | | 优 | 良 | 及格 |
| | | 对船舶同步发电机相关并车特性调整知识点的掌握牢固、明确,能正确区分不同发电机的并车操作方法;任务执行积极主动,实施过程完整,报告格式标准,内容完整、清晰。 | 对船舶同步发电机相关并车特性调整知识点的掌握一般,基本能正确理解不同发电机的并车操作方法;任务执行过程比较主动,实验操作过程较好,报告格式标准,内容完整、清晰。 | 对船舶同步发电机相关并车调整操作知识点的掌握比较牢固,但对发电机的并车操作方法的分类理解不够清晰;基本完成任务实施过程,报告格式标准,内容比较完整、清晰。 |

续上表

| 考核内容(70分) | 小组评价<br>(20%) | 小组互评<br>(20%) | 教师评价<br>(60%) | 得分 |
|---|---|---|---|---|
| 1. 发电机的调速器认知(结构识读5分、仿真调整5分、静态特性调整5分,共15分) | | | | |
| 2. 发电机的并车操作(手动并车5分、自动并车10分,共15分) | | | | |
| 3. 发电机的自动解列操作(20分) | | | | |
| 4. 任务报告(20分) | | | | |
| 知识巩固测试(30分) | 1. 发电机的调速器系统结构与组成(5分) | | | |
| | 2. 发电机的调速器工作原理(5分) | | | |
| | 3. 静态特性的概念(5分) | | | |
| | 4. 静态特性的主要技术指标(5分) | | | |
| | 5. 静态特性的一次调整原理(5分) | | | |
| | 6. 静态特性的二次调整原理(5分) | | | |
| 完成日期 | | 总分 | | |

# 项目三 船舶配电装置的保护与调试

船舶配电装置是船舶电力系统的心脏,在船舶电气系统安全可靠供电工作中,意义重大。作为从事船舶电气技术的专业技术人员,学习和掌握船舶配电系统的构成、功能及调试技术,对于全面掌握船舶电气技术的专业知识,具有极其重要的作用。通过本项目的学习,相信大家会对这些知识有一个初步的理解和认识。

● **知识目标**

1. 能简单叙述船舶电力系统保护的组成及主要内容;
2. 能正确理解和掌握船舶电力系统保护的主要特点;
3. 能正确地描述船舶配电装置保护元件的作用及工作原理;
4. 能简单叙述船舶配电装置主要保护的整定与调试内容。

● **技能目标**

1. 会进行船舶配电装置保护配置的简单分析;
2. 会进行船舶配电装置的主要保护选择;
3. 会进行船舶配电装置的保护配置及检修维护。

## 任务一 船舶配电装置的保护配置

### ◎ 任务描述

通过对船舶电站保护配置的基本构成、特点及电气参数的介绍,将各种电站保护的构成单元、分类、工作特点及系统组成呈现给大家。使同学们能够结合船舶电站系统的实际,了解并掌握船舶电站系统综合保护的基本知识。

### ◎ 知识链接

船舶配电装置的保护包括船舶发电机的外部短路保护;过载、欠压、逆功率保护;船舶电网的过载、短路保护,电网的绝缘监测;接岸电时的相序保护;重要负载的保护等。当船舶电力系统发生故障时,要求保护装置的工作具有可靠性、选择性、准确性,既能适时切除故障以防止故障蔓延,又要尽量缩小停电区域,使非故障部分能继续正常运行,减轻损害程度。

**一、船舶配电装置的保护要求**

船舶配电装置的保护既要保证安全可靠地供电,又要保证电能质量和经济运行,因此其保护装置应满足如下四项基本要求。

(1)选择性:船舶配电系统保护的选择性是指当船舶配电系统发生故障时,保护装置应仅把故障电路切除,使停电范围尽量缩小,从而保证其他非故障部分仍然能够继续安全地运行。

(2)速动性:要求保护装置的动作时限应力求短快。迅速切除故障可减轻被保护设备的损坏程度,防止故障蔓延,并减少对非故障电路的影响。

(3)灵敏性:保护装置的灵敏性是指对于其保护范围内的故障或不正常工作状态的反应能力。也就是说,在保护范围内,不管运行情况、短路性质和位置如何,对属于自己保护之内的故障,都要反应灵敏。保护装置的灵敏性用灵敏度来表示。灵敏度越高,故障发觉和切除得越早,对系统的影响和设备的破坏就越小。

(4)可靠性:保护装置的可靠性是指装置本身动作可靠。对于属于它的保护范围之内的故障,不应拒绝动作;在正常运行或不属于它的保护范围内出现故障时,不应误动作,否则它本身就可能成为产生和扩大事故的根源。因此,保证保护装置的可靠性是很重要的。

**二、船舶配电装置保护的内容**

典型的船舶交流电力系统图如 3-1-1 所示,根据其系统的组成,保护的主要内容有:

(1)发电机保护。

(2)馈电回路保护。

(3)电源变压器保护。

(4)电动机保护。

(5)蓄电池回路保护。

(6)照明回路保护。

(7)其他保护,如电缆、仪表和电力半导体设备的保护等。

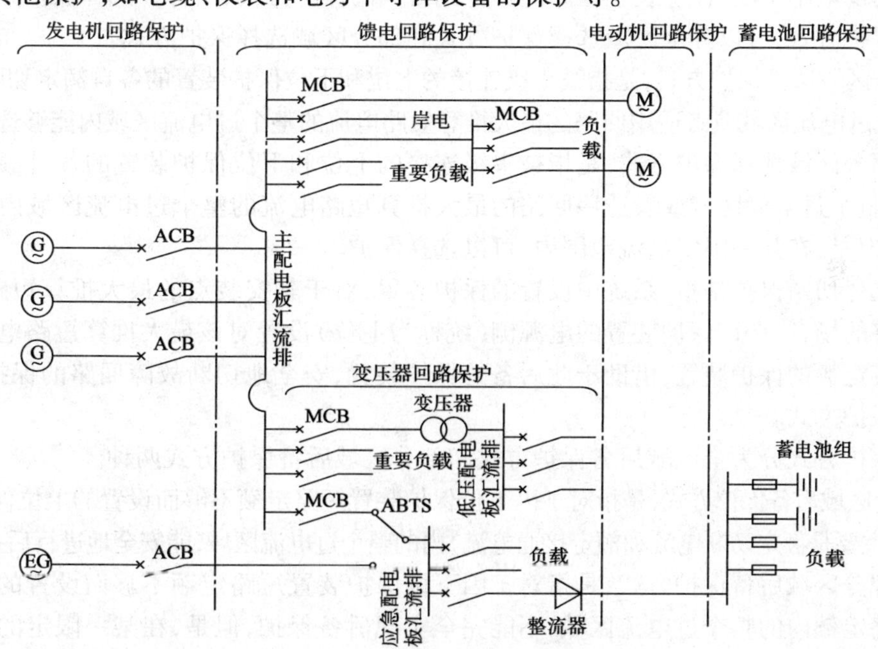


图 3-1-1　典型船舶交流电力系统图

G-主发电机;EG-应急发电机;M-电动机;ACB-空气断路器;MCB-装置式断路器;ABTS-汇流排转换接触器

按保护的目的可以分为:

(1)过载——过电流或过功率保护。

(2)短路保护。

(3)逆功率保护。

(4)欠电压保护。

(5)自动卸载等。

**三、船舶电力系统保护方式**

作为船舶电力系统保护用的保护装置,主要是空气断路器、装置式断路器、熔断器和过载继电器等。这些保护装置的整定值,通常是按时间原则和电流原则或者两者综合使用。以电力系统选择保护为例,按时间原则,其保护装置的动作时间的整定值,从用电设备至电源设备逐级递增;按电流原则,其保护装置的动作电流整定值,从用电设备至电源设备逐级递增。由于两种方法各有利弊,有时难以得到满意的效果,实际上,大都将两种方法混用。

船舶电力系统保护方式,按其可以实现的保护功能,通常分类如下:

- 保护方式
  - 全定额保护方式
    - 选择切断保护方式
    - 非选择切断保护方式
  - 后备保护方式——非选择切断保护方式

全定额保护方式,是指系统内所有保护装置所具有的额定短路容量均大于其安装点的推算短路电流。根据所选定保护装置特性,可以组成选择切断保护方式和非选择切断保护方式。

选择切断保护方式是指:当由于系统中的电气设备或电路的异常或故障,其回路中通过过电流和短路电流(统称为过电流)时,仅仅把与故障回路直接有关的回路从系统中切除,其他正常回路的供电不中断,保护装置之间能够得到协调的保护方式,简称为选择保护方式。

选择保护方式,可以分全区域选择保护方式和部分区域选择保护方式。

所谓全区域选择保护方式,是指被串级连接的上位和下位保护装置的各自额定切断电流,在覆盖的整个过电流区域或者适用回路的最大推算短路电流的整个过电流区域内能够选择保护。

所谓部分区域选择保护方式,是指被串级连接的上位和下位保护装置的各自额定切断电流,虽然在整个过电流区域或者适用回路的最大推算短路电流的整个过电流区域内不能实现选择保护,但是,在某一限定电流范围内,可以选择保护。

后备选择切断保护是指:系统中设置的保护装置,对于其安装点的最大推算短路电流,短路定额不够的场合,在该保护装置的电源侧(统称为上位)设置对该最大推算短路电流具有足够短路电流定额的保护装置,借助于此后备的保护装置,安全地切断故障回路的保护方式,简称为后备保护方式。

后备保护方式分为全区域后备保护方式和部分区域后备保护方式两种。

所谓全区域后备保护方式,是指对于因下位保护装置短路定额不够而设置的上位保护装置的短路定额(主要是额定切断电流和额定接通电流)内的整个过电流区域,能安全地进行后备保护。

所谓部分区域后备保护方式,是指对于因下位保护装置短路定额不够而设置的上位保护装置的短路定额内的整个过电流区域,不能完全实现后备保护,但是,在某一限定的过电流区域内,可以实现后备保护。

**四、船舶配电装置的保护特性**

流过保护装置的短路电流与动作时间之间的关系曲线称为保护装置的延时特性。延时特性分为定时限延时特性和反时限延时特性。反时限延时动作时间与短路电流的大小有关,短路电流大,动作时间短,短路电流小,动作时间长,短路电流与动作时限成一定曲线关系。其特

性曲线如图 3-1-2 所示。

"反时限特性"是指动作时限与通入电流大小的平方成反比，通入电流越大，则动作时限越短。

以反时限过流保护为例：所谓反时限是指过电流的大小与保护动作的时间长短成反比。比如当负荷电流达到额定值的 1.25 倍时反时限保护 20s 动作，而达到额定值的 2 倍时反时限保护 10s 动作。反时限过电流保护是指动作时间随短路电流的增大而自动减小的保护。使用在输电线路上的反时限过电流保护，能更快地切除被保护线路首端的故障。

反时限特性：流过熔断器的电流越大，熔断时间越短。

反时限过电流保护特性：流过熔断器的电流越大，熔断时间越短。反时限过电流保护是指动作时间随短路电流的增大而自动减小的保护。使用在输电线路上的反时限过电流保护，能更快地切除被保护线路首端的故障。

◎ 知识拓展

## 一、船舶电网的主要保护

### 1. 船舶电网的短路保护

船舶电网的短路保护要求有良好的选择性，即当发生短路故障时，仅允许切除有故障的线路部分。通常对各级保护装置的动作整定值按时间原则或电流原则予以整定。

如图 3-1-3 所示，若按时间原则整定，则应有即 $t_3 < t_2 < t_1$ 各级保护装置动作时间的整定值应从用电设备到发电机处逐级增大；若按电流原则整定，则应有 $I_{32} < I_{22} < I_1$，即各级保护装置动作电流的整定值应从用电设备到发电机处逐级增大。实际应用时，常将两者结合起来综合考虑，以满足选择性保护的要求。

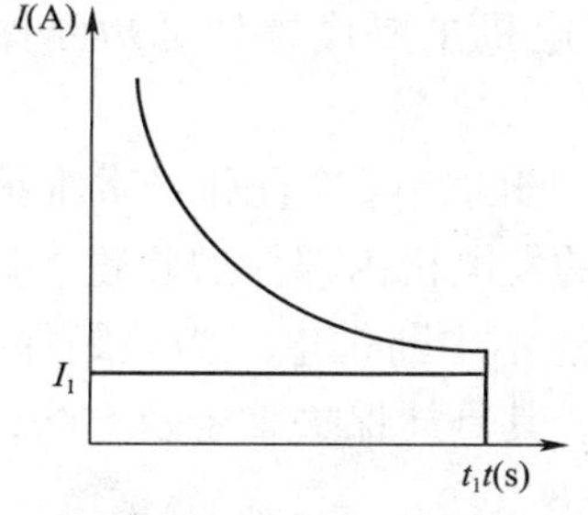


图 3-1-2 反时限延时特性曲线

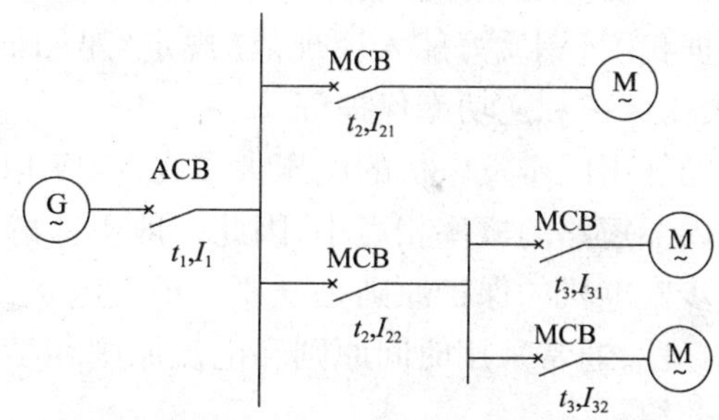


图 3-1-3 船舶电网的短路保护示意图

短路保护装置通常采用万能式自动空气开关，装置式自动空气开关及熔断器等。装置式自动空气开关装有电磁脱扣器，大量应用于各种配电装置，而熔断器一般用于电网的末级保护。

在船舶电网中，发电机和用电设备的短路保护装置通常设在靠近电源侧的出线端，因此船舶电网不设专门的短路保护装置，而是与发电机及负载的短路保护共用一套保护装置。

### 2. 船舶电网的过载保护

船舶电网大多为辐射型馈线式配电网络，馈线的截面积又都是与发电机及用电设备的容量相配合的。由于发电机和用电设备的过载保护装置同时保护了船舶电网，所以船舶电网中不设专门的过载保护装置。必须指出的是，舵机电动机和它的供电线路根据规范要求均不设过载保护，只设短路保护和过载报警装置。

### 3. 单相接地及船舶电网的绝缘监测

船舶电网一般采用三相三线绝缘制系统，电网中的任何一相接地，将造成另外两相对地均

为线电压，这将严重影响人身安全，若再有一相接地，就会引起两相短路的故障。这类潜在的危险性必须及时发现，予以清除。

如图 3-1-4 所示是地气灯的电气工作原理图。正常工作时，三个灯为星形连接，各灯泡两端均为相电压，因此它们的亮度相同。若某一相（如图中的 A 相）出现接地故障，则灯 $HL_1$ 熄灭，而 $HL_2$、$HL_3$ 两端的电压上升为线电压，灯泡亮度增强。这样，值班人员就能方便地判断哪一相发生接地故障。但使用该方法的缺点在于，若三相的绝缘同时降低，则船舶电网绝缘较低时无法测量电网绝缘。现代船舶配电屏均采用安装电网绝缘监测仪来实时测量和报警。

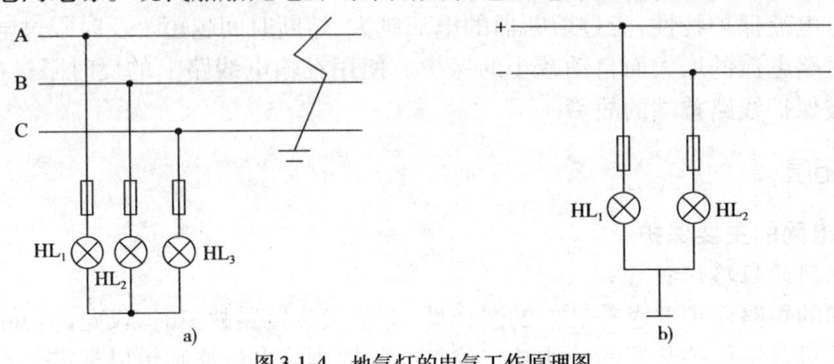


图 3-1-4　地气灯的电气工作原理图

a）三相交流；b）直流

## 二、船舶同步发电机的保护

船舶同步发电机是船舶电站的重要组成部分，它是保证船舶安全航行的重要设备。因此，必须设置必要的继电保护装置。

根据我国《钢质海船入级规范》规定，船舶低压同步发电机主要设置外部短路保护、过载保护、欠压保护和逆功率保护等。

船舶低压同步发电机的电压大多在 500V 以下，且有定期的绝缘检查和日常维护，再加上发电机内部短路的概率相当小，因此一般不考虑装设专门的发电机内部保护装置。

同步发电机的保护原则是既要保护发电机，又要尽可能不中断供电。为兼顾保护的快速性和选择性，通常采用时间原则和电流原则相结合的方法。其具体保护整定及方法，前面也做过详细介绍。

## 三、船舶变压器的保护

船舶变压器的基本故障是相间短路、对地短路、绕组匝间短路及输出端短路。相应地对变压器的保护有电流保护、差动保护等。保护的形式由变压器的功率、用途、采用的结构形式及系统中的工作条件来确定。对于中性点绝缘的变压器，因为它在绝缘良好时仅有少量的对地电流，所以不装单相短路保护，而仅在系统中装设绝缘状态的检测装置。由于船舶电力系统中的变压器功率不是很大，仅为几十千瓦，在有电力推进装置的船舶上一般也仅为几百千瓦，所以对变压器仅设短路保护及供电电网的绝缘检测。当变压器绕组中出现短路电流或过载电流等时，可采用带过流脱扣器的自动开关保护。为了预防变压器故障蔓延，一般要求瞬时地把变压器一次侧及二次侧的线路同时切断。船舶变压器的结构形式如图 3-1-5 所示。

对变压器采用熔断器来进行短路保护的特点是快速、有效、简单且价格低廉。在船舶配电系统中，船舶变压器一次侧熔断器 $FU_1$ 的熔断电流的选择时由下式来确定：

$$I_{PE}=K_{rel}I_{1N} \tag{3-1-1}$$

式中：$I_{PE}$——一次侧熔断器熔体的熔断电流，单位为 A；

$I_{1N}$——变压器一次侧的额定电流，单位为 A；

$K_{rel}$——可靠性系数，考虑到变压器给电动机供电及电动机启动电流所引起的磁化电流的增大，通常取 $K_{rel}=3\sim4$。

对于变压器二次侧的熔断器的熔断电流，可按（1.1 ~ 1.2）$I_{2N}$来选择（$I_{2N}$为变压器二次侧的额定电流值）。

图 3-1-5　船舶变压器的结构示意图

**四、船舶负载的保护**

船舶负载大体上可分为照明类负载和电动机类负载两大类。船舶负载通常要求设过载和短路保护装置。

1. 照明类负载的保护

照明类负载包括电热器负载等。为防止照明类负载及供电线路因短路和过载引起过电流，导致温升过高而使电缆绝缘损坏或引起火灾，照明类负载都设有过电流保护装置。照明类负载基本上是电阻性负载，其功率因数接近于 1，其保护装置比较简单，可采用装置式断路器或熔断器来实现过电流保护。

在船舶照明类负载保护中，通常 16A 以下的分支电路多采用熔断器。对于一般回路，熔断器的额定电流应选择与负荷电流一致。考虑到不同光源的启动电流不同，因此保护电器的动作电流也有所区别，由于高压汞灯和高压钠灯的起燃电流持续时间长，所以保护电器的额定值选择应稍大一些。对于船舶照明线路，按规定，实际负载电流不应超过保护电器整定值的 80%。

2. 电动机类负载的保护

电动机类负载是船舶电力系统中的主要负载，且很多属于重要负载，因此，船舶规范对其保护的要求较明确，例如，容量大于 0.5kW 的电动机和所有重要设备的电动机均应设有独立的过载保护、短路保护和欠电压保护；对于高压大容量的电动机，应设专门的继电保护装置。通常这些继电保护装置设置在配套的电气控制柜中，由设备制造厂成套供给。

## ◎ 任务实施

**一、船舶发电机保护系统识图**

由于任何一个完整的船舶电站配电保护系统都是由各个基本的保护单元组成的，所以我们首先从发电机的保护配置原理图开始，完成对整个配电系统综合保护的认知。由于一套完整的发电机综合保护电气系统图通常由若干张电气系统原理图组成，所以我们的任务训练首先从主保护图开始，逐步掌握全船所有的电气保护与配置的认识。

**二、附图材料**

1. 1#发电机电气图（图 3-1-6）
2. 1#发电机保护原理图（图 3-1-7）
3. 1#发电机连锁保护配置图 1（图 3-1-8）
4. 1#发电机连锁保护配置图 2（图 3-1-9）

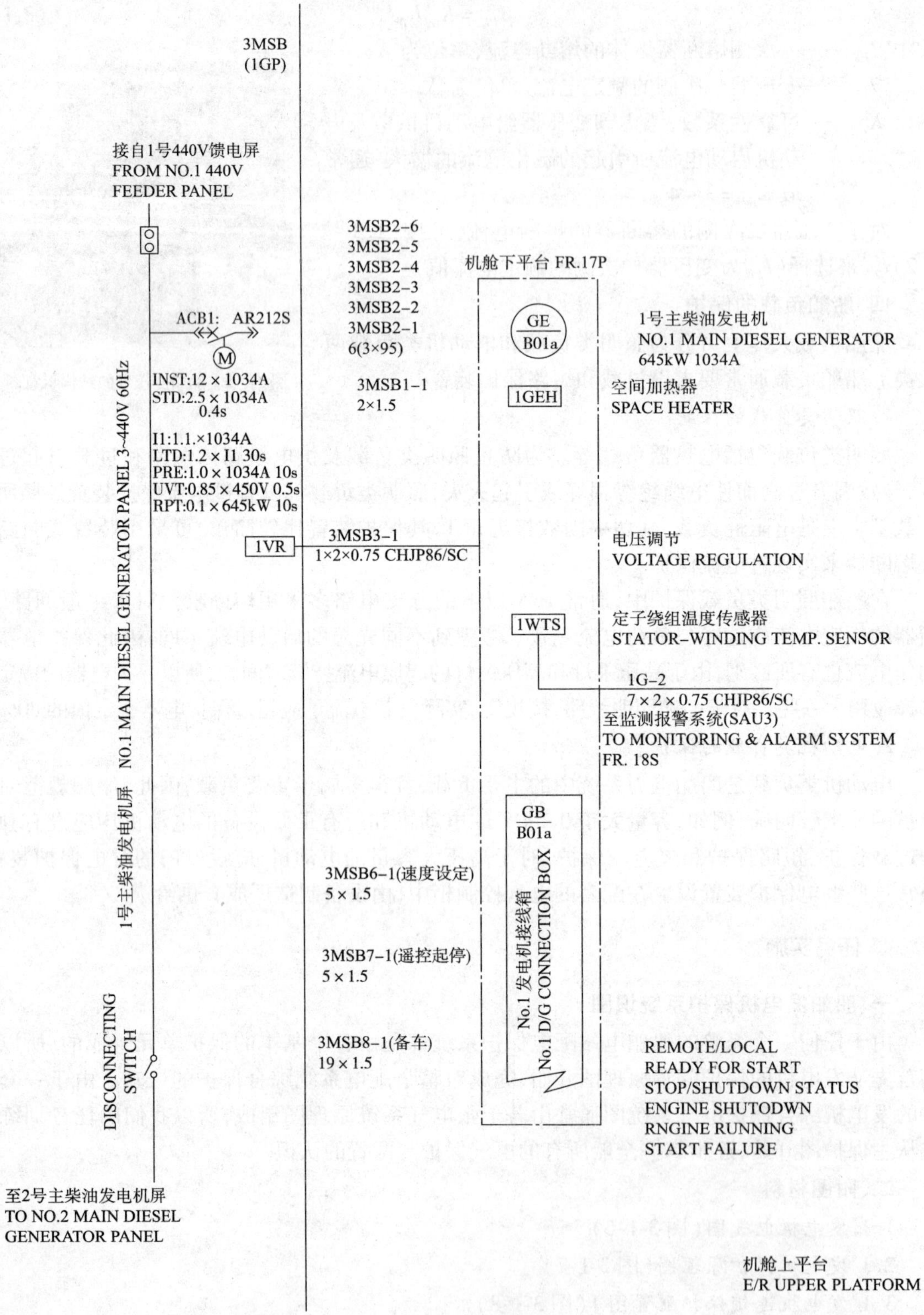

图 3-1-6　1[#]发电机电气图

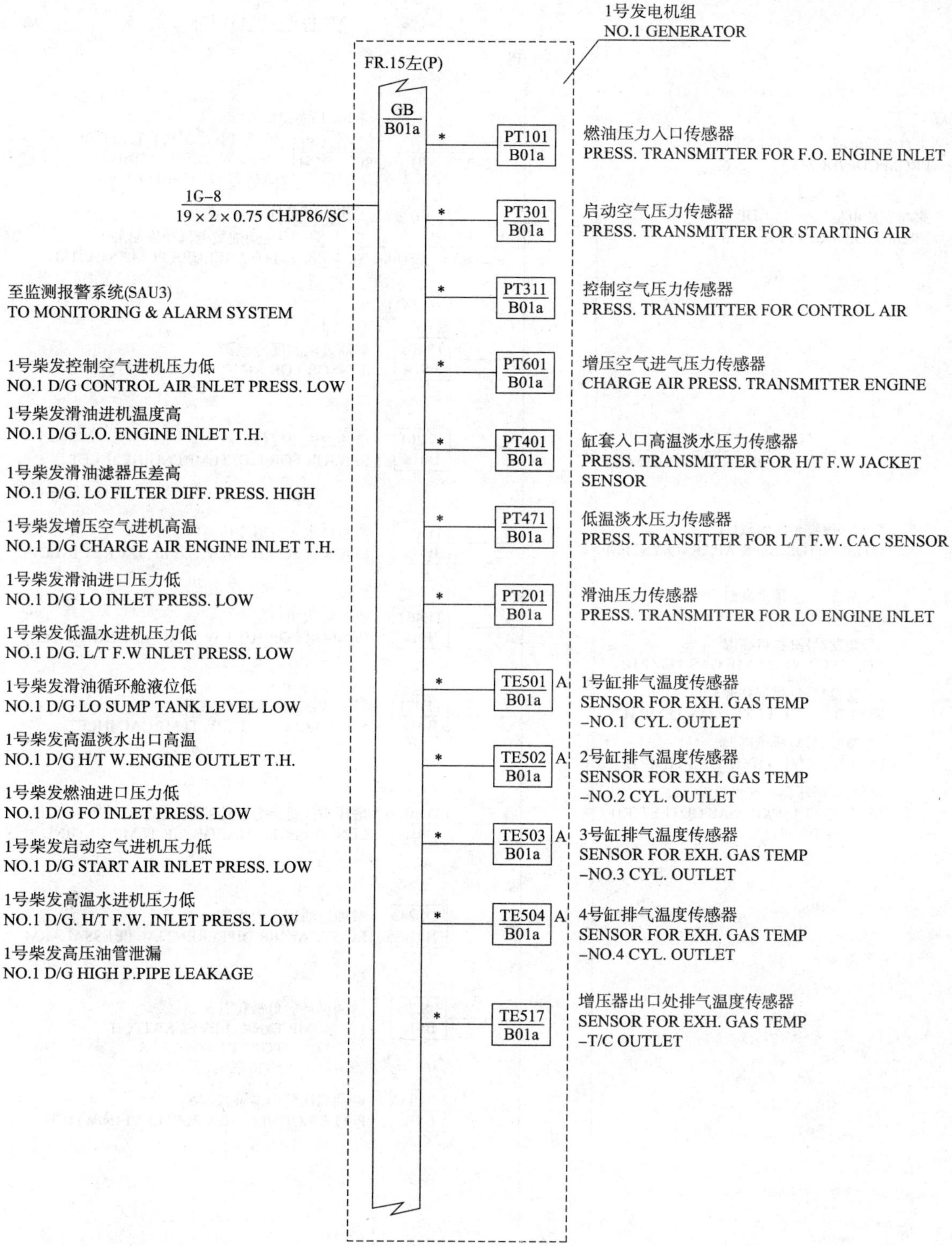

图 3-1-7　1#发电机保护原理图

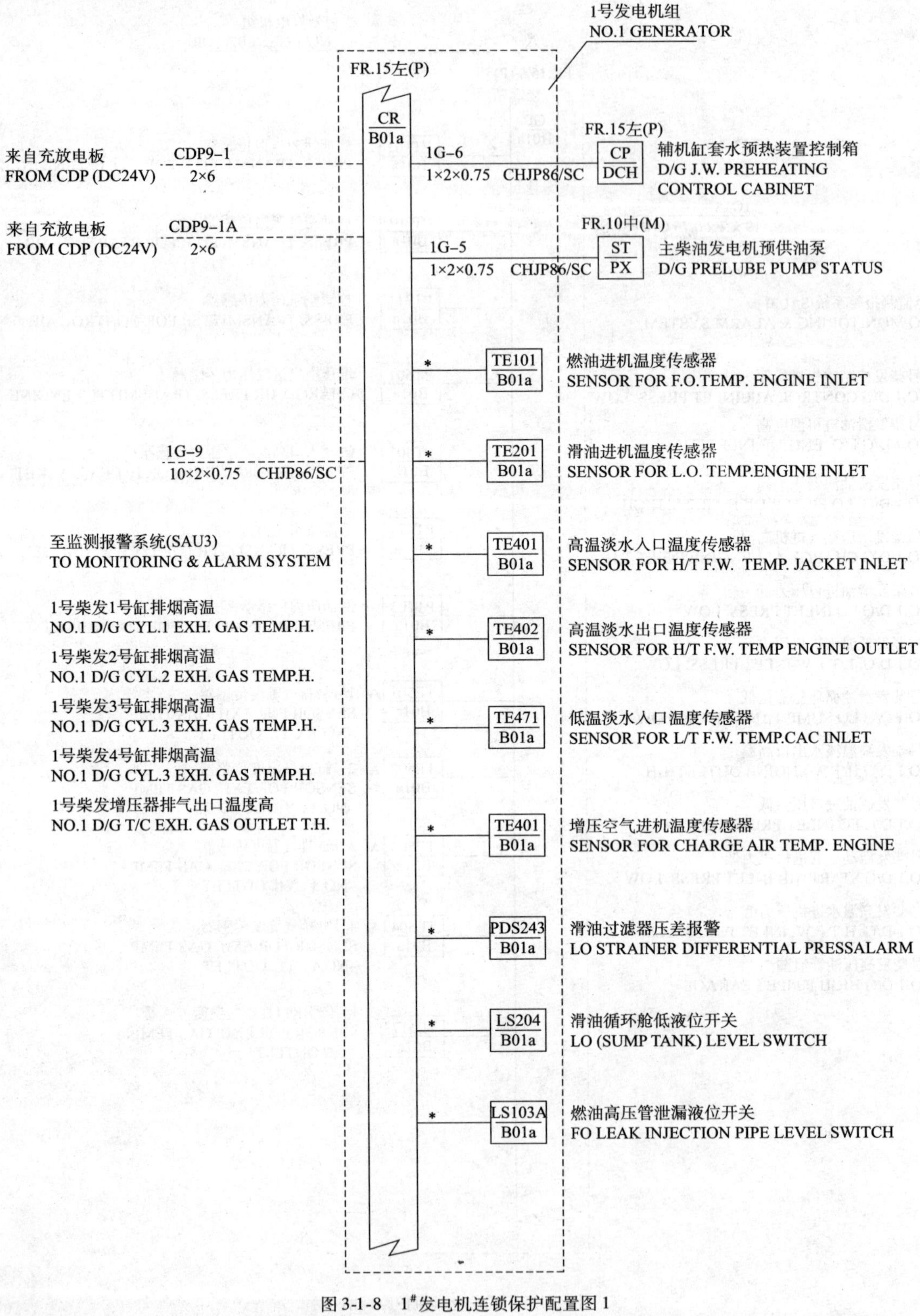

图 3-1-8　1#发电机连锁保护配置图 1

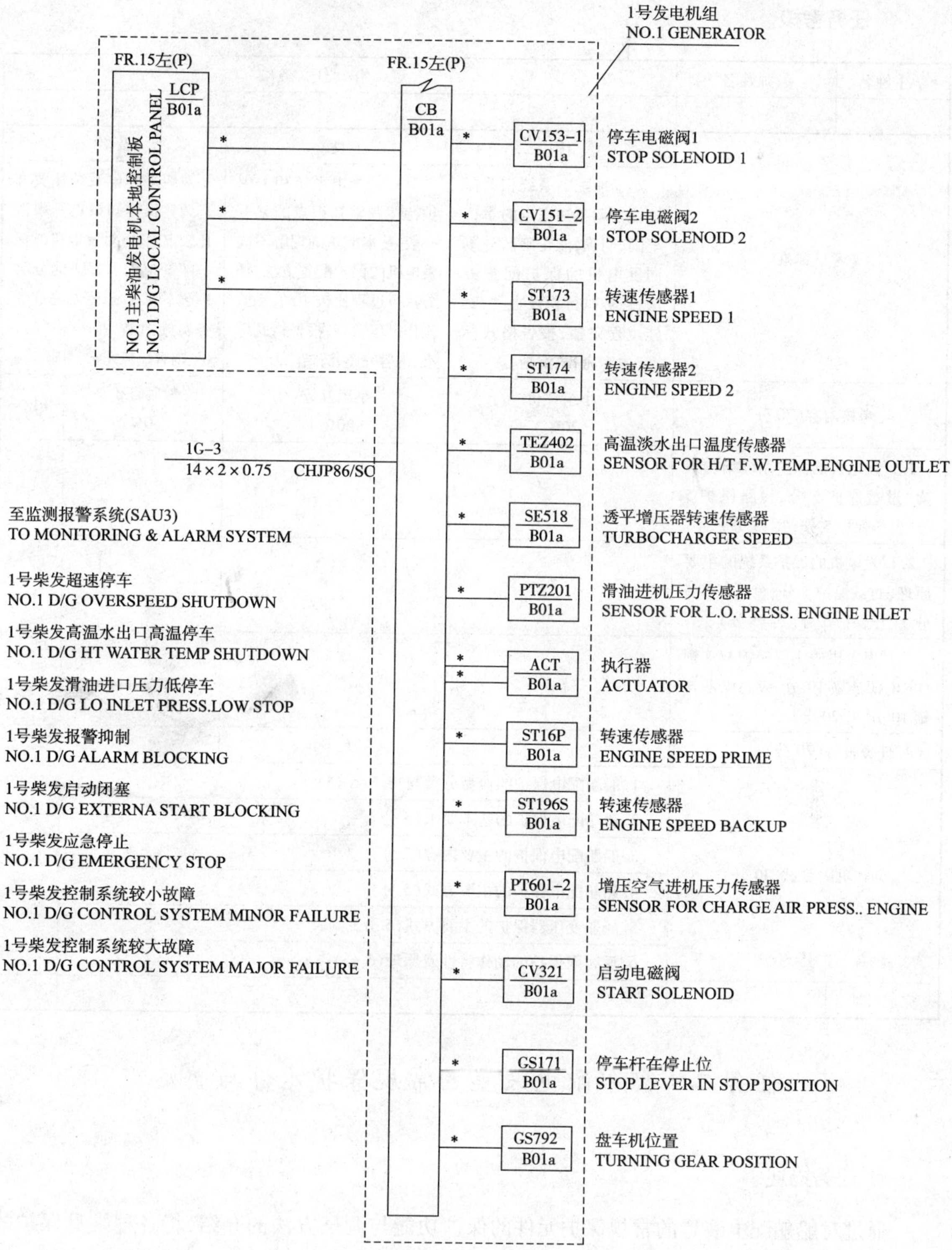

图 3-1-9　1#发电机连锁保护配置图 2

## ◎ 任务考核

| 学生姓名 | 教师姓名 | 工 作 任 务 | | |
|---|---|---|---|---|
| | | | | |
| 考核标准 | 优 | 良 | 及格 | |
| | 对船舶配电系统相关保护特性调整知识点的掌握牢固、明确,能正确区分不同发电机的保护配置方法;任务执行积极主动,实施过程完整,报告格式标准,内容完整、清晰。 | 对船舶配电系统相关保护特性调整知识点的掌握一般,基本能正确理解不同发电机的保护配置方法;任务执行过程比较主动,实验操作过程较好,报告格式标准,内容完整、清晰。 | 对船舶配电系统相关并车调整操作知识点的掌握比较牢固,但对发电机的保护配置与识别方法的分类理解不够清晰;基本完成任务实施过程,报告格式标准,内容比较完整、清晰。 | |
| 考核内容(70分) | 小组评价(20%) | 小组互评(20%) | 教师评价(60%) | 得分 |
| 1.1#发电机的保护系统结构识读(过载保护5分、短路保护5分、欠压保护5分,共15分) | | | | |
| 2.1#发电机的保护系统的主要原理(过载保护5分、短路保护5分、欠压保护5分,共15分) | | | | |
| 3.1#发电机的主要保护与连锁(主电源连锁10分、应急电源连锁10分,共20分) | | | | |
| 4.任务报告(20分) | | | | |
| 知识巩固测试(30分) | 1.船舶配电保护的典型分类与特点(5分) | | | |
| | 2.船舶配电保护的基本要求(5分) | | | |
| | 3.船舶配电保护的主要内容(5分) | | | |
| | 4.船舶配电保护的主要方式(5分) | | | |
| | 5.船舶变压器保护的主要方式(5分) | | | |
| | 6.反时限保护的动作特性及原理(5分) | | | |
| 完成日期 | | 总分 | | |

# 任务二　船舶配电装置的常规保护元件与整定

## ◎ 任务描述

通过对船舶配电装置的常规保护元件的保护功能与调试方法的介绍,将各种常见保护的保护器件分类、工作特点及系统组成呈现给大家。使同学们能够结合船舶配电系统的实际,了解并掌握船舶配电设备的主要保护功能与调试整定的具体调试方法、分类及特点。

◎ 知识链接

## 一、船用万能式自动空气断路器

万能式自动空气断路器又称自动空气开关，在正常运行时，作为接通和断开主电路的开关电器；在不正常运行时，可用来对主电路进行过载、短路和欠压保护，自动断开电路。所以，万能式自动空气断路器既是一种开关电器，又是一种保护电器。

船用万能式自动空气断路器，主要是用作船舶发电机的主开关。它既作为发电机的主电路通断用，又作为发电机的继电保护装置用。所以，它是船舶电站中一个十分重要的电器。

国内外制造的船舶用发电机主开关的形式很多，结构不尽相同，但其基本原理大同小异。目前，我国生产的船用万能式自动空气断路器主要有 DW94、DW95、DW98 和引进产品 AH 型（国内编号 DW914 型）几种。如图 3-2-1 所示为国产 DW914 型船用断路器。

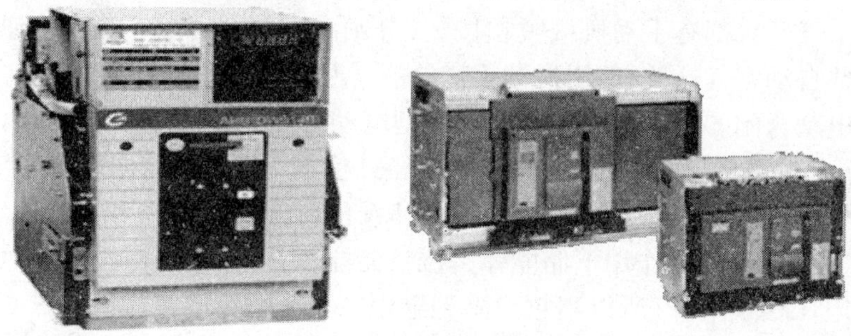

图 3-2-1　国产 DW914 型船用断路器示意图

1. 结构

自动空气断路器一般由触头系统、灭弧室、操作机构、自由脱扣机构等组成。其方框图如图 3-2-2 所示。

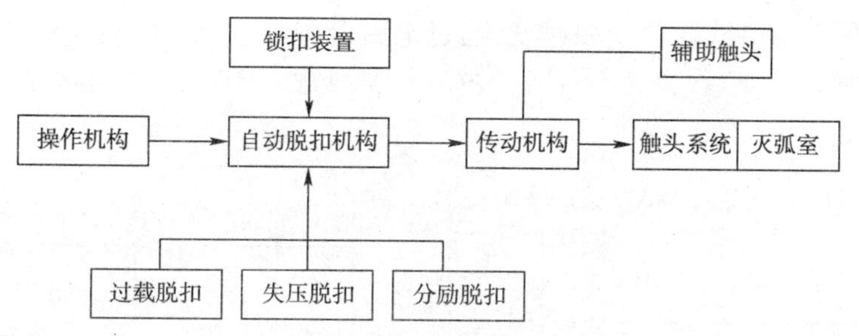


图 3-2-2　自动空气断路器方框图

（1）触头系统。一般由二到三组触头组成。在闭合时通过的额定电流是由主触头承担的，为避免主触头在接通和断开电路时被大电流产生的电弧灼伤，还设有弧触头。有些大容量开关还设有一组预接触头（副触头），它们的动作顺序是：在合闸时，先接通弧触头，然后接通预接触头，最后才是主触头；在分闸时，先断开主触头，然后是预接触头，最后才是弧触头，电弧均产生在弧触头上，因此，弧触头要采用耐电弧、抗熔焊的材料制成，如铜或铜钨合金；主触头要求采用良好的导电材料，如银钨合金；预接触头则采用紫铜材料。触头系统的设计，应保证有足够的电动稳定性，具有电动力补偿，即短路电流所产生的电动力不是减弱而是加强触头的压力。

(2)灭弧装置。灭弧装置是由铁质栅片和绝缘材料构成的灭弧罩组成的。其作用是使电弧迅速熄灭,以保护触头不被电弧灼伤或熔焊,提高开关的使用寿命和工作的可靠性。

(3)操作机构和自由脱扣机构。其作用是实现操作手柄及电动合闸或电磁合闸装置和各种脱扣器对触头动作的控制,并且要能够"自由脱扣"。所谓"自由脱扣"是指在主电路中出现故障电流时,不论操作手柄在什么位置,触头均能迅速分断电路。

①手动操作。几种常见的国产自动空气断路器的手动操作方法如下。

A. DW—95 型、DW—98 型的主开关合闸时,需先将手柄逆时针转 110°和 90°,然后再顺时针转一定角度,使储能弹簧储能,自由脱扣机构"再扣",再继续顺时针转一定角度即实现合闸。

B. AH 型的主开关合闸时,需首先将手柄向下扳,使储能弹簧储能,自由脱扣机构"再扣",再将手柄扳向上方,即实现合闸。

各类自动空气开关都有手动机械脱扣按钮,分闸时,只要按下"分闸"按钮即可实现分闸操作。尚有一些自动空气开关,使用扳动手柄储能,使用手动机械"合闸"按钮合闸。

②电磁或电动合闸。DW—95 型、DW—98 型电动合闸采用电磁操作,其合闸操作线路如图 3-2-3a)所示。发电机建立电压后,交流电压经二极管 VD 整流后向电容 C 充电。合闸时,按下按钮 SB,电容 C 就会对继电器 KA 放电,使 KA 的常开触点 $KA_4$ 和 $KA_5$ 闭合,接通合闸电磁铁线圈 KM,在电磁吸力的作用下储能弹簧拉长储能,自由脱扣机构已处于"再扣"位置。由于电容两端的电压很快下降,所以当它下降到继电器 KA 的释放电压时,KA 的常开触点 $KA_4$ 和 $KA_5$ 断开,合闸电磁铁线圈 KM 断电,储能弹簧释放,自由脱扣机构动作实现合闸。合闸后,由于 DW 触点断开,所以此时再按下按钮 SB 时不会再有合闸动作。AH 型采用电磁铁直推式合闸,其合闸操作线路如图 3-2-3b)所示。发电机建立电压后,按下电磁控制开关,继电器 KA 通电,其常开触点 $KA_1$ 闭合后继电器 $KA_2$ 得电,其常开触点 $KA_2$ 闭合,合闸线圈 KM 得电,快速将动衔铁吸上,利用动衔铁的质量和速度,通过电磁合闸柱销,对连杆机构产生一较大的冲击,推动合闸机构合闸。合闸后,自动空气开关的辅助常开触点 DW 闭合,继电器 $KA_3$ 得电,其常闭

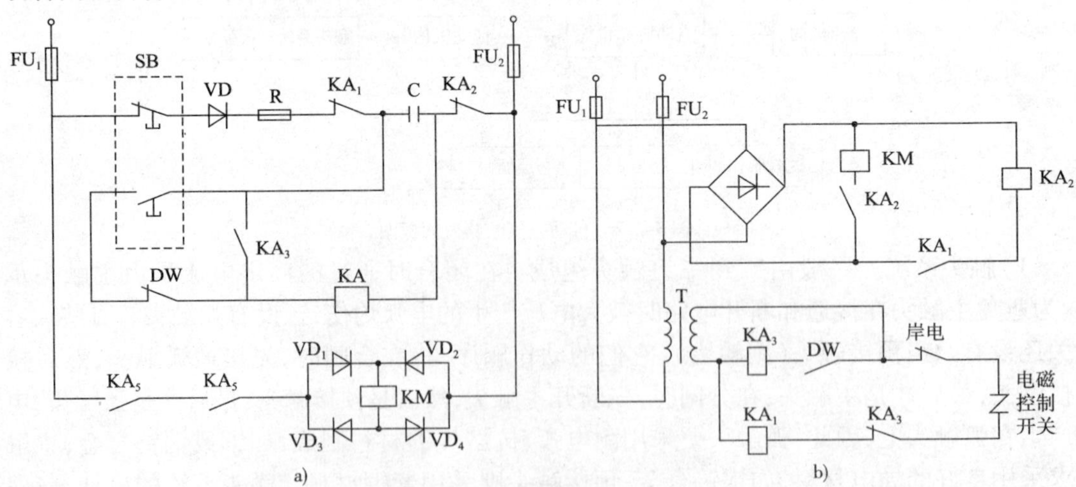


图 3-2-3 不同开关的合闸线路示意图

a)DW—95 型、DW—98 型电动合闸操作线路;b)AH 型型电动合闸操作线路

触点 $KA_3$ 断开，继电器 $KA_1$ 断电，其常开触点 $KA_1$ 断开，控制继电器 $KA_2$ 失电，其触点 $KA_2$ 断开，从而使合闸线圈 KM 断电，电磁吸力消失，合闸动衔铁恢复原样，为下次合闸做好准备。

(4)脱扣器。脱扣器是自动空气开关的感受元件，当电路发生故障时，脱扣器接到信号后动作，经过自由脱扣机构使自动开关分闸。

①过电流脱扣器：按结构可分为电子型和电磁型两种。保护特性采用过载长延时(包括定时限和反时限两种)、短路短延时及特大短路瞬时脱扣的三段保护特性。反时限就是指过载越多，要求开关动作的时间越短；过载越小，要求开关动作的时间就越长，也就是要求开关动作的时间和过载电流成反比关系。

②失压脱扣器和分励脱扣器：它们大多用具有电压线圈的电磁铁构成，其示意图如图 3-2-4 所示。

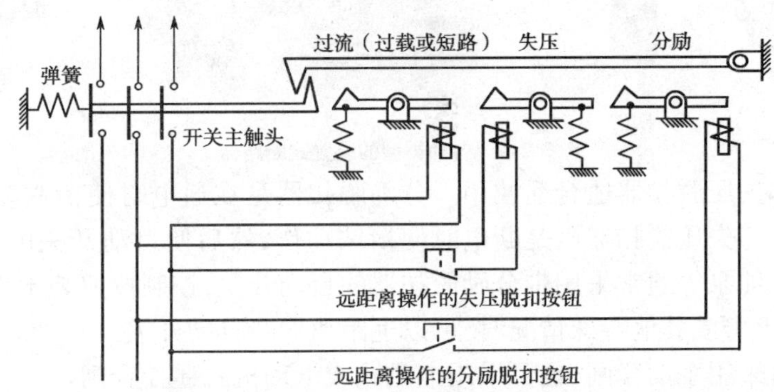


图 3-2-4　脱扣器示意图

失压脱扣器保证在电压降到额定电压值的 40% 或以下时必须动作，自动开关断开，而在额定电压的 75% 或以上时必须保证自动开关可靠合闸。因此，失压保护可在 40% ~75% 额定电压范围内整定。为了避免在电网电压瞬时波动下产生误动作(如较大异步电动机启动等)，即要求在欠压情况下可带有 1 ~3s 左右的延时。

分励脱扣器为远距离控制断路器迅速断开电路用。分励脱扣线圈要在 75% ~110% 额定电压时能可靠断开自动开关。在分励脱扣器线圈电路中还串联一个自动开关的常开辅助触头，保证自动空气开关断开后，分励脱扣器线圈不再有电。

## 二、装置式自动空气开关

装置式自动空气开关(MCB)是一种容量相对小的空气断路器，也叫塑壳式自动开关，常简称为自动开关。自动开关同样具有过载、短路和失压等保护功能，因此，当发电机功率较小时，它也可用做发电机主开关。自动开关具有安全、美观、体积小、质量轻等特点，主电板及分配电板上的配电开关大量地使用这种开关。它可用于不频繁地接通和分断电路，并具有过载和短路保护装置，用以保护电机、电器和电缆等设备。如图 3-2-5 所示。

自动开关可带热脱扣器、电磁脱扣器和复式脱扣器(综合电磁脱扣和热脱扣的脱扣器称为复式脱扣器)，有的还附有分励脱扣器、失压脱扣器和辅助开关。用于过载和短路保护时，可采用带复式脱扣器的自动开关。仅用于过载保护时，可只装热脱扣器。当自动开关中流过超过整定的脱扣器额定电流时，由双金属片构成的热脱扣器以反时限特性发热而产生弯曲，当

弯曲达到一定程度时,热脱扣器作用于脱扣机构而使自动开关分闸。热脱扣器动作后要经一段恢复时间,自动开关方可重新合闸。这段时间一般为1~5min。仅用于短路保护时,可采用只有电磁脱扣器的自动开关,它可在2~10倍脱扣器的额定电流范围内整定。其动作时间可视为瞬时。船上有些负载(如舵机)只允许设置短路保护,因此要求开关只装电磁脱扣器。

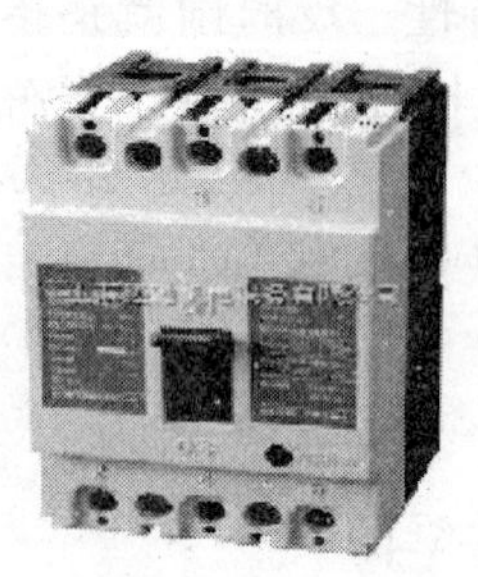

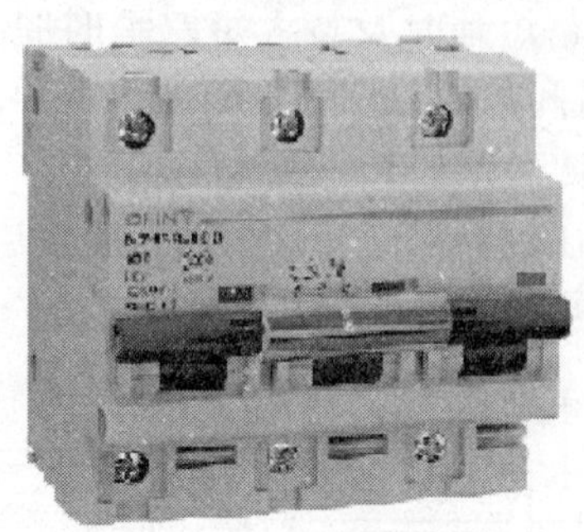
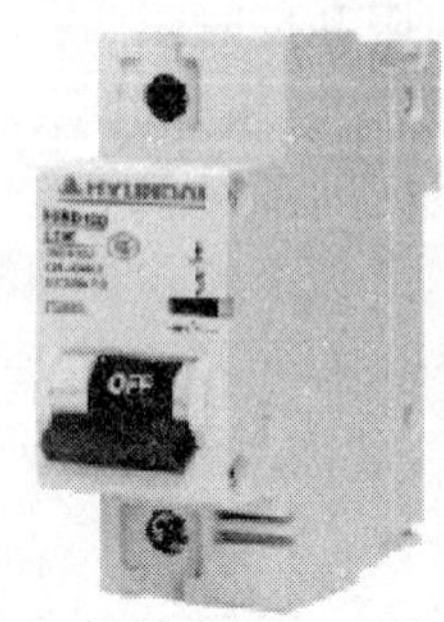


图3-2-5　各种类型的装置式断路器

分励脱扣器和失压脱扣器适合遥控用。分励脱扣器是在通电时使衔铁动作,然后使自动开关因脱扣而分闸。失压脱扣器则是断电时使衔铁动作,然后使自动开关因脱扣而分闸。例如,船舶上的风机、油泵等通常采用带分励脱扣器的自动开关,控制按钮装于集中控制台、机舱出口等处,当发生火警或其他特殊情况时,可以远距离切断自动开关。

自动开关既可采用手动合闸,也可采用电磁式或电动机式遥控合闸。

自动开关根据其正常运行时的电压和电流值来选择。自动开关的额定电压要大于或等于电路上的电压值;自动开关的额定电流要大于电路中的长时工作电流值,必要时,要用短路电流校验其断开容量。通常自动开关的过载动作电流整定为用电设备额定电流的1.2倍,短路保护动作电流整定为用电设备启动电流的1.25倍。

## 三、逆功率继电器

同步发电机的逆功率保护由逆功率继电器承担。它既反映有功功率的大小,又反映有功功率的方向。当同步发电机出现逆功率并达到或超过保护动作整定值时,逆功率继电器延时动作,将发电机主开关切除,使该发电机退出并联运行。逆功率继电器有感应式、电子式等多种类型,传统船舶电站多采用机械式GG-21型感应式逆功率继电器。

如图3-2-6所示为GG-21型逆功率继电器的结构原理图。该继电器的铝盘固定在一根转轴上,轴上齿轮与装有继电器弹簧动触头的轴上的齿轮相啮合,当铝盘沿逆时针方向转动时,动触头沿顺时针方向转动,直到接通两个静触头,便输出使发电机跳闸的信号;此外还有一个永久磁铁跨在铝盘上,产生阻尼力矩,以使铝盘匀速旋转。铝盘上方的铁芯绕有电流线圈 $W_i$,经电流互感器变换后的发电机输出电流在该线圈中流通;圆盘下方的铁芯绕有电压线圈 $W_u$,经电压互感器后连接在发电机的电压端。电压线圈和电流线圈产生的磁通均在铝盘中感应出涡流,载流铝盘在磁场中受到力矩作用而产生转动。当发电机输出功率时,铝盘要向顺时针方向转动,但因有一止挡块挡住而不能转动;当发电机出现逆功率时,铝盘向逆时针方向转动,轴上齿轮带动继电器的动触头移动,达到整定时间后,将两个静触头连通,从而使自动空气断路器中的失压脱扣器动作,使发电机主开关跳闸。

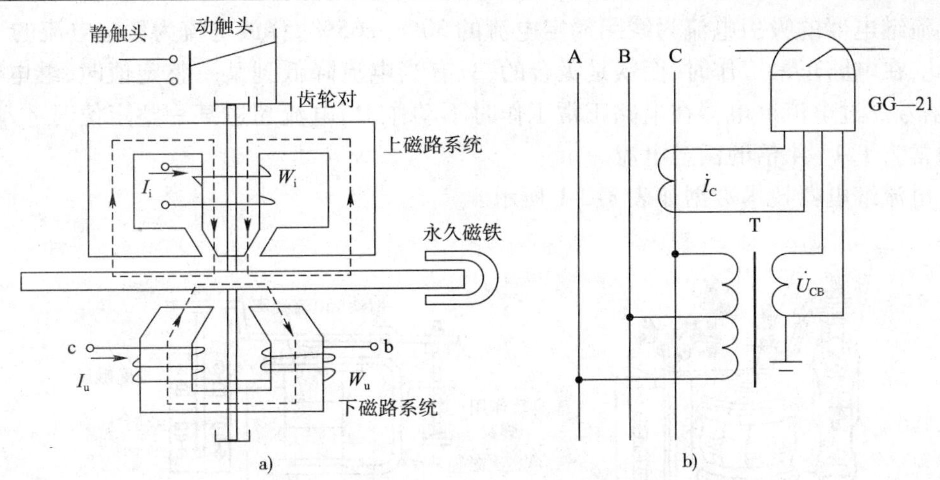


图 3-2-6　GG-21 型逆功率继电器原理及接线图

由于逆功率继电器反映功率取决于线圈输入的电压、电流及其相位，故要求继电器电压和电流两个线圈的极性一定要接正确，不然要引起误动作。GG-21 型逆功率继电器的实际接线图如图 3-2-6 所示。这种继电器通常是按 30°接线方式。所谓 30°接线是指当负载的 $\cos\varphi = 1$ 时，加到继电器上的电流和电压之间的相角差恰恰为 30°。所以电流绕组接 C 相电流 $\dot{I}_C$，电压绕组接 CB 相线电压 $\dot{U}_{CB}$时刚好能符合此要求。此时要求 $\dot{U}_{CB}$所产生的磁通 $\dot{\Phi}_u$ 要滞后 $\dot{U}_{CB}$ 60°。同样接 $\dot{U}_{BA}$与 $\dot{I}_B$ 或 $\dot{U}_{AC}$与 $\dot{I}_A$ 也均是 30°的接线方式。

当接好线后应进行检查，检查是否按 30°接线。并要注意互感器的同名端，当发电机向系统输送有功功率时，此继电器铝盘应向正功率方向转动，至限位器处自停。当发电机出现逆功率时，则铝盘应向反方向转动，直至常开触点闭合，发出跳闸信号使主开关自动跳闸。这说明逆功率继电器的接线是正确的。

如果发电机输出正功率时，此继电器按逆功率工况运行，使主开关跳闸，说明有一个线圈的极性接反了，一般将电压线圈两端引线对调后即可。如果在发电机输出正功率时，铝盘转动的灵敏性很差，有可能相序接错，应检查相序是否正确后，再进行各线圈极性的换接试验，直至正确动作时为止。

## 四、各种保护继电器和保护试验用继电器

### 1. 电流继电器

根据线圈中电流大小而接通或断开电路的继电器称为电流继电器。这种继电器线圈的导线粗，匝数少，串联在主电路中。电流继电器有过电流继电器和欠电流继电器之分。它们的结构和动作原理相似，如图 3-2-7 所示。

当线圈电流高于整定值时动作的继电器称为过电流继电器，用于电路的过电流保护，当电路工作正常时不动作；当电路超过某一整定值时，过电流继电器动作。瞬动型过电流继电器常用于电动机的短路保护；延时动作型常用于过载兼短路保护。

低于整定值时动作的称为欠电流继电器。用于电路的欠电流保护，电路正常工作时已动作，当电路中电流减小到某一整定值以下时，欠电流继电器释放。这种继电器常用于直流电动机励磁绕组和电磁吸盘的失磁保护。

欠电流继电器的吸引电流为线圈额定电流的30% ~65%,释放电流为额定电流的10% ~20%,因此,在电路正常工作时,衔铁是吸合的,只有当电流降低到某一整定值时,继电器才释放,输出信号。过电流继电器在电路正常工作时不动作,当电流超过某一整定值时才动作,整定范围通常为1.1 ~4倍的额定电流。

常见电流继电器技术数据如表3-2-1所示。

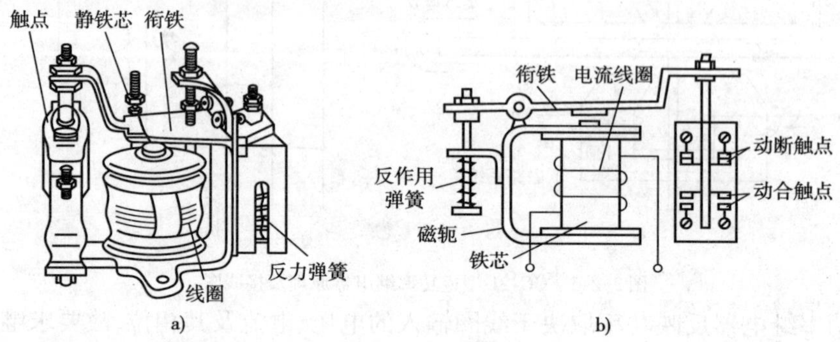


图3-2-7　电流继电器结构

**常见电流继电器技术数据表**　　表3-2-1

| | | | |
|---|---|---|---|
| 产品图片 | DL-20C | 接线图 | ①②③④⑤⑥⑦⑧ DL-21C; ①②③④⑤⑥⑦⑧ DL-22C; ①②③④⑤⑥⑦⑧ DL-23C; ①②③④⑤⑥⑦⑧ DL-24C; ①②③④⑤⑥⑦⑧ DL-25C |
| 概述 | 用于发电机、变压器和输电线路的过负荷和短路保护线路中,作为启动元件。电磁式瞬动型 | | |

| 技术参数 | 型号 | 触点形式 | 最大整定电流(A) | 返回系数 | 动作时间(s) | 触点断开容量 | 开孔尺寸(mm) |
|---|---|---|---|---|---|---|---|
| | DL-21C | 1副动合 | 0.05,0.2<br>0.6,2<br>6,10<br>20,50<br>100,200 | 最大整定电流200A的返回系数不低于0.7,其余规格不低于0.8 | 1.2倍整定值时≤0.15,3倍整定值时≤0.03 | 直流有感电路为40W交流电路为200VA | 106, 84, 94, 63, 125, 149; $56^{+0.3}_{-0}$, $2\times\phi4.5$, 94±0.1, $84^{+0.3}_{-0}$, 48±0.1 |
| | DL-22C | 1副动断 | | | | | |
| | DL-23C | 1副动合<br>1副动断 | | | | | |
| | DL-24C | 1副动合 | | | | | |
| | DL-25C | 1副动断 | | | | | |

**常见电压继电器技术数据表**

表 3-2-2

产品图片：

DY-21C

概述：

用于继电保护装置线路中，作为过电压保护或低电压闭锁的动作元件。
电磁式瞬动型。

接线图：

DL-21C　DL-22C　DL-23C　DL-24C　DL-25C　DL-26C

注：(1)对(低)电压器各种规格有容整流式的(DY-20C)和整流式的(DY-20D)，任用户使用，DY-20D内整接线图以DY-20C相同。
(2)特殊规格DY-212C(DY-212D整流式)触点形式为两动断，一动合。

技术参数：

| 名称 | 型　号 | 最大整定电压(V) | 额定电压(V) |  | 长期允许电压(V) |  | 电压整定范围(V) | 动作电压(V) |  | 最小整定值时的功率消耗(VA) | 返回系数 |
|---|---|---|---|---|---|---|---|---|---|---|---|
|  |  |  | 线圈并联 | 线圈串联 | 线圈并联 | 线圈串联 |  | 线圈并联 | 线圈串联 |  |  |
| 过电压 | DY-21C-25C、E<br>DY-21D-25D、E<br>DY-212C、E<br>DY-212D、E | 60 | 30 | 60 | 35 | 70 | 15-60 | 15-30 | 30-60 |  | 0.8 |
|  |  | 200 | 100 | 200 | 110 | 220 | 50-200 | 50-100 | 50-200 |  |  |
|  |  | 400 | 200 | 400 | 220 | 440 | 100-400 | 100-200 | 100-400 |  |  |
| 低电压 | DY-26C-29C、E<br>DY-26D-29D、E | 48 | 30 | 60 | 35 | 70 | 12-48 | 12-24 | 12-18 |  | 1.25 |
|  |  | 160 | 100 | 200 | 110 | 220 | 40-160 | 40-80 | 40-160 |  |  |
|  |  | 320 | 200 | 400 | 220 | 440 | 80-320 | 80-140 | 80-320 |  |  |
| 过电压 | DY-21C-25/60C、E<br>DY-21D-25/60D、E<br>DY-212/60C、ヨ | 60 | 100 | 200 | 110 | 220 | 15-60 | 15-30 | 30-60 | 2 | 0.8 |

开孔尺寸(mm)：

106　84　94　63　125　149　$56^{+0.3}_{-0}$　$2\times\phi4.5$　94±0.1　$81^{+0.3}_{-0}$　48±0.1

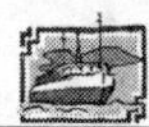

在选用过电流继电器时,对于小容量直流电动机和绕线式感应电动机,继电器线圈的额定电流应按电动机长期工作的额定电流选择;对于频繁启动的电动机,继电器线圈的额定电流应选得大一些。

2. 电压继电器

根据线圈两端电压大小而接通或断开电路的继电器称为电压继电器。这种继电器线圈的导线细,匝数多,并联在主电路中。电压继电器有过电压继电器和欠电压(或零压)继电器之分。

一般来说,过电压继电器在电压为1.1~1.15倍额定电压以上时动作,对电路进行过电压保护;欠电压继电器在电压为0.4~0.7倍额定电压时动作,对电路进行欠电压保护;零压继电器在电压为0.05~0.25倍额定电压时动作,对电路进行零电压保护。

常见电压继电器技术数据如表3-2-2所示。

电压继电器的结构与电流继电器相似,不同的是电压继电器线圈为电压线圈,线圈匝数多,导线细,阻抗大。直接并联在相应电源两端。

保护电器的使用与维护注意事项如下所述:

(1)安装前的检查:

①根据控制线路的要求,检查保护电器的铭牌数据是否符合要求。

②检查保护电器的可动部分是否灵活可靠。

③除去部件的表面灰尘和油污,电磁继电器应抹掉铁芯表面的防锈油。

(2)安装注意事项:

①继电器不要安装在其他温度较高的电器的上方,以免其动作特性受到影响。

②继电器的连接导线应按规定选用,若选得过细,则导热差,可能提前动作;若选得过粗,则导热快,可能滞后动作。

(3)维护:

①定期检查保护电器各个零部件。要求可动部分灵活可靠,紧固件无松动。损坏的零部件应及时更换或修理。

②热继电器或电机保护器整定电流的确定应该和电动机的实际工作情况相适应。这要通过对整定电流的微调来实现。

③对于重要设备,在继电器动作之后,必须检查其故障原因,并应采用手动复位;如果热继电器的动作原因是电动机过载的可能性大,则宜采用自动复位。

④在使用中应定期去除污垢和灰尘。如果继电器的金属部件出现锈斑,则可用棉布蘸上汽油轻轻擦拭,不要用砂纸打磨。

⑤在实际使用中,继电器每年要通电校验一次。在设备经历过很大短路电流后,应注意检查热元件和金属部件有没有明显变形。若已明显变形,则应通电进行校验,在调整时绝对不允许弯折金属部件。

## ◎ 任务实施

### 船舶配电保护元件的性能调试

船舶配电系统在使用过程中,通常需要设置的保护包括过载、短路、欠压等主要继电保护。

实训通过完成配电保护主要应用的各种电磁型保护继电器参数的整定与测试、完成发电机及配电系统的基本保护整定操作，确保船舶电站的正常供电安全。通过实训项目训练，要求每位同学都能实际操作达到熟悉船舶电站配电综合保护设置的基本方法和操作技巧的目的，为船舶电站设备的后续试验项目的顺利开展打好基础。

船舶电站实训室所采用的船舶电站综合自动化实验平台所对应的继电保护组件包括电磁型电流继电器、电压继电器和时间继电器，故可完成常规的各种配电系统基本保护试验。本装置包含的配电保护继电元件，能够满足保护测试与调整的操作任务需要。具体实训设备如下：

(1)DL－13/6 电流继电器；

(2)DY－131/50－200V 过电压继电器；

(3)DY－132/40－160V 欠电压继电器；

(4)DS－116 时间继电器；

(5)可调电阻(6Ω、800Ω)；

(6)测量仪表(交流电压表、电流表及 1000 伏兆欧表)。

1. 电流继电器与电压继电器实验

1)绝缘实验

单个继电器在新安装投入使用前或经过解体检修后，须进行绝缘测试，对于额定电压为100V 及以上者，应用 1000 伏兆欧表测定绝缘电阻；对于额定电压为 100 伏以下者，则应用 500 伏兆欧表测定绝缘电阻。

测定绝缘电阻时，应根据继电器的具体接线情况，注意把不能承受高压的元件(如半导体元件、电容器等)从电路中断开或将其短路。

本实验是用 1000 伏兆欧表测定导电回路对铁芯的绝缘电阻及不连接的两回路间的绝缘电阻，要求如下：

全部端子对铁芯或底座的绝缘电阻应不小于 50MΩ；各线圈对触点及各触点间的绝缘电阻应不小于 50MΩ；各线圈间绝缘电阻应不小于 50MΩ。

将测得的数据记入表格，并做出绝缘测试结论(表 3-2-3)。

表 3-2-3

| 编号 | 测 试 项 目 | 电流继电器 | | 电压继电器 | |
|---|---|---|---|---|---|
| | | 电阻值 | 结论 | 电阻值 | 结论 |
| 1 | 铁芯－线圈(2) | | | | |
| 2 | 铁芯－线圈(3) | | | | |
| 3 | 铁芯－接点(1) | | | | |
| 4 | 铁芯－接点(5) | | | | |
| 5 | 线圈(2)—线圈(4) | | | | |
| 6 | 线圈(2)—接点(1) | | | | |

注：表中(1)～(5)为继电器引出的接线端号码，铁芯指继电器内部的导磁体。

(1)整定点的动作值、返回值及返回系数测试。实验接线图(参考实验台原理说明)分别为电流继电器及过(低)电压继电器的实验接线,可根据下述实验要求分别进行。

实验参数电流值(或电压值)可用单相自耦调压器、变流器、变阻器等设备进行调节。实验中每位学生要注意培养自己的实践操作能力,调节中要注意使参数平滑变化。

(2)电流继电器的动作电流和返回电流测试:

①选择继电器组件中的 DL-13/6 型电流继电器,确定动作值并进行初步整定。本实验整定值为 2A 及 4A 两种工作状态;

②根据整定值要求对继电器线圈确定接线方式(串联或并联);

③按图接线,检查无误后,调节自耦调压器及变阻器,增大输出电流,使继电器动作,读取能使继电器动作的最小电流值,即使常开触点由断开变成闭合的最小电流,记下数据;动作电流用 A1 表示。继电器动作后,反向调节自耦调压器及变阻器降低输出电流,使触点开始返回至原来的位置时的最大电流称为返回电流,用 A2 表示,读取此值并记下数据,并计算返回系数;继电器的返回系数是返回电流与动作电流的比值,用 K 表示。

过电流继电器的返回数在 0.85~0.9 之间。当小于 0.85 或大于 0.9 时,应进行调整。

2)过电压继电器的动作电压和返回电压测试

(1)选择继电器组件中的 DY-131/50-200V 型过电电压继电器,确定动作值为 1.5 倍的额定电压,即实验参数取 150V 并进行初步整定。

(2)根据整定值要求确定继电器线圈的接线方式。

(3)能按图接线,检查无误后,调节自耦调压器,分别读取使继电器动作的最小电压及使继电器返回的最高电压,记下数据并计算返回系数。返回系数的含义与电流继电器的相同。返回系数不应小于 0.85,当大于 0.9 时,也应进行调整。

3)低电压继电器的动作电压和返回电压测试

(1)选择继电器组件中的 DY-132/40-160 型低电压继电器,确定动作值为 0.7 倍的额定电压,即实验参数取 70V 并进行初步整定。

(2)根据整定值要求确定继电器线圈的接线方式。

(3)按图接线,调节自耦调压器,增大输出电压,先对继电器加 100 伏电压,然后逐步降低电压,至继电器舌片开始跌落时的电压称为动作电压,再升高电压,舌片开始被吸上时的电压称为返回电压,记下数据并计算返回系数。返回系数为 K。

低电压继电器的返回系数不小于 1.2,用于强行励磁时不应大于 1.06。

以上实验,要求平稳单方向地调节电流或电压实验参数值,并应注意舌片转动情况如遇到舌片有中途停顿或其他不正常现象时,应检查轴承有无污垢、触点位置是否正常、舌片与电磁铁有无相碰等现象存在。

动作值与返回值的测量应重复三次,每次测量值与整定值的误差不应大于 ±3%,否则应检查轴承和轴尖。

在实验中,除了测试整定点的技术参数外,还应进行刻度检验。

用整定电流的 1.2 倍或额定电压 7 倍进行冲击试验后,复试定值,与整定值的误差不应超过 ±3%。否则应检查可动部分的支架与调整机构是否有问题,或线圈内部是否层间短路等。

4)返回系数的调整

返回系数不满足要求时应予以调整。影响返回系数的因数较多，如轴间的光洁度、轴承清洁情况、静触点位置等。但影响较显著的是舌片端部与磁极间的间隙和舌片的位置。

返回系数的调整方法有：

（1）调整舌片的起始角和终止角：调节继电器右下方的舌片起始位置限制螺杆，以改变舌片起始位置角，此时只能改变动作电流，而对返回电流几乎没有影响。故可用改变舌片的起始角来调整动作电流和返回系数。舌片起始位置离开磁极的距离愈大，返回系数愈小，反之，返回系数愈大。

调节继电器右上方的舌片终止位置限制螺杆，以改变舌片终止位置角，此时只能改变返回电流动而对动作电流则无影响。故可用改变舌片的终止角来调整返回电流的返回系数。舌片终止角与磁极的间隙越大，返回系数越大；反之，返回系数越小。

（2）不调整舌片的起始角和终止角位置，而变更舌片两端的弯曲程度以改变舌片与磁极间的距离，也能达到调整返回系数的目的。该距离越大返回系数也越大：反之返回系数越小。

（3）适当调整触点压力也能改变返回系数，但应注意触点压力不宜过小。

5）动作值的调整

（1）继电器的整定指示器在最大刻度值附近时，主要调整舌片的起始位置，以改变动作值，为此可调整右下方的舌片起始位置限制螺杆。当动作值偏小时，调节限制螺杆使舌片的起始位置远离磁极；反之则靠近磁极。

（2）继电器的整定指示器在最小刻度值附近时，主要调整弹簧，以改变动作值。

（3）适当调整触点压力也能改变动作值，但应注意触点压力不宜过小。

2. 触点工作可靠性检验

应着重检查和消除触点的振动。

1）过电流或过电压继电器触点振动的消除

（1）如整定值设在刻度盘始端，当试验电流（或电压）接近于动作值或整定值时，发现触点振动可用以下方法消除。

静触点弹片太硬或弹片序度和弹性不均，容易在不同振动频率下引起弹片的振动，或由于弹片不能随继电器本身抖动而自由弯曲，以至接触不良产生火花。此时应更换弹片。

静触点弹片弯曲不正确，在继电器动作时，静触点可能将动触点桥弹回而产生振动。此时可用镊子将静触点弹片适当调整。

如果可动触点桥摆动角度过大，以致引起触点不容许的振动时，可将触点桥的限制钩加以适当弯曲消除之。

变更触点相遇角度也能减小触点的振动和抖动。此角度一般约为55°~65°。

（2）当用大电流（或高电压）检查时产生振动，其原因和消除方法如下：

当触点弹片较薄以致弹性过弱，在继电器动作时由于触点弹片过度弯曲，很容易使舌片与限制螺杆相碰而弹回，造成触点振动。继电器通过大电流时，可能使触点弹片变形，造成振动。

消除方法是调整弹片的弯曲度，适当地缩短弹片的有效部分，使弹片变硬些。若用这种方法无效时，则应将静触点片更换。

在触点弹片与防振片间隙过大时，亦易使触点产生振动。此时应适当调整其间隙距离。

继电器转轴在轴承中的横向间隙过大,亦易使触点产生振动。此时应适当调整横向间隙或修理轴尖和选取与轴尖大小适应的轴承。

调整右侧限制螺杆的位置,以变更舌片的行程,使继电器触点在电流近于动作值时停止振动。然后检查当电流增大至整定电流的1.2倍时,是否有振动。

过分振动的原因也可能是触点桥对舌片的相对位置不适当所致。为此将可动触点弹片座的固定螺丝拧松,使可动触点在轴上旋转一个不大的角度,然后再将螺丝拧紧。调整时应保持足够的触点距离和触点间的共同滑行距离。

另外改变继电器纵向串动大小,也不减小振动。

2)全电压下低电压继电器振动的消除

低电压继电器整定值都较低,而且长时间接入额定电压,由于转矩较大,继电器的舌片可能按两倍电源频率振动,导致轴尖和轴承或触点的磨损。因此需要细致地调整,以消除振动。其方法如下:

(1)按上述消除触点振动的方法来调整静触点弹片和触点位置,或调整纵向串动的大小以消除振动。

(2)将继电器右上方舌片终止位置的限制螺杆向外拧,直到继电器在全电压下舌片不与该螺杆相碰为止。此时应注意触点桥与静触点有无卡住,返回系数是否合乎要求等。

(3)在额定电压下,松开铝框架的固定螺丝,上下移动铝框架调整磁间隙,以找到一个触点振动最小的铝框架位置,再将铝框架固定,也就是人为地使舌片和磁极间的上下间隙不均匀(一般是上间隙大于下间隙)来消除振动。但应注意该间隙不得小于0.5mm,并防止舌片在动作过程中卡塞。

(4)仅有常闭触点的继电器,可使舌片的起始位置移近磁极下面,以减小振动。

(5)若振动仍未消除,则可以将舌片转轴取下,将舌片端部向内弯曲。

3)电压继电器触点应满足下列要求

(1)在额定电压下,继电器触点应无振动。

(2)低电压继电器,当从额定电压均匀下降到动作电压和零值时,蚀点应无振动和鸟琢现象。

(3)过电压继电器,以1.05倍动作电压和1.1倍额定电压冲击时,触点应无振动和鸟琢现象。

以上实验应做好记录(包括启动电压、返回电压,误差及返回系数)。

4)时间继电器实验

(1)内部结构检查:

①观察继电器内部结构。检查各零件是否完好,各螺丝固定是否牢固,焊接质量及接头压接应保持良好。

②衔铁部分检查。手按衔铁使其缓慢动作应无明显摩擦,放手后靠塔形弹簧返回应灵活自如,否则应检查衔铁在黄铜套管内的活动情况,塔形弹簧在任何位置不许有重叠现象。

③时间机构检查。当衔铁压入时,时间机构开始走动,在到达刻度盘终止位置,即触点闭合为止的整个动作过程中应走动均匀,不得有忽快忽慢,跳动或中途卡住现象,如发现上述不正常现象,应先调整钟摆轴承螺丝,若无效可在教师指导下将钟表机构解体检查。

④接点检查：

A. 当用手压入衔铁时，顺时转换触点的常闭触点应断开，常开触点应闭合。

B. 时间整定螺丝整定在刻度盘上的任意位置，用手压入衔铁后经过所整定的时间，动触点应在距离静触点首端的1/3处开始接触静触点，并在其上滑行到1/2处，即中心点停止。可靠地闭合静触点，释放衔铁时，应无卡涩现象，动触点也应返回原位。

C. 动触点和静触点应清洁无变形或烧损，否则应打磨修理。

（2）绝缘测试。

用1000伏兆欧表测试导电回路对铁芯或磁导体的绝缘电阻及互不连接的回路之间的绝缘电阻，并将测得数据记下进行比较，做出绝缘测试结论。（绝缘电阻测试要求同实验一）

（3）动作电压，返回电压测试：

①动作电压 $U_d$ 的测试。按实验原理图接好线，将可变电阻 $R$ 置于输出电压最小位置，合上 $S_1$，调节可变电阻 $R$ 使输出电压由最小位置慢慢地升高到时间继电器的衔铁完全被吸入为止，可变电阻 $R$ 保持不变，断开开关 $S_1$，然后迅速合上开关 $S_1$，以冲击方式使继电器动作，如不能动作，再调整可变电阻 $R$，增大输出电压，用冲击方式使继电器衔铁瞬时完全被吸入的最低冲击电压即为继电器的最低动作电压 $U_d$，断开开关 $S_1$，将动作电压 $U_d$ 填入表内。$U_d$ 应不大于70% $U_{ed}$（154V）。

②返回电压 $U_f$ 的测试。合上 $S_1$，加大电压至额定值220V，然后渐渐的调节可变电阻 $R$ 降低输出电压，使电压降低到触点开启即继电器的衔铁返回到原来位置的最高电压即为 $U_f$，断开开关 $S_1$，将 $U_f$ 填入表内。应使 $U_f$ 不低于0.05倍额定电压（11V）。

若动作电压过高，则检查返回弹簧力量是否过强，衔铁在黄铜套管内摩擦是否过大，衔铁是否生锈或有污垢，线圈是否有匝间短路现象。

若返回电压过低，检查摩擦是否过大，返回弹簧力量是否过弱。

（4）动作时间测定。

动作时间测定的目的是检查时间继电器的控制延时动作的准确程度，也能间接发现时间继电器的机械部分所存在的问题。测定是在额定电压下，取所实验继电器允许时限整定范围内的大、中、小四点的整定时间值，在每点测定三次，其误差应符合要求。

按图接好线后，将继电器定时标度入在较小刻度上（可整定在2.5s）。合上开关 $S_1$，调节可变电阻器使加在继电器上的电压为额定电压 $U_{ed}$（本实验所用时间继电器额定电压为直流220V）拉开 $S_1$，用短接线将电秒表复位端与公共点短接，将电秒表复位。然后拔下短接线，投入 $S_1$，使继电器与电秒表同时启动，继电器动作后经一定时限，触点（4）、（6）闭合。将电秒表停止端和公共点短接，秒表停止记数，此时电秒表所指示的时间就是继电器的延时时间，把测得数据记下，每一整定时间刻度应测定三次，取三次平均值作为该刻度的动作值。

然后将定时标度分别置于中间刻度5s、7.5s及最大刻度10s上，按上述方法各重复三次，求平均值。

动作时限应和刻度值相符，允许误差不得超过规定值，若误差大于规定时，可调节钟表机构摆轮上弹簧的松紧程度，以上保护器件实验具体应在实训教师指导下进行。

## ◎ 任务考核

<table>
<tr><td>学生姓名</td><td>教师姓名</td><td colspan="4">工 作 任 务</td></tr>
<tr><td></td><td></td><td colspan="4"></td></tr>
<tr><td colspan="2" rowspan="2">考核标准</td><td>优</td><td>良</td><td colspan="2">及格</td></tr>
<tr><td>对船舶配电系统相关保护电气元件特性调整知识点的掌握牢固、明确，能正确区分不同保护元件的调试整定操作方法；任务执行积极主动，实施过程完整，报告格式标准，内容完整、清晰。</td><td>对船舶配电系统相关电气元件特性调整知识点的掌握一般，基本能正确理解不同保护元件的调试整定操作方法；任务执行过程比较主动，实验操作过程较好，报告格式标准，内容完整、清晰。</td><td colspan="2">对船舶配电系统相关电气元件特性调整操作知识点的掌握比较牢固，但对不同保护元件的调试整定操作方法的掌握不够清晰；基本完成任务实施过程，报告格式标准，内容比较完整、清晰。</td></tr>
<tr><td colspan="2">考核内容（70 分）</td><td>小组评价<br>（20%）</td><td>小组互评<br>（20%）</td><td>教师评价<br>（60%）</td><td>得分</td></tr>
<tr><td colspan="2">1. 电流继电器的绝缘实验与调试（实验操作 5 分、调试 5 分、保护整定 5 分，共 15 分）</td><td></td><td></td><td></td><td></td></tr>
<tr><td colspan="2">2. 过电压继电器的动作电压和返回电压保护实验与调试（实验操作 5 分、调试 5 分、保护整定 5 分，共 15 分）</td><td></td><td></td><td></td><td></td></tr>
<tr><td colspan="2">3. 电流继电器的保护动作和时间的整定实验与调试（实验操作 10 分、保护整定 10 分，共 20 分）</td><td></td><td></td><td></td><td></td></tr>
<tr><td colspan="2">4. 任务报告（20 分）</td><td></td><td></td><td></td><td></td></tr>
<tr><td colspan="2" rowspan="6">知识巩固测试（30 分）</td><td colspan="3">1. 船舶万能断路器的主要功能（5 分）</td><td rowspan="6"></td></tr>
<tr><td colspan="3">2. 船舶万能断路器的脱扣器类型（5 分）</td></tr>
<tr><td colspan="3">3. 船舶同步机保护的设置原则（5 分）</td></tr>
<tr><td colspan="3">4. DW95 万能断路器的合闸工作原理（5 分）</td></tr>
<tr><td colspan="3">5. 船舶装置式自动开关的主要保护功能（5 分）</td></tr>
<tr><td colspan="3">6. 逆功率继电器如何整定（5 分）</td></tr>
<tr><td>完成日期</td><td></td><td colspan="3">总分</td><td></td></tr>
</table>

# 项目四　船舶电站的调试与交验规范

对于新建造的或经大修后的船舶电站，必须按照《钢质海船入级与建造规范》的要求，进行检测、试验和调整。这是一项有关船舶电站质量、保证船舶安全航行的重要工作，必须精心做好。

● **知识目标**

1. 能简单叙述船级社的常用规范及具体要求；
2. 能正确叙述船舶电气设备的安装与调试过程；
3. 能简单叙述船舶电站试验与交验通则；
4. 能正确叙述系泊试验与航海试验程序。

● **技能目标**

1. 会按照交验规范要求进行船舶电气设备的安装与调试；
2. 会按照交验规范要求进行船舶电站的系泊试验；
3. 会按照交验规范要求进行船舶电站的航行试验。

## 任务一　船舶电气设备的安装与调试规范

◎ **任务描述**

通过对船舶电气设备安装要求、规定及方法的简单介绍，船舶电气设备调试及检验的详细讲解，使同学们能够了解船舶电气设备的安装与调试过程。

◎ **知识链接**

船舶规范是各国的政府验船机构或船级社为了船舶入级或维护船舶航行安全而公布的一系列关于船舶结构、性能、系统、装置、设备和材料等在安全质量方面的技术规定。船舶规范是船舶设计、建造、维修和检验的主要依据，也是船舶入级所应达到的最低标准。各国验船机构的船舶规范尽管在内容和形式上各不相同，但基本上都符合国际有关海事公约，如国际海上人命安全公约、国际船舶载重线公约(见《1966 年国际船舶载重线公约》)、《1973 年国际防止船舶造成污染公约》等的要求。

### 一、船舶电气建造的通用规范

由于造船工业技术的发展，新材料的采用和新型船舶的出现，船舶规范也在不断地修订更新。较小的修订可以用修改通报形式发布；较大的修改则以新的规范来代替旧的规范，所以各种规范都标明公布年份。对于新型船舶，往往先以准则或指导性文件形式公布试行，待取得经

验后再公布正式规范。

中国船级社所制订的最主要的规范是《钢质海船入级与建造规范》(以下简称《规范》),该规范涉及船舶的设计、材料、船用电器、焊接等全部制造过程,成为船舶及其产品设计、制造、检验及使用的依据。规范的制订是由船级社专家、船东及海上设施的业主、保险商、制造业、设计单位和高等院校等多方面专家组成的船级社技术委员会进行审议的。在我国境内建造和入级的各类船舶必须严格满足中国船级社的各项规范的技术要求。

例如我国《钢质海船入级与建造规范》2012 修订版就对主发电机的电气部分做出一般规定如下:

主发电机应配备足以供给为保持船舶处于正常操作状态和满足正常居住条件所必需的所有设备用电的主电源,并应满足下列要求:

(1)主电源应至少由 2 台发电机组组成;

(2)这些发电机组的台数和容量,应能在任一发电机组停止工作时,仍能继续对正常推进运行、船舶安全以及具有第 5 篇冷藏附加标志所必需的设备供电。同时最低舒适居住条件也应得到保证,至少应包括适当的炊事、取暖、食品冷冻、机械通风、卫生和淡水等设备的供电;

(3)发电机组应能在任一发电机或其原动机不工作时,其余发电机组仍能供应从瘫船状态启动主推进装置所必需的电力;

(4)如船舶推进和操纵必须依靠主电源,则船舶推进、操舵和保证船舶安全所必需设备的供电连续性,应符合下列要求:

①在正常由一台以上发电机并联运行同时供电的情况下,应设有包括将非重要设备自动卸去,必要时也可将保证居住条件的设备和次重要设备自动卸去等的保护措施,以确保当运行中任何一台发电机停止工作后,其余发电机能继续运行,并保持对推进、操舵和保证船舶安全所必需设备的供电;

②在正常由一台发电机供电的情况下,应提供措施,以能在失电后自动启动备用发电机,并自动连接至主配电板。该备用发电机应具有足够的容量,以保证重要辅助设备的自动启动或自动顺序启动。备用发电机应尽快自动启动并连接至主配电板,最好在失电后 30s 内完成,最长不超过 45s。

(5)如船舶推进必须依靠主电源,则主汇流排应至少分成两个独立的分段,通常这些分段应由不带脱扣装置的断路器或可使汇流排能方便分开的隔离开关加以连接,并尽可能将发电机和其他双套设备均分地连接于这些分段上。

在交流系统中,当一台发电机停止工作时,其余机组应有足够的储备容量,以使当最大电动机启动时所导致的系统电压的大幅度降落,不会使任何电机失速或使任何其他设备失效。容量特大且非船舶安全航行必不可少的电动机,例如侧推器电动机,可以在所有发电机投入工作情况下启动,但不应导致任何重要设备停止工作。

主电源装置应是:不论推进机械和轴系的速度和旋转方向如何,均应能使为保持船舶处于正常操作状态和满足正常居住条件所必需的所有设备处于工作状态。

## 二、船舶电气设备与调试的一般规定

船用电气设备的安装质量直接关系到电气设备能否正常工作和船舶的航行安全。因此,船用电气设备的安装应遵循下列主要原则:

(1)安装时应特别考虑安全和便于管理维修;

(2)形式一定要与其安装处所的环境条件相适应;

(3)电气设备的安装不应破坏舱壁和甲板原有的防护性能和强度,也不能直接安装在船壳板上;

(4)在水密舱壁、甲板和甲板外围壁上,不能钻孔,以螺钉紧固的电气设备及电缆。电气设备也不能贴近油舱、油柜、双层底等外壁,若必要时,至少应离其表面 50mm 的距离;

(5)工作时能产生高温的电气设备应尽量远离易燃物体和其他设备安装必要时用绝缘材料隔开。设备外壳如果超过 80°C 时,应采取适当措施防止工作人员偶尔触及灼伤;

(6)设备安装均应是可拆式,其紧固及连接应牢靠,并应有防止松脱和减震的措施;

(7)电气设备的非截流金属部件必须有效地接地,接地连接件必须用铜质和其他导电良好的耐腐蚀材料制成。

**三、电缆敷设的一般规定**

电缆敷设的要求和规定:

(1)凡是船体结构应力集中之处严禁开孔。在允许开孔的地方一般开圆形或椭圆形孔。在超过规范允许开孔的位置或允许开孔尺寸时,在征得验船部门同意的情况下,还应采取相应的补强措施;

(2)敷设电缆用的紧固件、导板等应采取防腐措施;

(3)电缆敷设应保证电缆免受机械损伤及油、水、潮气和腐蚀性气体的损害,否则应采取相应的防护措施;

(4)按规定必须要穿管敷设的电缆。应不超过规定的穿管系数,并应有防止油水浸渍的措施;

(5)电缆的弯曲半径,敷设层应满足规范和有关标准要求;

(6)电缆的敷设应尽量远离热源;

(7)电缆严禁穿越油舱,一般也不穿越水舱,若必须时应采取相应的措施;

(8)不同用途、不同温度以及不同护套的电缆应分组敷设;

(9)采用单芯电缆替代多芯电缆时,按规定采取特殊措施;

(10)电缆敷设应排列平直,以利于检查,安装应紧固,支撑件距离应满足规范要求;

(11)电缆不应敷设在隔热层里;

(12)油漆间、蓄电池间、厨房、冷藏等特殊处所的电缆敷设应满足规范的有关要求,原则上无关电缆不穿越该类处所。

**四、船舶电气设备的安装**

1. 电机

(1)发电机的轴线应与船舶首尾线平行,其他卧式电机的转轴也应尽量与首尾线平行;

(2)机组应有共同的底座;

(3)机舱处所的电机均应安装在花铁板以上;

(4)电机安装必须牢固,并应便于检查和维修;

(5)非全封闭的电机的开启部分和联轴器应有用不燃材料制成的防护罩。

2. 配电板

(1)配电板前后应留有足够的检修通道,总长超过2.5m的配电板后面设有通道时两边应配戴锁的门;

(2)配电板前后有绝缘扶手前后地面应铺有耐油防滑的绝缘地毡或经过处理的木格栅;

(3)配电板应有共同底座,应安装牢固,并有减震和防脱的措施;

(4)配电板上方不应设置油柜或其他液体容器,若不可避免时,则在该处不应有法兰接头。并应有防止水、油、蒸汽、高温等不良影响的措施;

(5)配电板前后应有充足的照明;

(6)接地可靠。

3. 控制设备与分配电设备

(1)启动箱和分配电箱安装位置易于到达,其下缘离甲板花铁板的高度约为1.3m左右,主令控制手柄转轴离操作平台的高度为1.2m左右,以便于操作和维修保养;

(2)控制电器在安装时应使其操作手柄向左或操作手柄向前为抛锚、放缆、下降,反之为绞锚、收缆、上升;

(3)操舵台一般不是在船舶首尾线上;

(4)控制设备应尽量靠近被控制设备安装,以便于操作和观察;

(5)风机和油泵的紧急切断装置应安装在驾驶室和机舱两舷出口处。

4. 照明系统

(1)各灯点的安装位置应与设计图纸相符,具体布置可适当均匀分布,保持工作面的必要照度具有两个供电分路的处所其灯点应交叉布置;

(2)灯具的防护形式应与其安装处相适应;

(3)照明开关的安装高度一般为1.3~1.4m;

(4)不同电源种类、不同电压等级的插座应采用不同的结构;

(5)分路接线盒和插座电压等级应有永久标志。

5. 通讯和信号装置

(1)安装处所应便于使用、监视和维修,并有明显的标志;

(2)驾驶室电车钟手柄的操纵方向应与船舶的航向一致,机舱电车钟手柄的操纵方向应与主机正、倒车操纵手柄的方向一致;

(3)安装在同一舱室的不同信号应在声响上有不同的音调,以示区别。

6. 蓄电池

(1)蓄电池应安装在专用的电池室或箱内对充电功率不大于0.2kW的蓄电池组可敞开安装在通风良好的地方,但不能安装在居室舱内;

(2)酸、碱电池不可以安装在同一室内;

(3)蓄电池的安装应考虑空气的流通,以利于散热,每只电池周围应有不小于20mm的间隙,若分层安装,上下层电池之间应有不小于300mm的空间,但上层的最大高度(离甲板的距离)应不大于1.4m,以利于维修保养;

(4)蓄电池的安装处所不得有排气管、蒸汽管等热源和产生火花的设备;

(5)蓄电池的安装应有防止移动的措施,蓄电池之间的连接线用冷压电缆连接,并用耐蚀

绝缘材料包扎；

(6)安装蓄电池的舱室、箱和托架应有防腐蚀措施。

7. 电热器具

(1)安装位置不致使附近的可燃物质引起火灾；

(2)电热器具应固定安装，电热丝不能外露，其上方不允许设置衣帽钩和易燃物；

(3)电热器具不允许安装在易聚集可燃气体和尘埃的处所。

**五、船舶电气设备的调试**

在全船电器安装、电缆的接线和接地工作完成后，系统进行通电调试，全面检查各个系统的电气设备工作是否正常，性能是否符合要求，电缆敷设及设备安装的质量、接线是否正确等。

在通电调试前，必须事先熟悉系统的工作原理、试验要求。任何设备在通电前，应当首先检查其绝缘电阻是否符合要求，只有在绝缘良好的情况下才能通电，比较复杂的系统还应当逐级通电调试，以免造成不必要的损失。

下面将分别简述电气设备的调试步骤：

1. 交流电站的调试步骤

(1)建立电压；

(2)建压后的辅助调整工作：

①相序检查；

②电压表核对；

③频率表与伺服电动机的转向检查；

④主开关工作的可靠性检查。

(3)带负荷调试：

①增加负荷；

②核对电流表；

③核对三相电流平衡度；

④核对功率因数表；

⑤检查功率表；

⑥调试静态电压调整率( $\cos\phi = 1.0$ )；

⑦调整原动机调速器。

(4)各种保护装置调试：

①失压保护动作值的核对；

②过载保护动作值的核对；

③逆动功率保护动作值的核对；

④短路保护动作值的核对。

(5)并联运行的调试：

①核对同步指示装置；

②负荷转移调试。

2. 直流电站的调试步骤

(1)建压与充磁；

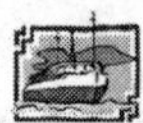

(2)检查串联激绕组极性并调整原动机调速器;

(3)调试发电机外特性和电压调整率;

(4)调整各种保护装置动作值:

①失压保护;

②过载延时保护;

③逆流保护;

④短路保护;

⑤调试并联运行。

3. 照明系统的调试

船上照明系统绝大多数属于二次网络,由照明分电箱供电。照明系统通电调试的目的就是检查并排除线路上的故障、灯具上的缺陷,确保所有灯具、开关、插座工作正常。

其工作内容包括:

(1)线路错误的检查;

(2)绝缘检查;

(3)断路检查;

(4)短路检查;

(5)航行灯及信号灯系统的调试;

(6)蓄电池充放电系统的调试。

## 六、船舶电气设备的检验

船舶电气设备的检验是保证全船电气设备正常工作的重要一环,它贯穿于船舶设计、建造、交付营运的全过程。

1. 船舶电气检验的主要任务

(1)确保船舶正常航行状态下动力系统和日常生活所必需的电力设备的供电和正常运行;

(2)确保船舶在应急状态下,为保证船舶安全所必需的电气设备的供电和运行;

(3)确保人员生命安全和设备安全;

(4)对船舶电气设备执行技术监督检验。

2. 建造船舶电气设备的检验

1)受理检验

凡是新建造的船舶及船用产品必须由船舶建造厂或产品制造厂在建造前向验船部门申请对新建造船舶进行监督检验。建造厂应将书面申请单联同船舶技术设计图纸送船检部门审查。船检部门收到检验申请后,即指派验船师负责对图纸进行审查,并提出审图意见和作好船舶建造的各项准备工作。

2)审图和编写审图意见书

(1)规范规定的送审图纸范围:

①全船电气设备说明书;

②电气设备明细表;

③电力负荷估算书;

④发电机输出端短路计算、主汇流排短路计算、应急配电板和分配电板汇流排短路计算、

馈电变压器短路计算；

⑤主配电板和应急配电板原理图和布置图；

⑥电力推进装置电路原理图和操纵台的板面布置图；

⑦电力系统图；

⑧电力设备布置图；

⑨正常照明、应急照明和临时应急照明系统图和布置图；

⑩操舵装置控制系统图；

⑪船内通讯及信号系统图；

⑫备件清单；

⑬系泊和航行试验大纲。

(2)审图：

审查船舶设计图纸是保证船舶建造质量和使船舶具备安全航行技术条件的重要环节，审图就是按照规范的要求对设计图纸进行逐条核查，特别是对船舶电站的设置、电力负荷估算书、短路电流计算书等进行仔细校核。对不符合规范要求的部分及错误要向设计方提出修改和处理意见。以下是电气图纸的审查要点：审图的一般要求：

A. 指出图面上的错误；

B. 指出不满足规范之处和不符合安全使用原则等问题；

C. 指出各图纸中不一致的地方；

D. 协调各相关图纸中的问题；

E. 提供建设性意见。

(3)审图要点：

①全船电气设备说明书：

电气设备说明书是审查全船电气设计图纸的指南，通过说明书可以了解设计的意图掌握下列基本情况：

A. 船舶按什么规范进行设计；

B. 船舶种类、主尺度和航区；

C. 船舶电制和配电系统；

D. 主要电气设备的选用情况。

②电气设备明细表：

A. 电气设备的形式、容量等参数选取是否符合要求；

B. 设备是否经船检部门认可或检验合格的产品。

③电力负荷估算书：

A. 核查各种系数的选取是否合理；

B. 各种工况下的使用是否有遗漏；

C. 负荷分类是否恰当；

D. 是否考虑5%的网络损耗；

E. 电站容量选取是否合理，即各种工况下的最大使用负荷应不超过所使用发电机容量的80%～85%；

F. 审查电站发电机与原动机的功率匹配关系,其粗略估算配比一般为:发电机容量为1kW时,其原动机的功率应为1.5~2.0HP;根据国产柴油机的特性,选2HP的比较好。

同时,应主要考虑发电机台数选择的原则:

A. 应该满足全船在各种工况下的用电量;

B. 每台发电机的最高使用负荷仅考虑为其额定负荷的80%~85%;

C. 备用发电机组其容量应在最大容量的发电机组损坏时仍能满足航行和应急状态的用电量;

D. 若要求发电机并联运行时,最好选用同类型、同型号的发电机组,一则并联简单方便,运行可靠,同时还可互为备用;

E. 考虑经济性和维修工作量,在满足规范要求和正常使用需要的前提下,发电机的台数越少越好。

④短路电流计算书:

A. 检查各项参数选取是否合理;

B. 检验主开关的容量及保护用开关的短路分断能力和短路接通能力。

⑤电力系统图:

A. 系统设计是否符合规范要求;

B. 电缆截面积的选择与其负荷保护是否匹配;电缆型号选用是否适合船用环境要求;

C. 主、应急电源是否满足供电设备的要求;

D. 电路的电压降是否在允许范围内,特别注意应急动力系统的电压降。

⑥配电板原理图和布置图:

A. 板面布置应合理,线路原理正确;

B. 监测仪表型号、量程及种类符合要求;

C. 包括熔断器在内的保护系统、连锁装置是否齐全、合理,特别要注意保护系统的选择性和协调性;

D. 主开关及分路开关的分断能力和接通能力是否符合要求;

E. 主开关保护装置的整定值是否满足规范要求;在确定保护系统整定值和选择主开关容量时还应该考虑发电机与原动机功率匹配情况使其与之相适应;

F. 汇流排截面积选取是否合理;

G. 三相四线制的零线不能装设熔断器以及与绝缘极不联动的开关;

H. 应设有监测对地绝缘电阻的装置;

I. 并联运行的交流发电机应在配电板上设置可以对原动机转速在额定转速的±10%范围内进行遥控调节的调速装置,以及充磁装置;

J. 互感器接地要求。

⑦照明系统布置图:

A. 正常照明和应急照明的布置是否合理;

B. 电源的供电范围是否符合规范要求;

C. 照明系统的控制设备和开关的安装位置是否符合要求;

D. 每一分路的灯点数包括风扇等小型日用电器,插座等应该满足规范要求;

E. 不同电压等级的插座有不同的结构;

F. 注意机舱、通道的照明灯具布置，应为两路电源，并且交叉布置；

G. 室外照明应能在驾驶室控制；

H. 应急照明或者临时应急照明应满足规范要求。

⑧电气设备布置图：

A. 主、应急配电板及有关的应急设备布置是否合理；

B. 蓄电池室、无线电室、集中控制室及油泵舱等的布置是否合理；

C. 设备的形式与安装处所是否相适应；

D. 应结合机舱布置图一起审查。

⑨通讯及信号系统图、报警系统图：

A. 设备的设置应满足规范要求；

B. 安装的位置应符合要求；

C. 供电电源也能够满足要求；

D. 火警报警系统应示明控制探测器和火警按钮的位置和数量，声响应与其他警报有明显区别；

E. 二氧化碳施放与报警及控制连锁、冷库误关闭警报是否设置齐全、合理；

F. 无线电室的布置应符合要求。

⑩舵机原理控制图：

A. 控制线路应满足规范要求；

B. 保护系统和报警系统装置应满足要求；

C. 电动操舵装置及由电磁阀控制的电动液压操舵应设置舵位限制装置。

⑪主要电动辅机原理控制图：

A. 线路原理正确；

B. 安全保护系统合理。

在进行电气设备图纸审查时还应结合其他专业有关的图纸进行审查，具体如：机舱布置图（电气设备的布置）、总布置图（无线电室及其设备布置、应急电源的布置、蓄电池室的布置、报警控制站布置）防火控制图和防火结构图（探火系统、风机和油泵遥控切断布置等）、导航设备布置图。

3）编写审图意见书

全船电气设备图纸审查完毕后应编写审图意见书。审图意见书应简洁明确，切忌模棱两可。语言表达力求规范化、标准化。

审图意见书的内容主要包括：

（1）指明被审查的图纸图号；

（2）明确指出图纸中的错误，并提出处理意见。意见分为两类：规范要求和建设性意见；

（3）注明被审查图纸的审图批准号；

（4）明确提出应重新送审图纸的范围和有关要求。

3. 电气设备的产品检验

船用电气设备产品应按照船检局公布的《船用产品检验规则》及《船用电工电子产品形式试验规程》进行产品检验。

1）船用电气设备的环境条件

电气设备安装在船上使用，其所经受的条件与陆地上的大不相同，因此对船用设备就有特

殊要求,主要有以下几方面:

(1)环境温度。船用电气产品总的来说应能在+50℃至-25℃的范围内正常工作。各种电气设备的设计基础温度都有其规定,若环境温度超出其设计基础温度,则应考虑其温度校正系数的影响。

(2)相对湿度。规范规定用于船舶的电气设备在相对湿度为95%时应能正常工作(相对于+25℃时)。

(3)倾斜与摇摆。对于船舶来说,普遍存在着横倾、纵倾以及周期性横摇现象,规范对于海船和河船都有具体的要求,电气设备在最恶劣的环境条件下应能正常工作。对于应急设备在船舶横倾22.5°和纵倾10°的情况下也应能有效地工作。

(4)电压和频率波动。船用电气设备应能在规范规定的电源电压和频率偏离额定值的波动下可靠工作。

(5)外壳防护形式。不同处所则要求不同的形式,如防滴、防溅、防淋、防爆;而且在外壳强度上也有特殊的要求,需用铸钢材料,而不能用铸铁。此外还有防雾、防盐雾、防油雾和震动,电磁兼容等方面的要求。

4. 电气设备的系泊试验

电气设备在船上安装完成后,并经过工厂全面检查调试合格后,再按照船检部门审批的系泊试验大纲进行系泊试验。系泊试验即是船舶停靠在码头进行的试验,其目的是检查电气设备的安装质量和工作情况,是保证船舶安全航行的重要检验阶段。系泊试验是船厂向检验部门提交检验。

1)发电机保护装置试验

船舶电站是船上的重要设备,配电板又是电站的核心,发电机保护装置为电站的正常工作提供安全保证。设置发电机保护装置的目的是防止发电机过载,以保护绝缘不受损伤;同时可切除故障的发电机及其电路;并可防止原动机损坏。因此保护系统应具备可靠性、选择性、快速性和灵敏性。

(1)过载保护。在设计船舶电站时要求在各种工况下至少保证发电机的功率留有15%~20%的余量,因此电站在正常工作的情况下,发电机都不会出现过载。但在特殊情况下,可能会造成发电机过载。

规范规定:

①当发电机过载10%~15%时,发电机主开关应能自动延时分断,延时时间不超过2min。发电机过载保护装置的整定值建议整定在过载125%~135%时,延时15~30s自动开关分断。

②当发电机过载超过50%时(但小于发电机稳态短路电流),断路器保护装置应能使自动开关短延时分断,并同时应与系统的选择性保护相协调。建议整定值为发电机额定电流的200%~250%PH(始动值),延时0.2s(直流)或0.6s(交流)自动开关分断。

③对12kW至50kW的交流发电机的过载和短路保护,允许采用装置式空气开关(作短路保护)加过流继电器(作过载保护)作过载保护装置,若采用接触器代替装置式或空气开关,则所用接触器的容量至少为发电机额定电流的两倍。

④对50kW以下的直流发电机和12kW以下的交流发电机,其过载保护装置允许采用多极联动开关,并在每一绝缘极上设置熔断器进行保护。

(2)逆功率(逆电流)保护装置的调试。

规范规定:

并联运行的交流发电机应设有延时 3～10s 的逆功率保护装置;并联运行的直流发电机应有瞬时或经过短暂延时(少于 1s)动作的逆电流保护装置。当原动机为柴油机时,其保护整定值整定在 8%～15%额定输出功率范围内动作;当原动机为汽轮机时,其逆功率(逆电流)可以调整在 2%～6%额定输出功率范围内动作。

(3)欠电压保护装置的调试。并联运行的发电机应设有欠电压保护装置,以防止在发电机不发电时闭合其主开关和在低电压状态时其主开关不能自动分断。对于欠电压保护,规范有两种不同的要求,当电压降低至额定电压的 35%～70%时主开关应能自动分断,且应有为选择性目的所需的延时;当电压脱扣器用于防止开关自动闭合时,必须能瞬时分断。

(4)配电板连锁保护装置。一般船舶都设有船电和岸电连锁、主发电机和应急发电机之间的连锁保护装置,对此装置必须进行试验。试验方法很简单,当船用发电机供电时,强行接通岸电主开关,但终因岸电连锁装置的保护作用而无法接通,反之亦相同。主发电机和应急发电机之间的连锁保护装置的检验也是如此。

(5)船舶自动化电站的保护。对于船舶自动化电站,主要应检查和调试以下几个方面:

①当发电机过载时,能自动分级卸去非重要负荷,以保证电站正常工作。

②当运行发电机出现故障而自动停车时,备用发电机应能自动启动并能自动合闸供电;若几台主发电机都不能正常工作时,应急发电机应能自动启动并能自动合闸供电。

③当几台发电机均不能工作,在应急发电机没能供电之前,临时应急照明应能自动接通供电,带应急发电机供电后,临时应急照明应能自动停止供电,同样当主发电机恢复供电后,应急发电机组应能自动断开电路,自动停车。

④自动电站应设有连锁保护装置,以防止原动机在可能造成严重损坏的情况下启动。

⑤当电站自动控制失灵时应能迅速转为手动控制。

⑥应有各种自动保护装置和故障声光报警装置,且应有自检和记忆功能。

2)发电机负荷试验

在配电板保护装置调试完成后就可以进行发电机负荷试验,试验前应对发电机的安装情况作进一步检查,并检查试验设备是否符合安全、可靠和易于操作的要求。在测量发电机的冷绝缘电阻不小于 1MΩ 后即可进行试验。

(1)发电机原动机冷车启动试验。若发电机原动机由蓄电池启动时,应配合轮机验船师对柴油机组进行冷车启动试验。要求蓄电池在充足电以后不再进行补充充电的情况下,其容量足够连续启动发电机的原动机的次数不少于 10 次。此项试验必须让原动机处于冷态状态下,其目的一是考核蓄电池的容量,二是检查启动装置工作的可靠性。

(2)发电机空载运行。启动发电机组原动机,观察发电机组各部分的运转、温升和震动情况,检查发电机组运行的稳定性,接通发电机主开关后,核对配电板上仪表的准确性和指示灯、开关等设备工作的可靠性。

(3)发电机负荷试验。在进行负荷试验时应着重检查:

①记录各种工况下的三相电压、三相电流、功率、功率因素、频率以及转速等数据;

②检查发电机各部分的运行,震动及温升情况;

③检查励磁系统的工作情况及火花情况,火花等级不应超过1。

◎ 知识拓展

## 一、船级社及其组织

### 1. 船级社

船级社(Classification society,或称验船协会、有时统称为验船机构)是一个建立与维护船舶和离岸设施的建造及操作的相关技术标准的机构,一般为民间组织。一般通过对船舶监造和定期检查来确保航海设备满足其规范。船级社主要业务是对新造船舶进行技术检验,对各项安全设施合格的船舶授予相应证书;根据检验业务的需要,制定相应的技术规范和标准;受本国或他国政府委托,代表其参与海事活动。有的船级社也接受陆上工程设施的检验业务。

船级社成立之初,主要是为保险商提供入级服务,这种服务完全是自愿的,保险公司可以委托船级社进行船级划分,也可以不委托。而现在的入级服务已不仅是为保险商服务,而是政府希望通过入级服务,代替政府执行有关国际公约的要求,以保障船舶的质量和保障安全。因此各国政府均赋予船级社更大的权利。并从法律法规上给予保障。船舶从设计、建造、营运和维修的各个阶段都要受到船级社的监督。不通过船级社的检验和发证,船舶不能营运。在近几年的国际公约中,出现了船舶必须达到某些入级规范标准的技术要求。正是这种具体技术要求的一致性,使得入级检验也具有了一定的法定特征。中国船级社是一个"为社会利益服务的专业技术团体",它的服务宗旨是"通过对船舶、海上设施、船用产品和集装箱提供合理和安全可靠的入级规范和/或技术标准,并通过本社的检验工作和技术咨询,为航运、海上开发及相关的制造业和保险业服务,为促进海上人命和财产的安全与保护海洋环境服务,不以营利为目的。"它的主要业务有:"制订各种船舶、海上设施、船用产品和集装箱的入级规范和/或技术标准";"对各种船舶、海上设施、船用产品和集装箱进行检验,并签发相应的证书和必要的文件";"参与有关标准的实施"等。

### 2. 国际船级社协会

国际船级社协会(International Association of Classification Societies,IACS,)是一个非政府组织,其致力于联合各船级社利用技术支持、检测证明和开发研究,通过海事安全与海事规范,维护与追求全球船舶安全与海洋环境清洁。全球超过90%的货物运载的船舶吨位总量是由十个成员船级社及一个意向船级社设计、建造并通过符合国际船级社协会所定的标准与海事规范审核认证的船舶运载要求。

各工作组完成的项目有:拟定各会员之间统一规则和要求的草案;起草对IMO(世界海事组织)要求的答复;对IMO的标准作统一的解释;监控与本专业有关的工作。IACS共有5000多名技术精湛的检验人员。世界上92%的商船由IACS定级。他们除了本职工作外,还受政府委托去处理多种多样的事务。IACS在发展船舶技术规则方面起着重要作用。IACS理事会认识到该协会与IMO之间相互关系的重要性,在伦敦设有1个办事处与IMO保持联系。还与对海运有兴趣的其他组织保持接触,联系最紧密的是国际标准化组织和国际海上保险集团,同它们交换情报和意见,以便提供更好的服务。IACS的目标之一是要求把会员之间的各种规则统一起来。到目前为止,理事会已通过了150条要求,90%的统一要求都得到成员单位的贯

彻。IACS 除了提出统一要求外，还公布有关船舶安全营运和维修准则，其中包括舱口盖的保养和检验、消防、船舶单点系泊设备标准等。IACS 利用成员们在海上安全、防污染、船舶营运等方面的丰富经验，在向船东和经营者提供准则上起着重要作用。IACS 的历史可以追溯到 1930 年召开的国际载重线公约会议，该会议建议各船级社经常协商，以求在执行船体强度的规定方面尽可能趋于一致，因而一些主要船级社表明了要加强相互联系的意向。1939 年美国船级社（ABS）、法国船级社（BV）、挪威船级社（DNV）、德国劳氏船级社（GL）、英国劳氏船级社（LR）、日本海事协会（NK）和意大利船级社（RINA）在罗马召开了第一届国际船级社会议，与会代表一致认为各船级社之间应进一步加强联系和合作。1968 年 9 月 11 日上述 7 家船级社在汉堡 GL 总部召开会议，正式成立了 IACS。此后苏联船舶登记局（PC），现为俄罗斯海船登记局（RS）、波兰船舶登记局（PRS）、中国船级社（CCS）和韩国船级社（KR）先后成为该协会的正式会员。国际船级社协会目前有 13 家正式会员。

国际船级社协会掌握世界船舶的技术知识使其在国际航运安全和制订海运规则方面起着独特的作用。IACS 成员得到了 100 多个 IMO 成员国的授权进行法定检验并代表它们签发法定证书。此外，国际船级社协会还是在国际海事组织内具有咨询地位的唯一能够制订规范、具有观察员身份的非政府组织。以其全球性的服务网络、领先的技术经验和对航运公约的深入理解，IACS 对世界海运安全具有重大的影响。

**二、船级社的业务种类与服务**

船级社的业务可以分为入级服务、法定服务和工业服务三大类。

*1. 入级服务*

入级服务包括船舶、海上设施、集装箱及相关工业产品的入级检验和发证工作。

入级检验是船东由于保险和船舶登记的需要而自愿申请，接受船级社的检验，使自己的船舶或海上设施取得某种船级。入级检验合格后，由船级社发给证书，授予船级符号及附加标志，并登入船级社出版的船舶名录内。船级符号的作用在于说明此船或海上设施是在该船级社的监督下建成或建成后由该船级社进行全面的初次入级检验，证明符合或等效于此船级社的规范或规定。附加标志系根据船舶及设备的具体条件，在船级符号后面附加一个或数个标志。如船舶类型、货物装载、特种任务、航区限制、冰区加强等。

入级检验是船级社最传统的业务。随着船级社的发展，现代的入级检验已较船级社产生之初有所变化。现代的入级检验已不光是为了保险商服务，而且通过入级检验保证船舶的质量和航行安全，并能代替政府执行有关国际公约的要求。没有入级证书，船舶将无法正常营运，因为入级是船舶登记和投保的前提。

*2. 法定服务*

法定服务是按照船旗国政府有关法令及船旗国政府缔结的国际公约的规定，由政府主管部门或政府授权的有资格的组织所指派的验船师进行的强制性的检验或审核。目前船级社进行的法定服务包括法定检验和国际安全管理（ISM）规则审核认证。

法定检验是随着最近四十年来航运国际公约的不断增多，政府对船舶状况进行监督越来越必要的情况下产生的。政府以法令的形式明确规定哪些船级社可以代表政府按照 SOLAS 公约、LOADLINE 公约及 MARPOL 公约及 STCW 公约等国际公约的要求实施检验、发证。

国际安全管理规则审核是指按照国际安全管理规则（ISM 规则）的要求对船舶和船公司

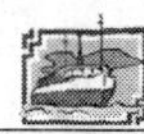

的质量体系状况进行审核,为船舶和船公司分别颁发 SMC 和 DOC 证书。

20 世纪 80 年代以来,全球船队船龄成增长势头,船舶海难事故不断发生。而其中 80% 是人为因素造成的。由于认识到了人为因素在保障海上安全和防止海洋环境污染方面所起到的重要作用,IMO 采取了一系列的行动来控制人为因素。在 1994 年召开的 SOLAS 公约缔约国第二次外交大会上,通过了 SOLAS 公约的三个新的章节,将国际安全管理规则(International Safety Management Code)完全纳入,成为公约强制性的规定。此后,国际各主要船级社均经船旗国政府授权对船东提供 ISM 体系的咨询和审核工作。

3. 工业服务

由于船级社之间的激烈竞争,为了寻求发展,各船级社已经开始把自己的市场从传统的不以营利为目的的船级检验有关的业务,转向以营利为目的的工业领域。船级社提供的工业服务包括质量体系认证、工程检验、货物检验、船舶和海上设施的公证检验、技术咨询、计算和评估及其他服务。

质量体系认证是一项新兴的业务,具有广阔的市场前景。现在主要的船级社对船公司、船厂和船机服务公司提供 ISO9000 系列和其他质量保证体系的咨询和认证服务。

公证检验是受委托站在公证的立场上对某种情况进行鉴定,出具证明的一种检验。如船舶发生海损或机器事故后,受船东或保险公司等的委托进行原因分析,确定损坏部位、范围和程度,以及损坏修理工程项目内容等。船级社担任公证检验所出具的检验报告可作为交接、计费、理算、索赔及海事仲裁等行为的有效凭证。另外,船舶的起、退租检验、保修项目检验、船舶买卖核价及核定废钢船钢铁重量等均属公证检验。

船级社提供的技术咨询服务包括:国际公约和国内的规定;船舶操纵性;船体及其性能监控;应急计划;海上拖航、系泊和锚泊。

## 三、主要船级社简介

1. 英国劳氏船级社

英国劳氏船级社(Lloyd's Register of Shipping 缩写 LR),也译作英国劳埃德船级社,是世界上成立最早的一个船级社,其机构庞大,历史较长,在世界船舶界享有盛名,是国际公认的船舶界权威认证机构,在军工、工程等方面也颇有名气。它主要从事有关船舶标准的制定与出版,进行船舶检验,公布造船规则等。在许多国家的港口设有办事机构或验船师。目前世界上大多数游轮都是按英国劳氏船级社入级要求建造,也是第一家引入环境保护认证标准的船级社。它曾参与 ISO9000 标准的修改和认可条例的修改。还在世界各地设有 30 多家代表处,在当地招聘审核员,从事认证工作。

该社由一个委员会控制,委员会由来自船东,船舶和机器制造商,钢铁制造商,保险商,伦敦保险协会和船东协会,以及皇家船舶设计和建造协会的技术委员会的代表组成。海上业务主要分为入级、法定检验、技术服务三部分。另外,还有遍布世界各地的其他各种咨询和服务机构。

2. 美国船级社

美国船级社(ABS)成立于 1862 年,属非政府组织,主要致力于为公共利益和客户需求服务,通过开发和验证海洋相关设施的设计、建造和操作标准,保护人命、财产和自然环境的安全。美国船级社(ABS)的突出特点是开展了美国海军中小型战斗舰及军辅舰的检验业务。迄

今为止，ABS的业务范围涉及船舶、海洋工程、锅炉及压力容器、石油化工工业、电站动力设施、铁路与港口设施、船用设备与集装箱等检验业务，同时，还开展了围绕着ISO 9000、14000、18000等方面的认证工作。到目前为止，入级船的总吨位近1亿总吨，名列世界第三位。

3.法国船级社

法国船级社(必维国际检验集团、法国国际检验局、法国国际检验集团、法国国际验船协会)，Bureau Veritas，简称BV，1828年成立，总部位于法国巴黎，是国际船级社协会13个正式成员之一，世界领先的检验认证集团之一。法国船级社中国总部及审图中心设立在上海，并在北京、香港、天津、广州、深圳、大连、青岛及南京等地设立了30余个办事处和实验室。法国船级社中国船舶部门由新船建造检验、营运船检验、船用设备检验、审图中心、万里之星等组成，目前在建的BV级新造船超过700多艘。

法国船级社的业务已经拓展到质量、健康与安全、环境和社会责任多个领域，在船舶入级与检验、体系认证、国际进出口商检、社会责任审核、消费品测试、工业建筑与基础设施、核安全等多个领域均处于世界领先地位。BV除了提供船舶检验入级服务外，还在各种工业领域提供广泛的质量检验、认证、咨询、监理和公证等服务。

4.挪威船级社

挪威船级社(DET NORSKE VERITAS)成立于1864年，总部位于挪威首都奥斯陆，是一家全球领先的专业风险管理服务机构，以“捍卫生命与财产安全，保护环境”为宗旨的独立基金组织。DNV为客户提供全面的风险管理和各类评估认证服务，主要涉及船级服务，认证服务，技术服务等方面，其在全球100个国家中设立了约300个分支机构，员工逾9000人，来自全球85个不同的国家和地区。如今，DNV在大中国地区建立了完善的服务网络，在20个城市设有36家办事机构，员工数超过850人。DNV大中国地区已经成为DNV在挪威本土以外最大的运营地区。

5.中国船级社

中国船级社作为交通部直属事业单位，实行企业化管理，是国家的船舶技术检验机构，是中国唯一从事船舶入级检验业务的专业机构，是国际船级社协会13家正式会员之一。

中国船级社(英文:China Classification Society，简称CCS)前身为中华人民共和国船舶检验局，成立于1956年。1986年，经国务院批准成立了中国船级社。1988年5月，加入国际船级社协会(IACS)，成为其正式成员。1992年，按照国际船级社协会(IACS)质量认证体系的要求，建立起中国船级社质量管理体系，并获得了国际船级社协会(IACS)颁发的质量体系符合证书。中国船级社(简称CCS)，是中国唯一从事船舶入级检验业务的专业机构。中国船级社通过对船舶和海上设施提供合理和安全可靠的入级标准，通过提供独立、公正和诚实的入级及法定服务，为航运、造船、海上开发及相关的制造业和保险业服务，为促进和保障人身和财产的安全、防止水域环境污染服务。

中国船级社是国际船级社协会(IACS)13家正式会员之一，并先后于1996年至1997年、2006年至2007年担任IACS理事会主席。CCS最高船级符号被伦敦保险商协会纳入其船级条款，享受保费优惠待遇。截至2012年12月31日，中国船级社检验船队总规模为12123艘，总计8080万GT。在IACS排名第六位。

目前，CCS接受29个国家或地区的政府授权，为悬挂这些国家或地区旗帜的船舶代行法

定检验。CCS 还是国际独立油轮船东协会(INTERTANKO)和国际干散货船东协会(INTERCARGO)的联系会员。CCS 在国内外设有逾 60 家检验网点,形成了覆盖全球的服务网络。

## ◎ 任务实施

### 中国船级社建造入级船舶审图/检验申请

(1)在船舶电站实训室及工程中心进行实地参观,了解实际船舶电站中常见的电气设备及所属船级社的技术规范要求;并根据所提供的船舶主配电板图,掌握设备的安装技术规范,熟悉不同部分及各不同电器部件的中英文标识,掌握主配电板的调试、检验及维修程序。

附加材料如下:

①英国劳氏代船级社标志(图 4-1-1)。

②法国船级社标志(图 4-1-2)。

③挪威船级社标志(图 4-1-3)。

④中国船级社标志(图 4-1-4)。

图 4-1-1 英国船级社标志

图 4-1-2 法国船级社标志

图 4-1-3 挪威船级社标志

图 4-1-4 中国船级社标志

(2)在辨认不同船级社的图标时,还要比较它们之间技术要求的不同特点。熟悉船级社图标及英文标志,辨识船舶隶属的船级社。通过仿真模拟试验,验证主配电板和应急配电板的操作和保护功能满足设计要求,使电力系统能连续可靠运行,确保船舶航行安全(图 4-1-5)。

图 4-1-5 隶属 CCS 船级社的船舶

(3)在真实数据的基础上,完成中国船级社建造入级船舶审图/检验申请表的填写。

附加材料如下:

以中国船级社为例,填写“建造入级船舶审图/检验申请”(表 4-1-1)。

表 4-1-1

中 国 船 级 社

CHINA CLASSIFICATION SOCIETY

建 造 入 级 船 舶 审 图 / 检 验 申 请

APPLICATION FOR NEWBUILDING SHIP'S SERVICES

兹申请中国船级社对下述船舶进行

We hereby apply China Classification Society to carry out the following services for the vessel mentioned below:

| | |
|---|---|
| □ 船级图纸审批<br>Plan Approval for Classification | □ 建造中入级检验<br>Classification Survey during Construction |
| □ 法定图纸审批<br>Plan Approval for Statutory Requirements | □ 建造中法定检验<br>Statutory Survey during Construction |

| | | | | |
|---|---|---|---|---|
| 建造厂/Builder | | | | |
| 联系人/电话/传真<br>Contact/Tel No/Fax No | | | | |
| 设计单位/Designer | | | | |
| 联系人/电话/传真<br>Contact/Tel No/Fax No | | | | |
| 预期船东/船舶营运人<br>Prospective Owner/Operator | | | | |
| 船旗<br>Flag | | 船籍港<br>Port of Register | | |
| 船型<br>Type of Ship | | 船长 Length(Overall) | | |
| 船(两柱间)长<br>Length(B. P.) | | 型宽<br>Breadth(Mld.) | | |
| 设计吃水<br>Draft designed | | 型深<br>Depth(Mld.) | | |
| 1969 总吨位(预估)/1969 Gross tonnage(Approx.) | | 载重吨<br>Deadweight | | |
| 载运集装箱量(TEU)/Capacity of carrying containers(TEU) | | 载客量/Capacity of carrying passengers | | |
| 船舶航区/专用航线<br>Service Area/Special Route | | 冰区加强<br>Ice Class | | |
| 申请授予的船级符号和附加标志<br>Class Characters and Class Notations: | ★ CSA<br>★ CSM | | | |
| 船舶或系列船舶 A<br>(单一建造合同、没有选择权船舶)<br>Ship or series ships<br>(a single contract without optional ship) | 船名/船舶编号<br>Ship Name/Hull No. | | 合同中其余船舶的船舶编号<br>Hull No. of the other ships in the same contract | |

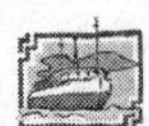

## ◎ 任务考核

<table>
<tr><td>学生姓名</td><td>教师姓名</td><td colspan="4">工 作 任 务</td></tr>
<tr><td></td><td></td><td colspan="4"></td></tr>
<tr><td colspan="2" rowspan="2">考核标准</td><td>优</td><td>良</td><td colspan="2">及格</td></tr>
<tr><td>对船舶建造规范知识点的掌握牢固、明确，能正确区分不同规范要求的差异；任务执行积极主动，实施过程完整，报告格式标准，内容完整、清晰。</td><td>对船舶建造规范相关知识点的掌握一般，基本能正确理解不同规范要求的差异；任务执行过程比较主动，实验操作过程较好，报告格式标准，内容完整、清晰。</td><td colspan="2">对船舶建造规范知识点的掌握比较牢固，但对不同规范要求的差异理解不够清晰；基本完成任务实施过程，报告格式标准，内容比较完整、清晰。</td></tr>
<tr><td colspan="2">考核内容(70 分)</td><td>小组评价<br>(20%)</td><td>小组互评<br>(20%)</td><td>教师评价<br>(60%)</td><td>得分</td></tr>
<tr><td colspan="2">1. 辨认不同船级社的标志与规范(CCS5 分、AB5 分、DNV5 分，共 15 分)</td><td></td><td></td><td></td><td></td></tr>
<tr><td colspan="2">2. 船舶电气设备的检验程序(受理检验 5 分、审图 5 分、审图意见编写 5 分，共 15 分)</td><td></td><td></td><td></td><td></td></tr>
<tr><td colspan="2">3. 填写“建造入级船舶审图/检验申请”(20 分)</td><td></td><td></td><td></td><td></td></tr>
<tr><td colspan="2">4. 任务报告(20 分)</td><td></td><td></td><td></td><td></td></tr>
<tr><td colspan="2" rowspan="6">知识巩固测试(30 分)</td><td colspan="3">1. 船用电气设备安装与调试的一般规定(5 分)</td><td></td></tr>
<tr><td colspan="3">2. 船舶电缆敷设的一般规定(5 分)</td><td></td></tr>
<tr><td colspan="3">3. 船舶电气设备的安装规定(5 分)</td><td></td></tr>
<tr><td colspan="3">4. 船舶电气设备的调试规定(5 分)</td><td></td></tr>
<tr><td colspan="3">5. 船舶电气设备的检验方法(5 分)</td><td></td></tr>
<tr><td colspan="3">6. 船舶社的主要业务职能(5 分)</td><td></td></tr>
<tr><td>完成日期</td><td></td><td colspan="3">总分</td><td></td></tr>
</table>

# 任务二 船舶电站的试验与交验通则

## ◎ 任务描述

通过船舶电站试验要求、通电试验过程的介绍，以及船舶电站试验通则和船舶电站设备通电试验工艺实施细则的详细讲述，使同学们能够结合船舶试验的实际情况，了解船舶电站的试验与交验。

◎ 知识链接

为确保船舶电站质量，必须对船舶电站在建造和各项修理工程的技术性能进行检查、验收与试验。归纳起来一般包括以下几个主要阶段：施工中、完工后对项目的检查或检验与验收；完工后的系泊试验与航行试验；消除缺陷及扫尾工作；业务性账目核对；完工签证。其中系泊试验与航行试验是关键阶段，进行该两项试验前，应事先由厂方根据所建造或维修的工程项目拟定出试验大纲并报经船级社批准，同时厂方还应备妥必要的图纸、技术文件和试验报告单等。

**一、船舶电站试验要求**

1. 船舶电站试验的主要目的

船舶电站试验主要是检查、评价和调整设备与系统的安装质量和工作状况，以便确认新建船舶电站系统是否能够满足设计任务书和有关规范的要求，以期获得船舶检验机构签发的相关证书，保证船舶能够安全可靠地投入运营。

2. 船舶电站试验工作的组织

船舶电站试验工作，通常由船级社、船东和船厂三方参与完成。对于同一设计的首制船舶，还应有设计方参加。

在试验工作中，船级社负责制订规章制度、执行监督检查和签发船舶证书的组织实施；船东代表需首先申请接受某个船级社和验船机构规定的检查，并要求获得有关证件，船东通常还派技术人员到船厂负责合同船舶的检验和认可工作。航行试验阶段，将派接船队到船厂参加试航验收；船厂在航行试验阶段，从有关车间和部门抽调一些技术人员和工人组成交船队，负责最后的试验工作。

3. 试验阶段的工作内容及要求

试验准备：船用设备的启封、清洗、管路和系统的检查，电路通电，以及各种仪器设备的调试等工作。

系泊试验：检查船舶电站、机电设备、电气装置及动力装置的制造和安装情况，并鉴定其质量，使船舶电气系统具备试航条件。

航行试验：根据船舶建造合同书和批准的技术设计，对建造船舶的电气技术性能指标进行全面考核。全面检查新设计船舶的各项电气性能指标及保护动作的快速性、准确性，及可靠性。

设备拆检：对部分试验中有疑问的船电设备进行检查性拆卸，以进一步了解设备内部状况和有无隐患。

检查性航行试验：检查拆检后的设备运转情况。

4. 交船

在各方代表确认船舶的各项性能指标基本满足合同要求后，即可举行交船仪式。通常，交船并不是合同的结束，船厂在交船后的规定期限内仍负有船舶的保用责任。

**二、通电试验**

船上的所有电气设备安装结束以后，都应该进行通电试验。尽管各种设备在出厂时已经做过各种试验，但是装船后，仍然要做试验。目的是检验设备在拆卸、运输、安装在船上后其性

能的完好性。

检验的时间和程序,可以根据设备试验完成的程度决定。有些与船舶航行保障没有直接关系的设备,原则上可以在系泊试验时完成检验;有些设备在系泊试验后仍然需要在航行试验中做效用试验。

电气设备的试验一般有三个过程,就是外观检验、绝缘检验和性能检验。

1. 外观检验

控制的要素包括表面保护层的光洁度、所有指示牌指示的正确性、设备的外壳防护等级是否符合安装场所的要求。

外观检查的重点是检查防护形式和等级是否符合要求。对此,各国船级社都有具体的、明确的规定。中国船级社规定:“电气设备的外壳防护形式,应符合国际电工委员会(IEC)第529号出版物《外壳防护形式的分级》或与其等效的国家标准的规定”,并且标出外壳防护等级的最低要求。

2. 绝缘检验

绝缘检验是所有电气设备通电以前必须完成的工作。它既为了人身使用的安全,又为了设备的安全。所以,在做通电检验以前首先应做绝缘检验。对于检测中所使用的仪器,目前一般采用兆欧表。大致遵守的原则是:额定电压36V以下的设备,使用100~250V兆欧表测量;额定电压在36~500V的设备,用500V兆欧表测量;额定电压在500~1000V的设备,用1000V兆欧表测量;额定电压在1000V以上的设备,用2500V兆欧表测量。对于绝缘程度的标准,国际电工委员会(IEC)的标准中指出:“要订出最低限度的绝缘电阻值是不现实的,由于绝缘电阻值取决于进行试验的气候条件,但一般情况下应达到1MΩ的最低限度”。所以,在检验中也要考虑到气候、温度、湿度对绝缘的影响,对于新设备来说,其测量的绝缘值应该越高越好。

3. 性能检验

由于各类设备在出厂前均有相应船级社颁发的证书,所以,检验时应按照技术规格书的要求进行试验。

**三、船舶电站试验通则**

船舶电站系统试验分为陆上联调试验、系泊试验和航行试验。电站系统装船前,如有必要应进行陆上联调试验。电站系统装船后,应进行系泊试验和航行试验,合格后才能交付使用。

通常设计单位应根据本规范的要求编制试验大纲,并经订货单位认可。试验主持单位应将试验大纲及证明书簿等试验用文件于试验前三个月先行送交有关单位,并切实做好试验准备。试验后应及时提交试验报告。同时,航行试验结束后应对电站进行全面检查。必要时应对主要设备的零、部件进行拆检和测量,以判断设备的受试效应情况。重新装复后应进行检查性试验,确认系统及设备的规定性能已经恢复。

1. 陆上联调试验

陆上联调试验是对组成电站系统的各主要设备之间在系统水平上进行的成套试验。

(1)陆上联调试验的目的。陆上联调试验可以提高电站设备系泊试验的成功率,保证电站在船舶航行试验时顺利达到设计规定的性能,以缩短系泊试验和航行试验的时间。

(2)陆上联调试验的主要任务。陆上联调试验可以在陆地试验条件下,对电站的主要设

备按船上使用情况连接成系统，进行调整和试验，使其能够协调正常、稳定的工作；在客观试验条件下允许的情况下，应尽可能地对电站的规定功能进行全面考核，试验应着重于系统各设备间的配合和参数协调。

2. 系泊试验

（1）系泊试验的概念。系泊试验是在机电设备和其系统安装结束的基础上进行的，通过对机电设备的调整及性能试验，验证机电设备是否达到原设计性能是否满足船舶设计、船检规范和系泊试验大纲规定的要求。

（2）系泊试验目的。检查船体、机械设备、电器设备及动力装置的制造、安装的完整性和可靠性，以便对不符合要求的地方重新调整，使船舶具备试航条件。

（3）一般要求。电站系统在装船后，要检查系统总装后的完好程度，检验配套设备的适用性。系泊试验需在机电设备和其系统安装结束的基础上进行，通过对机电设备的调整及性能试验，以验证机电设备是否达到原设计性能，是否满足船舶设计、船检规范和系泊大纲规定的要求。

①系泊试验之前电站系统的各分系统、设备均应安装完整、正确，施工阶段的检查试验结束，所有电气设备的接地、绝缘情况良好；

②电站系统系泊试验中应利用船舶靠岸试验条件，对装船情况下电站电力输出能力等重要性能试验认可，确认各设备的性能参数与设计要求，技术状况符合规范及合同规格书的规定。若系统未曾进行陆上联调试验，还应进行对系统的性能、功能的全面和系统内部各设备之间的协调和参数配合检查。

（4）系泊试验要求。在首制船舶的电站系统系泊试验中应至少安排：

①电站发电机组启动性能试验。检查电气启动或空气启动系统成功工作情况；

②电站发电机组的安全保护及信号报警装置检查试验。检查各种原动机运行参数（如水温、滑油压力等）的声光报警、自动停车装置和超速停车保护是否有效和可靠；

③电站保护报警、控制、连锁装置检查试验。对配电板保护继电器及断路器的动作特性整定情况进行检验，确认逆功率保护、配电板操作连锁及各种报警系统装置工作可靠；

④电站单机负载试验（额定工况 4h，有公用底座者为 2h），检查各单机性能指标，包括静态及动态调速性能、空载电压整定范围、静态及动态调压性能及大电动机启动检查等；

⑤机组过载试验；

⑥机组间并联运行及转移负载试验。检查手动及自动同期操作环节、并联运行的机组之间有功负载和无功负载均匀分配能力，以及各并联机组之间负载转移的灵活性和可靠性；

⑦船舶电站系统接岸电试验；

⑧应急电站的试验。除一般发电机组及配电板的常规检查试验外，还应检查应急电站汇流排供电电源自动转换，应急发电机组应急启动、突加满负载的能力和应急电站持续运行能力；

⑨自动化电站各项功能在电站试验中均应逐一试验。自动化装置在系泊试验期应尽可能参加运行；

⑩电站系统工作时系统内部电磁兼容性检查。检查电站系统有无内部彼此电磁干扰而工作失常的现象。

3. 航行试验

(1)航行试验的概念。航行试验是船舶在航行状态下,对船体、轮机、电气及其他设备按规定要求而作的一系列试验的统称。

(2)航行试验的目的。在系泊试验结束后,消除系泊试验中所发现的质量问题。如通过试验,对船舶进行最终验收。

(3)一般要求:

①航行试验应按照规定的大纲进行,对船舶的航海性能、电气设备、导航设备和机械设备进行试验,验证船舶总体性能和设备的质量是否符合合同、政府法规;

②航行试验是在系泊试验结束后,消除系泊试验中发现的质量问题,在验船部门规定的各项设备符合试航条件后进行的。

(4)试验要求。电站系统在航行试验中应结合船体、轮机等部门的工作试验和全船电气部门的工作,检查全船各部门工作时电站系统运行的协调性、正确性和可靠性。至少包括:

①电站系统各种运行工况运行检查,记录负载状况,核对电力负荷计算书,确认主电站、停泊电站以及应急电站、机组选择和布局以及基本网络安排的合理性;

②各台机组,均须进行好实际运行试验,自动控制装置应投入对各控制对象的实际工作;

③电站系统中机组长期并联运行和负载转移的实际工作试验,考核运行的稳定性、有功与无功的分配的均匀性和负载转移操作的灵活性和可靠性;

④电力系统电力品质监测;

⑤主电站单机组工作时电站汇流排上电压降落试验(船上容量最大的两台交流鼠笼式电动机直接启动时);

⑥应急电站发电机组及配电板效应试验,将应急配电板的两路主电站送电人为中断,检查应急发电机组自动启动并立即带大负载,以及当主电站恢复后应急发电机组自动停机的过程;

⑦对自动化电站配合配电网络的试验进行自动增减机、重载询问、自动卸载、分级投入等控制功能的逐项检查;

⑧自动机系统实船工作可靠性考核,在整个航行试验期间自动化装置应尽可能投入运行,每台设备的累积运行时间至少应为船舶出航累积时间的50%;

⑨电站系统内部的电磁兼容性检查,检查系统有无因内部彼此电磁干扰而工作失常的现象。

(5)试验准备要求。进行电站系统的航行试验时,必须具备如下条件:

①航行试验之前电站系统计设备的系泊试验均应完成,发现的缺陷已经消除;

②全船的用电设备及其供电系统的安装已经完成,可以为电站系统提供必要的负载。

## ◎ 任务实施

### 熟悉船舶电站设备通电调试工艺实施细则与试验工作程序

在船舶电站实训室及船厂进行实地参观,了解实际船舶电站组成;了解船舶系泊试验和航海试验过程;同时根据所提供的船舶电站图纸,分析船舶电站的调试工艺过程,熟悉各类仪表的使用;根据所提供的船舶瘫船试验记录表,分析航海试验时船舶在停电情况下处理过程。

1. 熟悉通电调试工艺

1）通电调试前的准备

（1）认真仔细阅读试验大纲和提交要求，熟悉和掌握试验的步骤，制定验收方认可的切实可行的试验方法。

（2）熟悉该设备的相关图纸，理解该设备的工作原理，熟知各项技术数据和注意事项。

（3）需要其他工种共同参与的，做好协调工作。

（4）注意设备的周围环境，清理障碍物和杂物，保持道路畅通和清洁，消除安全隐患。

（5）准备好必需的工具、仪器仪表。

2）通电调试前的检查

（1）检查该设备系统的完整性，缺损件及时修复或补装。

（2）检查各电气元件的可靠性。

（3）检查主要开关、接触器、热继电器的容量；电压表、电流表等仪表的型号、规格、整定值；压力开关、温度开关等元器件的规格是否和图纸一致。

（4）检查设备的电缆型号、代号、数量是否与图纸一致，并认真核实接线和芯线标志的准确性。发现错误立即纠正，同时检查接线是否牢固，最好能再紧固一遍。

（5）检查该设备的电缆敷设、密封、切割接线及接地，是否符合相应的工艺标准，若有不符必须返工，直至符合工艺标准。

（6）仔细清洁各电气设备的控制箱，可用毛刷、吸尘器清洁尘屑。开关和接触器触头，还需用无水酒精清洁。

（7）所有仪表的精度应满足提交所要求的精度范围，检查仪器仪表的合格证书及有效的校验证书。

（8）在作电站试验前，根据电站容量和试验要求选择合适容量和数量的负载箱。并认真检查每个遥控箱上各按钮的工作情况及负载箱上主接触器和上、下限位开关的工作情况，准确无误后方可投入使用。

（9）除电气外，涉及轮机工作的部分，必须配合轮机作完整的系统检查。

（10）设备通电之前，必须进行绝缘检查，符合要求方可通电，否则必须排除故障后，方可通电。

对于110V以上线路选用500V兆欧表测量，24V线路选用100V兆欧表测量；照明线路绝缘应不低于1MΩ，电力线路绝缘应不低于5MΩ；电子元件及有耐压要求的元器件，如电容等，不能用兆欧表测量。如被测回路中，有以上元器件，必须使它们完全脱离测量回路，以免被毁坏。

3）仪器仪表的使用

（1）仪器仪表的使用要符合仪器仪表的要求。

①电压表：在测电路电压时，应使电压表并联在被测电路的两端，根据被测电压的大小，选择适当的量程，如不知被测电压的大小时，先选择高量程一档测量，再选择合适的量程测量。在用磁电式电表测量直流电压时，还要注意“+”、“-”极性，不要接反。

②电流表：在测电路电流时，应使电流表串联在被测电路中，根据被测电流的大小，选择适当的量程，如不知被测电流的大小时，先选择高量程一档测量，再选择合适的量程测量。在用磁电式电表测量直流电流时，还要注意“+”、“-”极性，不要接反。

③钳型电流表：在使用时，注意避免外界磁场影响所测电流的大小，测量时，钳口要压紧，

导线要处于中间位置,尽量使导线垂直通过钳口。

④兆欧表:使用前先将表自行短路,此时读数应为零,然后自行开路,其读数应为∞,符合这两点要求时,表就可使用;使用时,因为有高电压,所以不能用手同时触及二根引线,以免受到电击;线路中若有电子元件,低压电容时,在测量前需将这些元件切除,以免受到损坏;转动手柄应保持120转/分左右平稳速度,不要忽快忽慢而影响测量精度。

4)通电调试时应注意的事项

(1)接上必要的监测仪表。

(2)配好合适的熔丝。

(3)电源开关要进行若干次"合—断"操作,以检查其断开的可靠性。

(4)严格按试验大纲要求进行逐项试验,记录好必要的数据。

2. *熟悉船舶的系泊试验程序*

1)柴油发电机组及配电板试验

(1)试验条件。柴油发电机组及配电板试验应满足下列条件:

①发电机组和配电板的安装及有关电缆的敷设验收合格;

②柴油机在额定负荷下各缸的负荷均匀性调试合格;

③安全保护装置及报警装置调试合格(或有产品厂合格证件)。

(2)试验内容及程序:

①柴油发电机组启动试验:

A. 压缩空气启动试验,试验时辅空气瓶(若设有时)的空气应充至额定工作压力,且中途不补充气的情况下,柴油机从冷态开始连续启动直至空气压力不能启动柴油机为止,记录其启动次数及最小启动压力。

B. 电启动试验,先将启动蓄电池充足,在中途不补充充电的情况下,柴油机从冷态开始按规定的次数连续进行启动试验。

②柴油机安全报警装置试验:

A. 额定功率大于220kW的柴油机超速保护器试验。当柴油机的转速达到超速保护动作值时,超速保护器应能可靠动作。

B. 柴油机滑油低压及冷却水高温报警保护装置进行模拟效用试验。效用试验时,报警器动作应准确可靠,淡水出口高温报警温度及滑油低压报警压力以及它的保护整定值按产品技术说明书进行调整。

③柴油发电机组负荷试验:

A. 柴油发电机组负荷试验的工况及试验时间按表4-2-1规定。

**柴油发电机组试验工况及试验时间** 表4-2-1

| 工况序号 | 发电机负荷(%) | 试验时间(h) | 工况序号 | 发电机负荷(%) | 试验时间(h) |
|---|---|---|---|---|---|
| 1 | 25 | 0.25 | 4 | 100 | 2.00 |
| 2 | 50 | | 5 | 110 | 0.50 |
| 3 | 75 | 0.50 | | | |

B. 负荷试验时柴油机的燃油、滑油、冷却水的温度及压力、排气温度等,应作好测量记录。其中满负荷每隔1h记录一次,其他工况在试验结束时即行记录。

电机部分则应将各种负荷下的电压、电流、功率因数、转速作好测量记录。试验后测量记录热态情况下的绝缘电阻值。

发电机于100%负荷试验结束后，应测量调压器及发电机各部分的温升，并做好记录。

C. 负荷试验时，检查柴油机及发电机的运转是否有异常敲击、高温、低压等现象，各轴承等运动部件是否有异常发热现象。直流发电机换向器及交流发电机的滑环及电刷的工作情况是否正常。

D. 复激直流发电机的静态调压特性试验：发电机组发热试验后，在额定负荷下调整柴油机转速至额定转速，然后以20%负荷为始点使发电机的电压偏差在额定电压的1%以内，再调整负荷分别为50%、75%、100%，记录负荷点的电压偏差。

E. 交流发电机的静态调压特性试验：在额定负荷下，将电压和频率调至额定值，然后按顺序100%→75%→50%→25%→50%→75%→100%改变负载，同时测量各负荷点的电压和频率。

F. 直流发电机的手动电压调整器电压调节范围试验：在发电机允许工作温度范围内，当负载在空载和额定负荷之间变化时，对电压进行调整，测量并记录各负载点的电压。

④柴油发电机组的调速特性试验：

A. 测量柴油发电机组的原动机在额定负荷下突卸全负荷时的转速变化情况。

B. 测量柴油发电机组原动机在空负荷状态下突加50%额定负荷，稳定后再加上余下的50%负荷时的转速变化情况及稳定时间。

C. 进行并联运行的交流发电机组柴油机调速器遥控装置（若设有时）的效用试验，并记录调整柴油机的转速范围。

D. 在船舶电站正常运行工况下，进行启动机舱内最大功率电动机的试验，检查运行中的交流电动机是否失步、停转和电器自行脱扣。

⑤柴油发电机的并联运行试验：

A. 检查同步指示装置的线路的正确性和功能的完整性。

B. 并联运行负载试验：试验时将发电机按设计所需长期并联运行的台数分别组合，并按设计的各种并车操作方法进行并联运行试验。

每一负载点并联运行时间为5～10min，测量各负载点时、每台发电机的有功功率、电压、功率因数、电流和频率。

C. 负载转移试验：将第二台发电机接入与已在额定状态下运行的发电机并联，并转移负载，检查发电机负载转移的可靠性。

⑥主配电板的试验检查：

A. 测量绝缘电阻如下：

a. 分断配电板的所有外部连接电路，测量配电板的绝缘电阻；

b. 对地绝缘的配电系统，应对安装在配电板上的对地绝缘检测、指示和报警装置的工作可靠性进行检查。

B. 检查主配电板、应急配电板、岸电开关之间相互连锁的可靠性。

C. 欠压保护试验：在主配电板上，对主发电机的欠压保护装置进行试验，测量动作的整定值和延时时间。

D. 过载保护试验：在主配电板上，对主发电机的过载保护装置进行试验，试验应在原动机不

过载的情况下进行,每相通常以大电流(模拟方法)进行校验,测量动作的整定值和延时时间。

E. 发电机的逆功率和逆电流保护试验:在主配电板上并联两台发电机,然后转移负荷使一台发电机处于逆功状态,测量并记录发电机逆功率保护整定值和延时时间,该试验对每台发电机应做两次。

F. 自动卸载试验:试验时增加发电机的负载直到自动卸载动作,测量并记录自动卸载的整定值和延时时间。该项试验每台发电机应做两次。

G. 检查三相三线及四线系统各相(或线)间负载的不平衡度。

H. 各发电机应进行充磁试验(若设有时)。

⑦轴带发电机试验。调整轴带发电机控制板上的各种保护,对设定值进行调整。

2)应急柴油发电机组及应急配电板试验

(1)试验条件。应急柴油发电机组及应急配电板试验应满足下列条件:

①机组及应急配电板的安装和接线验收合格;

②报警及安全装置校验合格;

③柴油机各缸负荷均匀性符合要求;

④应急配电板的绝缘电阻测量合格。

(2)试验内容及程序:

①以压缩空气启动的柴油机冷态启动试验,测定辅空气瓶在额定工作压力下连续启动次数。

②用电启动的柴油机冷态启动试验,在启动蓄电池充足情况下,按规定的次数进行启动试验。

③柴油机自动启动试验,包括当主配电板失电时试验柴油机冷态自动启动的可能性及3次启动失败报警试验,并测量主配电板失电后至应急发电机开关自动合闸供电所需的时间,以及主发电机恢复运转后的自动分闸试验。

④应急发电机组进行第二能源的启动试验,启动次数应不少于3次。若应急发电机组是由手动启动的柴油机或其他有效的装置驱动时,则只进行启动效用试验。

⑤应急发电机组启动能源保持的监察或报警效用试验。

⑥应急发电机超速保护、进机滑油低压报警和冷却水出口高温报警以及在集控室的延迟报警试验,按产品说明书调整各报警和保护的整定值。

⑦应急发电机组的试验工况及试验时间按表4-2-2。

**应急发电机组试验工况及试验时间** 表4-2-2

| 工况序号 | 应急发电机组负荷(%) | 试验时间(h) |
|---|---|---|
| 1 | 50 | 0.25 |
| 2 | 75 | |
| 3 | 100 | 1.00 |

⑧应急发电机组调速特性试验:在突加全负荷(或船级社规范规定的负荷)时,测定其转速变化情况及稳定时间。

⑨欠压保护试验:在应急配电板上,对应急发电机的欠压保护装置进行试验,测量动作的整定值和延时时间。

⑩过载保护试验:在应急配电板上,对应急发电机的过载保护装置进行试验,对每相的整定值进行校验,测量动作的整定值和延时时间。

3)充放电板及蓄电池组试验

(1)试验条件。充放电板及蓄电池组试验应满足下列条件:

①充放电板的安装及电缆接线检验合格;

②充放电板上的各保护开关整定合格。

(2)试验内容及程序：

①进行充放电试验，检查充放电装置工作情况，记录最大充放电电流和电压调节范围；

②检查充放电板逆流保护装置的动作可靠性；

③检查应急蓄电池组自动接入各应急线路的可靠性，检查应急电源蓄电池组或临时应急电源蓄电池组正在放电的指示装置工作是否可靠；

④应急照明和临时应急照明蓄电池组在充足电的情况下，应进行规定时间的放电试验。

3. 熟悉船舶的航海试验程序

1)航行试验的条件

航行试验按规定的大纲进行，对船舶的航海性能、电气设备、导航设备、机械设备进行试验，验证船舶总体性能和设备的质量是否符合合同、政府法规、法令、国际有关公约、规范和图纸的要求。

2)航行试验的目的

通过试验对船舶进行最终验收。

3)参加试航的人员

船级社验船师、船东代表、持证的船舶驾驶人员、设备服务商、船厂相关人员(质检、技术、生产、车间)，有时代理商也会参加试航。

4)发动机及主电网检查试验

(1)检查发动机运行及电站对全船用电设备馈电情况。

(2)观察电站控制、检测及报警装置功能及动作的准确可靠性。

(3)观察电站在自动状态下的工作情况。每台发电机交替工作。

(4)作启动最大负荷的试验，在双机并网条件下，启动最大电机，此时应不使运行中的交流电动机失步、停转和电器自行脱扣。

(5)试航结束后，应拆除船东指定的任意一只缸，拆检完毕后重新装复，并进行运行试验。

5)柴油发电机组运行试验

(1)试验内容及程序：

①船舶进行航行试验时，各柴油发电机组互相替换配合主机工作。

②电站的自动控制系统包括监测、控制及报警在试航时检查其功能和动作是否准确可靠。

③检查三相三线及四线系统(220V)各相(或线)间负载的不平衡度。

④作启动船上最大功率电动机试验。

⑤轴带发电机在额定负荷下试验2h。若轴带发电机由改变转速的主机驱动，应进行如下试验：

A. 使轴带发电机的转速下降至不能正常供电时，试验独立于主机推进装置的一台发电机组的自动启动和自动供电功能；

B. 在驾驶室启动独立于主推进装置的一台发电机组并自动供电(若设有时)。

(2)试验记录。在各种工况下测量和记录电站的各种有关数据及柴油机的油、水、气的温度和压力。

6)其他辅助设备及系统运行试验

(1)试验内容及程序。在船舶航行试验时，按照需要投入工作。

(2)试验记录。航行试验结束后，测量记录主配电板及应急配电板的热态绝缘电阻值。

7)发电机试验

(1)船舶发电机并车试验。在船舶电装分厂,可根据现场生产情况,择机安排学生进行生产试验。由于船舶电气系统的运行工况随负载变化而变化,故要求船舶同步发电机建负载变化投入或退出电力系统并实现不间断的供电,船舶同步发电机投入电力系统并列运行的操作称为并列操作(并车),它是电力系统运行的重要操作,反之将同步发电机退出电力系统的操作称为解列操作(简称解列)。

进行并联运行试验时,应遵循以下步骤:

①同步指示装置核对;(同步表,同步指示灯)

②同步并联运行试验;

③负荷转移试验;

④并联运行稳性和负荷均匀分配试验。

一般来讲,静态分配误差在 ±10% 以内的话。动态分配误差肯定是符合要求的,动态并联分配试验更接近实际工况并能检查电网的动态稳定性,如果机组多于两台,也是同样的方法试验,几台机组的组合要求可根据试验大纲而定。

经过调整,分配误差始终达不到要求,须详细核查各原动机的外特性,让各台原动机外特性尽可能一致。调速率可以放宽到 2.5Hz(3Hz)各台的发电机外特性力求一致,图 4-2-1 是船舶电站调试图。

(2)瘫船试验。瘫船一般是指船舶在停电的情况下,机舱、航行设备无法运转,居住舱的没有照明、主机和发电机的启动空气也耗尽的状态。

瘫船试验指在这种状态下采取紧急措施使发电机能够启动船舶的所有能源能够正常供电、使主机能够重新启动,进行正常航行。

这个测试就是确认能否完成紧急启动措施和采取这种措施需要的时间。测试方法如下:

①应急配电板供电同时,应急照明应恢复、其他应急线路上设备要恢复供电;

②主配电板供电同时,正常照明应恢复、除主机外其他设备要恢复供电;

③整个试验过程要按照船级社及 SOLAS(国际海上安全公约)的要求,必须在 30 分钟以内完成。瘫船试验过程方框图如图 4-2-2 所示。

图 4-2-1 船舶电站调试

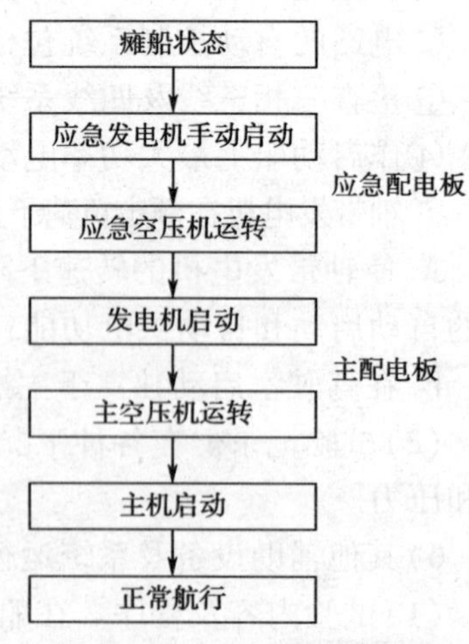


图 4-2-2 瘫船试验过程方框图

④试验记录。瘫船试验结束后，测量试验启动过程如表4-2-3所示。

**瘫船启动试验记录表**

表4-2-3

| 瘫船启动试验记录<br>DEAD SHIP STARTING TEST | | 第　页<br>PAGE |
|---|---|---|
| 船号：<br>Hull No.： | | 检　验　日　期：<br>INSPECTION DATE： |
| 应急发电机操作<br>Emergency generator operating | | |
| 项目<br>item | 记录<br>record | 结果<br>result |
| 手动泵工作时间<br>Manual pump operating time | 1min | OK |
| 泵的设定油压<br>Oil pressure set up by pump | 130bar | OK |
| 启动时间<br>Time of starting | 2Sec. | OK |
| 启动次数<br>Number of times | 1 | OK |
| 应急空压机及主发电机操作<br>Emergency compressor and G/E start operating | | |
| 项目<br>item | 记录<br>record | 结果<br>result |
| 充气时间<br>Time of air charging | 11.0min | OK |
| 充气压力<br>Pressure for air charging | 18bar | OK |
| 主发电机启动时间<br>G/E starting | 2.86Sec. | OK |
| 配电板供电<br>Distribution panel power supply | OK | |
| 配电板供电正常后，启动主机<br>After distribution power supply normal start M/E | | OK |
| 全船停点开始～主机启动时间<br>The time from general vessel lost power to M/E start | | 29.20 |
| 备注：<br>remark： | | |
| 质检员：<br>INSPECTOR： | 船东代表：<br>SHIP OWNER： | 验船师：<br>SURVEYOR： |

## ◎ 任务考核

| 学生姓名 | 教师姓名 | 工 作 任 务 | | |
|---|---|---|---|---|
| | | | | |
| 考核标准 | 优 | 良 | 及格 | |
| | 对船舶电站相关电气设备通电实验知识点的掌握牢固、明确,能正确区分不同设备的通电要求;任务执行积极主动,实施过程完整,报告格式标准,内容完整、清晰。 | 对船舶电站相关电气设备通电实验知识点的掌握一般,基本能正确理解不同设备的通电要求;任务执行过程比较主动,实验操作过程较好,报告格式标准,内容完整、清晰。 | 对船舶电站相关电气设备通电实验知识点的掌握比较牢固,但对不同设备的通电要求理解不够清晰;基本完成任务实施过程,报告格式标准,内容比较完整、清晰。 | |
| 考核内容(70分) | 小组评价(20%) | 小组互评(20%) | 教师评价(60%) | 得分 |
| 1. 分析调试试验工序(准备工作5分、通电前检查5分、仪器仪表使用5分,共15分) | | | | |
| 2. 柴油机及主配电板系泊试验程序(试验条件5分、试验操作过程10分、试验记录5分,共20分) | | | | |
| 3. 航行试验程序(试验条件5分、试验过程操作5分、试验记录5分,共15分) | | | | |
| 4. 任务报告(20分) | | | | |
| 知识巩固测试(30分) | 1. 船舶电站的实验内容和要求(5分) | | | |
| | 2. 船舶电气设备的一般试验程序(5分) | | | |
| | 3. 船舶电气设备的试验通则(5分) | | | |
| | 4. 陆上联调的调试规定(5分) | | | |
| | 5. 船舶系泊试验的具体要求(5分) | | | |
| | 6. 船舶航行试验的主要目的(5分) | | | |
| 完成日期 | | 总分 | | |

# 项目五　船舶电站的系泊试验

船舶电站如陆地的发电厂、配电站、变电所及用户一样，是船舶从发电、配电、输电、用电一套独立的动力系统，为船舶所有的用电设备提供足够的电力能源，来保证船舶的正常航行和船员的正常生活用电。船舶电站的原动机一般采用柴油机与发电机配套组成发电机组。另外还有采用主机轴带发电机组等形式的电站。

为保证船舶电站的可靠性与持久性，适应船舶航行工作的需要大型船舶采用2~3台发电机组作为船舶的主电站，根据船上负载需求决定船舶电站承担着发电与配电的重要任务，船舶电站一旦出现故障，将会影响着船舶的安全航行。因此，大中型船舶除要求设置主电站作为正常航行的供电外，还须设置应急电站，以备在非正常情况下来代替主电站给重要负载及主要照明提供应急供电，保证船舶仍能正常航行。由于船舶电站工作环境差，而且工作负荷较重，因此对船舶电站系统的可靠性提出了更高要求。在进行船舶的配置与调试时，必须要确保电气系统的可靠性能。

● **知识目标**

1. 能简单叙述船舶电站的调试要求和试验内容；
2. 能正确理解和掌握船舶电站调试试验前的准备；
3. 能正确地描述船舶电站部分设备的调试过程；
4. 能简单叙述船舶应急发电机系统的调试与交验。

● **技能目标**

1. 会进行船舶电站调试设备的检查与保养；
2. 会进行船舶电站的调试；
3. 会进行船舶电站调试常见故障的分析及排除。

## 任务一　船舶电站的试验与调试

◎ **任务描述**

通过对船用发电机组启动性能调试、船舶电站安全报警功能调试的介绍，主配电板报警功能调试、柴油发电机组运行试验的详细讲解，使同学们能够结合船舶电站的实际，了解并掌握船舶电站试验与调试过程。

◎ **知识链接**

### 一、船舶电站的总体技术要求

船舶电站由主配电板(包括发电机组控制屏、并车屏、负载及岸电屏等)柴油发电机组、发

电机组就地控制箱、报警保护装置控制部分和相应的系统组成。

每一台发电机具有一个独立的发电机控制屏,对发电机组的运行状态进行监测和控制。并车屏多台发电机可以共用1个。负载屏则由各种规格形式的空气开关组成,完成对各种电气设备和照明系统进行配电。负载屏又分为动力负载屏和照明负载屏。岸电屏一般由大容量的空气开关、监测仪表、相序指示器、逆序保护装置及电度表组成。现在大多数船舶不设计岸电控制屏而独立设置一台岸电箱,其功能和作用与岸电屏是一样的,一般安装在居住舱室区域,便于与岸电进行连接和监测。

船舶电站系统是船上最重要的生产系统之一,因此在进行系泊试验前,应明确电站系统的总体技术要求。

(1)船舶电站一般应满足船舶在各种状态下的用电量的需要;

(2)每台发电机的所带最高负荷应为额定的75%~90%,要留有一定的储备容量;

(3)船舶电站发电机组的台数和容量要满足的条件为:即任一台发电机组停止工作,也依然能够保证推进系统、船舶安全所必需的重要设备的正常运行;

(4)如果需要发电机组之间并联运行,一般选用同类型的发电机组,以保证其并联运行稳定性及互为备用的需要;

(5)使用的发电机的台数要适当,一般选用3~5台发电机;

(6)发电机组具有调频及调压装置,以保证供电的频率偏差及电压变化率能满足船舶规范的有关要求;

(7)必须设有各种保护环节,以便在电站或电力系统故障时能及时切断故障部分,保证船舶电站的继续运行;

(8)船舶上要设置应急电站,以保证应急情况下的各种需求。

## 二、船舶电站试验内容

船舶电站的调试及船舶在系泊试验阶段对发电机组的调试以及主配电板的调试主要包括以下试验内容:

(1)柴油发电机组的报警装置的试验(柴发机组报警点的调试)柴油发电机组启动性能试验;

(2)主配电板的保护装置(短路保护、长延时、优先脱扣、欠压保护、逆功率保护、岸电联锁等);

(3)柴油发电机组负载特性试验;

(4)发电机组电压调整率的变化特性;

(5)柴油发电机组的负载突加突卸特性试验;

(6)发电机组的并联运行装置试验及发电机组的负载分配特性试验(有功功率分配与无功功率分配)。

## 三、船舶电站调试试验前的准备

### 1. 图纸、资料及工装仪表的准备

(1)船舶电站试验前首先进行图纸资料的准备工作。熟悉图纸,熟读电路图及其与各设备之间的联系。

(2)将设备的接线图与原理图对照,检查有无错误地方并将错误及时改正。

(3)准备好必备的工具螺丝刀、偏口钳、万用表、摇表等常用工具、试验发电机组的标准仪表及所用水电阻、电抗器等工装。

2. 调试设备的检查与保养

(1)根据原理图所标出的设备与实际设备进行对照,检查其安装、接线及其铭牌与原理图是否一致,核实电缆的准确性。

(2)进一步熟悉设备位置,检查安装接线是否结束并经过检验。接线复查核对工作结束。

(3)检查系统所属的设备外观是否有破损,接线松动等现象。如有上述现象要进行必要的处理,且满足正常工作的要求。

(4)对所需调试的设备进行清洁和保养,保证无安全隐患。

3. 电站调试前的绝缘电阻的测量

任何电气设备在通电以前都要进行绝缘电阻的测量,这是人身安全和设备的根本保证,也是试验过程中的必检项目。绝缘电阻分为冷态绝缘和热态绝缘电阻,测量冷态电阻时,设备处于静态,用于检验设备安装情况。热态绝缘电阻是指设备运行一定时间,并达到稳定温升后的绝缘电阻,此时设备处于工作状态,在动态与热态的情况下,用于检验设备绝缘材料的绝缘性能变化情况。

(1)冷态绝缘的测量,首先应断开配电板上所有外部线路开关,发电机组及配电板上的半导体元件线路处于隔离状态。

测量点包括:

①配电板汇流排对地绝缘电阻及相间绝缘电阻;

②发电机组电枢绕组对地绝缘电阻;

③发电机组励磁绕组对地绝缘电阻;

④发电机组空间加热器对地绝缘电阻;

⑤发电机组预供油泵电机绝缘电阻;

⑥调速电机对地绝缘电阻。

(2)测量时一般采用500V兆欧表来进行测量,在发电机组动机试验前测量设备的冷态绝缘电阻。对于设备的热态绝缘电阻则是在设备运行试验后立即进行测量。测量的方法不变。根据试验要求其最小绝缘电阻应大于1兆欧。测量记录表格如表5-1-1所示。

**发电机及主配电板绝缘电阻测量记录表**　　表5-1-1

| 序号 | 项　目 | 冷态绝缘(MΩ) | 热态绝缘(MΩ) |
|---|---|---|---|
| 1 | 配电板汇流排A相、B相、C相 | | |
| 2 | 发电机电枢绕组A相、B相、C相 | | |
| 3 | 发电机励磁绕组 | | |
| 4 | 空间加热器 | | |
| 5 | 调速电机 | | |

**四、船舶电站调试的常见故障分析及排除**

船舶电站系统在船舶电气中是一个较大的系统,在调试过程遇到的故障不尽相同,这里简单介绍几种在调试中经常遇到的故障现象与排除方法。

(1)在主配电板用调速开关手动进行调速,只能上升不能下降或者上升和下降方向相反。

这两种故障现象前者是因为公共点接的不对,后者是因为上升和下降两点接反,只需在配电板后接线端子板进行调线就可以解决。

(2)在调试发电机时发现频率正常而发电机电压超出额定值很多并且配电板上自动调压(AVR)上的调节电位器也不能进行调节。

遇到这种故障要停机对AVR外接线和发电机上的电压调节部分的接线点进行检查,这种故障是因为AVR自动调压控制线路开路造成。

(3)发电机在运行时通过主配电板电压转换开关发现三相电压很不平衡。

遇到这种现象,首先要用电压表对发电机实际输出电压检查,看三相电压是否相等。如相等就要检查配电板内电压互感器三相电压是否正常,这种现象大多是因为电压互感器缺相造成,检查熔断器及电压互感器三相电压是否正常。

(4)在调试配电板时会发现电流表或功率表指示不正常。遇到这种问题要进行以下检查:

①首先检查接线有无错误如电流互感器、电压互感器;

②检查电流互感器安装方向是否正确;

③检查电压互感器输出电压是否正常。

(5)在调试发电机报警点时,PT100传感器信号在调试中容易出现的故障是显示值不对。

遇到这种问题首先检查传感器接线,大多都是传感器外接线的公共端接错。在调试发电机报警及控制设备时,对一些压力变送器尤其要注意其直流电源极性不能接错。

(6)并车后功率分配不均,分配差度超差现象。

遇到这种问题一般要用标准电压表进行电压值检测调整电压值,还有因为发电机本身发电机电压特性不一致,就要进行发电机特性进行一点调整可排除。

## ◎ 任务实施

### 船舶电站的调试与试验

在船舶电站实训室及船厂进行实地参观,了解船舶系泊试验和航海试验过程;并根据工厂的实际情况,安排相关的试验内容,并依照所提供的船舶电站主发电机试验记录表,分析船舶电站的系泊试验结果。

*1. 发电机机组(柴油机组)启动性能调试*

(1)发电机组原动机(柴油机组)的启动试验。发电机组原动机(柴油机组)的启动能源一般分为压缩空气启动和蓄电池组启动两种方式。调试时在柴油机冷态情况下进行调试,调试检查启动灵活性,记录启动时间和次数。调试时将一只启动空气瓶充满压缩空气至额定压力,开始进行启动试验,柴油机启动成功立即停车,然后进行第二次启动,启动次数大于6次满足试验要求。同时记录启动前后空气瓶的压力值及最低启动动压力值。用蓄电池能源启动柴油发电机组时,在蓄电池组充足电源的状态,中途不进行充电的情况下进行,启动状态及要求同压缩空气启动工况。启动次数大于10次满足试验要求。

(2)柴油机预供油泵自动工况的调试。首先保证系统接线完成,在绝缘满足要求的情况下进行试验。

图5-1-1为柴油机预供油泵控制原理图,检查电源电压正常后,合XE50NN电源开关,转

换开关在“就地”位置，手动启动预供油泵，观察油泵转向及启动、运行电流正常后，调试遥控自动部分。调试一般采用模拟的方法进行调试，用手压泵接在预供油泵自起停压力继电器上，将预供油泵控制转换开关至“遥控自动”位置。柴油机控制联锁信号 ZX 处于工作位置。此时预供油泵自动启动运行，延时继电器 88T 开始工作，延时 30s 后，88T 延时闭合触点接通，如果 30s 之后，手压泵的压力仍然没有达到设定值，滑油低压报警灯 PL 报警显示。如果在 30s 之内，把手压泵的压力达到设定值以上，机组自动运行以后联锁触电 ZX 处于运行位置，预供油泵自动停止工作。然后缓慢降低压力值到设定值以下，30s 之后滑油低压报警灯 PL 再次报警显示。按照工作实际情况调试起、停压力值，并进行试验。控制功能进行调试，结合滑油系统进行就地和遥控操纵。

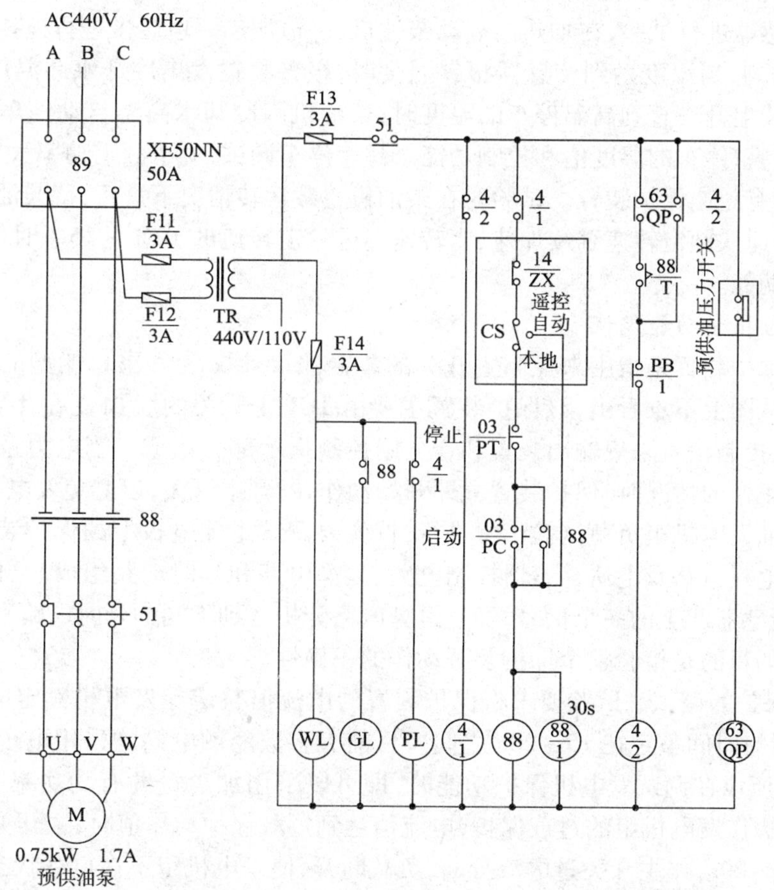


图 5-1-1 柴油机预供油泵控制原理图

(3)船舶电站应急发电机组的启动试验。应急发电机组的启动试验是在主电站失电的情况下进行，调试从主电源断电到应急发电机组自动运行供电需要的时间必须满足规范要求值。同时试验应急发电机组 0 度以下启动能力。试验调试时机组启动能源必须能够可靠连续启动 3 次，同时应保证两种能源启动，且具备 30 分钟内启动 3 次的能力。

2. 船舶电站安全报警功能调试

柴油机一般设有滑油低压、冷却水低压、冷却水高温及滑油滤器压差过大等安全保护装置。

当参数达到报警设定值时进行声光报警,达到极限值时柴油机组停车。冷却水低压、冷却水高温的报警采用模拟方法操作,观察相应报警装置的工作情况,当达到其设定值时,安全报警装置应该立即发出声光报警信号。

(1)滑油低压采用模拟方法试验。将滑油压力传感器从机上拆下接至手压泵,使手压泵滑油压力达到正常值以上,然后启动柴油机,并用手动泵控制滑油压力缓慢降低,当滑油压力降低到报警压力时,应发出滑油低压报警信号,记录报警压力值。继续降低一直到停车压力值时,柴油机滑油低压自动停车。校验试验大纲规定值与实际值是否在允许范围内,否则对压力传感器进行调整。

(2)冷却水高温停车装置采用模拟方法试验。将冷却水温度传感器从机上放到电热水壶中加热温度传感器进行试验,在加热前启动柴油机,一边加热一边缓慢进行搅拌电热水壶中的水,使水温度均匀,当温度达到传感器报警温度时,报警装置发出冷却水高温声光报警信号。然后使温度继续上升一直到高温停车的温度时,柴油机因冷却水高温自动停车。一般进行两次试验,检验报警、停车的温度值和控制功能。超速停车调试,对于额定功率大于220kW的发电机组,一般具有超速保护装置。试验时在柴油机空载运转情况下进行,待柴油机运行正常以后,将柴油机转速从额定转速继续加速,当转速超过额定转速的10%~15%时能够自动停车。调试超速停车功能。

3. 主配电板报警功能调试

主配电板保护装置是指用来控制主开关的装置,图5-1-2为某出口船型的发电机主开关控制原理图。从图上不难看出,该保护装置主要由TC1主开关的脱扣装置、UVT欠压脱扣装置、主空气开关控制信号采集输出装置和合分闸控制指示部分组成。当电力系统出现负载加重或短路等不正常的情况时,保护装置立即开始动作,断开主开关,以避免发电机超负荷运行。

为保证柴油发电机组负荷试验正常进行,首先要调试主配电板上的保护装置。配电板保护装置由主配电板电路及电流互感器控制电路、运算电路和延时电路组成。当不正常的信号出现时,通过互感器产生的一个信号,经过运算电路分析送到不同的延时电路来控制保护装置的动作。试验的目的是检验整个保护装置动作的正确性。

(1)过载保护的调试。试验要求将保护装置的电流值整定在发电机额定电流的125%~135%之间。延时时间整定在15~20s之间。目前大多数船舶电站均采用电子控制保护装置或PLC控制。所以在调试发电机保护功能时,即可以采用加少量的有功功率,在用无功功率提高电流的方法作发电机组的过载保护,电流值达到过载保护动作值时,主开关内部的过载保护装置延时15~20s,作主开关过电流分断,负载断开,使发电机组不在过载状态下运行。

下面我们再详细介绍一下广泛采用的二次电流试验的方法。调试电站的过载保护装置时。我们一般采用模拟的方法进行试验,电路如图5-1-3所示为过载电流试验电路。即根据所用发电机主开关(空气断路器)电流取样互感器变比换算出互感器二次电流值。由开关K1和变压电源及可调电阻器R和电流表A组成的电流调节试验装置。在空气断路器电流取样输入端OCR接入过载整定试验电流。电流调整到过载保护值时,快速断开电源开关K1。然后重新闭合可变电源开关K1,同时用秒表记录开关闭合到主开关分断的延时时间,并检查过载保护的报警及延伸报警功能。通过这样方法调试空气断路器的长延时(过载保护)可以使调试更加方便,且安全可靠。调试时一般连续试验2~3次,记录保护动作电流值和长

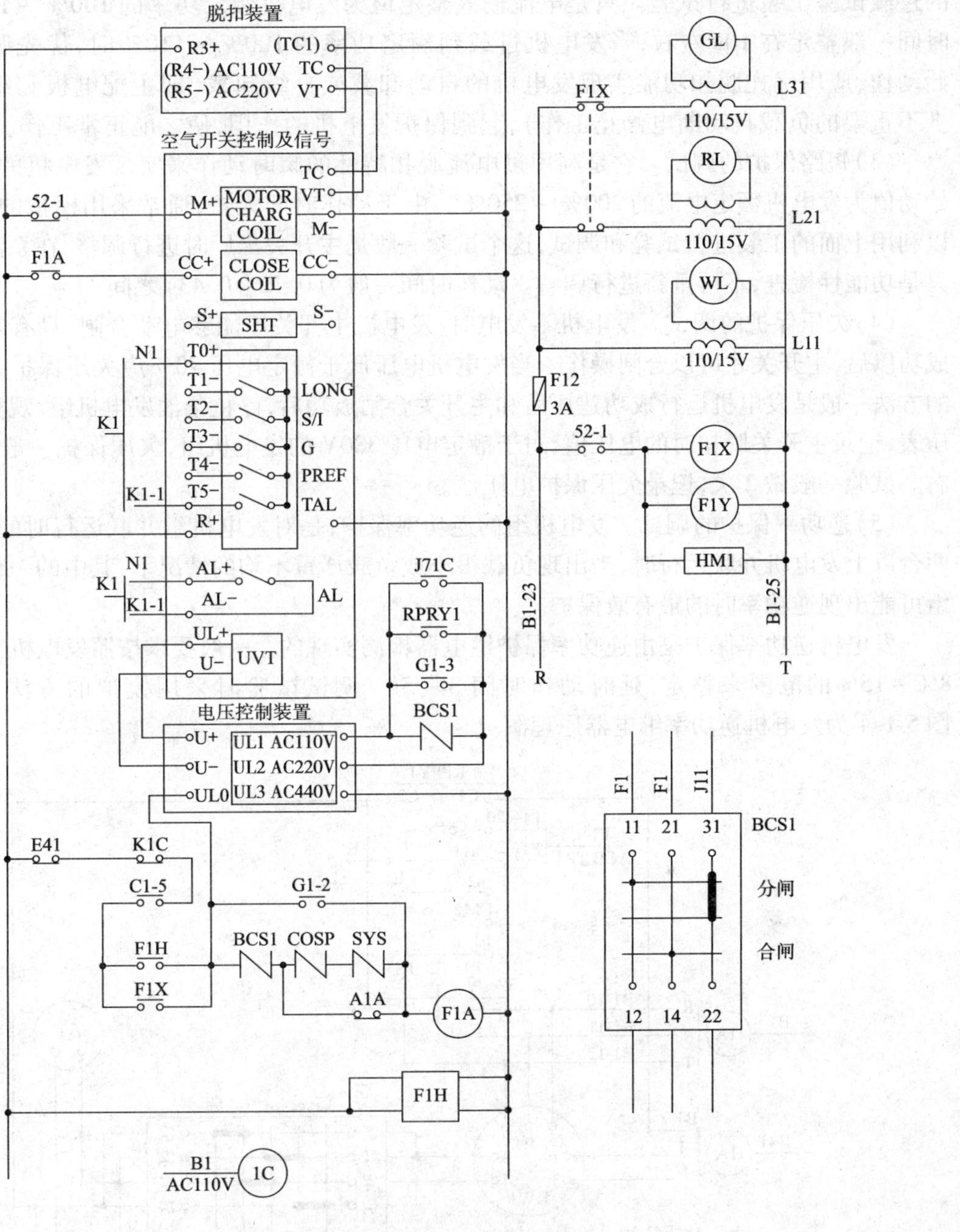

图 5-1-2　柴油发电机主开关控制原理图

延时时间。现在还有部分空气断路器自带过载保护试验装置，只要接通试验装置工作电源，通过断路器试验接口接入试验装置，同时调节试验电流值即可完成长延时的调试检验。并用秒表记录断路器过载保护动作时间。

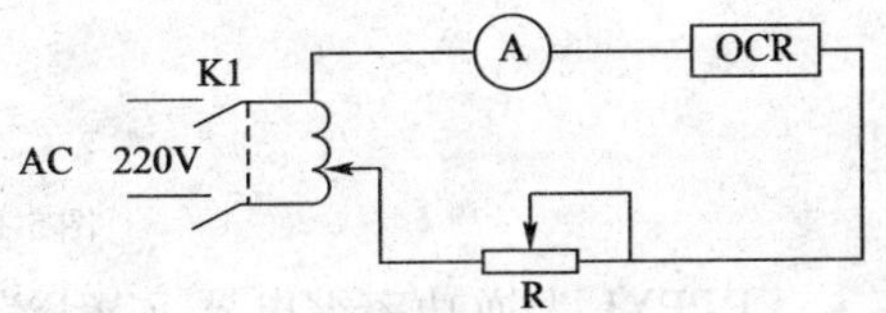


图 5-1-3　过载保护试验电路

(2)优先自动卸载的调试。这是利用空气断路器的长延时继电器的动作特性来完成的。同样采取前面

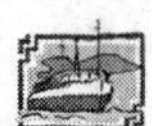

的过载试验工装进行试验。只是电流输入整定值为发电机额定功率的 100% ~110%，延时时间一般整定在 10s 左右，当发电机过载到额定功率的 100% ~110% 时，优先脱扣线圈开始动作，应用优先脱扣功能实现发电机的自动卸载或分级卸载（即主配电板和组合启动屏上不重要的负载自动断电停止工作），起到保护发电机的作用，使之能正常工作。

(3)短路保护的调试。它是利用过电流脱扣特性的瞬时动作来实现发电机的短路保护。始动值为发电机额定电流的 200% ~250%。由于动作时间太短，通常采用模拟的方法，也可以利用上面的工装进行试验和调试，这个试验一般是主开关出厂时进行调整，在系泊试验阶段只是功能性检查，不再重新进行调整。动作时间一般为 0.12 ~0.43s 之间。

(4)欠压保护的调试。发电机不发电时，发电机主开关不能够电动合闸，只有发电机建压成功以后，主开关才可以合闸操作。当发电机电压低于额定电压 70% 应欠压保护。具体调试的方法一般是发电机运行成功建压后和主开关合闸成功后，停止柴油发电机组，观察配电板电压表，记录主开关脱扣时的电压值，对于额定电压 380V 的发电机组，欠压保护一般为 200V 左右。试验一般做 2 次，记录欠压保护电压值。

(5)逆功率保护的调试。发电机组的逆功率保护，是对发电机组并联运行时的必要保护。两台以上发电机并联运行时，当出现负载很小或负载严重不均的情况下，其中的一台发电机机组可能出现逆功率时的最有效保护。

发电机逆功率保护是由逆功率保护继电器检测实现的。一般要求按照发电机额定功率的 8% ~15% 的范围来整定，延时动作时间 3 ~5s。调试试验时采用模拟的方法进行检查。图 5-1-4 为发电机逆功率继电器原理图。

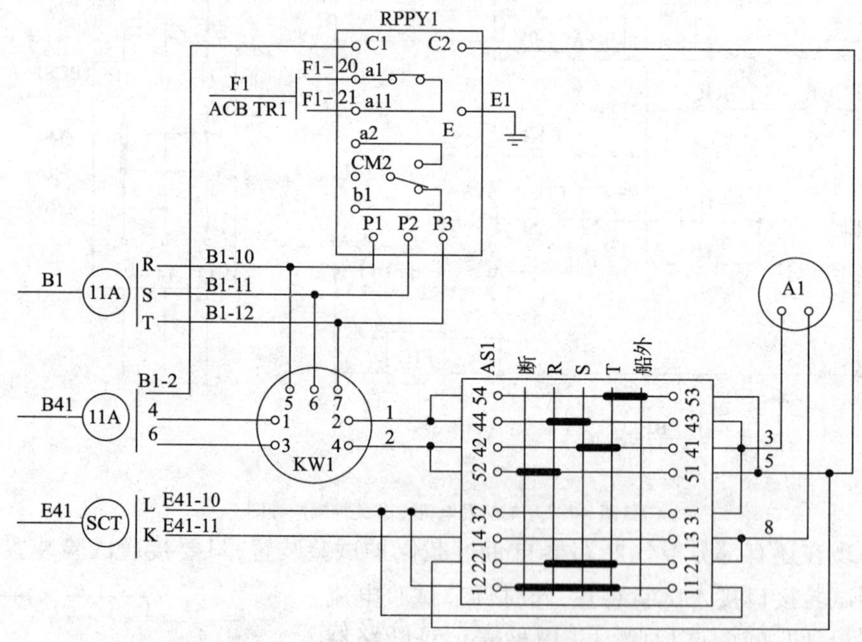


图 5-1-4　发电机逆功率继电器原理图

RPPY1 为逆功率继电器、KW1 为有功功率表，逆功率继电器中的 P1、P2、P3 为电压取样，C1、C2 为电流取样，a1、a11 为主开关分闸触点。调试时要将 C1、C2 电流取样线互换，改变电

流输入方向。发电机运行合闸后，调整发电机的有功负载至额定功率的10%左右，由于取样电流方向的改变，逆功率继电器采集到逆功信号，逆功指示灯亮，经3～5s延时后a1、a11主开关分闸触点闭合，主开关逆功分闸保护。功率值大小及延时时间根据要求可调整。

4. 柴油发电机组运行试验

柴油发电机组试验时，每台柴油发电机组必须先进行运转试验。试验时必须检验全负荷状态下柴油机的各缸热工参数（排气温度及爆炸压力）和各油水系统压力及温度是否在规定试验大纲规定的范围内。柴油机在100%负荷运转时，应平稳，无异常发热现象。

将试验用的工装电缆从主配电板发电机母排汇流排处拉放到码头水电阻处。为准确控制水电阻负载的大小，使负载平稳无突变及跳跃现象，水电阻极板的升降方式为蜗轮蜗杆传动，升降连续平稳。水电阻一般设有一组海水泵及一组淡水冷却泵。海水泵用于调整水电阻溶液的盐度大小，淡水冷却泵用于冷却水电阻溶液，保证溶液的温度在允许范围之内。靠水电极板进入溶液的多少及溶液中含盐度的多少来控制负载功率，如图5-1-5所示为调节极板在水中的位置实现调节负载电流示意图。

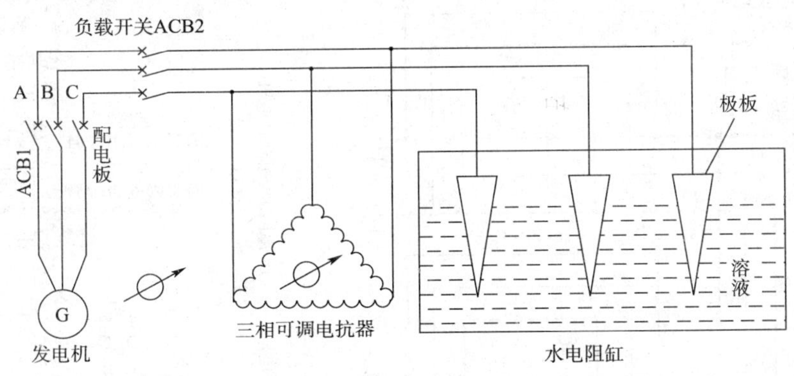


图5-1-5　调节极板在水中的位置调节负载电流示意图

为保证负载调整准确方便，水电阻控制系统采用就地和遥控两种方式进行控制，在船舶集控室进行负载的遥控，可以方便观察船上仪表和机组的工作状态。同时设一组独立的声力电话系统，用于保证水电阻及船上的通讯联络。

图5-1-6为水电阻工装控制原理接线图。在水电阻控制室接上相应电压表和电流表，可监视负载电流的大小。

负载电流的稳定必须保证水电阻的溶液液面稳定，对水电阻筒内的溶液采取溢流来保证循环控制，使水的溢出和补充达到平衡状态，从而保证了负荷缸中的液面基本不变。现在船舶电站无功功率负载都采用可调旋转电抗器来调整实现。三相可调旋转电抗器采用一台三相异步电动机通过齿轮传动旋转电抗器铁芯来改变电抗值。使用时可调旋转电抗器的三相输出并连接在水电阻负载A、B、C三相上。电抗器旋转机构电动机接于AC380V交流电源，并根据旋转机构电流增加和减小的方向确定好电机电源的相序。通过控制电机的转向实现无功电流的增减（电流最大和最小位置均设有限位开关来保护）。调整无功电流越大功率因数越低。当不需要无功功率的时候将旋转机构调整到电流最小限位位置即可（虽有一小部分感应电流可以忽略不计）。还可以采用饱和电抗器来调整交流电站试验时的无功功率。

图5-1-7为无功饱和电抗器电抗器工作原理图。试验时一般将饱和电抗器与水电阻有功

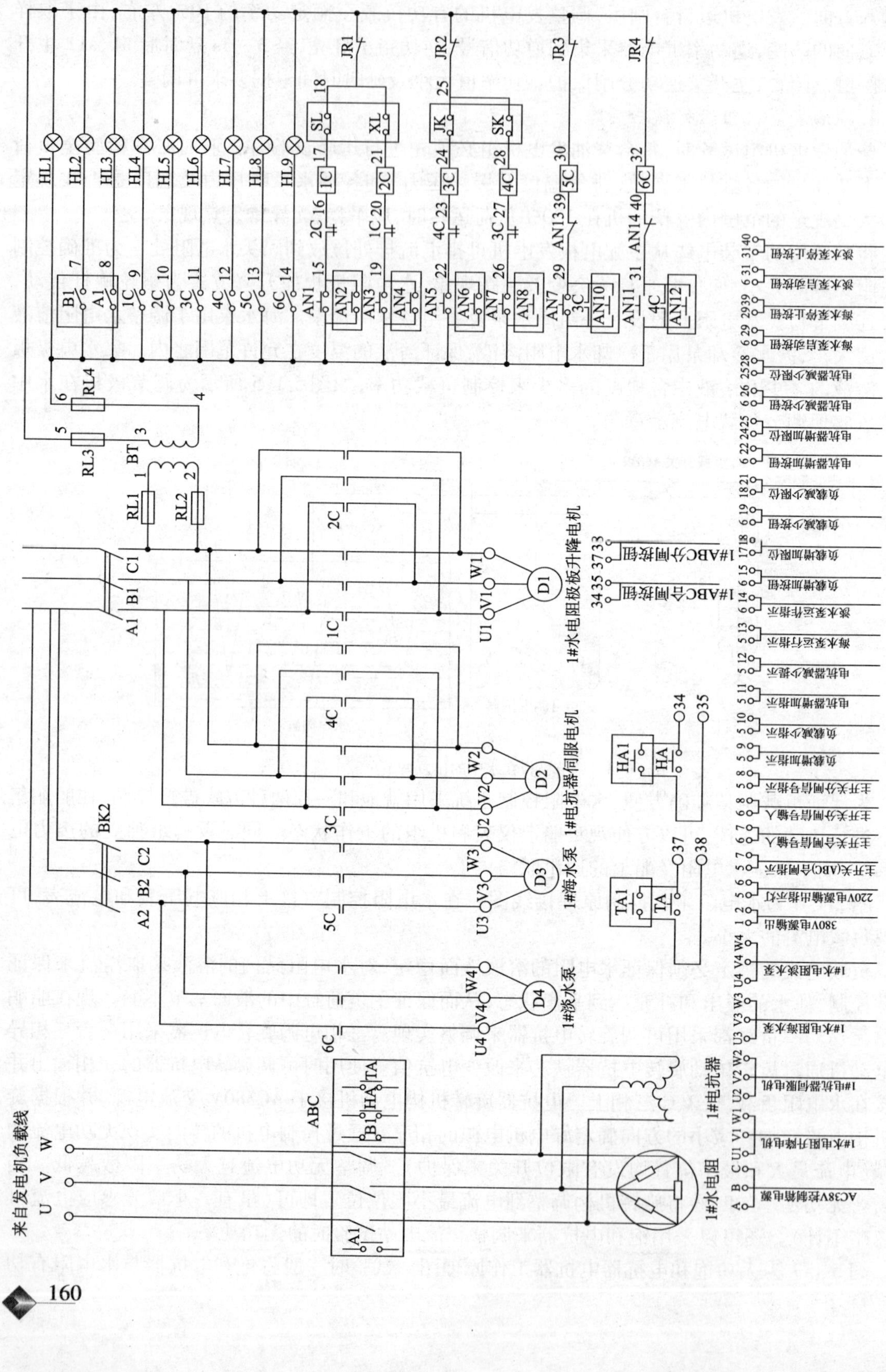

图 5-1-6　水电阻控制原理接线图

负载并联连接，通过控制饱和电抗器的整流装置输出直流电源，通过电流调节装置改变直流绕组中电流的大小，来控制铁芯磁路的饱和度，从而改变交流绕组的电抗值，即改变了交流电流 $I_1$，无功电流值越大，功率因数越低。

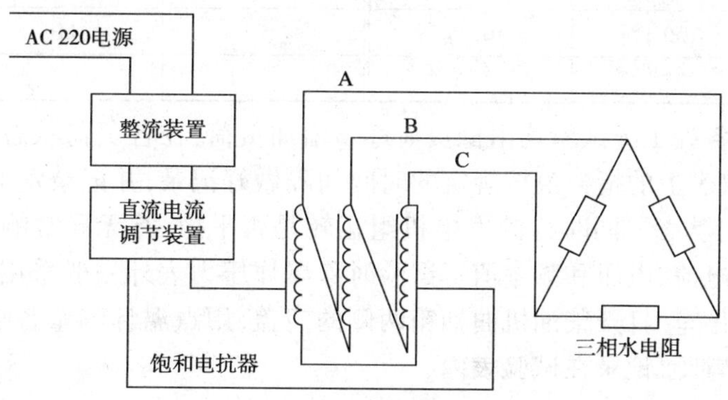


图 5-1-7 饱和电抗器工作原理图

5. 发电机负荷试验过程中的调试

发电机组负荷试验前首先要进行负载容量确认，应保证水电阻功率满足发电机组最大试验负荷的要求，且连续可调整，并有一定的余量。无功电抗器的选择应能保证可调饱和电抗器与负荷并联后提供的无功电流大小满足试验所需要的无功电流，保证电流连续可调无突变。负荷试验负载连接电缆的总截面积根据发电机试验要求的最大容量计算后确定，连接要规范合理，绝缘满足要求。负载的典型连接方式如图 5-1-8 所示。

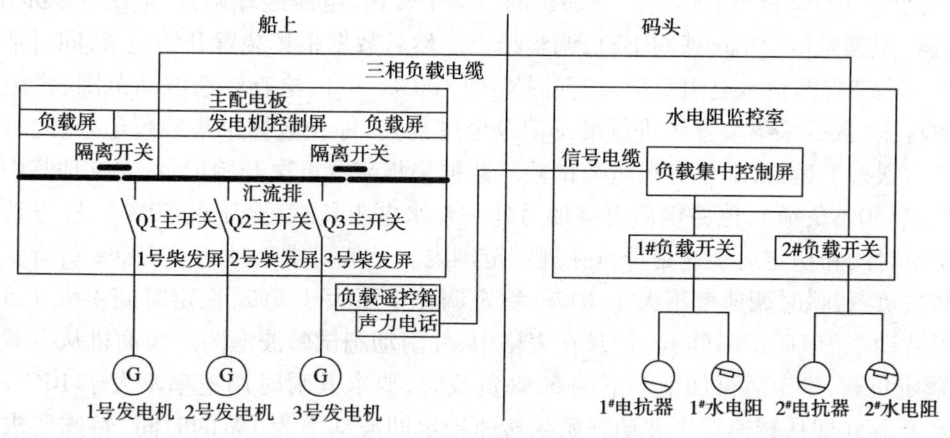


图 5-1-8 发电机负载典型连接单线图

以上负荷试验前的准备工作结束以后便可以进行负荷试验。负荷试验过程中主要对以下技术指标、参数进行考核。发电机组全负荷试验时柴油机热工参数的调整要求，各缸参数应调整均匀，爆炸压力差一般不大于 4%，排气温度不能超过极限值，气缸爆炸压力不能超过规定值发电机组运转时，检查柴油发电机组附属系统的工作参数必须在正常的工作压力及温度范围内。发电机组工作状态平稳，各活动部件无过热现象。

发电机组运转试验的时间按系泊试验大纲规定进行。表 5-1-2 为某船舶负荷试验运行要求。

某船舶负荷试验运行要求 表 5-1-2

| 工况序号 | 发电机负荷(%) | 负荷考核时间(h) | 工况序号 | 发电机负荷(%) | 负荷考核时间(h) |
|---|---|---|---|---|---|
| 1 | 25 | 0.25 | 4 | 100 | 2 |
| 2 | 50 | 0.25 | 5 | 110 | 0.5 |
| 3 | 75 | 0.5 | | | |

一般发电机组各种工况试验均由低负荷逐步增加负荷,在各负荷状态时测量发电机组各运行参数,对所有仪表上的指数值按规定的时间间隔做好记录,并记录发电机各负荷(包括全负荷超负荷)的试验状态。同时检验发电机组运转是否平稳,有无异常响声。在不同负荷下记录发电机的工作电流、电压和频率值。试验时除爆炸压力表外一般采用设备上的仪表。负荷试验结束后立即停车,打开柴油机曲柄箱两侧的门盖,用点温计测量各缸连杆轴承的温度,并测量热态时的曲臂距,记录在试验表内。

6. 动态特性调试(调速器灵敏度试验)

由于船上的大功率电气设备的启动及停止运行,会对发电机的转速产生影响,导致电网电压的波动,所以要对柴油机调速器灵敏度进行试验。这项试验必须在发电机满负荷试验结束之后进行。

调整器灵敏度试验时,将两台水电阻负载减为空载。在配电板上检查外接标准仪表是否连接准确。同时连接动态数据采集装置结束且指示正常。这时开始利用一台水电阻负载进行缓慢加载,一直到额定负荷的 50% 时停止加载。然后利用第二台水电阻继续加载到额定负载,此时机组在 100% 负荷下运转。在加载的过程中转速、电压跟踪调整,电压为额定电压值,频率(转速)至额定值(50Hz 或 60Hz),调整结束。然后数据采集装置开始记录,同时辅助观察标准仪表。突然将两台水电阻负荷全部卸掉(即 100% →0),检查转速波动范围、稳定时间和稳定后的转速(数据采集装置可进行准确记录全过程)。停止数据采集装置记录,此时发电机组在空负荷状态下运行,准备突加负荷试验。数据采集装置再次开始记录,先突加其中一台水电阻的负载(50% 负荷),待稳定后再突加另外一台水电阻负载(余下的 50%),检查转速的波动范围稳定时间和稳定后转速是否符在规定范围内。一般要求柴油机从 100% 负荷状态下进行突然卸去负载,瞬时调速率不大于 10%,稳定调速率不大于 5%,稳定时间不大于 5s(即转速恢复到波动率为 1% 的时间)。记录在表格中,并附动态试验波形图。柴油机从空载突然加上 50% 额定负载,稳定后再加上余下的 50% 负载时,要求其瞬时调速率不大于 10%,稳定调速率不大于 5s,(即从转速发生波动开始到转速稳定即波动率为 1% 的时间)特殊要求以试验大纲要求值为准。瞬时调速率,是指突加(或突卸)全负荷时,瞬时转速的最大变动范围与额定转速 N(铭牌上的标定转速)比值的百分数,瞬时调速的计算公式为:

$$\delta_1(\text{突加}) = (n_0 - n_2)/n_N \times 100\%$$

$$\delta_2(\text{突卸}) = (n_3 - n_1)/n_N \times 100\%$$

式中:$n_0$——柴油机空负荷时的平均转速;

$n_1$——柴油机突加负荷后的平均转速;

$n_2$——柴油机突加负荷时的最小瞬时转速;

$n_3$——柴油机突卸负荷时最大瞬时转速;

$n_N$——柴油机标定的额定转速。

稳定调速率 $\delta_2$ 的计算公式为：

$$\delta_2 = (n_0 - n_1)/n_N \times 100\%$$

式中：$n_0$——柴油机空负荷时的平均转速；

$n_1$——柴油机突加负荷后的平均转速；

$n_N$——柴油机的额定转速。

柴油机调速器灵敏度检验应与发电机的其他电气项目试验同时进行。同时记录发电机动态电压波动值即瞬态调压特性，发电机的负荷突加或突卸而使电压发生变化的瞬间的特性是否在规定范围内，当柴油发电机负载突加或突卸时，电压恢复到最后稳定相差3%以内所需要的时间应不超过1.5s。此试验同柴油机调速器特性试验一起进行，当电压下跌时，其瞬态电压值应不低于额定电压的85%，当电压上升时，其瞬态电压值应不超过电压的120%。

发电机瞬态电压调整率计算公式：

$$\Delta U\% = (U - U_{瞬})/U_N \times 100\%$$

式中：$U_{瞬}$——柴油发电机瞬时电压变化最大值；

$U$——柴油发电机电压变化以前的稳定值；

$U_N$——柴油发电机额定电压值。

试验结束后将数据及计算结果整理后填入记录表。

7. 发电机静态电压特性调试

柴油机发电机电压特性是指每一台发电机所具有的不同电压调整率变化的特性。所谓静态电压调整特性是在功率因数额定情况下，因柴油发电机的负荷变化而使电压发生变化的特性。每台柴油发电机电压调整率的变化与发电机本身特性及柴油机和调速器的性能有关。在这项试验时，一般穿插进行发电机在配电板上用(AVR)进行的电压调整范围试验(用配电板上的AVR调节电位器调整电压的最小值与最大值)，调速马达的频率调节范围试验(用配电板上的调速马达控制开关调节频率的最大值与最小值)等，并记录。为发电机的并联运行提供依据。为船东提供技术指标参数。

在做柴油发电机特性试验前应具备下列条件，柴油发电机组保护功能试验完成，具有安全可靠的性能用于柴油发电机组特性试验的负载正常。根据规范要求发电机电压调整率，应不超过额定电压的2.5%。应急发电机的电压调整率不超过3.5%。

进行发电机静态电压特性试验时，首先将柴油机转速调整到额定转速，在柴油发电机的负载调整到额定负载的100%和功率因数调整到额定值后，调整发电机的频率到额定值，最后调整100%负载工况下电压值为额定电压值，并用试验标准电压表进行校正。然后调整负载按100%→75%→50%→25%→0→25%→50%→75%→100%缓慢变化，记录发电机各种负载工况下的功率，电流，电压，功率因数和频率值。保证各种负载工况下都应该使功率因数在额定值范围内。一般为保证记录准确，上述变化应反复试验两次。

柴油发电机稳定电压调整计算公式为：

$$\Delta U\% = (U - U_N)/U_N \times 100\%$$

式中：$U$——柴油发电机各种负载工况下的稳定电压值中的最高或最低值；

$U_N$——柴油发电机额定电压值。

8. 发电机并联运行的调试

船舶在正常航行和进出港过程中,经常出现负载接近或超过一台发电机的额定负载。在这种情况下就需要用两台发电机同时工作,特殊情况下三台同时并联运行。还有船舶在长时间的航行过程中,当发电机轮流工作转换时,不可能停下来转换,同样需要通过并联运行,将一台发电机的负载转移到另一台发电机。因此当船上装有两台以上发电机时就需要做并联运行试验。

(1)柴油发电机并联运行的试验条件。柴油发电机(交流发电机)并联运行必须具备的三个条件,就是电压相同,频率相同和相序一致。具备了这三个条件达到了同步的要求,可以进行并联运行。目前船舶主配电板的并车屏,就是为了观察各发电机的运行情况,同步状态以及并车的控制等。柴油发电机并联运行试验的要求及操作过程如下。试验前应具备的条件和技术要求即柴油发电机组的安全保护调试完成,主配电板保护试验完,发电机负荷试验结束,静态电压特性调试结束的前提下进行发电机组的并联运行调试。

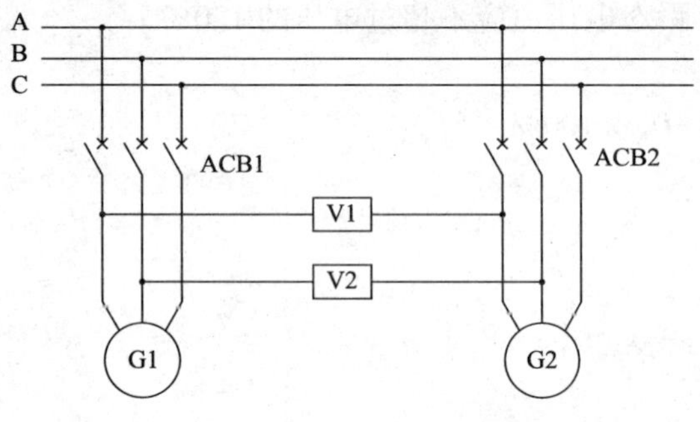

图 5-1-9 同步电压检测连接线路图

调试发电机组的并联运行功能时,必须重新确认每台发电机的相序,确保并联运行的发电机组相序一致。启动一台发电机稳定运行,合闸成功后带额定功率的 50% 负载,频率调整到额定频率值(电压在静态电压特性试验时已经整定结束)。同步电压检测连接线路图如图 5-1-9 所示。

(2)柴油发电机并联运行的试验过程。

①启动另外一台待并发电机,使其稳定运行,然后在发电机并车控制屏选择待并机组选择转换开关,同时将同步表(同步指示灯)投入。出于更安全可靠的原因,可以在两台发电机控制屏中连接两块 500 型指针式万用表,具体连接方式如图 5-1-9 形式连接。观察两台机组的电压是否相同,调整待并机组的频率,同时观察同步表,使同步表顺时针方向旋转,每分钟 2 周的速度。这时观察两台 500 型万用表的电压趋势,当同步表趋近于 12 点时,两台电压表的电压值同时最小,同步指示灯(亮暗方式)同步指示灯最暗。过 12 点以后又开始逐步开始变大,同步指示灯(亮暗方式)同步指示灯亮。如此循环两次,正常以后可以进行手动并车试验。

②调整待并机频率在同步表同步时手动合闸并车,并车成功以后,进行两台机组的负载均分,各带 25% 的负载。手动并车调试结束。解列时只要缓慢降低要解列机组的频率,使负载慢慢转移到另一台发电机。在预解列发电机功率趋于 0 时,手动分闸解列。自动准同步并车的调试过程是启动一台发电机稳定运行,合闸成功后带额定功率的 50% 负载,频率调整到额定频率值(电压在静态电压特性试验时已经整定结束)。启动另外一台待并发电机,使其稳定运行,待并机组空气断路器选择为“试验”位置(与主回路不连接的状态)打开并车控制屏的并车方式转换开关将其选为“自动”,同时用并车选择开关选择待并机组,按下自动并车按钮,同步并车装置开始工作。此时用同步表进行监视,这时自动并车装置开始调整两台发电机的频率,使频率接近于额定值,同步表指示正向旋转。当自动同步装置检测到自动同步点即同步表接近 12 点时,自动准同步合闸并车。

③自动并车成功后,解列并车的发电机,然后恢复发电机的空气断路器(主开关)至“连接”位置。再次进行带负载自动并车的试验。

船舶全自动电站的控制管理监视调试步骤为：

自动备好三台柴油发电机，任意启动一台发电机发电运行。然后两台发电机组任意选择第一备用与第二备用，当负载大于机组额定负载的90%以上时，第一备用机组立即启动，自动延时合闸并网运行。如果第一备用机组故障，第二备用机组自动启动并网运行。当负载又减小为单机额定负载70%时，自动电站的控制管理监视系统又使其中一台发电机经延时后自动解列。

④调试发电机并联运行负载分配时，并车成功以后两台机组各带50%额定负载时进行功率、电流分配整定。然后用水电阻与无功电抗器进行负载调整，其负载变化范围按照如下点进行50%→75%→100%→75%→50%→20%→50% $P_e$。当负载在20%→100%范围内变化时，两台发电机应稳定的运行。在并联运行负载试验时每一负载运行10分钟，同时分别记录每台发电机各负载工况下的功率、电压、频率、电流、功率因数等参数。并进行发电机组并联运行有功功率分配差度及无功分配差度的计算，且满足一般有功功率分配差度为发电机额定功率的±15%，无功功率分配差度为发电机额定无功功率的±10%的要求，并车调试结束。

有功功率分配差度的计算公式：

$$\Delta P = (P_z - P_y)/P_e \times 100\%$$

式中：$P_z$——功率分配差度最大工况下，并联运行发电机实际承担的有功功率；

$P_y$——同一工况下同一发电机并联运行中按额定值应承担的有功功率；

$P_e$——发电机的额定有功功率。

无功功率分配差度的计算公式：

$$\Delta Q = (Q_z - Q_y)/Q_e \times 100\%$$

式中：$Q_z$——功率分配差度最大工况下，并联运行发电机实际承担的无功功率；

$Q_y$——同一工况下同一发电机并联运行中按额定值应承担的无功功率；

$Q_e$——发电机的额定无功功率。

⑤负载转移的操作调试，对船上的三台发电机组，将待并的两台已经在额定状态下运行的发电机并联，利用手动进行负载转移（对负载的增加和减少，用配电板的调速马达转换开关对发电机进行减速或者加速，从而改变发电机所承担负载的减小或增加），将原并联运行的两台机组的任意一台的负载转移到后并网的发电机上，当减载的发电机负载小于额定负载的15%以下时，这时可以分断此发电机的主开关，然后继续调整并网的两台机组的负载分配，使并联运行稳定。

9.船舶电站的配电板联锁调试

试验前要对联锁的系统进行确认，主配电板和应急配电板的保护装置调试结束；应急发电机组、主发电机组调试交验完；发电机空间电加热器正常投入工作；岸电箱安装接线完成且相序正确；发电机组的系泊试验结束。

联锁分别为发电机与岸电之间的联锁；发电机空间电加热器与发电机主开关之间的联锁；应急发电机自动起停装置与主配电板汇流排失电的联锁。

（1）发电机与岸电之间的联锁。这是为了有效地防止发电机组和岸电同时向主配电板供电而出现不同电源间的电源短路和环流故障而设计的联锁。图5-1-10为岸电开关控制原理图。

UVC为岸电开关欠压线圈，TB-S为发电机试验用连接接线端子，52-1、52-2、52-3为三台发电机主开关辅助触点，E41为发电机主开关联锁继电器。从图中可以看出，只有三台发电机组均未合闸的情况下，欠压线圈有电，岸电开关才能合闸供电。在岸电开关合闸的情况下，

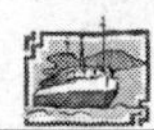

E41 主开关联锁继电器得电动作,串接在三台发电机主开关合闸回路中的常闭触点断开,三台发电机主开关不能合闸。反之当三台发电机任意一台合闸供电,岸电开关都因欠压线圈失电不能合闸。从而实现主开关与岸电之间的控制联锁。而 TB-S 接线端子是为了方便发电机组试验时,主配电板由岸电供电给柴油机辅助系统。又保证发电机组的负载试验而设计,只要短接 3、4 号端子,拆除 1、2 号端子的连接,就可以保证发电机的试验。试验完成后恢复为如图所示的连接方式即可。

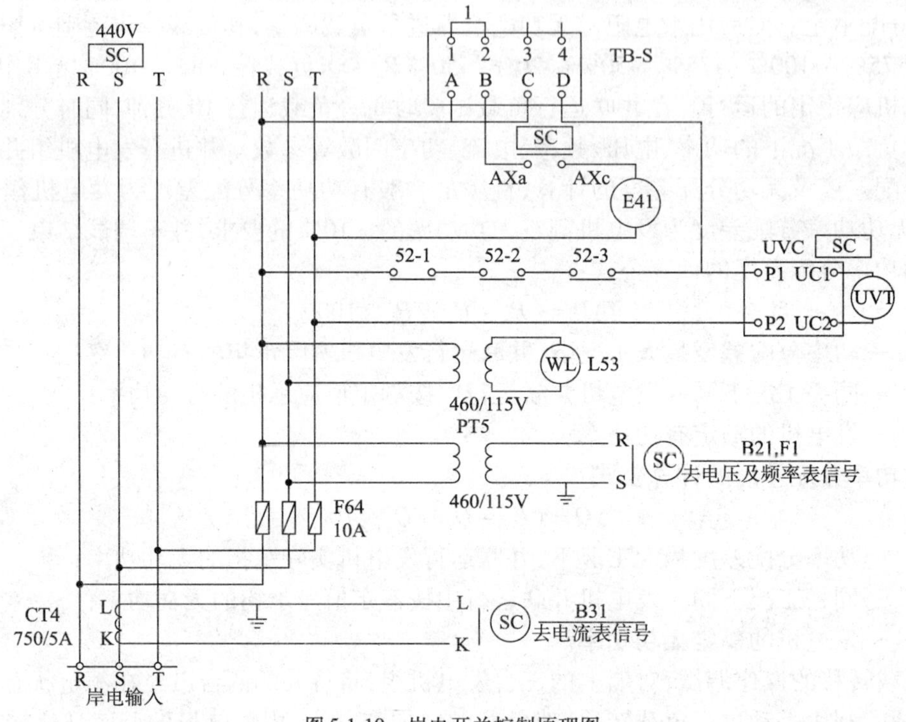


图 5-1-10　岸电开关控制原理图

(2)发电机空间电加热器与发电机主开关之间的联锁。这是为防止发电机内部潮湿而设计的发电机绕组电加热器。当主开关断开时自动投入对发电机绕组加热,发电机合闸供电之后自动切除的联锁。如图 5-1-11 为发电机空间加热器工作原理图。SH 为发电机内部电加热器,SW4 为加热器电源开关,52-1 为发电机主开关辅助触点。OL 为加热器工作指示灯。由原理图可以看出,当电源开关闭合送电后,加热器投入工作。主开关一旦合闸,由于主开关常闭辅助触点断开,加热器停止工作,反之又投入,如此循环实现联锁功能。

(3)应急发电机自动起停装置与主配电板汇流排失电的联锁。如图 5-1-12 为应急发电机联络开关于自动控制原理图。从图中可以看出当应急配电板和应急发电机置于"自动"位置,主配电板汇流排断电,联络开关 BT - E 由于失压而断开,应急配电板与主配电板隔离。应急发电机自动启动运行,建压成功后应急配电板发电机开关延时合闸向应急配电板供电。当主配电板再次恢复供电,继电器 K1A 得电工作,其辅助触点给出应急发电机开关分闸信号。应急发电机停止供电。应急发电机联锁触点 F1X 闭合,经 J1F 时间继电器延时后,联络开关自动合闸恢复向应急配电板供电。经时间继电器 J1E 延时后应急发电机停车。电站联锁试验完成。此项试验可以将 SW5 开关转换到"试验"位置进行联锁功能试验,效果是一样的。成功后只要再做一次断电就即可完成。

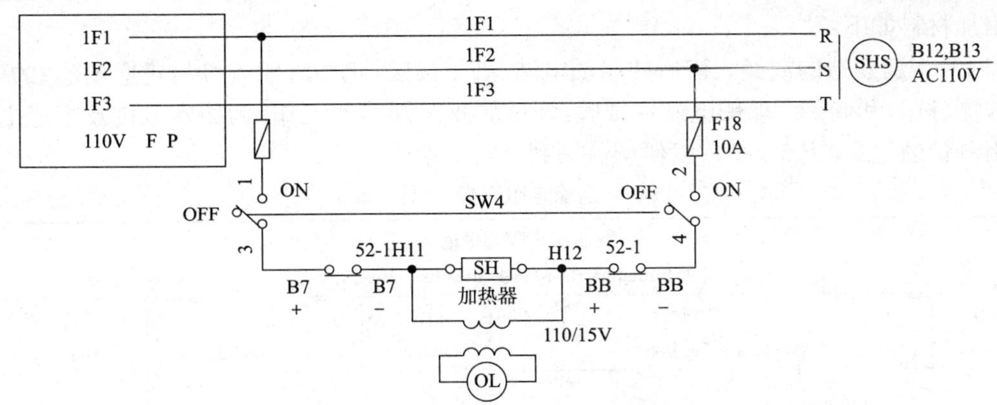


图 5-1-11　发电机空间加热器控制原理图

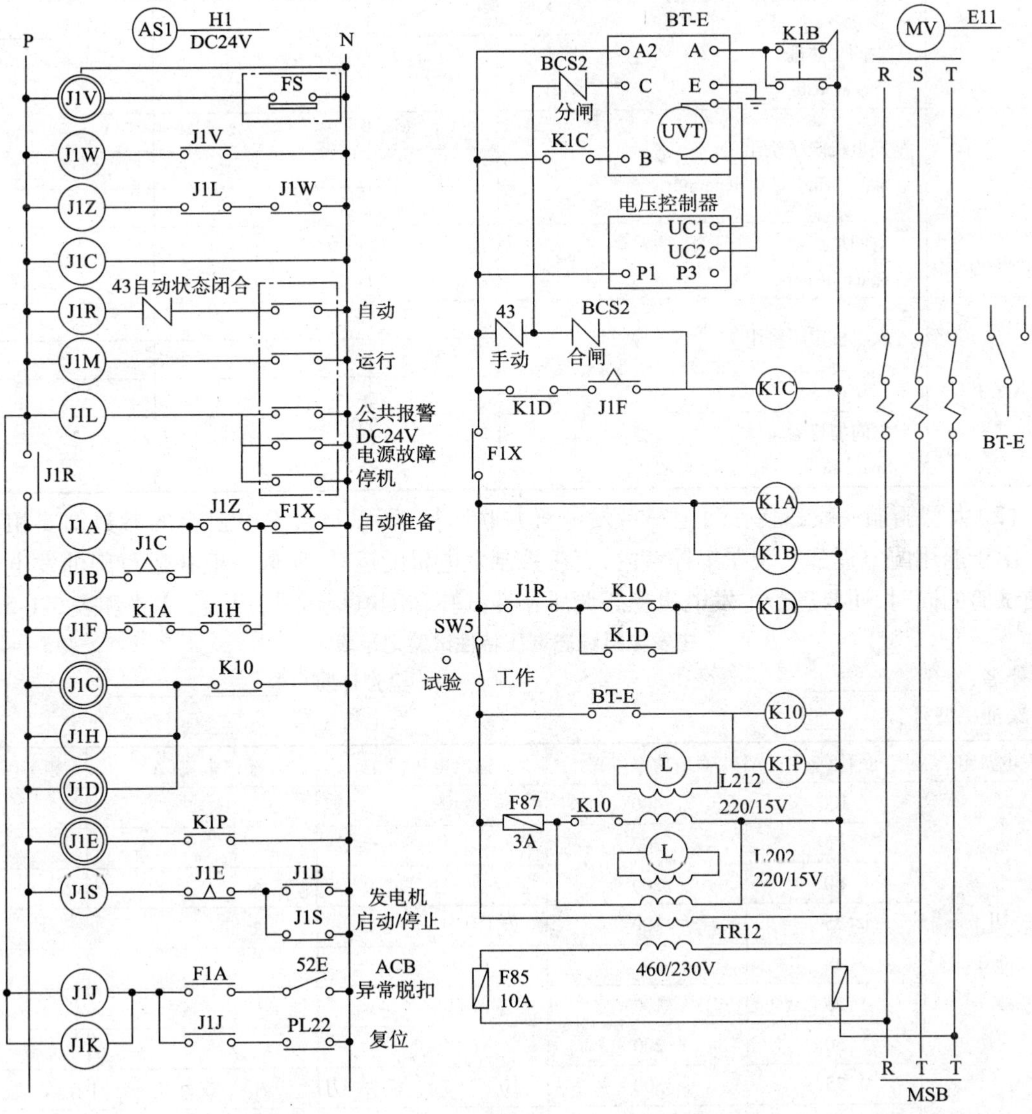

图 5-1-12　应急发电机联络开关于自动控制原理图

附加材料如下:

(1)对于新建造的或经大修后的船舶电站,必须按照《钢质海船入级与建造规范》的要求,进行检测、试验和调整。船舶电站在试验、调试前要做好准备工作,例如发电机及主配电板绝缘电阻测量的记录(表5-1-3),以便调试顺利进行记录。

**绝缘电阻测量记录**　　表5-1-3

| 绝缘电阻测量记录<br>Insulation Resistance Measuring Record | | | | |
|---|---|---|---|---|
| 机组<br>D/G set | 项 目 测 量<br>Measuring Item | 相位<br>Phase | 冷态(MΩ)<br>Hot condition | 热态(MΩ)<br>Hot condition |
| NO.1 | 发电机定子绕组<br>Stator winding of generator | R | | |
| | | S | | |
| | | T | | |
| | 空间加热器<br>Space heater | | | |
| NO.2 | 发电机定子绕组<br>Stator winding of generator | R | | |
| | | S | | |
| | | T | | |
| | 空间加热器<br>Space heater | | | |
| NO.3 | 发电机定子绕组<br>Stator winding of generator | R | | |
| | | S | | |
| | | T | | |
| | 空间加热器<br>Space heater | | | |

(2)大型船舶一般都装有两至三台发电机并联运行,所以每台发电机组的参数都要相互适应。由于船用配电板都安装在集控室内,直接控制发电机的运转,所以一般在进行柴油发电机组系泊试验的同时,还要进行主发电机稳态调压特性试验和配电板试验,见表5-1-4和表5-1-5。

**主发电机稳态调压特性试验记录表**　　表5-1-4

船名:______________　　检验日期:______________

柴油机型号:________　　发电机型号:______________

| 发电机组 | 负荷(%) | 输出功率(kW) | 输出电压(V) | 输出电流(A) | 频率(Hz) |
|---|---|---|---|---|---|
| NO.1 | 100 | 400 | | | |
| | 75 | 300 | | | |
| | 50 | 200 | | | |
| | 25 | 100 | | | |
| | 0 | 0 | | | |
| | 25 | 100 | | | |
| | 50 | 200 | | | |
| | 75 | 300 | | | |
| | 100 | 400 | | | |

续上表

| 发电机组 | 负荷(%) | 输出功率(kW) | 输出电压(V) | 输出电流(A) | 频率(Hz) |
|---|---|---|---|---|---|
| NO. 2 | 100 | 400 | | | |
| | 75 | 300 | | | |
| | 50 | 200 | | | |
| | 25 | 100 | | | |
| | 0 | 0 | | | |
| | 25 | 100 | | | |
| | 50 | 200 | | | |
| | 75 | 300 | | | |
| | 100 | 400 | | | |
| | | | | | |
| 电压变化率 V：±2.5% | | | | | |

结论：

试验员：__________　　　　检验员：

船　东：__________　　　　验船师：

**主配电板保护报警及连锁试验记录表**　　　　表 5-1-5

船名：______________　　　　检验日期：____________

柴油机型号：________　　　　发电机型号：____________

<table>
<tr><td colspan="11">主配电板保护报警试验</td></tr>
<tr><td rowspan="3">试验项目</td><td rowspan="3">开关型号和脱扣器编号</td><td colspan="6">过 载 保 护</td><td>欠压保护</td><td colspan="2">逆功率保护</td></tr>
<tr><td colspan="2">选择性卸载</td><td colspan="2">长延时</td><td colspan="2"></td><td rowspan="2">电压<br>(V)</td><td rowspan="2">逆功率<br>(kW)</td><td rowspan="2">时间<br>(s)</td></tr>
<tr><td>电流<br>(A)</td><td>延时时间<br>(s)</td><td>电流<br>(A)</td><td>延时时间<br>(s)</td><td></td><td></td></tr>
<tr><td>1#主开关</td><td></td><td></td><td></td><td></td><td></td><td></td><td></td><td></td><td></td><td></td></tr>
<tr><td>2#主开关</td><td></td><td></td><td></td><td></td><td></td><td></td><td></td><td></td><td></td><td></td></tr>
<tr><td colspan="11"></td></tr>
<tr><td colspan="11">主配电板联锁试验</td></tr>
</table>

<table>
<tr><td rowspan="2">名　称</td><td colspan="2">结　果</td><td rowspan="2">备注</td></tr>
<tr><td>1#</td><td>2#</td></tr>
<tr><td>发电机主空气断路器与空间加热器</td><td></td><td></td><td></td></tr>
<tr><td>发电机主空气断路器与岸电空气断路器</td><td></td><td></td><td></td></tr>
</table>

结论：

试验员：__________　　　　检验员：__________

船　东：__________　　　　验船师：__________

## ◎ 任务考核

<table>
<tr><td>学生姓名</td><td>教师姓名</td><td colspan="4">工　作　任　务</td></tr>
<tr><td></td><td></td><td colspan="4"></td></tr>
<tr><td colspan="2" rowspan="2">考核标准</td><td>优</td><td>良</td><td colspan="2">及格</td></tr>
<tr><td>对船舶电站试验相关知识点的掌握牢固、明确,能正确完成不同的试验准备;任务执行积极主动,实施过程完整,报告格式标准,内容完整、清晰。</td><td>对船舶电站相关知识点的掌握一般,基本能正确完成电站试验的基本准备工作;任务执行过程比较主动,实验操作过程较好,报告格式标准,内容完整、清晰。</td><td colspan="2">对船舶电站相关试验操作知识点的掌握比较牢固,但对试验方法的准备和理解不够清晰;基本完成任务实施过程,报告格式标准,内容比较完整、清晰。</td></tr>
<tr><td colspan="2">考核内容(70 分)</td><td>小组评价<br>(20%)</td><td>小组互评<br>(20%)</td><td>教师评价<br>(60%)</td><td>得分</td></tr>
<tr><td colspan="2">1. 主配电板功能试验(过载试验 5 分、优先脱扣 5 分、短路保护试验 5 分,共 15 分)</td><td></td><td></td><td></td><td></td></tr>
<tr><td colspan="2">2. 柴油发电机组试验(运行试验 5 分、调整试验操作过程 10 分、试验记录 5 分,共 20 分)</td><td></td><td></td><td></td><td></td></tr>
<tr><td colspan="2">3. 配电板的连锁实验(岸电联锁 5 分、应急发电机连锁 5 分、试验记录 5 分,共 15 分)</td><td></td><td></td><td></td><td></td></tr>
<tr><td colspan="2">4. 任务报告(20 分)</td><td></td><td></td><td></td><td></td></tr>
<tr><td colspan="2" rowspan="6">知识巩固测试(30 分)</td><td colspan="3">1. 船舶电站的总体技术要求(5 分)</td><td rowspan="6"></td></tr>
<tr><td colspan="3">2. 船舶电站的试验准备(5 分)</td></tr>
<tr><td colspan="3">3. 船舶电气设备的试验故障分析(5 分)</td></tr>
<tr><td colspan="3">4. 发电机安全报警功能调试(5 分)</td></tr>
<tr><td colspan="3">5. 发电机的欠压保护调试(5 分)</td></tr>
<tr><td colspan="3">6. 发电机的逆功率保护调试(5 分)</td></tr>
<tr><td>完成日期</td><td></td><td colspan="3">总分</td><td></td></tr>
</table>

# 任务二　船舶应急电站的试验与交验

## ◎ 任务描述

通过对船舶主配电板与应急配电板间切换及应急发电机自动启动控制的介绍,使同学们能够结合船舶应急电站系统的实际情况,了解并掌握船舶应急发电机的调试与交验过程。

◎ 知识链接

现代大型船舶上大都配有应急发电机组(emergency generator),一般位于防撞舱壁以后,舱壁甲板以上和机舱以外的艇甲板上专用的应急发电机间内,其功率应根据应急供电设备的总装置功率来确定。根据 CCS 的《钢质海船入级与建造规范》要求,应急发电机由一具有独立的冷却装置和燃料供给的柴油机驱动,原动机的自动启动系统及原动机的特性均能使应急发电机在安全而实际可行的前提下,尽快地承载额定负荷(最长不超过 45s)。

应急发电机组通过应急配电板(emergency switchboard)把电能分配给各应急负载。应急配电板由应急发电机控制屏、动力和照明负载屏、应急汇流排(emergency bus)组成。应急发电机间内还布置有应急照明变压器、应急发电机启动用蓄电池。应急发电机都有一套用于自动启/停、供电切换的控制装置,此装置有采用继电器控制电路的,也有采用微机或 PLC 控制系统的,近年来新建造的船舶大多采用微机或 PLC 控制装置,主要是通过控制程序来实现各种控制功能,外部电路比较简单。

## 一、主配电板与应急配电板间关系

应急发电机是在主配电板(main switchboard)失电的情况下使用的电源。正常情况下,应急发电机不运转,应急配电板由主配电板供电;主电网失电时,应急发电机启动,建立电压后向应急配电板供电;主配电板恢复正常供电后,应急配电板转换回由主配电板供电。

大多数船舶,主配电板向应急配电板供电具有单向性,即只能由主配电板向应急配电板供电,而不能由应急配电板向主配电板供电。个别船舶设有能迅速地转换至应急运行的转换装置,在符合船级社相关要求并经船级社认可的情况下,应急发电机可在船舶停泊港内期间向主电网供电。

### 1. 主电源与应急发电机的供电切换

主配电板与应急配电板间关系如图 5-2-1 所示。图中,$G_1$、$G_2$、$G_3$表示主电站的三台发电机,$ACB_1$、$ACB_2$、$ACB_3$分别是三台发电机的主开关。$G_E$是应急发电机、$ACB_E$是应急发电机的主开关,MSB 和 ESB 分别表示主配电板和应急配电板。配电开关 MCCB 位于主配电板上,用于给应急配电板供电和提供短路保护。开关 EACB(或 $MCCB_E$)位于应急配电板上,带有失压脱扣器(under-voltage tripper),用于主配电板与应急配电板之间的联络,称为联络开关。应急发电机主开关一般为框架式自动空气断路器(automatic air breaker)。联络开关可以采用框架

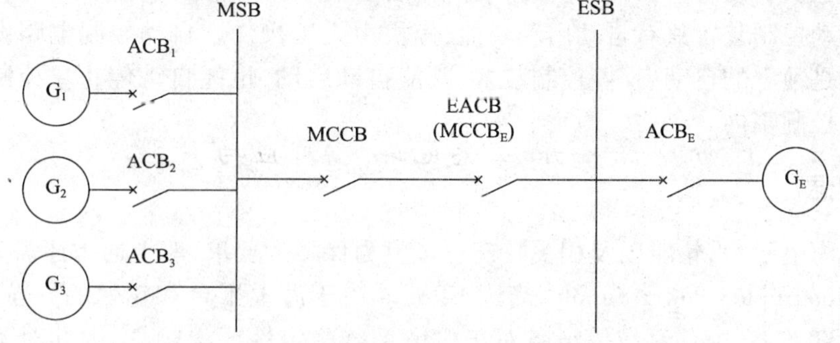


图 5-2-1　主配电板与应急配电板间的关系(单线图)

式,也可采用塑壳式自动空气断路器(moulded case ciruit breaker),实船上多为塑壳式。由于联络开关必须具有自动合闸的功能,因此,若采用塑壳式,必须加装一套电动合闸操作机构。

开关 MCCB 平时一直处于闭合状态,在主发电机正常供电时,联络开关(interconnection switch)闭合,应急配电板由主配电板供电;当主电网失电时,联络开关 EACB 因失压脱扣器线圈断电而脱扣跳闸,应急发电机自动启动,其主开关 $ACB_E$ 自动闭合对应急配电板供电。此时,由于联络开关已经断开,应急发电机的电能供不到主配电板。当主电网恢复供电后,控制系统检测到主电网有电,应急发电机主开关先跳闸,接着联络开关合闸,应急配电板恢复到由主配电板供电状态。应急发电机的联络开关和主开关互为联锁,不能同时合闸,该互锁(interlock)一般是通过将各自开关的一副常闭辅触点串入对方失压脱扣器线圈回路里,或将各自开关的一副常开辅触点并联在对方失压脱扣器线圈两端来实现的。

为确保应急发电机处于良好的状态,一般每周应对其原动机进行一次启动试验:先把应急发电机控制状态转到手动位,手动启动发电机组并空载运行,即主开关不合闸。实验完毕停止发电机组,控制状态转回自动位。为了试验整个应急供电系统的自动功能,还应定期进行应急发电机自动启动和自动合闸的效应试验。试验时无需船舶电网断电,而是将应急配电板上自动试验开关从 0 位(或从正常位)打到试验位,则联络开关的失压脱扣器线圈断电而跳闸,应急配电板即失电,接着处在备用状态的应急发电机组自动启动。启动成功,电压建立后应急发电机主开关立即合闸向应急电网供电。此时船舶即处在主电站、应急电站同时供电状态,只不过现在这两个电网没有电的直接联系。当需结束试验时,只需将试验开关扳回 0 位(或正常位),解除试验状态,同样控制系统检测到主电网有电时,应急发电机主开关先跳闸,接着联络开关合闸,应急配电板恢复由主配电板供电。

**二、应急发电机组的自动启动控制**

用于应急电站的柴油发电机组(diesel generating set)大多数时间是处于不运行状态,一般只有在主电站断电时才投入使用。其对机组自动启/停控制要求较简单,通常只要求尽快启动达到额定转速、建立电压、投入使用。

柴油机组启动能源有压缩空气或蓄电池。用于应急电站的一般都是采用蓄电池。也有采用压缩空气的,若采用压缩空气启动,则需要备一台小型手摇启动的柴油机拖动的空气压缩机。现在,具有自动启/停控制装置的应急柴油发电机组,都是把调速器置于额定转速位置启动。柴油机启动即升至额定转速,发电机建立电压后即投入供电运行。对于启动的控制一般设置为可进行三次启动,并具有故障报警功能。启动工作操作流程如图 5-2-2 所示。

早期的自动控制装置只有自动启动功能,停机由人工操作。自动控制电路设置在应急配电板内。现在是独立的自动启/停控制装置,既能自动启动,也能自动停止。控制装置设置在柴油机的机旁控制箱内。

◎ 知识拓展

为了满足海上平台、轮船以及相关特殊环境电力保障的要求,船上通常还需要配置船用不间断电源(Uninterrupted Power Supply,简称 UPS)。由于海上平台和轮船的导航系统、照明系统、救生系统、IT 设备、通信系统等设备对于供电系统稳定性要求颇高,因此对不间断电源提出了更高的性能和稳定要求。

UPS一般采用智能化间隙式充放电的电池管理和电池监控技术，以及可编程的电池定期诊断监测技术。这些技术不但可以及时向用户提供电池组的工作状态和故障信息，还能有效控制对电池组的充放电过程，使电池的使用寿命延长50%以上，增加了电源系统在船上使用的稳定性。图5-2-3为不间断电源图片。

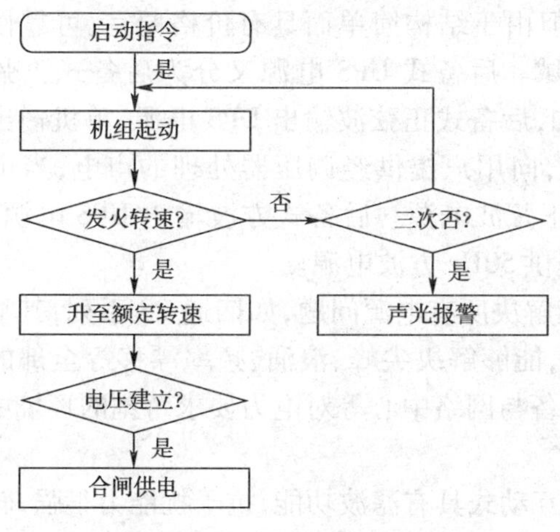

图5-2-2　启动工作操作流程图

图5-2-3　不间断电源

## 一、不间断电源的分类

UPS按工作原理分成后备式、在线式与在线互动式三大类。

### 1. 后备式UPS

后备式UPS的基本结构如图5-2-4所示，它由充电器、蓄电池、逆变器、交流稳压器、转换开关等部分构成。市电存在时，逆变器不工作，市电经交流稳压器稳压后，通过转换开关向负载供电，同时充电器工作，对蓄电池组浮充电。市电掉电时，逆变器工作，将蓄电池供给的直流电压变换成稳压、稳频的交流电压，转换开关同时断开市电通路，接通逆变器，继续向负载供电。后备式UPS的逆变器输出电压波形有方波、准方波和正弦波三种方式。后备式UPS结构简单、成本低、运行效率高、价格便宜，但其输出电压稳压精度差，市电掉电时，输出有转换时间。后备式UPS功率小，一般在2kV·A以下。

### 2. 在线式UPS

在线式UPS的基本结构如图5-2-5所示，它由整流器、逆变器、蓄电池组、静态转换开关等部分组成。正常工作时，市电经整流器变成直流后，再经逆变器变换成稳压、稳频的正弦波交流电压供给负载。当市电掉电时，由蓄电池组向逆变器供电，以保证负载不间断供电。如果逆变器发生故障，UPS则通过静止开关切换到旁路，直接由市电供电。当故障消失后，UPS又重

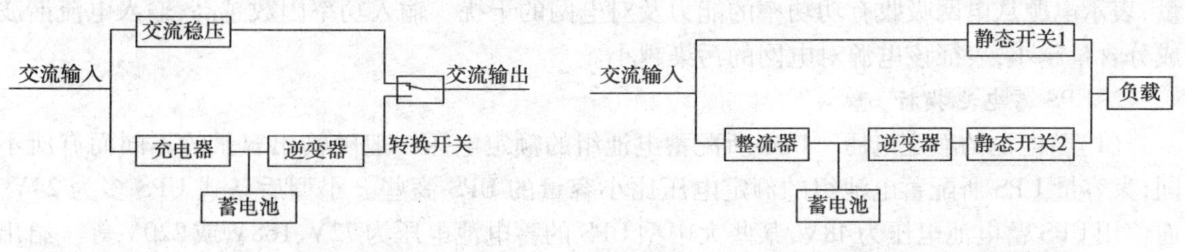

图5-2-4　后备式UPS的基本结构　　图5-2-5　在线式UPS的基本结构

新切换到由逆变器向负载供电。由于在线式 UPS 总是处于稳压、稳频供电状态,输出电压动态响应特性好,波形畸变小,因此,其供电质量明显优于后备式 UPS。目前大多数 UPS,特别是大功率 UPS,均为在线式。但在线式 UPS 结构复杂,成本较高。

目前我们最常用的是后备式 UPS,它具备了自动稳压、断电保护等 UPS 最基础也最重要的功能,虽然一般有 10ms 左右的转换时间,但由于结构简单而具有价格便宜,可靠性高等优点,因此广泛应用于微机、外设、POS 机等领域。后备式 UPS 电源又分为后备式正弦波输出 UPS 电源和后备式方波输出 UPS 电源。例如,后备式正弦波输出 UPS 电源:单机输出可做到 0.25 ~ 2kW,当市电在 170 ~ 264V 间变化时,向用户提供经调压器处理的市电;当市电超出 170 ~ 264V 范围时,才由 UPS 提供高质量的正弦波电源。后备式方波输出 UPS 电源:与后备式正弦波输出 UPS 电源不同的只是为用户提供 50Hz 方波电源。

在线式 UPS 结构较复杂,但性能完善,能解决所有电源问题,如四通 PS 系列,其显著特点是能够持续零中断地输出纯净正弦波交流电,能够解决尖峰、浪涌、频率漂移等全部的电源问题;由于需要较大的投资,通常应用在关键设备与网络中心等对电力要求苛刻的环境中。

3. *在线互动式 UPS*

在线互动式 UPS,同后备式相比较,在线互动式具有滤波功能,抗干扰能力很强,转换时间小于 4ms,逆变输出为模拟正弦波,所以能配备服务器、路由器等网络设备,或者用在电力环境较恶劣的地区。

**二、UPS 的性能指标**

1. UPS 的输入指标

(1)输入电压。输入电压表示 UPS 适应什么样的供电制式,这里主要指三方面的内容:

①输入电压是单相还是三相;

②输入交流电压的数值;

③UPS 对电网电压变化的适应范围。UPS 的输入电压超出适应范围时,UPS 就断开市电而由蓄电池供电。

(2)输入频率。输入频率表示 UPS 适应的输入交流电频率及其允许变化的范围。当市电频率在变化范围之内时,UPS 逆变器的输出与市电同步;当频率超出该范围时,逆变器的输出不再与市电同步,其输出频率由 UPS 内部 50Hz 正弦波发生器决定。

(3)输入电流。输入电流表示 UPS 包括充电器工作时的输入电流,其最大值表示输入电压为下限值、负载为 100% 时,充电器工作时的最大输入电流。用户在安装 UPS 时,可以根据这个数值选用合适的导线及输入熔断器。

(4)输入功率因数。输入功率因数是指 UPS 中整流充电器的输入功率因数和输入电流质量,表示电源从电网吸收有功功率的能力及对电网的干扰。输入功率因数越高,输入电流谐波成分含量越小,表征该电源对电网的污染越小。

2. UPS 蓄电池指标

(1)蓄电池的额定电压。UPS 所配蓄电池组的额定电压一般随输出容量的不同而有所不同,大容量 UPS 所配蓄电池组的额定电压比小容量的 UPS 高些。小型后备式 UPS 多为 24V,通信用 UPS 蓄电池电压为 48V,某些大中型 UPS 的蓄电池电压为 72V、168V 或 220V 等。给出该值,一方面为外加电池延长备用时间提供依据,另一方面为今后电池的更替提供方便。

(2)蓄电池的备用时间。当 UPS 所配置的蓄电池组满荷电状态时,在市电断电时改由蓄电池组供电的情况下,UPS 还能继续向负载供电的时间。

(3)蓄电池的类型。现在的 UPS 一般采用阀控密封式铅酸蓄电池,早期的 UPS 产品也有采用镍镉碱性蓄电池的。

(4)蓄电池充电电流限流范围。避免充电电流过大而损坏蓄电池,其典型值为 2% ~25% 的标称输入电流。

3. UPS 的输出指标

(1)输出电压。

①标称输出电压。单相输入单相输出或三相输入单相输出的 UPS 为 220V;三相输入三相输出 UPS 为 380V,采用三相三线制或三相四线制输出方式。

②输出电压可调范围。对大、中容量 UPS 而言,输出电压从它们的额定值起最小可调节 ±5%。对于小容量单相 UPS 而言,一般采用拨盘调节法,其输出电压的典型可调范围为 208/220/230/240V。

(2)输出容量。容量是 UPS 的首要指标,包括输入容量和输出容量,一般指标中所给出的容量是输出容量,是指输出电压的有效值与输出最大电流有效值的乘积,也称视在功率。

(3)输出功率因数。UPS 输出功率因数反映 UPS 的输出电压与输出电流之间的相位与输入电流谐波分量大小之间的关系。它表征 UPS 对非线性负载的适应能力和视在功率过载的能力,不一定越大越好。UPS 输出功率因数是可适应不同性质负载的能力,而不是提供有功功率的百分比;输出功率因数为 1 时,只能给出 80% 额定输出的视在功率;输出功率因数为 0. 8 时,才可输出 100% 的额定视在功率。而且,输出功率因数越小,输出的视在功率伏安值就越大;实际功率因数大小随负载性质而变,不是 UPS 要给负载输出什么功率,而是负载需要什么功率。

**三、不间断电源的主要构成**

UPS 电源系统由五部分组成:主路、旁路、电池等电源输入电路,进行 AC/DC 变换的整流器(REC),进行 DC/AC 变换的逆变器(INV),逆变和旁路输出切换电路以及蓄能电池。其系统的稳压功能通常是由整流器完成的,整流器件采用可控硅或高频开关整流器,本身具有可根据外电的变化控制输出幅度的功能,从而当外电发生变化时(该变化应满足系统要求),输出幅度基本不变的整流电压。净化功能由储能电池来完成,由于整流器对瞬时脉冲干扰不能消除,整流后的电压仍存在干扰脉冲。储能电池除可存储直流电能的功能外,对整流器来说就像接了一只大容量电容器,其等效电容量的大小与储能电池容量大小成正比。由于电容两端的电压是不能突变的,即利用了电容器对脉冲的平滑特性消除了脉冲干扰,起到了净化功能,也称对干扰的屏蔽。频率的稳定则由变换器来完成,频率稳定度取决于变换器的振荡频率的稳定程度。为方便 UPS 电源系统的日常操作与维护,设计了系统工作开关,主机自检故障后的自动旁路开关,检修旁路开关等开关控制。

在电网电压工作正常时,给负载供电如图 5-2-6 所示,而且,同时给储能电池充电;当突发停电时,UPS 电源开始工作,由储能电池供给负载所需电源,维持正常的生产(如粗黑→所示);当由于生产需要,负载严重过载时,由电网电压经整流直接给负载供电(如虚线所示)。

**四、工作过程**

当正常 380V 交流电压时,经整流后,直流主回路有直流电压,供给 DC - AC 交流逆变器,

输出稳定的220V或380V交流电压,同时交流电经整流后对电池充电。当任何时候电网欠压或突然掉电,则由电池组通过隔离二极管开关向直流回路馈送电能。从电网供电到电池供电没有切换时间。当电池能量即将耗尽时,不间断电源发出声光报警,并在电池放电下限点停止逆变器工作,长鸣报警。不间断电源还有过载保护功能,当发生超载(150%负载)时,跳到旁路状态,并在负载正常时自动返回。当发生严重超载(超过200%额定负载)时,不间断电源立即停止逆变器输出并跳到旁路状态,此时前面输入空气开关也可能跳闸。消除故障后,只要合上开关,重新开机即开始恢复工作。图5-2-7为不间断电源工作原理框图。

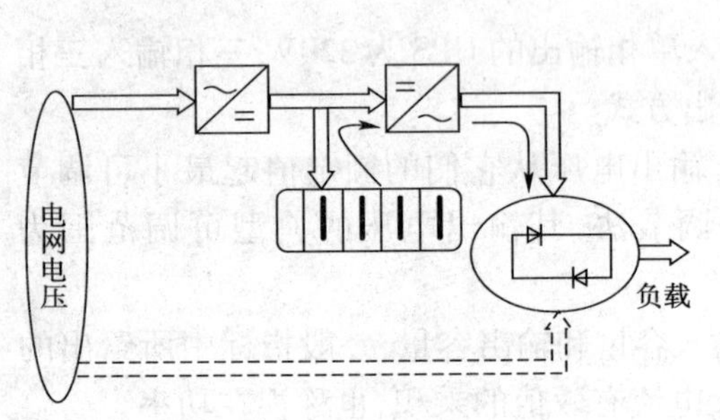


图5-2-6 不间断电源

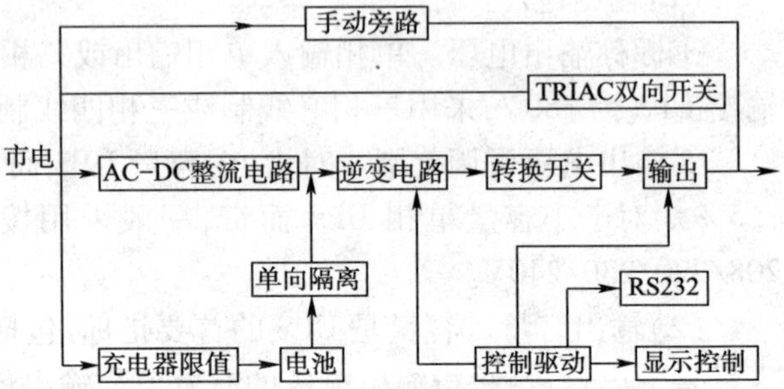

手动旁路
TRIAC双向开关
市电
AC-DC整流电路
逆变电路
转换开关
输出
单向隔离
RS232
充电器限值
电池
控制驱动
显示控制

图5-2-7 不间断电源工作原理框图

## 五、不间断电源系统的技术要求

(1)输出正弦电压波形好;

(2)电源波形畸变微小;

(3)频率稳定;

(4)电压波动小;

(5)电源效率高、损耗小;

(6)噪声低;

(7)操作简单;

(8)不需维护。

为了达到以上要求,干扰滤波器、变压器、整形滤波器、整流器控制单元、逆变器控制单元和监测报警回路均属必需的。

## 六、不间断电源在船上的应用

船上大部分重要的以及维系生命安全的设备不能由充放电板直接馈电。当船舶主电源出现故障,在应急发电机启动并正常供电之前,为了确保通讯导航设备、无线电设备、监测报警系统以及维系生命安全的重要设备供电的连续性,应当采用不间断电源系统。应急发电机启动并投入运行后,所有不间断电源的负载可由应急配电板供电,不间断电源所供负载主要有:

救生艇照明;应急发电机室照明;机舱监控室照明;监测报警自动化系统;风机油泵应急切断系统;火警系统;$CO_2$ 报警系统;通用报警系统;航行信号灯;雷达;电罗经;自动舵;白昼信号探照灯;舵角指示器;无线电系统;自动电话;磁罗经照明;驾控台直流24V电源(通过整流器获得);机舱监控台直流24V电源(通过整流器获得)等。

◎ 任务实施

**主电源与应急发电机的供电切换**

在船舶电站实训室及船厂进行实地参观，了解船舶系泊试验和航海试验过程；并根据所在船厂提供的船舶电站实训机会，熟悉船舶主配电板与应急配电板间切换及应急发电机自动启动控制，并能够结合船舶应急电站系统的实际情况，完成船舶应急发电机的调试与交验。

附加材料如下：

图5-2-8是一实船使用的主电源与应急发电机的供电切换控制电路。图中，$Q_1$为应急配电板上的联络开关，$Q_2$为应急发电机主开关。$Q_1$和$Q_2$均采用了塑壳式开关，带有失压脱扣器，并加装了电动机合闸装置(图中虚线框1和2)，可实现自动合、分闸操作。

无论分闸或合闸操作，电动机都是朝同一方向转动。C为合闸限位开关，在分闸位置闭合，电动机转到合闸位置断开；d为分闸限位开关，在合闸位置闭合，电动机转到分闸位置断开。触点16－18在开关脱扣位置闭合，用于控制开关脱扣跳闸后的自动“再扣”(reset)。开关总是在合闸位置脱扣，因此脱扣时，限位开关c和d还保持合闸时的位置状态。这样，当开关脱扣后接着就可以进行自动“再扣”。自动“再扣”实际上是使电动机转动再进行一次分闸操作。

根据实际使用要求，供电转换需要有3种工作状态：手动、自动和试验。控制系统设置有两个选择开关：手动/自动(manual/auto)选择开关和正常/试验(manual/test)选择开关。

手动状态：机组的启动、停机和供电转换都只能由人工来完成。

自动状态：机组处于备用状态，主电源失电，机组立即自动启动，给应急配电板供电。

试验状态：在主电源供电的状态下，对应急发电机进行自动启动、供电的效应试验。

柴油机的自动启动和停止控制由机旁控制箱内的自动控制装置执行。在主配电板正常供电的情况下，把机旁控制箱上的控制开关置于“自动”位，继电器$K_{32}$通电，应急配电板上的“备用就绪”灯亮，表示应急发电机已处于可用状态。应急发电机运行时，继电器$K_{33}$通电，应急配电板上的“运行”灯亮。柴油机的启动与停止由时间继电器$KT_4$控制，当$KT_4$断电，其常闭触头闭合时，柴油机启动：当$KT_4$通电，其常闭触头延时断开时，柴油机停止。

1. 手动/自动选择

手动/自动选择由开关$S_{14}$设定。$S_{14}$置手动位，$K_{34}$不动作，其常开触点(normally open contact)断开，常闭触点(normally closed contact)闭合，分别接入联络开关$Q_1$和应急发电机主开关$Q_2$的合、分闸控制回路。$S_{11}$、$S_{12}$分别是$Q_1$的手动合、分闸按钮；$S_1$、$S_2$分别是$Q_2$的手动合、分闸按钮。这样，在手动位$Q_1$和$Q_2$能手动合、分闸操作。$S_{14}$置自动位，$K_{34}$通电动作，其常开触点闭合，常闭触点断开，接通$Q_1$和$Q_2$的自动合闸控制回路，并且切除了手动合、分闸功能。

2. 供电切换

平时$S_{14}$置自动位，试验开关$S_{13}$正常位。$U_M$是主配电板电压，正常情况下，主配电板有电，监视主电网的继电器$K_{11}$动作，其常开触头闭合，一方面使$Q_1$的失压脱扣器线圈(under voltage tripper coil)通电，允许合闸，另一方面使时间继电器$KT_2$、$KT_3$、$KT_{14}$均通电。$KT_2$通电，其触头延时闭合发出$Q_1$合闸指令，使$Q_1$合闸，由主配电板给应急配电板供电。$KT_4$通电，使机组处于

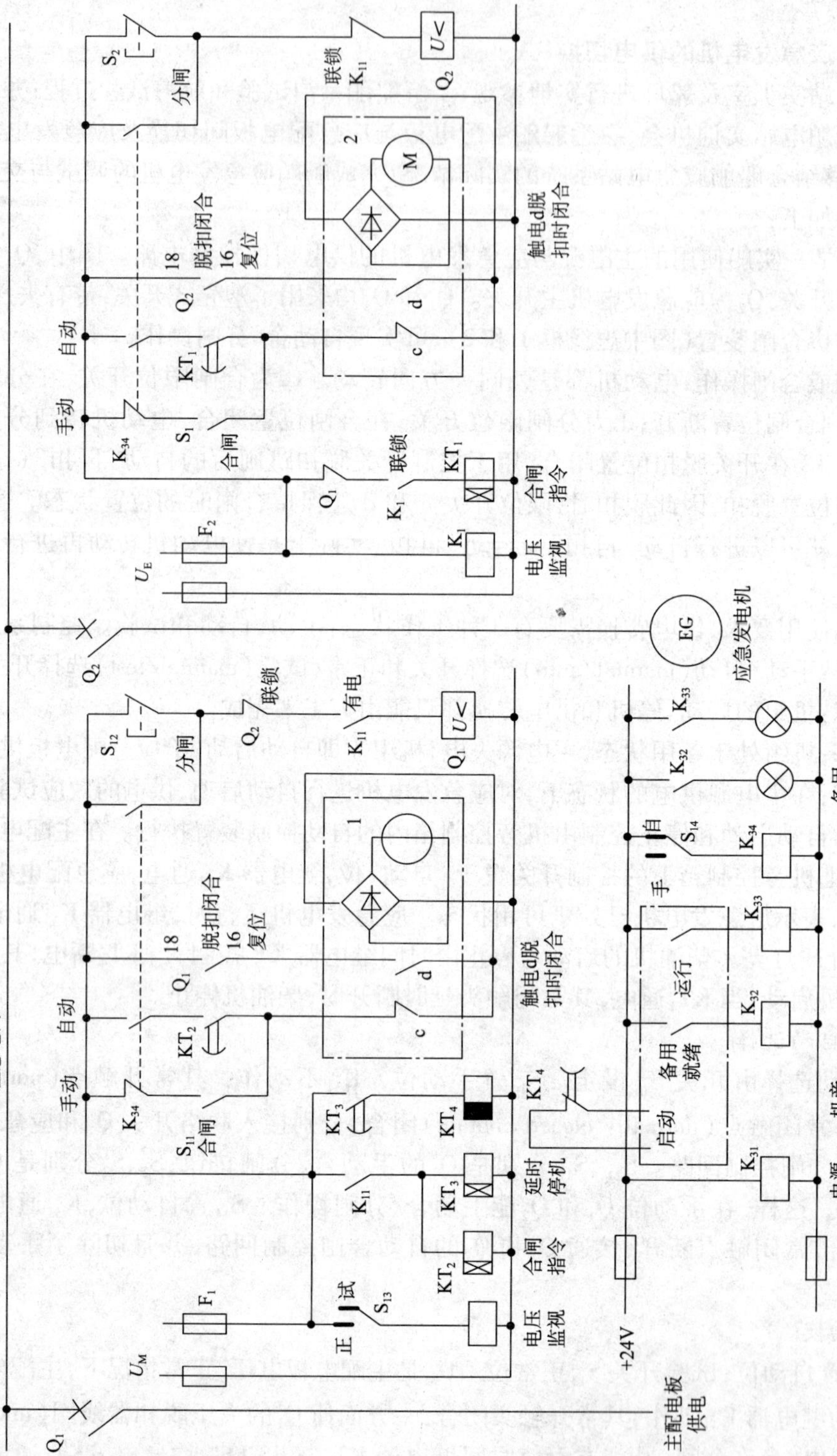

图5-2-8 主电源与应急发电机的供电功能切换控制电路

停机状态。

当主电网失电时，$K_{11}$断电释放，使$Q_1$的失压脱扣器线圈断电而脱扣跳闸（trip），$Q_2$的失压脱扣器线圈回路接通，为通电做准备；$KT_3$断电，其常开触头延时断开，使$KT_4$断电，其常闭触点延时闭合，发出应急发电机启动指令。$U_E$是应急发电机电压，应急发电机启动成功，电压建立，$Q_2$的失压脱扣器通电吸合，允许合闸；$U_E$建立同时，监视应急发电机电压的$K_{11}$继电器通电动作，使时间继电器$KT_1$通电，经延时其常开触头闭合，使$Q_2$合闸，由应急发电机给应急电网供电。当主电网恢复供电时，$K_{11}$通电动作，其常闭触头断开，使应急发电机主开关$Q_2$的失压脱扣器线圈断电而脱扣跳闸；同时，其常开触头闭合，一方面使联络开关$Q_1$的失压脱扣器线圈通电，允许合闸；另一方面使时间继电器$KT_2$、$KT_3$通电开始延时。$KT_2$延时时间到，其常开触头闭合发出$Q_1$合闸指令，$Q_1$闭合，应急配电板又恢复到由主配电板供电状态。$KT_3$延时时间到，其常开触头闭合，时间继电器（time relay）$KT_4$通电，其常闭触头断开，实现延时停机。

联络开关$Q_1$与应急发电机主开关$Q_2$之间通过失压脱扣器进行电气联锁，防止两者同时当主电网给应急配电板供电时，联络开关$Q_1$闭合，同时$K_{11}$通电，其与$Q_2$的失压脱扣器线圈串联的常闭触头断开，$Q_2$的失压脱扣器线圈不能通电，防止$Q_2$误合闸。当应急发电机给应急配电板供电时，$Q_2$闭合，其一副常闭辅触点串联入$Q_1$的失压脱扣器线圈回路中，使$Q_1$的失压脱扣器线圈不能通电，$Q_1$不能合闸。

3. 试验应急发电机

当机组控制方式在“自动”位时，把试验开关$S_{13}$转到“试验”位，则监视主电网的继电器$K_{11}$断电，相当于控制系统监测到主电网失电，则$Q_1$失压脱扣跳闸，应急配电板失电，同时应急发电机启动给应急配电板供电。试验结束后，把试验开关$S_{13}$转到“正常”位，因$U_M$正常，$K_{11}$通电，即控制系统监测到主电网有电，则$Q_2$脱扣跳闸，然后$Q_1$合闸，应急配电板又恢复由主电网供电，应急发电机延时停机。

## ◎ 任务考核

<table>
<tr><td>学生姓名</td><td>教师姓名</td><td colspan="4">工　作　任　务</td></tr>
<tr><td></td><td></td><td colspan="4"></td></tr>
<tr><td colspan="2" rowspan="2">考核标准</td><td>优</td><td>良</td><td colspan="2">及格</td></tr>
<tr><td>对船舶主电源与应急电源切换相关知识点的掌握牢固、明确，能正确区分不同切换操作方法；任务执行积极主动，实施过程完整，报告格式标准，内容完整、清晰。</td><td>对船舶主电源与应急电源切换知识点的掌握一般，基本能正确理解不同切换操作方法；任务执行过程比较主动，实验操作过程较好，报告格式标准，内容完整、清晰。</td><td colspan="2">对船舶主电源与应急电源切换操作知识点的掌握比较牢固，但对切换操作方法的分类理解不够清晰；基本完成任务实施过程，报告格式标准，内容比较完整、清晰。</td></tr>
<tr><td colspan="2">考核内容(70 分)</td><td>小组评价<br>(20%)</td><td>小组互评<br>(20%)</td><td>教师评价<br>(60%)</td><td>得分</td></tr>
<tr><td colspan="2">1. 主电源与应急电源切换(手动试验 5 分、自动试验 5 分、试验切换 5 分，共 15 分)</td><td></td><td></td><td></td><td></td></tr>
</table>

续上表

<table>
<tr><td>考核内容(70 分)</td><td>小组评价<br>(20%)</td><td>小组互评<br>(20%)</td><td>教师评价<br>(60%)</td><td>得分</td></tr>
<tr><td>2. 供电切换试验(运行试验 5 分、调整试验操作过程 5 分、试验记录 5 分,共 15 分)</td><td></td><td></td><td></td><td></td></tr>
<tr><td>3. 应急发电机的连锁实验(自动位试验 5 分、手动位试验 5 分、延时停机 5 分、试验记录 5 分,共 20 分)</td><td></td><td></td><td></td><td></td></tr>
<tr><td>4. 任务报告(20 分)</td><td></td><td></td><td></td><td></td></tr>
<tr><td rowspan="6">知识巩固测试(30 分)</td><td colspan="3">1. 船舶应急电站与主电站的切换关系(5 分)</td><td rowspan="6"></td></tr>
<tr><td colspan="3">2. 船舶应急电站与主电站的切换程序(5 分)</td></tr>
<tr><td colspan="3">3. 船舶应急发电机组的自动启动程序(5 分)</td></tr>
<tr><td colspan="3">4. 不间断电源的分类(5 分)</td></tr>
<tr><td colspan="3">5. 不间断电源的性能指标(5 分)</td></tr>
<tr><td colspan="3">6. 不间断电源的工作过程(5 分)</td></tr>
<tr><td>完成日期</td><td></td><td colspan="2">总分</td><td></td></tr>
</table>

# 项目六　船舶电站综合自动化系统的系泊试验

船舶电站是一套控制比较复杂、专业技术性较强的系统，通常都是由原动机、发电机、调压装置和配电板等几大部分组成。作为船舶动力系统的重要组成部分，它承担着发电与配电的重要任务，因而电站的运行质量将直接关系到船舶的生命力。总之，电站必须做到供电可靠、电网稳定、运行经济，因而调试工作必须认真负责，保证达到各项设计指标要求。船舶电站自动化的任务就是要保证供电的安全可靠和提高运行的经济性，尤其是在无人值班或一人值班的机舱。由于整个程序的自动化，减少了人为的误操作，可使整个电站始终处于最佳运行状态。

作为从事船舶电气技术的专业技术人员，学习和掌握船舶电站综合自动化系统的调试与交验，对于全面掌握船舶电气技术的专业发展，具有极其重要的作用。通过本项目的学习，相信大家会对这些知识有进一步的理解和认识。

● **知识目标**

1. 能简单叙述自动电站各种结构形式；
2. 能正确理解和掌握船舶自动电站的调试与故障排除；
3. 能简单叙述泵组的自动切换与顺序启动；
4. 能正确地描述发电机负载自动分配装置的调试与试验。

● **技能目标**

1. 会进行船舶电站综合自动化调试与交验；
2. 会进行瘫船试验的调试；
3. 会进行船舶的风油切断与优先脱扣的调试。

## 任务一　船舶自动电站的功能调试

### ◎ 任务描述

通过对自动电站的基本构成、特点，以及自动电站的结构形式介绍，将自动电站的构成单元、分类、工作特点及系统组成呈现给大家。使同学们能够对自动电站的组成有一个良好的认知，为船舶自动电站系统的基本调试打下一定的基础。

### ◎ 知识链接

#### 一、自动电站构成

众所周知船舶电站是现代船舶的心脏。船舶电网失电会造成整船瘫痪，电站的可靠供电

是全船所有设备正常运行的必要条件,电站可靠供电的保证则取决于电站的控制系统及电站机组、发电机控制屏等设备。在机舱自动化领域中,20 世纪 80 年代发展起来的微机控制系统正逐步被以 PLC 为代表的控制系统所取代。技术发展至今,最可靠的控制系统就是 PLC 系统。目前 PLC 控制的电站、主机遥控、集中监测报警等系统也已不断地更新换代。自动电站的主要硬件模块由 PLC 和 PPU 组成,如图 6-1-1 所示。

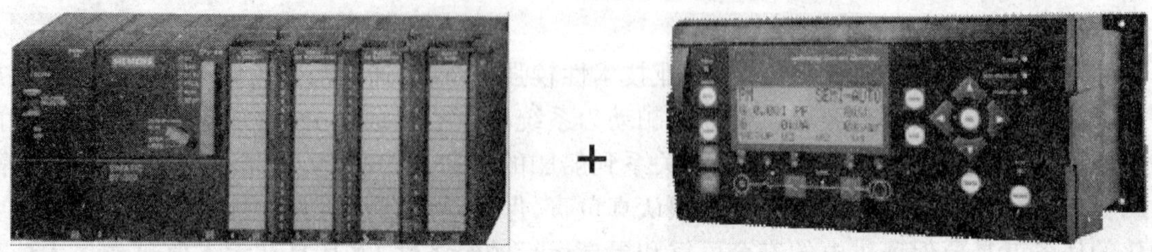


图 6-1-1　自动电站硬件模块组成

基于可靠性、灵活性及在控制系统局部发生故障时,从能最大限度保留自动控制功能等情况出发,世界各生产厂家大多是朝着模块化方向发展的,船舶自动电站大致可分成以下四种结构形式。

1. 采用总体控制方式

总体控制单元相当于人的"人脑",把来自各台发电机组的机、电信息及主开关、汇流排与各大用户的必要信息给以综合分析、判断,然后发布相应命令,确保电力系统安全、可靠且经济运行,保证供电质量。其树形结构方框图如图 6-1-2 所示。

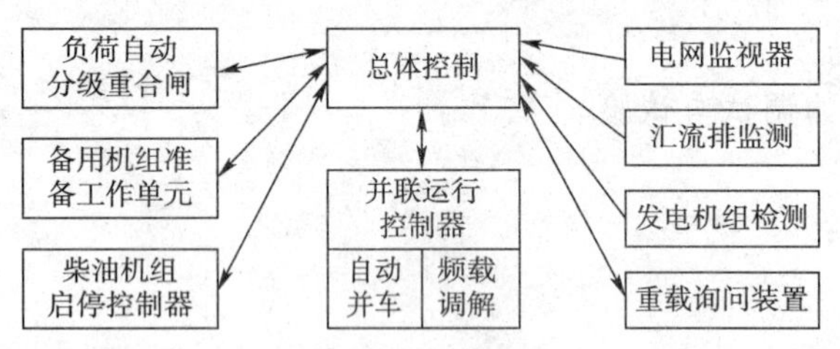


图 6-1-2　总体控制型自动化电站结构方框图

由图可见总体控制单元与各子单元间是直接联系的,而各子单元间互不相连。在这种控制系统中:

(1)柴油发电机组的启停控制器:每台机组各一套对柴油机组进行自动启动、自动停机与应急自动停机逻辑控制操作。因此某一套控制器发生故障。那么只影响该台机组,对其他机组无任何干扰。

(2)并联运行控制器:是由自动并车装置与频载调节器组成的。通常自动并车装置整个系统只需一套即可,频载调节器是每台机组各需一套。早期这两个装置是各自独立成体,以后大多数厂家已将这两个装置合并成一个整体形式问世。并联运行控制器进行将待并机组自动投入电网及并网后执行恒频与负荷分配操作。

(3)汇流排监测:是测量汇流排即电网的电压、电流等电气参数,供总体控制单元计算与判断电网的功率余量,以决定启动备用机组投入电网还是解列一台多余在网机组。

(4)发电机组监视与电网监视器:是作为安全系统,监视电网电压、频率及机组的水温、油压等机、电参数是否低于或超过允许值,供总体控制单元鉴别故障机组、启动备用机组投网并使故障机组脱离船舶电网,保证电网供电的连续性。

(5)备用机组准备工作单元:每台柴油机组一套装置,机组处于停机状态时控制周期性预润滑系统。

(6)重载询问装置:即对大功率负荷投入时进行管理。当电网功率富余量充足时大负荷可直接投入,当电网功率余量不富裕时需待备用机组启动投入电网并联运行后,才允许大负荷启动。

(7)重要负荷自动分级重合闸:当运行机组发生严重机、电故障时会导致发电机组跳闸,电网将出现短暂断电状态,在电网自动恢复供电后,为了迅速地恢复整个电力系统的正常运行,在自动电站管理系统中可设置这一环节,主要用于控制为主机运行服务的各种辅机与舵机、冰机及其他各类泵浦等设备的再启动,分级启动目的是为了防止众多设备同时启动时的冲击电流可能会再次形成发电机假性短路而导致主开关跳闸,分级启动顺序按负荷的相对重要性排列,每一级启动之间的间隔时间约为 4 ~ 8s。

2. 积木块式

积木块式自动化电站主要由五种(或四种)功能块组成,其结构框图如图 6-1-3 所示。

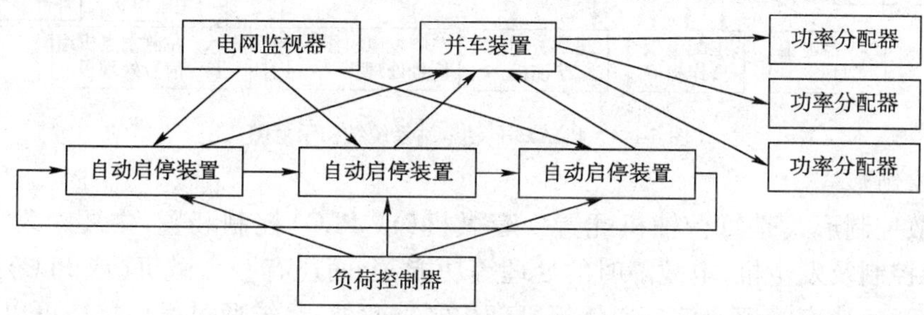

图 6-1-3　积木式自动化电站结构框图

(1)自动启动停车装置:控制柴油机的启动(保证柴油机启动所需的润滑、启动空气和燃油等),监视柴油机运行中的所有重要运行参数。当其参数超过规定极限时柴油机则立即或延迟(3min)停车。因此本装置也是一个安全保护系统。

(2)并车装置:建立和检查发电机并入主汇流排的条件,执行并车功能。

(3)电网监视器:作为安全系统监视电网电压和频率是否低于和超过允许值,鉴别故障机组并使其脱离船舶电网,保证电网的继续供电,电网断电后电网监视器也有自动恢复供电的功能。

(4)负荷控制器:保证机组运行在经济工况下,也就是使运行机组的台数与电站的负荷量相适应。

(5)功率分配器:使运行中的柴油发电机组均匀地承担负荷,需要时也可实现频率调节。

这些功能块是以独立装置或模块形式出现的,主要是用具有一定程度的集成功能块的模拟技术和数字技术实现的。大多厂家如前所述已将并车装置与功率分配器合并成一个独立的并联运行控制器出现,故而系统就由四个功能块组成。

图 6-1-4 表明了由 PLC 控制的船舶自动电站管理系统的结构图。PLC 控制系统主要由 PLC、信号处理板、电源板、操作控制显示板所组成。系统配置是按每台发电机组一台 PLC、一块信号处理板、一块电源板,系统参数的在线监视与在线修改是通过 PLC 的编程器实现的。

PLC:主要承担发电机组启、停控制,机组故障处理,调频,并联运行控制,机组运行台数及大功率负荷投入管理等任务。信号处理板用于产生 PLC 所能接收的系统所需的开关量、模拟量信号,如 U、I、P、f、Us 等参数。电源单元输入 DC 24V,AC 220V;输出 DC 24V,+15V,-15V 向系统所有单元、部件提供工作电源。

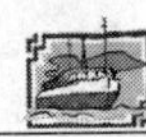

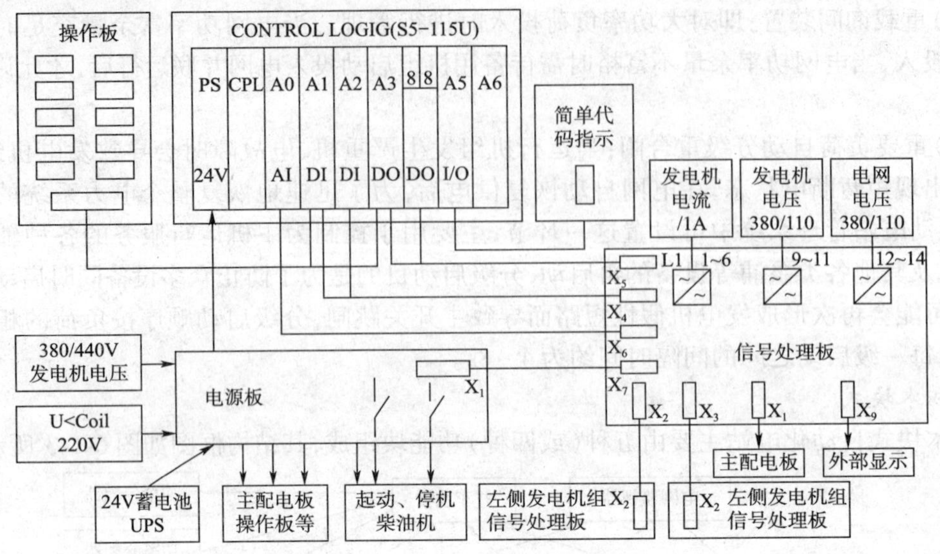


图 6-1-4 PMA52 自动电站系统结构示意图

3. 集散控制形式

这种集散控制形式是每台辅机配置一套微机(或 PLC)控制装置,主要对发电机组的启动、停机进行控制及发生机、电故障时的处理等功能,上面还有一套微机(或 PLC)控制装置主要进行并联运行、功率管理及信息通信等管理控制。此外,系统通过通信接口可以与个人电脑相连,在电脑显示器上用文字或图形来显示各种系统参数及发电机组、主开关等电器的状态。图 6-1-5 表示集散控制形式系统结构图。这种结构相当于主体控制方式。

4. 局域网控制形式

集散控制形式中,下位机与上位机之间采用的是点对点方式联系,图 6-1-6 表示的是采用数据总线形式的下位机与上位机之间构成局域网通讯方式。当机舱其他自动化设备与电站都是由同一家公司生产的自动化系统时,船舶电站、机舱工况巡回监测报警系统、主机遥控系统等设施之间即构成了一个资源共享网络系统。现在建造的自动化船舶,各大控制系统大多已采用了数据总线方式,以利于将来整条船舶构成一个网络系统。

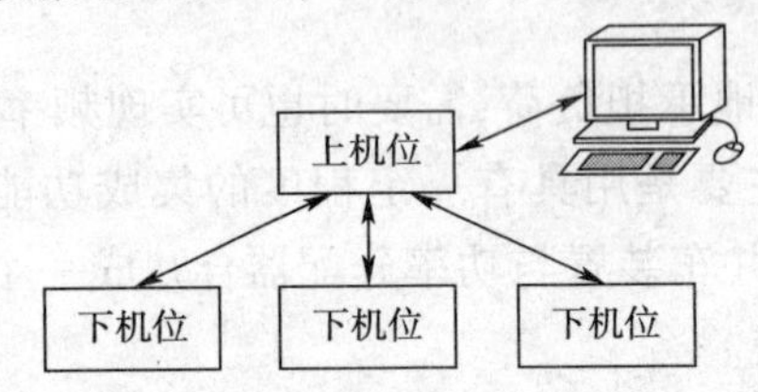


图 6-1-5 集散控制形式系统结构图

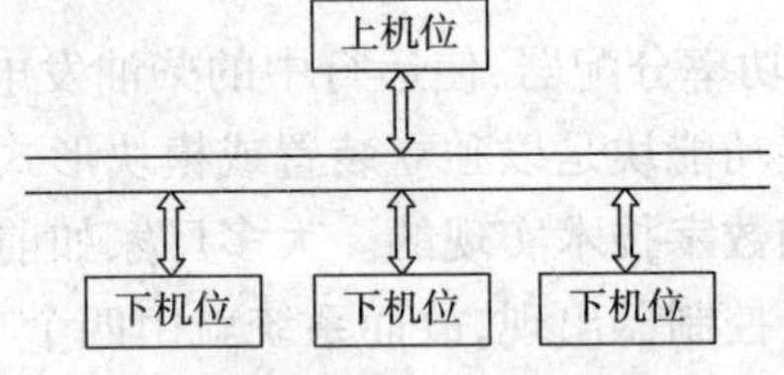


图 6-1-6 局域网数据总线控制方式

## 二、自动电站功能

目前一般的船舶自动电站大多具有以下功能:

(1)发电机组停机状态下的预润滑;

(2)发电机组的自动启动控制;

(3)发电机组的自动并车操作;

(4)并联运行中功率的自动分配、转移与电网频率的自动调整;

(5)取决于负荷大小的发电机组运行台数管理;

(6)大功率负荷投入管理;

(7)发电机组机、电故障的自动处理与报警;

(8)发电机组自动、故障状态下解列、停机控制;

(9)发电机的保护;

(10)运行状态显示及故障监视;

(11)运行中系统给定参数的监视与修改。

**三、船舶自动电站的技术发展**

随着计算机技术的高度发展,带动了该技术在船舶上的日益发展和广泛应用,展望21世纪船舶自动化技术,将不断向全船综合自动化这个高层次阶段发展,船舶综合自动化,是集机舱自动化、航行自动化、信息一体化、装载自动化等于一体的多功能综合系统。下面就由以下方面来查看船舶自动化发展趋势。

1. 系统监控的综合化

由于电气设备已经日趋通用化、模块化、系列化,可以做到组态灵活;计算机所有功能选择均能通过屏幕软件按钮直接完成,为系统监控的综合化提供了必要的基础。当然,根据需求不同仍旧存在着先进程度不同和性能要求不同的船舶,但是单机单控的系统必将逐步向综合监控的系统过渡。因为采用综合监控的形式,可以构成双重或多重冗余,对提高系统或者全船整体可靠性是有积极意义的。

2. 系统的网络化

当前,数字化技术和总线技术应用已经相当成熟。现场总线是一种互联现场设备(或模块)与控制系统之间的双向数字通信网络。通常采用双层网,第一层为数据采集与传送网,第二层为控制网。为保证系统的可靠性,控制网络可采用冗余结构。考虑到危险分散原则,按系统又分成若干子网,如:推进系统、管道系统、电力监控系统等独立子网。通过系统的网络化,功能上集各子系统之众,从可靠性出发又是一个分布式系统;在数据采集和控制平台上各分系统密切结合,但在系统结构上又是一个主动性极强的系统,在平台某系统局部受损时不影响独立工作;采用网络冗余和设备冗余设计及不间断后备电源,生存能力很强;具有图像控制功能,人机界面和对话效果良好。

网络系统的优势在于采用数字化和高层次的自动化技术代替大量烦琐的人工操作,提高工作效率是显而易见的。它有助于减少频繁操作和减轻人员疲劳,把船员从环境恶劣的工作场合中解放出来。

## ◎ 任务实施

**船舶电站的功能调试**

在船舶电站实训室及仿真实训室进行参观,了解船舶自动电站的组成;并根据仿真软件的演示,掌握船舶电站的工作过程,了解船舶自动电站的功能;结合生产实训,通过船舶电站集控台的操作,认知船舶自动电站系统的工作流程。

1. 船舶自动电站调试前的准备工作

(1)技术准备。船舶自动电站系统在船舶电气系统中是技术含量比较高且十分重要的系

统,因此在调试前技术准备工作很重要。包括技术文件和人员培训,调试人员在调试前要对系统原理非常熟悉。

(2)调试工装设备准备。船舶自动电站在调试过程中所用工装设备比较多,因此在调试前要把这些工装设备准备并调试好。工装设备准备是影响自动电站调试质量和进度的条件。

一般常用工装设备如下。

①根据发电机功率大小准备水电阻两台;

②根据试验大纲要求准备仪表如下:500V 绝缘测量仪表、万用表、钳型电流表、高精度交流电压表、高精度交流电流表(特殊要求需要标准功率表、标准功率因数表、直流励磁标准电流表、直流励磁标准电压表);

③发电机主开关过载脱扣模拟试验电流信号发生器;

④压力开关及压力变送器调试用手压泵;

⑤校验铂电阻传感器用的电阻信号发生器;

⑥温度开关、温度传感器调试用的标准电加热器;

⑦按 CCS 中国船级社规范要求在电机负载试验过程中要加无功,需提供加无功设备。

2. 确定调试程序

(1)分别对各系统进行线路检查;

(2)对系统设备进行绝缘检查;

(3)按顺序对设备送电;

(4)调试系统报警;

(5)单机组调试(空载);

(6)配电板功能调试;

(7)单机组负载调试;

(8)双机组负载调试;

(9)主配电板自动控制电站调试;

(10)主配电板从断电状态恢复供电时负载自动分级启动调试;

(11)应急电站调试;

(12)主电站与岸电联锁与应急电站供电的自动转换调试。

3. 船舶自动电站的调试步骤

(1)检查线路。根据系统图、接线图和随机资料对系统设备进行对线,保证所有接线正确及接线无松动。在这里要特别注意发电机接线,因为大型船舶发电机功率都比较大,一般都是由多根电缆并在一起。因此在对线时一定要注意不要把线接错,保证电缆相和相间不能短路。

(2)系统设备进行绝缘检查。在对系统设备进行绝缘检查时要根据不同的设备采用不同的检查方法。如对发电机、马达等要用 500V 以上的摇表来检查,对电子元件设备不能采用此方法,而要用数字表兆欧档来检查;在对大型设备进行绝缘检查时要认真核对原理图,并对不同位置采用不同的检测方法。

(3)顺序对设备送电。要根据调试的先后顺序对设备通电,在自动电站系统调试过程中的送电顺序通常为:

①主配电板;

②为发电机服务的系统，如冷却水系统、燃油系统、滑油系统、空压机系统等；

③集控台集中报警系统；

④发电机控制箱；

⑤应急配电板；

⑥应急发电机自启停控制箱。

在对这些设备送电前，要根据随机资料看好说明及送电注意事项；并检查保险丝、熔断器等是否装好，同时根据调试需要对一些设备进行特别处理。如主配电板要把三台发电机屏和负载屏之间的汇流排拆开，并把水电阻线接好。所有配电板送电前都要把负载开关处于断开位置，以免误送电。在主配电板和应急配电板第一次送电时，要检查配电板相序的正确性，尤其要注意两台照明变压器原副边相序一定要相同。

(4)调试系统报警。为了保证系统的安全运行首先要把系统的安全保护和报警点调试出来。在调试自动电站系统报警点前要把机舱监测报警系统调试好，然后对每台发电机的报警点进行模拟和实际线路调试，参数根据试验大纲的参数调整。

(5)单机组调试(空载)。机电联调对每台发电机进行单机无负载启动、停止、安全保护(淡水高温、滑油低压、超速)等项目的调试(在每台发电机第一次启动过程中要观察其电压及频率建立是否正常，如有异常要停机进行检查)，同时对发电机控制箱的一些功能也要调试出来，操作方式为机旁手动操作。

(6)配电板功能调试。当三台发电机单机无负载调试好后，在主配电板上通过配电板上调速开关，手动调节上升或下降。通过配电板上频率表观察频率变化，看手柄调节方向是否对，同时观察频率变化范围是否在要求内。在配电板通过电压转换开关看三相电压是否平衡，把频率调到额定值后通过手动调节 AVR 外调压电位器看电压是否变化及变化范围。以上正常，发电机控制箱控制位置转遥控位置，在配电板上做发电机遥控启停及应急停止。当以上功能正常，开始做发电机主开关功能试验(开关合闸、分闸、欠压、优先脱扣、长延时、逆功等)。

(7)单机组负载调试。把水电阻等工装准备好，按试验大纲的要求对发电机加负载试验(0—25%—50%—75%—100%—110%)，单机负载试验完后做静态(100%—75%—50%—25%—0—25%—50%—75%—100%)及动态试验，试验数据要满足试验大纲数据的要求。

(8)双机组负载调试。当单机调试完后，把二台发电机同时启动。首先要有一台发电机在网，然后采用手动并车法分别进行并车试验(在第一次手动并车时要注意观察同步表及同步指示灯是否一致，如有异常要停止并车进行检查)。手动并车转换后，再进行并联负载试验(按大纲要求做)。手动并联试验完后做自动并联试验(观察负载分配是否符合要求)。

(9)主配电板电站自动管理检测调试。电站自动管理检测调试是一个比较复杂而烦琐的工作，因为它的管理、监控、安全保护和报警都相互连锁。如何采用比较科学而省时的步骤来调试及试验它是最关键的，根据主配电板自动控制流程编制调试步骤如下。

①手动操作发电机并联转换及手动解列流程如图 6-1-7 所示。

②发电机自动并车转换和自动解列流程如图 6-1-8 所示。

③当以上工作都完成后，把三台发电机转到自动遥控位置，主配电板自动控制投入工作，按图 6-1-9 ~ 图 6-1-17 调试步骤进行调试。

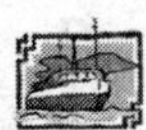

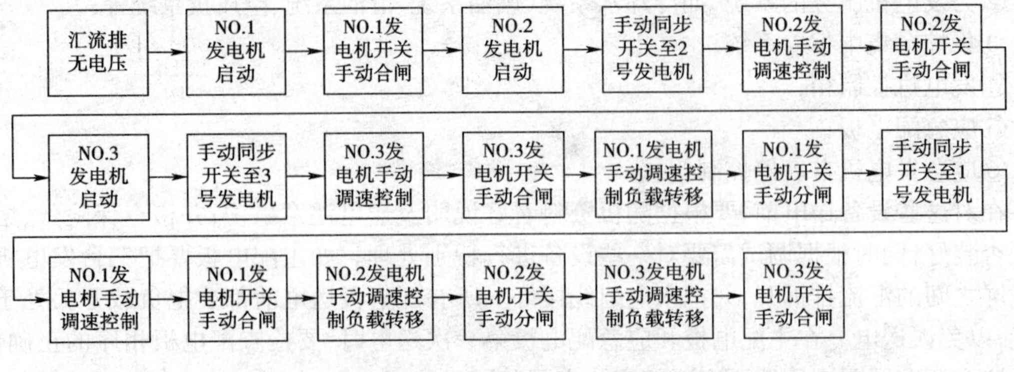


图 6-1-7　手动操作发电机并联转换及手动解列步骤

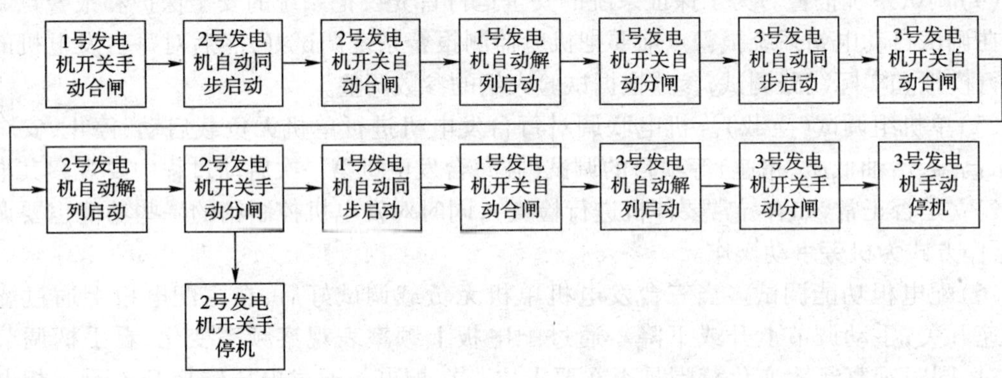


图 6-1-8　发电机自动并车转换和自动解列步骤

A. 自动切换备用发电机。

当汇流排电压低时,按照图 6-1-9 所示的方法进行。

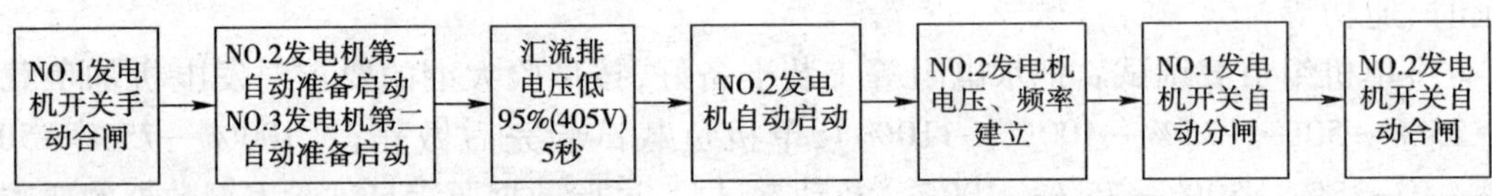


图 6-1-9　汇流排电压低时调试步骤

当汇流排电压高时,按照图 6-1-10 所示的方法进行。

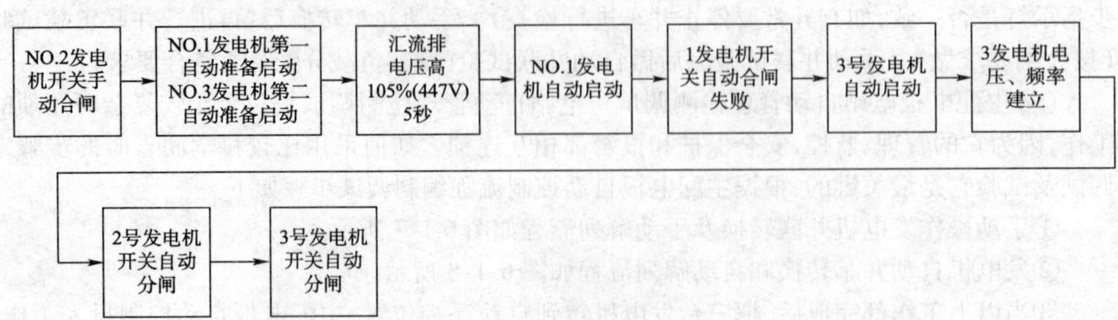


图 6-1-10　汇流排电压高时调试步骤

当汇流排频率低时，按照图 6-1-11 所示的方法进行。

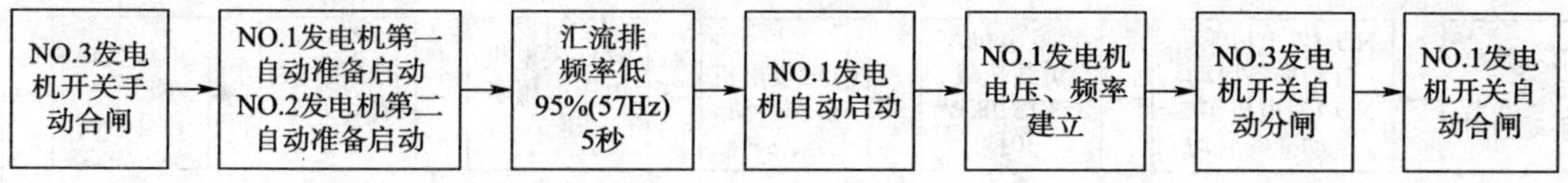


图 6-1-11　汇流排频率低时调试步骤

当汇流排频率高时，按照图 6-1-12 所示的方法进行。

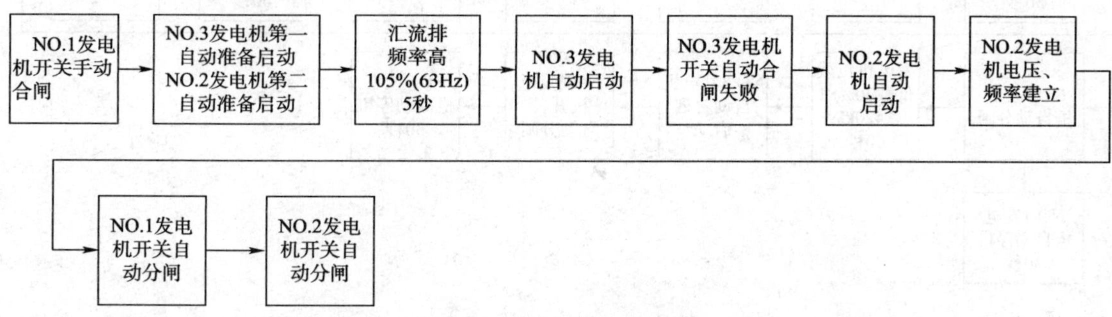


图 6-1-12　汇流排频率高时调试步骤

发电机主开关脱扣的切换，当供电发电机主开关脱扣时，发电机自动切换，如图 6-1-13 所示。

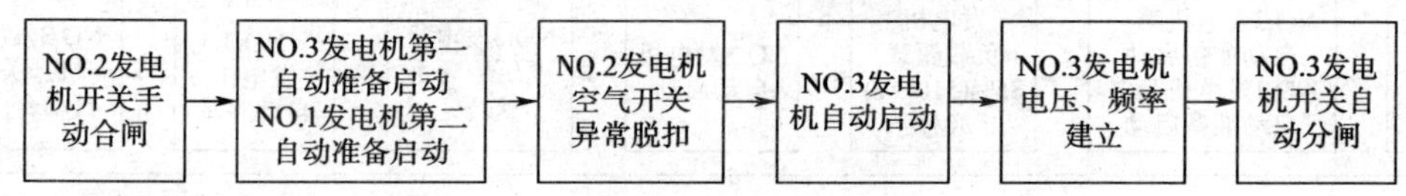


图 6-1-13　供电发电机主开关脱扣时发电机自动切换

两台供电发电机任一台主开关脱扣时，发电机自动切换（负荷低于 510kW），如图 6-1-14 所示。

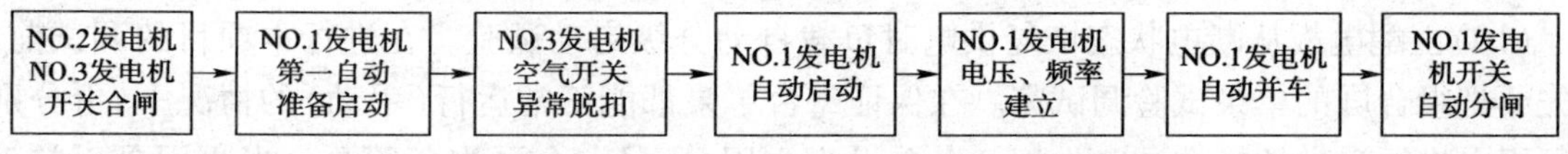


图 6-1-14　两台供电发电机主开关脱扣时发电机自动切换

当两台供电发电机任一台主开关脱扣并优先脱扣时，发电机自动切换（负荷高于 510kW），如图 6-1-15 所示。

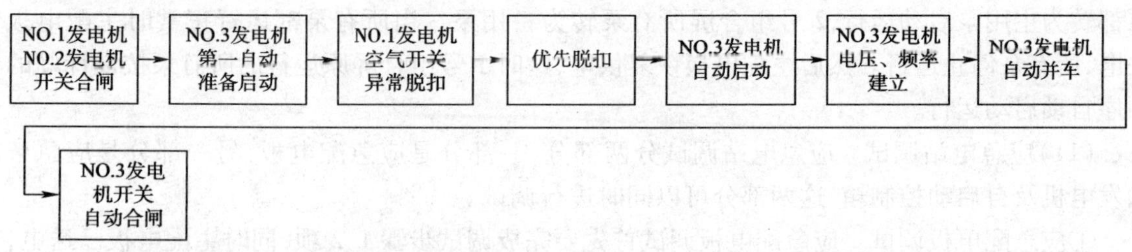


图 6-1-15　两台供电发电机任一台主开关脱扣并优先脱扣时发电机自动切换

B. 根据发电机负荷变化控制发电机自动切换。

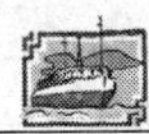

当网上发电机负荷超载和低载时,发电机自动切换,如图 6-1-16 所示。

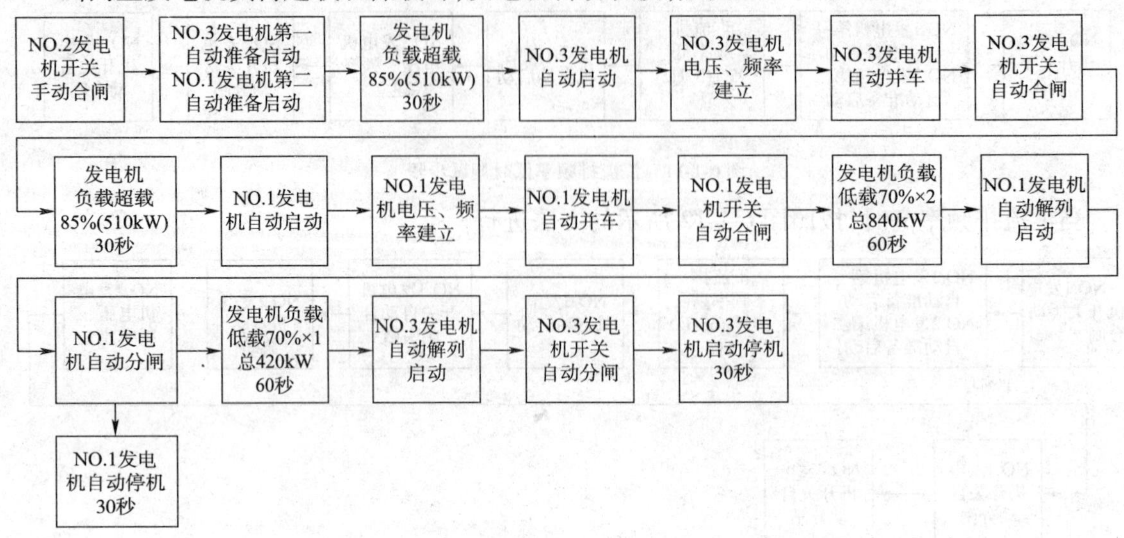


图 6-1-16 网上发电机负荷超载和低载时发电机自动切换

当网上发电机负荷超载和开关异常时,发电机自动切换,如图 6-1-17 所示。

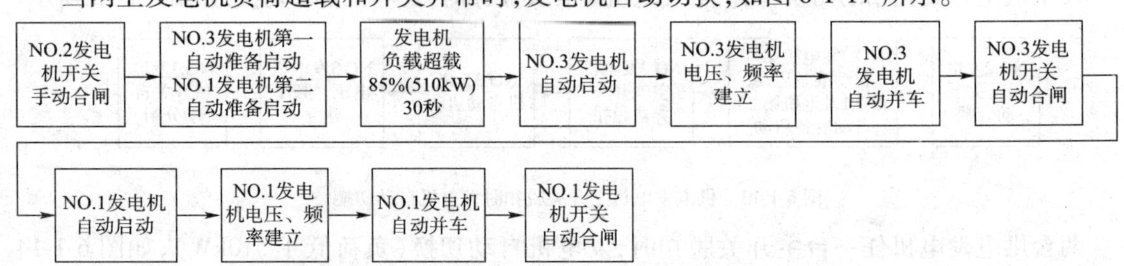


图 6-1-17 网上发电机负荷超载和开关异常时发电机自动切换

(10)主配电板从断电状态恢复供电时负载自动分级启动试验。在进行本项目的调试前,首先要把组合屏的单泵试验调试完。在保证每台单泵都能正常运行(手动)的情况下,再分别对每组泵进行自动切换调试。先把一台泵设为主用泵,另一台泵为备用泵。当主用泵正常工作,用模拟的方法使系统压力降低达到泵切换值,这时备用泵自动启动模拟压力升高,原主用泵自动停机,同时发出泵异常报警。此时需人为对原主用泵进行复位(排除故障后),原主用泵变备用泵,原备用泵变主用泵。当组合屏所有泵的切换都调试完后,这时把 1 号组合屏所有泵都转为主用泵启动运行,2 号组合屏所有泵转为备用泵。当所有泵都运行正常时主配电板失电,所有泵停止运行。然后主配电板恢复供电,这时 1 号组合屏原运行的所有泵按设计好的顺序自动启动运行。

(11)应急电站调试。应急电站调试分两部分,一部分是应急配电板,另一部分是应急柴油发电机及自启动控制箱,这两部分可以同时进行调试。

①应急配电板调试。应急配电板调试首先要完成调试步骤 1、2 项,同时主配电板已送电,可以向应急配电板供电。这时要把应急配电板功能开关至手动位置,同时把向外输出负载开关全部断开,以免误送电。然后,主配电板向应急配电板供电。供电指示灯亮。手动合联络开

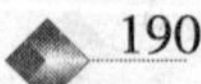

关,观察应急配电板的电压及频率表指示是否正常,再分别对其面板仪表转换开关进行检查,然后把试验开关至试验位置,检查联络开关断开时是否向自动启动控制箱发出自动启动信号。

②应急柴油发电机及自启动控制箱调试。应急柴油发电机及自启动控制箱调试首先要完成调试步骤1、2项,然后对自启动控制箱送电。手动检查各功能及应急柴油发电机空载手动起停是否正常(观察电压及频率是否建立),然后作柴油机安全保护(滑油低压、淡水高温、超速等)。当以上正常,把自启动控制箱功能开关至试验位置,检查自启动控制箱自动功能。

当以上两部分都分别调试完,把发电机开关上端与汇流排连接处断开接水电阻,手动启动发电机,开始做发电机主开关功能试验(开关合闸、分闸、欠压、长延时)。主开关试验完后,单机组负载调试把水电阻等工装准备好,按试验大纲的要求对发电机加负载试验(0—25%—50%—75%—100%—110%),单机负载试验完后做静态(100%—75%—50%—25%—0—25%—50%—75%—100%)及动态试验,试验数据要满足试验大纲数据的要求;以上调试好后,应急发电机系统整体进行调试即应急发电机处于自动正常工作状态,主网失电应急发电机自动启动,自动向应急配电板供电。当主网路恢复供电,应急配电板自动转到有主网路供给电源,同时应急柴油发电机延时停机。

(12)主电站与岸电互锁与应急电站供电的自动转换调试。在进行这项调试工作前,主发电机的所有调试都应结束、主配电板主开关调试结束、主开关合闸及分闸输出信号正确、岸电开关箱调试工作结束、其合闸分闸输出信号正确。当以上条件都具备,这时主配电板由岸电供电,三台发电机分别启动运行,建立电压和频率。这时分别按配电板发电机合闸按钮,主开关不能合闸。然后把岸电开关断开,主配电板改任意一台发电机供电。然后合岸电开关合不上,这种互锁谁在网上谁优先(根据设计要求定)。

在调试主电站与应急电站供电自动转换时,前提是主电站和应急电站分别调试结束,应急发电机设定在自动状态,应急配电板由主配电板供电(正常状态隔离开关接通主配电板)。

当以上条件具备,断开主配电板电源(应急状态隔离开关欠压自动断开主配电板)应急配电板失电,应急配电板同时向自启动控制箱发出自动启动信号,应急柴发自动启动,其转数连续自动达到额定转数。当电压和频率经监测符合要求,自动向应急配电板发出供电信号,应急配电板发电机主开关自动合闸,应急配电板向应急设备及重要设备供电,对其重要供电设备要启动看运行是否正常。当以上工作结束,恢复主配电板供电,应急发电机主开关自动分闸,应急配电板隔离开关自动把主配电板接通,应急配电板自动转换为主配电板供电。应急配电板向自动启动控制箱发出自动停机信号,经延时(一般为120~240s)应急发电机自动停机,主电站与应急电站的自动转换结束。

4. 调试过程的注意事项及常见故障分析与排除

因为自动电站系统在船舶电气中是一个比较大的系统,在调试过程遇到的故障都不太一样,在这里我们简单介绍几种在调试中常遇到的故障。

(1)在主配电板用调速开关进行手动调速,只能上升不能下降或上升和下降相反。这两种故障前者是因为公共点接的不对,后者是因为上升和下降两点接反,只需在配电板后接线端子板进行调线就可以解决。

(2)在主配电板上不能进行遥控启动发电机(准备启动灯不亮)。这首先要检查准备启动的三个条件是否具备,如都在要求位置而准备启动灯不亮,这就要分别对这三个条件进行检

查。在调试中容易出故障的是发电机机旁油门操作杆不到位使限位开关没有动作,这需要重新对操作杆或限位进行调整。

(3)在调试发电机时发现频率正常而发电机电压超出额定值很多并且配电板上自动调压(AVR)上的调节电位器也不能进行调节。遇到这种故障要停机对 AVR 外接线和发电机上的电压调节部分的接线点进行检查,这种故障是因为 AVR 自动调压控制线路开路造成。

(4)发电机在运行时通过主配电板电压转换开关发现三相电压很不平衡(由小到大)。遇到这种现象,首先要用电压表对发电机实际输出电压检查,看三相电压是否相等。如相等就要检查配电板内电压互感器三相电压是否正常。这种现象大多是因为电压互感器缺相造成,检查熔断器及电压互感器三相电压是否正常。

(5)有时在调试配电板时会发现电流表或功率表指示不正常。遇到这种问题要进行以下检查。一是首先检查接线有无错误如电流互感器、电压互感器;二是检查电流互感器安装方向是否正确;三是检查电压互感器输出电板是否正常。

(6)在调试发电机报警点时,PT100 传感器信号在调试中容易出现的故障是显示值不对。

遇到这种问题首先检查传感器接线,大多都是传感器外接线的公共端接错。在调试发电机报警及控制设备时,对一些压力变送器尤其要注意其直流电源极性不能接错。

## ◎ 任务考核

<table>
<tr><td>学生姓名</td><td>教师姓名</td><td colspan="4">工 作 任 务</td></tr>
<tr><td></td><td></td><td colspan="4"></td></tr>
<tr><td colspan="2" rowspan="2">考核标准</td><td>优</td><td>良</td><td colspan="2">及格</td></tr>
<tr><td>对船舶自动电站相关知识点的掌握牢固、明确,能正确掌握自动电站的操作方法;任务执行积极主动,实施过程完整,报告格式标准,内容完整、清晰。</td><td>对船舶自动电站知识点的掌握一般,基本能正确理解自动电站操作方法;任务执行过程比较主动,实验操作过程较好,报告格式标准,内容完整、清晰。</td><td colspan="2">对船舶自动电站知识点的掌握比较牢固,但对具体操作方法的理解不够清晰;基本完成任务实施过程,报告格式标准,内容比较完整、清晰。</td></tr>
<tr><td colspan="2">考核内容(70分)</td><td>小组评价<br>(20%)</td><td>小组互评<br>(20%)</td><td>教师评价<br>(60%)</td><td>得分</td></tr>
<tr><td colspan="2">1. 船舶自动电站调试前的工作准备(试验准备 5 分、工装准备 10 分,共 15 分)</td><td></td><td></td><td></td><td></td></tr>
<tr><td colspan="2">2. 船舶自动电站调试程序(具体操作 5 分、调试过程 10 分,共 15 分)</td><td></td><td></td><td></td><td></td></tr>
<tr><td colspan="2">3. 船舶自动电站管理系统调试(具体操作 10 分、调试过程 10 分,共 20 分)</td><td></td><td></td><td></td><td></td></tr>
<tr><td colspan="2">4. 任务报告(20 分)</td><td></td><td></td><td></td><td></td></tr>
</table>

续上表

| | | |
|---|---|---|
| 知识巩固测试(30分) | 1. 船舶自动电站的构成(5分) | |
| | 2. 船舶自动电站的功能(5分) | |
| | 3. 船舶自动电站的发展方向(5分) | |
| | 4. 船舶自动电站管理系统的功能(5分) | |
| | 5. 船舶自动电站调试过程的注意事项(5分) | |
| | 6. 船舶自动电站常见故障分析与排除(5分) | |
| 完成日期 | 总分 | |

# 任务二　泵组的自动切换与顺序启动

## ◎ 任务描述

对于无人值班机舱的船舶的主机和发电机一般都备有双套的辅泵以保证设备的连续正常工作。一台作为主用泵,一台作为备用泵,当主用泵投入运转后,如果发生故障,备用泵应该能够自动投入运行,以保证主机或发电机的正常工作;主发电机断电后,备用发电机组应立即投入,重要的用电设备随之自动再启动。通过本任务的实施,熟悉并掌握船舶自动电站的泵组自动切换与顺序启动调试内容及试验步骤。

## ◎ 知识链接

泵在船上的使用非常广泛,除特殊泵如货油泵、泥浆泵等外,一般是安放在机舱,例如主机滑油备用泵、主机海水冷却泵、燃油泵。

为了保证正常航行,一般至少有下列辅泵是互为备用的双套泵:主机冷却淡水泵、主机冷却海水泵、主机滑油泵、主机凸轮轴滑油泵、主机燃油供给泵、主机燃油循环泵、发电机冷却海水泵、发电机燃油供给泵和发电机燃油循环泵。尽管船上其他设备也有采用双泵的配置,但为了保证主动力的工作能力的连续性,这些泵不但具有自动切换的功能,而且具有程序优先自动启动的功能。

### 一、船用泵概述

船用泵在现代船舶上有着十分广泛的应用,根据其用途的不同,可分为:

1. 船舶动力装置用泵

如燃油泵、润滑油泵、海水泵、淡水泵、舵机或其他液压甲板机械的液压泵、锅炉给水泵、制冷装置的冷却水泵、海水淡化装置的海水泵和凝水泵等。

2. 船舶通用泵

如舱底水泵、压载水泵、消防水泵、日用淡水泵、日用海水泵、热水循环泵;还有兼作压载、消防、舱底水泵用的通用泵,如图6-2-1为船用锅炉给水泵。

图6-2-1　船用锅炉给水泵

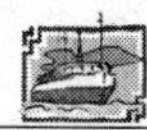

3. 特殊船舶专用泵

如某些特殊用途的船舶,还设有为其特殊营运要求而设置的专用泵,例如油船的货油泵、挖泥船的泥浆泵、打捞船上的打捞泵、喷水推进船上的喷水推进泵等。

泵的自动切换一般由连锁电路进行控制。目前较先进的是由 PLC 可编程序控制器进行控制。同继电器网络控制和半导体逻辑元件控制相比较,用 PLC 控制更灵活、准确、工作稳定可靠。

## 二、泵组自动切换调试

1. 试验前应具备的条件

在进行泵转换检验以前,首先各类泵的单机试验应结束,即各类泵已投入正常运行状态;其次控制程序调整完毕,各种泵均有一个报警值和一个切换值,一般要求报警值应高于切换值,否则在报警的同时进行切换,或切换后报警都是错误的。

2. 检验的方法

我们知道,引起泵自动切换的条件有两个:一个是泵内压力不正常,另一个是由于电气故障。例如电机过载、过热,这两个因素都是引起泵的自动切换的原因,所以在检验中,可以利用人为的方法,降低压力或者调整过载值,使泵能够在模拟故障的情况下,自动转换到备用泵工作的状态。

3. 泵自动切换功能确认

(1)自动切换功能试验。首先置一台机组先行 AUTO 运行(RUN),另 台机组置于自动备用(ST - BY)。以模拟故障方式,确认自动切换功能的正确性。

(2)泵自动启动和自动停止调试步骤。通过压力继电器,人为调节控制参数至上限设定值,如主用泵启动时,泵建立的压力未达到此压力值,备用泵延时后启动,主用泵自动停止,记录试验时候的压力值;若测得的值(压力表值)与继电器设定的值区别很大,需按重新试验,如差别还是很大,视情况而定更换继电器或调整继电器设定值。泵自动切换后,备用泵运行 30 分钟,观察泵是否有异常发热,震动,噪声等故障。

## 三、顺序启动的调试

主发电机断电后,备用发电机组应立即投入,重要的用电设备随之自动再启动。必要时,应提供分级延时顺序启动以确保设备满意运行。MCCB 没有安装 UVT 保护,即使失电也不跳闸,如果不设置顺序启动功能,备用发电机启动后,断电前的所有泵同时启动,整个电网启动电流很大,可能导致 ACB 的过载保护失压脱扣。

顺序启动一般有两种模式:一是比较传统的方式即采用时间继电器,按照重要负载、非重要负载设定顺序启动,一般间隔时间为 0s、5s、10s,二是目前比较流行经济的方式,即采用 PLC 控制,此 PLC 一般与 PMS 的自动管理综合在一起。主要是基于目前设备价格的考虑,各个厂家都在减少硬件成本,通过编程来解决很多自动化的问题。这样做不仅线路简单、排除故障也简单了,现场工人的施工同样也容易了。顺序启动功能调试步骤:

(1)熟悉图纸检查组合启动屏及就地马达、遥控按钮、传感器、信号采集箱接线的准确性、可靠性。

(2)清洁并检查控制箱上仪表及各电器元件确保完好无损。测量控制箱及马达、导线的绝缘并做好记录。

(3)通电前应清理泵浦上的垃圾,检查泵浦确保能灵活的转动,把选择开关置于 LOCAL

位置合上电源开关观察和测量各电源、元器件动作是否正常。如有压力保护装置应先调整好时间继电器和压力开关。首次启动应选在就地启动，控制箱旁派专人看护，通过点动观察马达转向是否准确，启动电流是否正常。如不符应立即停止检查改正后再试。马达启动后测量电流、检查泵浦压力、观察泵浦转动有无异常。确保无误后方能正常运转。

(4)为了方便调试辅助启动屏有风油切短保护可采用短接方法。

(5)自动启停功能试验。在确保手动各项功能试验完成后转换开关置于AUTO位置(如有$1^{\#}$,$2^{\#}$舱室、$1^{\#}$,$2^{\#}$泵浦转换的应把舱室或泵浦转换开关置于相对应的位置)、可以采用实效、模拟两种方法来试验。一般我们选用模拟方法比较简单。有高低位起停泵的，可以先托起低位液位浮子开关让马达运转(没有低位起泵转换的，将开关置于AUTO位置就自动起泵)。运转正常后低位浮子开关托住不动，然后托起高位液位开关停泵。E/R BILGE PUMP泵相反托起低位液位开关起泵放下则停止。如果是压力传感器的应通过专用设备，调整控制参数正确后再试验。依次列出顺序启动的设备名称，在设备名称后的方框内填写试验结果。

(6)试验的记录。在试验过程中应详细记录试验的结果，特别是顺序启动的时间、转换值和报警值，表6-2-1所示是船泵转换的记录表格，供参考。

**船泵转换试验记录表**　　　　表6-2-1

| 序号 | 试验项目 | 备用泵低压启动试验 | | | | 失电后复电延时启动试验设计/试验(s) | |
|---|---|---|---|---|---|---|---|
| | | 设计值 | | 试验值 | | | |
| | | 转换压力(MPa) | 延时(s) | $1^{\#}$低压运转(MPa) | $2^{\#}$启动延时(s) | | |
| 1 | 主机淡水冷却泵 | 0.12±0.01 | 5 | | | 1 | |
| 2 | 主机海水冷却泵 | 0.12±0.01 | 5 | | | 1 | |
| 3 | 主滑油泵 | 0.02±0.01 | 5 | | | 2 | |
| 4 | 主机凸轮轴滑油泵 | 0.22±0.01 | 5 | | | 2 | |
| 5 | 主机燃油供给泵 | 0.28±0.01 | 5 | | | 2 | |
| 6 | 主机燃油循环泵 | 0.67±0.01 | 5 | | | 2 | |
| 7 | 辅机海水泵 | 0.22±0.01 | 5 | | | 2 | |
| 8 | 辅机燃油供给泵 | 0.45±0.01 | 5 | | | 3 | |
| 9 | 辅机淡水冷却泵 | 0.14±0.01 | 5 | | | 3 | |

## ◎ 任务实施

### 组合启动屏的自动切换调试

绝大部分泵和舱室风机类电动机的启动控制采用新颖的组合启动屏形式(图6-2-2)，组合范围从几屏至十几屏不等，每一屏中独立地安装了一台电动机的启动控制单元及其元器件。组合启动屏将原先分散在机旁的就地启动控制单元集中起来，集中馈电，集中管理，便于维护保养。如我国5400TEU集装箱船舶机舱将为主机、副机和锅炉服务的主要泵的启动控制单元，集中在编号为GSP1、GSP2和GSP3的三组组合启动屏中。

1. PLC控制单元的配置

在GSP1组合启动屏中配置了一个特殊的PLC控制单元，通过现场总线使安装在屏内的泵

图 6-2-2　组合启动屏

启动控制单元能与计算机控制系统建立通信联系,实现在液晶触摸屏上的起停泵控制。PLC 控制单元的自动控制电路还接收受控泵的压力或液位控制信号。这样,重要的泵组不仅可以在多点进行启动和停止,而且一旦运行的泵出现故障,在 PLC 控制下可根据压力或液位信号的变化自动切换备用泵。具备自动切换控制功能的泵主要有下列几组:主机燃油供给泵、主机燃油循环泵、给水泵、中央冷却淡水泵、主冷却海水泵、缸套冷却淡水泵、主滑油泵、艉轴套滑油泵、凸轮轴滑油泵、锅炉水循环泵等。

PLC 控制单元采用冗余结构,配置两套可编程控制器 PLC1、PLC2,I/O 电路,PLC 自动切换电路和自诊断电路。PLC1 和 PLC2 互为备用,一旦运行的一套 PLC 出现故障,PLC 自动切换电路立即使备用的一套 PLC 获电,并投入运行。

2. 控制线路调试

泵组的自动切换控制原理基本相同,现以主滑油泵为例进行分析。图 6-2-3 和图 6-2-4 所示为 No. 1 主滑油泵控制线路,图中 LP 为检测同组两台主滑油泵出口压力的压力开关,连接至 PLC 控制屏的 I/O 电路,用于监测运行滑油泵的出口压力信号。整个控制线路由启动器控制单元(Starter Control Unit)、继电－接触器电路和主电路组成。

(1)启动器控制单元(SCU)。组合屏中绝大部分启动控制单元的硬件结构,由核心单元 PLC 和中间继电器组成。通过设置启动控制单元中的 DIP 开关、代码开关和编程,可以实现不同的控制功能,满足各类泵、通风机等运行机械的不同要求。主滑油泵的启动控制单元具有如下功能:多点遥控、欠压保护、自动状态下电源恢复后自动延时启动、电动机故障时自动停止、滑油压力过低时备用泵自动切换等。

主滑油泵电动机的额定容量为 240kW,为了减小电动机启动过程中的冲击电流对电力系统的影响,主滑油泵电动机采用按时间原则的自耦变压器降压启动方式。手动启动和停止可以在以下几个地点实现:集控室或主配电屏触摸屏、组合启动屏和就地控制箱。

主滑油泵的启动控制单元包含了 4 个继电器:启动继电器 4、停止继电器 5、运行继电器 88X 和自动继电器 AUT。每当启动控制单元接收到启动主滑油泵的操作命令时,启动继电器 4 获电,其 1 对常开触点(3－3,3－5)闭合;每当接收到停止命令时,停止继电器 5 获电,其 2 对常开类触点(1－3,1－2 和 1－7,1－1)闭合;当主滑油泵处于正常运行状态时,运行继电器 88X 获电,常开触点(1－8,1－7)闭合;当主滑油泵的控制线路处于自动状态时,自动继电器 AUT 获电,常开触点(2－5,2－10)闭合。

(2)手动启动和停止。按下就地控制箱上的启动按钮 C3－3C,或者点击触摸屏上启动图标,或者按下组合屏上的启动按钮,启动命令送至控制单元的 PLC,启动控制单元 PLC 的绿色运行指示灯(RUN)被点亮,同时,PLC 的输出触点 4(3－3,3－5)闭合。接触器 6N、时间继电器 T1 和 T2 同时获电,T1 的瞬时闭合触点接通 21、24 两端,6N 的常开辅触点(08,010)闭合,接触器 6S 获电。接触器 6N 和 6S 的主触头接通主回路中的自耦变压器 AT,主滑油泵电动机以额定电压的 90% 开始降压启动。6S 的辅触点(3－3,013)闭合,接触器 88A 获电,引发如下 3 个动作:

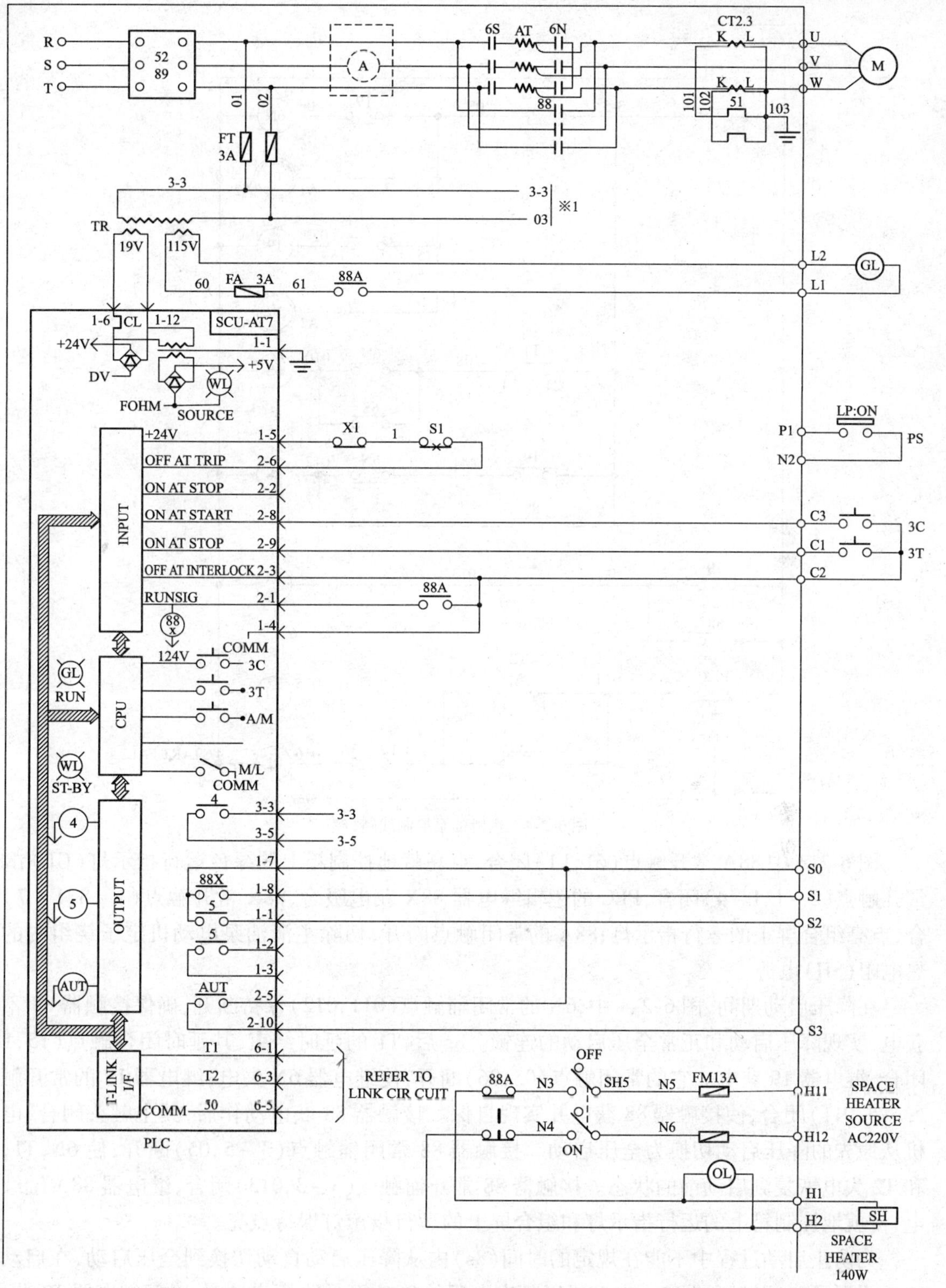

图 6-2-3　主滑油泵控制线路

AT-自耦变压器；CT2.3-电流互感器；S1-过流继电器；GL-运行指示灯；LP-压力继电器

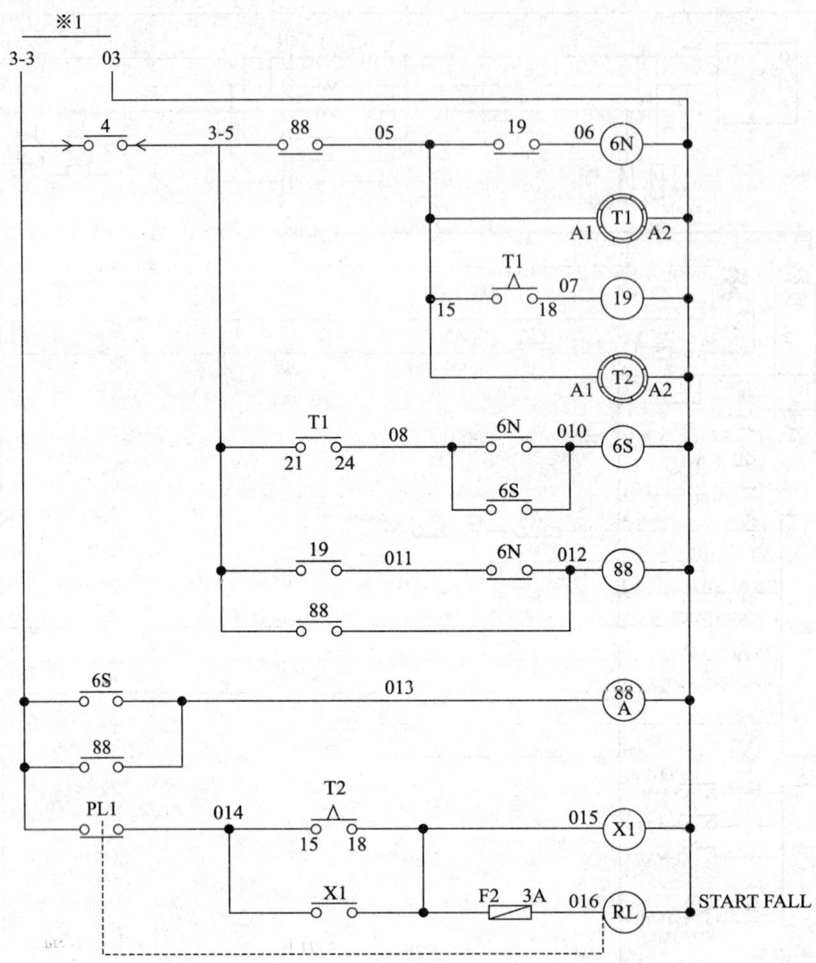


图6-2-4　主滑油泵控制线路(续)

图6-2-3中88A常开触点(61,L1)闭合,点亮就地控制箱上的绿色运行指示灯(GL);88A常开触点(2－1,1－4)闭合,PLC的逻辑继电器88X获电吸合,88X常开触点(1－8,1－7)闭合,点亮组合屏上的运行指示灯;88A的常闭触点断开,切除主滑油泵电动机定子绕组内的加热电阻(SH)电源。

在降压启动期间,图6-2-4中,6N的常闭辅触点(011,012)保持断开,确保接触器88不会获电,实现降压启动和正常全压启动的连锁。8s后,T1的延时结束,其延时闭合触点(15,18)闭合,继电器19获电。它的常闭触点(05,06)断开,使继电器6N失电;继电器19的常开触点(3－5,011)闭合,使接触器88获电并实现自保。接触器88获电动作后,其主触头闭合,电动机从原先的降压启动切换为全压启动。接触器88常闭辅触点(3－5,05)断开,使6N,T1,19和T2失电恢复到启动前的状态。接触器88常开辅触点(3－3,013)闭合,继电器88A继续获电,使就地控制箱上的运行指示灯和组合屏上的运行指示灯保持点亮。

为防止启动过程中不能在规定的时间(8s)内从降压启动自动切换到全压启动,在启动线路中设置了时间继电器T2。电动机以额定电压的90%开始降压启动时,时间继电器T2获电,如果在T2的15s延时内T1不能动作,电动机无法进入全压启动,T2的延时闭合触点(15,18)

接通继电器 X1,使其获电并自保。X1 获电后,一方面点亮红色启动失败(START FAIL)指示灯,另一方面断开 1 – 5,1,向 PLC 输入启动失败信号,使其输出触点 4 断开,终止启动,并发出启动失败报警信号。PLl 是启动失败复位按钮,与红色启动失败指示灯整合为一体。

按下就地控制箱上的停止按钮 C1 – 3T,或者点击触摸屏上停止图标,或者按下组合屏上的停止按钮,将停止命令送至启动控制单元的 PLC,输出继电器 4 释放,其常开触点(3 – 3,3 – 5)断开,接触器 88 失电,电动机停止运行。同时,输出继电器 5 获电吸合,其常开触点(1 – 1,1 – 7)闭合,点亮组合启动屏上的红色停止指示灯。

(3)泵的自动切换和顺序启动

①泵的自动切换。在三种情况下备用泵将会自动切换启动:运行泵的驱动电动机过载、突然失电以及运行泵的出口压力下降。

第一种情况,运行泵驱动电动机过载:热过载继电器 51 动作,其常闭触点(1,2 – 6)断开,运行泵的启动控制单元 PLC 接收到电动机过载信号,运行泵停止,备用泵自动启动。待故障排除后,复位热继电器,原运行泵成为备用泵。

第二种情况,运行泵电动机突然失电:运行泵电机失电后,停止运行,备用泵自动启动,待原运行泵的电源恢复后成为备用泵。

第三种情况,运行泵出口压力下降:在运行泵正常工作期间,泵的出口压力由压力继电器 LP 监视,当出口压力下降至某一值时,LP 断开。因某种原因泵的出口压力下降,并持续 2s 以上时,LP 将出口压力下降信号送至 PLC 控制屏,运行泵立即停止并自动启动备用泵。经过 15s 的延时后,如果出口压力恢复正常,则按一下原运行泵的停止按钮,复位启动控制单元的状态,使其成为备用泵;否则,停止备用泵的运行,并且阻塞启动信号,防止出现备用泵和运行泵轮流启动的严重后果。

②泵的顺序启动。因某种原因电网失电后,所有泵都停止运行,电网恢复供电后,各组原来运行的泵应按事先设定的时间顺序逐台启动,防止电网超负荷。要使主滑油泵实现上述的功能,必须将其启动控制单元 SCU 中的“MAN/LINK”双位开关置于“LINK”,与 PLC 控制屏之间能够进行通信,每台泵的顺序启动时间由 PLC 控制屏设定。如果将“MAN/LINK”双位开关置于“MAN”,电网失电后,只具备失压保护功能,当电网恢复供电后,无法实现顺序启动。

## ◎ 任务考核

<table>
<tr><td>学生姓名</td><td>教师姓名</td><td colspan="3">工 作 任 务</td></tr>
<tr><td></td><td></td><td colspan="3"></td></tr>
<tr><td rowspan="2" colspan="2">考核标准</td><td>优</td><td>良</td><td>及格</td></tr>
<tr><td>对船舶泵组自动切换相关知识点的掌握牢固、明确,能正确掌握泵组切换的操作方法;任务执行积极主动,实施过程完整,报告格式标准,内容完整、清晰。</td><td>对船舶泵组自动切换知识点的掌握一般,基本能正确理解泵组切换操作方法;任务执行过程比较主动,实验操作过程较好,报告格式标准,内容完整、清晰。</td><td>对船舶泵组自动切换知识点的掌握比较牢固,但对具体泵组切换操作方法的理解不够清晰;基本完成任务实施过程,报告格式标准,内容比较完整、清晰。</td></tr>
</table>

续上表

| 考核内容(70分) | 小组评价(20%) | 小组互评(20%) | 教师评价(60%) | 得分 |
|---|---|---|---|---|
| 1.泵组的自动切换线路调试(操作5分、调试10分,共15分) | | | | |
| 2.泵组的顺序启动调试(操作5分、调试10分,共15分) | | | | |
| 3.分析主滑油泵控制线路(线路分析5分、操作5分、调试10分,共20分) | | | | |
| 4.任务报告(20分) | | | | |
| 知识巩固测试(30分) | 1.常用船用泵组的种类和用途(6分) | | | |
| | 2.泵组自动切换调试前应具备的条件(5分) | | | |
| | 3.泵组自动切换功能的确认步骤(5分) | | | |
| | 4.泵转换试验记录表的填写(5分) | | | |
| | 5.泵组自动切换常见故障分析与排除(6分) | | | |
| | 6.泵组自动启动的几种工作模式(5分) | | | |
| 完成日期 | | 总分 | | |

# 任务三　重载问询的功能调试

## ◎ 任务描述

重载问询是指船舶电站在投入一个大负载时,通过问询以确定电网功率是否足够,是否需要增机,以做出合理的判断。目的是避免负载功率突变造成电网崩溃而导致全船失电事故,保证船舶航行安全。通过本任务的实施,熟悉并掌握船舶自动电站的重载问询调试内容及试验步骤。

## ◎ 知识链接

船舶电站在船舶运营中占有非常重要的地位,电站能否连续、可靠地供电将直接影响到船舶本身的经济指标、技术性能与生命力。

船舶电站容量小,船上某些大型负载可与电站的容量相比拟,相互之间的影响比较大,容易影响其运行的可靠性、安全性和寿命。所以,能否顺利实现船舶电站发电机组的自动化控制,对于大型负载投入电网或撤出电网的管理以及发电机组的启动顺序或撤出顺序,就显得尤为重要。

### 1.重载问询的功能设置

船舶电站机组的自动启动和自动停止指令通常是按照电站的运行功率(或流过的电流)来发出的,使发电机组总的额定功率与电网上实际消耗的功率相匹配。当机组发出的总电功

率不能满足船舶电网负载要求的时候，系统将按预先设定的程序自动启动备用机组并投入电网；当机组发出的总电功率裕量较大的时候，系统则将按预定程序停止多余机组的工作。

船舶电网中有较大负载投入使用时，电站应首先判断目前的运行功率是否满足要求。当该大负载投入使用时，电站机组发出的总电功率能够供给当前船舶电网上所有的负载（包括即将投入的大负载）并满足一定的裕量要求（中华人民共和国船级社《钢质海船入级与建造规范（2009）》）的时候，则直接将大负载投入电网工作即可；如果不能满足即将投入的大负载的功率消耗，那么即启动备用机组。待备用机组启动成功、并网和调载完成之后，才允许将大负载投入到船舶电网中。

电网运行所需的功率是变化着的，供电电源（发电机数量）应有一定的功率储备（裕度）。投入电源的数量是发电机台数为单位，一台运行的裕度不够则投入两台运行，再不够再投入一台。裕度太多则逐台退出。这是从已存在的状态来判断。

如果要启动一台大功率的电动机械，电网原有的裕度不能满足，需要先增加运行发电机的数量再启动大功率电动机。这种按预期的状态来判断是否增加运行发电机的功能，称为“重载启动问询”。一般情况，重载问询功能由 PMS 的功率管理功能实现。功率管理是根据船舶电网负载的大小来决定应投入运行发电机的数量。对船舶电站自动化的进一步要求，是实现安全地、合理地、经济地使用船舶电能。

2. 重载问询的功能实现

（1）电网功率储备不足时按设定顺序启动备用机组投入并联运行。

（2）电网功率储备过剩时按设定顺序解列某台机组退出并联运行。

（3）重载（大功率电动机）启动前先向电站询问，储备充足，允许启动；不足，投入备用机组并联后允许启动。

重要负载分级启动：当船舶电网因故障失电又获电时，为避免因负载同时启动造成的电流冲击，甚至使发电机主开关再次跳闸，自动电站能够对重负荷进行分级启动，按照在紧急情况下各负荷的重要性排好先后次序，并按其启动电流大小分级，然后按程序逐级启动，每两级启动之间的间隔为 3 ~ 6s。重载询问电路功能的实现如图 6-3-1 所示。

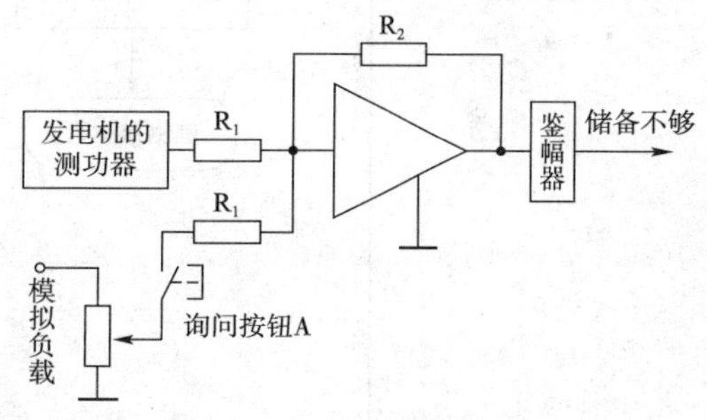


图 6-3-1　重载询问原理图

图中，电位器模拟大负载的功率，询问按钮 A 按钮开关接通时表示把模拟大负载投入船舶电网，断开时表示没有大负载投入。船舶电网根据其原理可以写出船舶电站重载问询的数学表达式如下：

$$nP_f - \sum_{i=1}^{n} P_i - P_m < D$$

式中：$n$——船舶电站当前运行发电机组的台数；

$P_f$——船舶电站中单台发电机组的额定功率；

$\sum_{i=1}^{n} P_i$——所有当前运行发电机组实际输出的总功率；

$P_m$——当前将要投入的大负载的模拟功率；

$D$——最小功率裕量。

## ◎ 任务实施

### 重载问询的调试

重载是指电站中相对发电机容量来说比较大的电力负载,一般为船上大功率电机,如艏侧推。试验时应检查主发电机负载限定值,一般设置为主发电机容量的85%。检查重载问询值,安全起见一般为主发电机容量的10%。在主发电机单独运行状态下,加载小于主发电机容量的10%的负载,检查是否有重载问询响应。正常状态下应无重载问询响应。

在主发电机低负载运行状态下,加载大于主发电机容量的10%的负载(此时发电机的负载应小于发电机容量的85%)。检查是否有重载问询响应。正常状态下应首先重载问询响应,然后负载启动,但备用发电机不启动。

在主发电机高负载运行状态下,加载大于主发电机容量的10%的负载(此时发电机的负载应大于发电机容量的85%,同时应未达到满负荷。防止出现重载问询未响应而跳闸)。检查是否有重载问询响应及启动备用发电机。正常状态下应首先重载问询响应,备用发电机启动,然后负载启动。电站重载问询流程如图6-3-2所示。

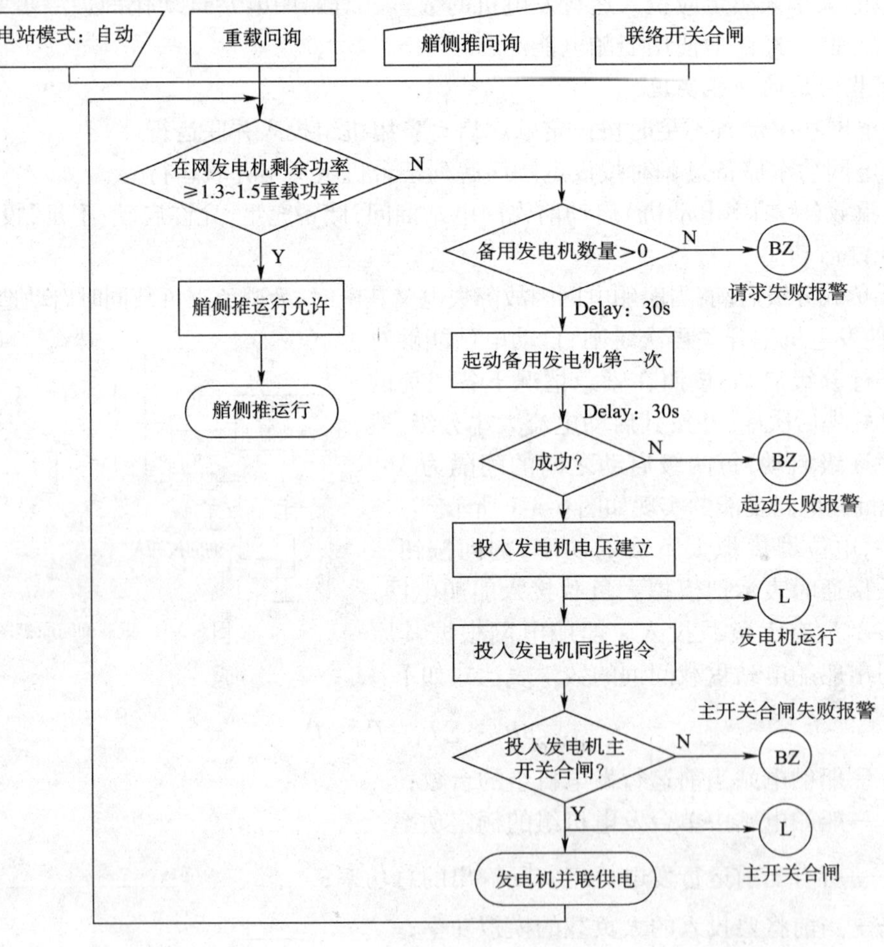


图6-3-2 电站重载问询流程图

电站处于自动模式时，收到问询信号，若在网发电机功率≥1.3～1.5的重载功率，系统给出允许启动信号：小于1.3～1.5的重载功率，启动备用发电机，全部并网后，功率满足则允许启动。若无备用发电机或者投入失败，则发出问询失败报警。

## ◎ 任务考核

| 学生姓名 | 教师姓名 | 工作任务 | | |
|---|---|---|---|---|
| | | | | |
| 考核标准 | 优 | 良 | 及格 | |
| | 对船舶重载问询相关知识点的掌握牢固、明确，能正确掌握重载问询的操作方法；任务执行积极主动，实施过程完整，报告格式标准，内容完整、清晰。 | 对船舶重载问询知识点的掌握一般，基本能正确理解重载问询操作方法；任务执行过程比较主动，实验操作过程较好，报告格式标准，内容完整、清晰。 | 对船舶重载问询切换知识点的掌握比较牢固，但对具体重载问询操作方法的理解不够清晰；基本完成任务实施过程，报告格式标准，内容比较完整、清晰。 | |
| 考核内容(70分) | 小组评价(20%) | 小组互评(20%) | 教师评价(60%) | 得分 |
| 1. 重载问询的调试程序(操作5分、调试步骤10分，共15分) | | | | |
| 2. 重载问询的调试内容(操作5分、调试内容10分，共15分) | | | | |
| 3. 分析电站重载问询流程图(线路分析10分、工作流程10分，共20分) | | | | |
| 4. 任务报告(20分) | | | | |
| 知识巩固测试(30分) | 1. 重载问询原理分析(5分) | | | |
| | 2. 重要负载分级启动的原因(5分) | | | |
| | 3. 重要负载的调试内容(5分) | | | |
| | 4. 重载问询的功能设置(5分) | | | |
| | 5. 重载问询的模拟试验内容(5分) | | | |
| | 6. 绘制重载问询的流程图(5分) | | | |
| 完成日期 | | 总分 | | |

# 任务四　发电机负载自动分配装置的调试

## ◎ 任务描述

船舶交流发电机有功功率和无功功率自动分配在船电工作中具有相当重要的实际意义。依据 CCS 规范中的相关规定，就船舶交流发电机有功功率和无功功率自动分配及调试的具体问题进行了详细的分析和综述。

## ◎ 知识链接

由于船舶生产工作的开展，需要电站提供大量的动力电源，经常要求几台发电机机组并车运行。这时候并车运行的发电机之间的有功功率及无功功率，能否按其设计容量自动分配，直接决定了电站供应电能的稳定性。当有功功率自动分配失调时（直接原因是原动机的调速性能失调），电网上会出现大量的有功功率在各并车发电机机组之间迁移或震荡；当无功功率自动分配失调时（直接原因是发电机 AVR 的自动调压性能失调），电网上会存在巨大而不稳定的无功环流，在并车发电机机组之间来回游荡，占用发电机的发电容量，影响电站安全供电。其中任何一种失调程度严重时，均会触发发电机机组安保装置（逆功或过电流）动作，从而引发主开关跳电或电网崩溃。下面就以 B8100 自动负荷分配器为例介绍发电机负载自动分配装置的调试与试验内容。

发电机组设备对同步转速要求非常严格，如果并联的同步发电机要求增加发电量，系统就必须合理分配负载。并机系统中每个单元通过控制电子调速器来改变发电量。基于这个原因，一台发电机连续地增加发电量的同时其他的发电机将减少他们的发电量。这样最终导致一台或多台发电机空载。负载分配器就可以通过不断地调节转速控制器来平均分配负载。发电机组通过同步器装置被锁定在一起，并且通过齿轮紧固达到一致。

### 1. 工作原理

B8100 自动负荷分配器（如图 6-4-1 所示）用来在两个或更多的发电系统相序一致、频率和电压相等、相位相同的并联发电机组之间按照设定的比例分配负荷。它的工作原理是通过在负荷分配器上预先设置负载分配比例，把由功率测量单元测量到的实际机组有功率转化成为一个比例电压，给每台机组预先设置一定比例的负荷。通过各发电机自动负荷分配器的并机负载链路端的并联，形成比较回路，将对各机组比例电压的比较，产生一个和各机组预先设定负载成比例的控制电压。该电压的大小通过各发电机组上的电子调速器对发动机进行增减油量控制，完成功率自动调节，即负荷比例分配自动调节。

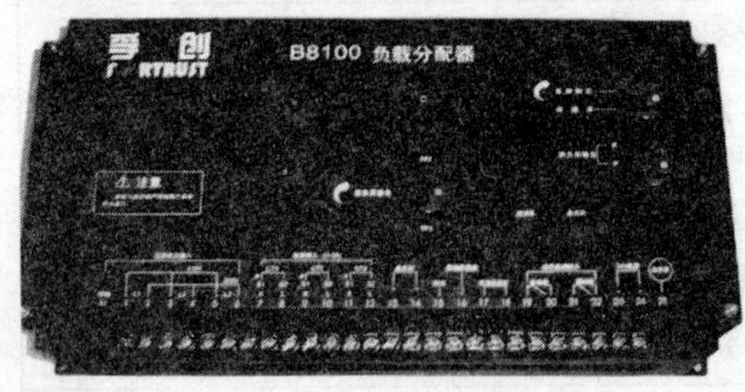


图 6-4-1　B8100 负载分配器

### 2. 功能设置

本自动负荷分配器具有以下功能：

（1）按预先设定好的比例自动分配负荷；

（2）超功率检测和保护功能；

(3)逆功率检测和保护功能;

(4)带载响应调节功能;

(5)功率表校正功能。

3. 安装要求

自动负荷分配器和其他电控装置一起安装在发电机控制柜中,处于空气流通的位置以自然风冷却,使用时要防止装置的表面温度过高,防止进水。安装时尽可能垂直安装。电气连接如图6-4-2所示。选择合适的线径正确的接入模块。除7-12端子最大电流为5A,继电器最大电流为5A,其他应不小于50mA,发电机为星形接法。端子1-6为3相电压输入端。选择哪3个端子依据发电机的电压。端子1是三相输入的公共线N。端子1-6为高电压接入,接线时要防止触电。

端子7-12为3相5A电流互感器输入端。CTs互感器变比应与仪表板的VA变比相同。每相CT承担着分配器模块6.25VA的功耗。CTs选择取决于接入的仪表和配线。注意8、10和12是电流互感器CT的公共端。

端子13和14将系统内所有的分配器模块并联起来。所有接线端子的极性必须一致。电缆长度超过1m应选用屏蔽电缆,屏蔽层接入端子23。辅助触点满足的电流标准小于1mA。端子15是负载分配器供给调速控制器的输出端。

端子16是满功率复位信号输入端,只要瞬间接入一个+10VDC的电压即可使满功率继电器复位。端子17和18为逆功率复位。部件出厂时已设定为逆功率保持锁定状态(逆功率分断)。若要复位可用按钮将17和18手动短接。产品出厂时已将17和18短接,接转换开关时可将短接片拆除。

端子19和20是逆功率继电器输出端。常开触点额定电流10A。端子21和22有功功率继电器输出端。常开触点额定电流10A。端子23是电池负极,也是电子调速器接地参考点。此端子不能被其他电源线借用接到电池负极或用接地环的形式连接,应单独接电池负极。

## ◎ 任务实施

### B8100自动负荷分配器的系统调试

1. 参数设置

负载分配度调整:将整定电位器顺时针旋转到底。

负载分配响应调整:逆时针旋转1/4圈。

速度设定:将速度调整至理想转速。

CT校对满足DC电压的测量。测量(TP1和TP2)的值,注意测量表笔的极性,TP1为(+)。电压值应是同负载成一定比例的。调整负载分配度电位器两点的电压在0~7.5VDC的变化。

将发电机加载,检查CT的相序及相位,用绝缘导线分别短接每一个CT,既端子7-8,9-10和11-12,测量端子25(+)、23(-),短接CT时,相序相位正确的电压会减少1/3,反之则增加,此相CT的相位接错,调整此相CT的相位。在发电机运行时不得将CT开路,否则将可能发生高压危险,检查结束应将盖板盖回原位。

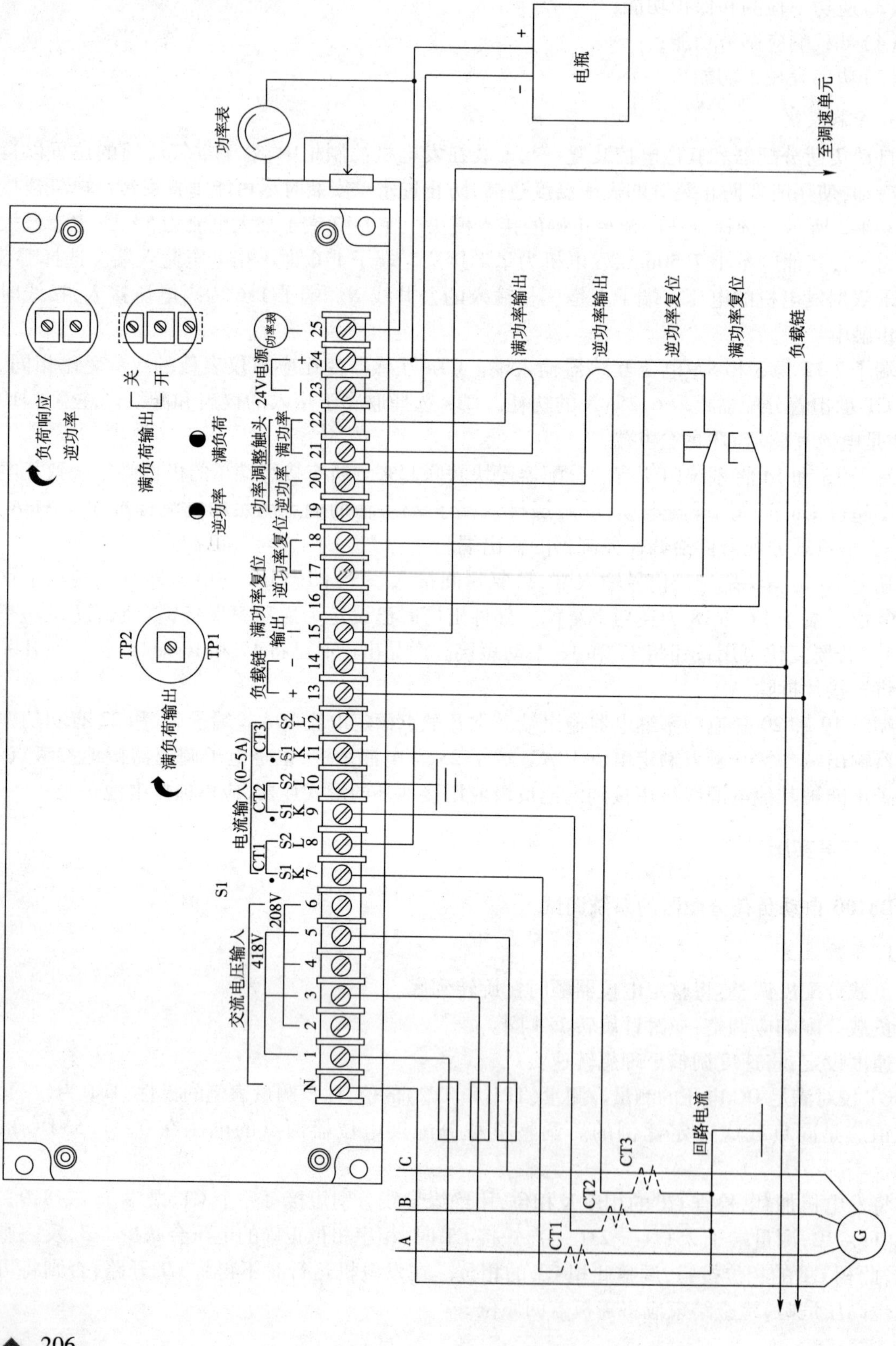

图 6-4-2　B8100 电气连接图

2. 参数调整

调整每一台准备并联的发电机组，使每台发电机组的空载频率（50Hz 或 60Hz）空载电压一致，并联后精细调整调速器使各机组有功功率接近为零，同时调整发电机电压调节器，使系统环流接近为零。

负载分配调整：为使系统内各机组按一定比例均衡承担系统负载。调整每台机组应不小于承担系统比例的负载。调整负载分配度电位器，逆时针旋转增大负载分配度，顺时针减少分配度。将并联机组按照 25%、50%、75%、100% 增加负载，观察各个工况负载分配度，如分配均度不好，可对各分配器均衡调整；反复各工况调整，直到各工况的分配度最佳。

负载响应调节：负载响应在出厂时调整为逆时针 1/4 圈。为改善瞬态响应，顺时针调整负载响应电位器使机组平稳。瞬时响应可以改变发电机的负载变化，顺时针调整过大会使系统不稳定。

在特定环境下需要有下垂特性运行。对于得到下垂特性的方式，可以将端子 13 和 14 上的并联电缆拆下，连接 13 和 14 端子，顺时针调整负载分配度电位器增大下垂百分比。也可以在端子 13 和 14 的并联电缆上跨接一个 100K 的可调电阻以获得 5% 的下垂。

逆功率设置：逆功率监控在出厂时已调整为最大动作（20%）。逆时针调整逆功率电位器可减小逆功率继电器的动作点。互感器 CT 二次输出为 5A 时逆功率继电器动作点调整范围 0.5% ~20%，逆功率 LED 发光；为此可根据要求自行设定发电机逆功率保护继电器的动作输出点。

3. 故障判断与分析

检测三相 AC 电压，三相电压必须与三相电流的相序相同，同时确认零线；

测量端子 23 和 24 的电压（电池电压：18 ~36VDC，23（ - ）、24（ + ）），测量端子 15 和 23，正常电压为 5.0VDC ±0.1VDC。

无负荷状态测量以下端子电压：13 与 14 正常 0VDC ±0.05VDC，13 与 23 正常 5.0VDC，14 与 23 正常 5.0VDC。

核对 CT 相序。测量 AC 电压及对 CT 的相序，CT 的变比。

如果并联时系统不稳定，先同时减小各自模块负载分配度调节电位器（顺时针），再同时少量（逆时针）调节各自负载分配度电位器，直到系统稳定。如果负载分配度调节电位器小于 25% 可能会引起负载分配不好。保险起见负载响应调节电位器出厂时预调节在 1/4 圈（逆时针）位置。

如果系统仍不稳定，可将负载并联电缆（端子 13 和 14）断开，此时系统将出现稳定，否则检查发电机 AVR。

自动负荷分配器在并联运行的各机组的使用，能准确按预先设定好的比例自动把负荷分配在各个机组上，能够快速跟随负荷的变化对各机组上的负荷做出调整，并且具有超负荷检测和保护、逆功率检测和保护，在出现上述现象迅速关闭发电机组，以保护发电机组的安全。超功率检测和保护功能也可以应用在自动化多机并联中，当负荷超过现有机组的容量时，自动开启下一台机组，使多机并联系统运行经济性更高，提高单位能耗比，减少温室气体排放。自动负荷分配器使并联的各机组安全可靠地运行，对防止和消除事故，减少操作人员精神紧张和降低劳动强度有积极作用。

## ◎ 任务考核

<table>
<tr><td>学生姓名</td><td>教师姓名</td><td colspan="4">工　作　任　务</td></tr>
<tr><td></td><td></td><td colspan="4"></td></tr>
<tr><td colspan="2" rowspan="2">考核标准</td><td>优</td><td>良</td><td colspan="2">及格</td></tr>
<tr><td>对船舶重载问询相关知识点的掌握牢固、明确,能正确掌握重载问询的操作方法;任务执行积极主动,实施过程完整,报告格式标准,内容完整、清晰。</td><td>对船舶重载问询知识点的掌握一般,基本能正确理解重载问询操作方法;任务执行过程比较主动,实验操作过程较好,报告格式标准,内容完整、清晰。</td><td colspan="2">对船舶重载问询切换知识点的掌握比较牢固,但对具体重载问询操作方法的理解不够清晰;基本完成任务实施过程,报告格式标准,内容比较完整、清晰。</td></tr>
<tr><td colspan="2">考核内容(70分)</td><td>小组评价<br>(20%)</td><td>小组互评<br>(20%)</td><td>教师评价<br>(60%)</td><td>得分</td></tr>
<tr><td colspan="2">1. 自动负荷分配器功能设置(操作5分、调试10分,共15分)</td><td></td><td></td><td></td><td></td></tr>
<tr><td colspan="2">2. 自动负荷分配器的安装与接线(线路分析5分、调试10分,共15分)</td><td></td><td></td><td></td><td></td></tr>
<tr><td colspan="2">3. 自动负荷分配器的调试与故障分析(线路分析10分、调试10分,共20分)</td><td></td><td></td><td></td><td></td></tr>
<tr><td colspan="2">4. 任务报告(20分)</td><td></td><td></td><td></td><td></td></tr>
<tr><td colspan="2" rowspan="6">知识巩固测试(30分)</td><td colspan="3">1. 船舶负载分配的工作原理(5分)</td><td></td></tr>
<tr><td colspan="3">2. 船舶负载分配的注意事项(5分)</td><td></td></tr>
<tr><td colspan="3">3. 自动负荷分配器功能设置(5分)</td><td></td></tr>
<tr><td colspan="3">4. B8100自动负荷分配器的工作原理(5分)</td><td></td></tr>
<tr><td colspan="3">5. B8100自动负荷分配器的参数调整方法(5分)</td><td></td></tr>
<tr><td colspan="3">6. B8100自动负荷分配器故障判断与分析(5分)</td><td></td></tr>
<tr><td>完成日期</td><td></td><td colspan="3">总分</td><td></td></tr>
</table>

# 任务五　风油应急切断与优先脱扣的功能调试

## ◎ 任务描述

当船内局部发生火灾时,为了防止受灾范围的扩大,必须以最短的时间和最快的速度切断风源和助燃的油源,这就是船上设置应急切断装置的目的。通过本任务的实施,熟悉并掌握船舶自动电站的风油应急切断与优先脱扣装置的调试内容及试验步骤。

◎ 知识链接

1. 风油切断

风油应急切断也称应急切断，应急切断装置的工作原理是通过切断按钮为所需切断的开关的脱扣线圈提供电源，使开关迅速切断。应急切断装置控制的范围，是船上所有的风机、油泵系统。例如：机舱或者舱室的动力通风设备；燃油泵、货油泵等。考虑到引起火灾危险程度的差异，一般把机舱应急切断装置与舱室动力通风应急切断装置完全分开，形成独立的系统。风油切断的按钮在机舱出口两边、主甲板舱室两边、驾驶台三处。对于要求遥控切断的风机、油泵通常是在一个电路里串联多个切断按钮，只要按其中任何一个按钮都可以关闭所控制的设备。船用风油切断按钮如图6-5-1所示。

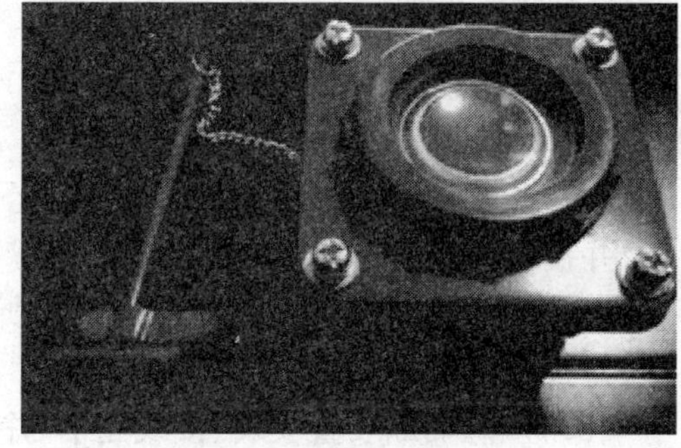
图6-5-1　风油切断按钮

2. 优先脱扣特性

优先脱扣的实现，通常是通过设在断路器内的辅助触点或发电机保护回路的过电流继电器检测信号，使应优先脱扣的负载的馈电断路器分断而达到卸载。如果采用过电流继电器，其动作特性应与发电机断路器长延时脱扣器的动作特性相接近，但动作点不能进入发电机断路器长延时脱扣器的动作区域之内，两者的动作时间延时应协调，故通常采用同一型号的过电流继电器，并由同一电流互感器引出。

船舶自动化程度越高，对优先脱扣的要求也越高。例如，某集装箱船设有废气涡轮发电机组和柴油发电机组，并按无人机舱要求，其优先脱扣信号来自下列故障：

(1)发电机过电流；

(2)并联运行时，任一台发电机用空气断路器故障脱扣；

(3)并联运行时，任一台发电机的原动机应急停车；

(4)涡轮发电机的涡轮机蒸汽调节阀开度过大；

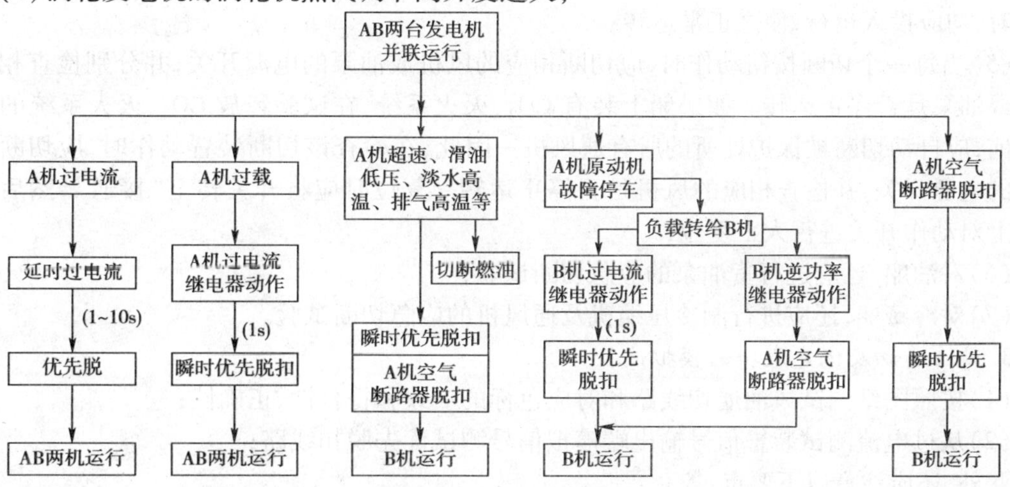

图6-5-2　两台发电机并联运行时故障优先脱扣流程图

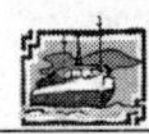

(5)主机应急停车。

对于无人机舱的船舶,当优先脱扣装置动作时,应发出报警,而且备用发电机机组应同时自动启动、自动投入运行、再自动给已优先切断的负载供电。

某船故障优先脱扣的流程图如图6-5-2所示。

通常对发电机过电流时的优先脱扣采用延时动作,以减少不必要的切除负载,保证最大限度地给负载供电。对于可能造成发电机停机或解列的故障而导致运行发电机的过载,则采用瞬时优先脱扣,其脱扣时间不大于0.1s,这是根据发电机和原动机的过载能力决定的。

## ◎ 任务实施

### 一、风油切断试验

1. 风油切断试验前应具备的条件

(1)机舱内动力通风装置、燃油驳运泵、锅炉燃油泵及其他类似的燃油泵等均应安装完毕,并投入正常运转;

(2)舱室内(包括起居处所、服务处所、装货处所、控制站等)的动力通风装置均应安装完毕,并投入正常运转;

(3)应急切断装置安装、接线完毕、并符合设计图纸的要求,接线正确、完整。

2. 风油切断的试验方法

(1)检查主配电板上属于应急切断的风机、油泵的电源开关铭牌上是否有红色标志;

(2)检查机舱两边出口的外侧是否都装有风机切断按钮和油泵切断按钮。其按钮安装的位置应不致由于机舱处所失火而被隔断。按钮上方应该有红底白字的铭牌,标明所切断的风机或油泵;

(3)驾驶室控制板上应装有风机切断按钮(红色),按钮上方应有标明所属风机的应急切断铭牌;

(4)当需要应急切断风油操作时,将风油切断开关由“接通”转至“切断”位置,此时运转中的油泵、风机将自动停止。做应急切断试验时,检查风机、油泵能否正常运转。若没有投入运行时,均应投入运行,使之正常运转;

(5)当每一个切断按钮动作时,应切断相应的风机或油泵的电源开关,并分别检查相应的风机或油泵是否停止运转。如果船上装有$CO_2$灭火系统,在试验释放$CO_2$灭火系统的灭火剂之前,应自动切断被保护处所的所有通风机。因此,在检查该切断装置动作时,应切断相应风机的电源开关,并检查相应的风机是否停止运转。复位时应将开关转至“接通”,然后在配电板上对动作开关进行人工复位;

(6)对油船,还应进行货油泵的应急切断试验;

(7)对冷藏船,还应进行制冷压缩机及通风机的应急切断试验。

3. 风油遥切及优先脱扣的模拟试验

(1)按照图纸测试风油遥切线路和对应色标的一致和符合性、正确性;

(2)从过电流测试装置信号输出端模拟信号测试优先脱扣线路;

此外,还应注意以下要点:

(1)通常风油遥切开关内装有失压脱扣线圈MX,故MX有电时不能合闸成功;

(2)测试每一路风油切断线路应合上所有负载开关;

(3)当整改完所有负载线路后应重新每路检查一遍;

(4)整定优先脱扣的时间和风油切断的时间。

4. 遥控应急切断功能确认

(1)分类列出可应急切断的泵组和风机清单(可参照船舶系泊试验大纲);

(2)在相应设备的启动器上张贴红色标记(写上:ES1、ES2、ES3 等),并再一次检查确认控制电路的正确性;

(3)接通遥控应急切断电路的工作电源(在系泊试验期间,为防止误操作可能会拔去熔断器或断开接线),可在主配电板内部,通过短接遥控应急切断按钮的接点来先行确认路线动作的正确性;

(4)分类合上参试设备的供电断路器,不一定要启动运行该设备,只要确认电源指示灯或断路器开关柄(合闸:向上)位置即可;

(5)分类按下遥控应急切断按钮,确认对应设备应急切断动作的正确性和可靠性。依次列出遥控应急切断设备名称,在设备名称后的方框内填写试验结果。依次列出具有优先脱扣功能设备名称,在设备名称后的方框内填写试验结果,并注明发电机优先脱扣的整定值(包括模拟试验值)和延时设定值。

舱室风机应急切断电路如图 6-5-3 所示,在配电板上标有 ES－1,ES－2,ES－3 的电压断路器带有失压脱扣线圈,当失电时断路器分断。例如 ES－2 按钮按下时,继电器失电,失压脱扣线圈 MX 失电断路器断开,机舱风机燃油泵设备停电。

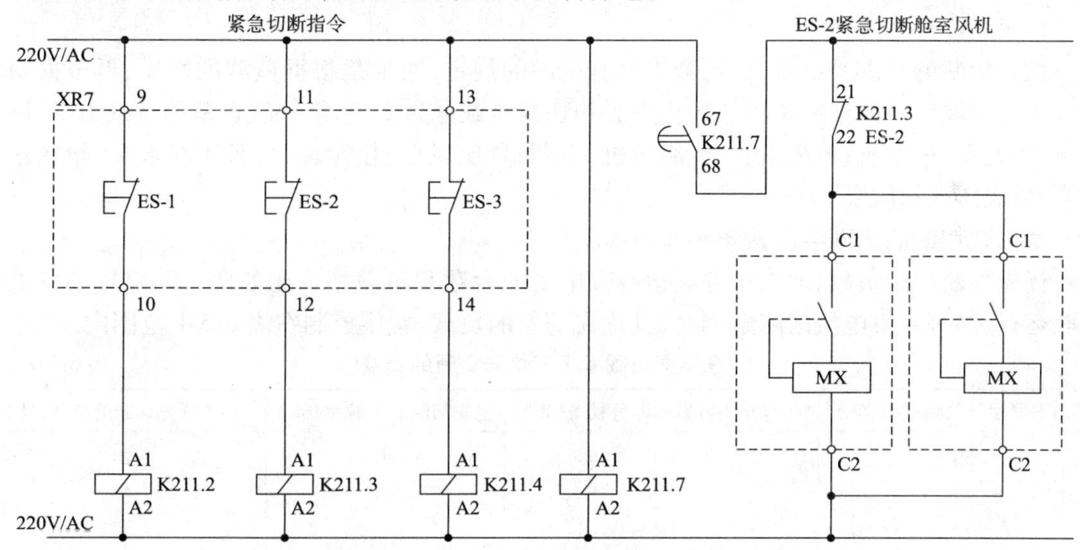


图 6-5-3　应急切断电路

如果说船舶发电机因过载而跳闸,则将造成全船失电并对人身和安全航行带来极大危害,为此,可根据发电机的额定功率、运行台数、船内所需功率以及负载状态等,使之在发电机长延时脱扣之前,把次要设备一次或分几次卸去,以确保必要的用电设备连续供电(留下的重要负载应为发电机所能负担),从而使发电机仍保持非过载状态下运行,同时发出警报,使值班人员进行调整。

## 二、优先脱扣过电流继电器试验

1. 优先脱扣过电流继电器的整定

优先脱扣过电流继电器的整定值包括动作电流值和延时时间两个方面。

(1)动作电流的整定。动作电流的整定通常是以发电机过载保护的长延时整定电流为基础,日本某公司设计标准为长延时整定值的82% ~96%可调。例如,某集装箱船发电机的额定电流为770A,其优先脱扣过电流继电器整定为0.90倍的长延时脱扣器整定电流,则:

$$长延时整定电流 = 770 \times 1.1 = 847A$$

$$优先脱扣整定电流 = 847 \times 0.9 = 762A$$

优先脱扣整定电流为发电机额定电流的99%。

(2)延时时间的整定。不仅要求该过电流继电器的动作电流整定值与发电机过载保护的长延时整定电流相协调,而且延时时间的整定也应很好协调。在实际设计中,长延时脱扣器的延时通常整定为15s~30s,所以,优先脱扣的过电流继电器的延时,通常整定值应小于15s。有关公司标准为5s~10s和5s~12s。

根据船舶电站发电机的容量和台数,考虑非重要负载的性能和大小,也可以采用分级脱扣卸载,以求最大限度地给负载供电。各级脱扣是利用延时的时间差来实现的。例如,长延时脱扣器的延时为20s,若分三级脱扣时,建议延时时间整定为:

第一级脱扣延时:5s;

第二级脱扣延时:10s;

第三级脱扣延时:15s。

2. 优先卸载范围

优先切断的非重要负载,在规范中没有明确的规定,通常是根据负载的性质、再根据功率的大小进行调整。如某集装箱船的优先脱扣切断负载分为2级,第一级切断的负载为:机修工具;厨房设备;造水机;绞缆机;一台起货机;空调;货舱风机;住舱风机;日用淡水泵;舱底水分离泵;舱底压载扫舱泵。

第二级切断的负载为冷藏集装箱电源。

优先切断多少负载,取决于并联运行发电机的台数和负载率。比如两台同容量的发电机并联运行,当一台发电机故障解列时,其优先切断的负载,希望控制在表6-5-1范围内。

在不同负载率下应优先切断的负载　　表6-5-1

| 两台并联运行时负载率(%) | 一台脱扣后另一台负载率(%) | 优先切断后负载率(%) | 必须优先切断的负载(%) |
|---|---|---|---|
| 50 | 100 | 80 | 20 |
| 60 | 120 | 80 | 40 |
| 70 | 140 | 80 | 60 |
| 80 | 160 | 80 | 80 |
| 90 | 180 | 90 | 90 |

3. 优先脱扣功能试验

(1)按设计资料列出主发电机主开关优先脱扣各级(如有2级以上者)设定值、动作测试值(包括电子脱扣器模拟动作电流值)和延时动作设定值。

(2)列出优先脱扣设备的清单,并在相应设备张贴黄色标记(写上:PREF1、PREF2)。

(3)试验条件:合上设置优先脱扣功能设备的供电断路器和其分励脱扣线圈电路的工作电源(可能会在系泊试验时断开)。

(4)试验方法:

①模拟试验:在主开关试验时或以后,利用向主开关电子脱扣器输入模拟动作电流的方式,进行优先脱扣动作正确性的确认。注意模拟动作电流不能超过该设定值,否则会进入主开关长延时过载脱扣的动作区域,而导致主开关脱扣。

②实际试验:在主发电机组负荷试验时,利用调节负荷(盐水缸)方式或实船负荷实测优先脱扣功能。观察优先脱扣动作时报警显示。

## ◎ 任务考核

| 学生姓名 | 教师姓名 | 工 作 任 务 | | | |
|---|---|---|---|---|---|
| | | | | | |
| 考核标准 | | 优 | 良 | 及格 | |
| | | 对船舶风油遥切及优先脱扣相关知识点的掌握牢固、明确,能正确掌握风油遥切及优先脱扣的操作方法;任务执行积极主动,实施过程完整,报告格式标准,内容完整、清晰。 | 对船舶风油遥切及优先脱扣知识点的掌握一般,基本能正确理解风油遥切及优先脱扣操作方法;任务执行过程比较主动,实验操作过程较好,报告格式标准,内容完整、清晰。 | 对船舶风油遥切及优先脱扣切换知识点的掌握比较牢固,但对具体风油遥切及优先脱扣操作方法的理解不够清晰;基本完成任务实施过程,报告格式标准,内容比较完整、清晰。 | |
| 考核内容(70分) | | 小组评价(20%) | 小组互评(20%) | 教师评价(60%) | 得分 |
| 1.风油遥切及优先脱扣的模拟试验(操作5分、调试10分、共15分) | | | | | |
| 2.优先脱扣功能试验(操作5分、调试10分、共15分) | | | | | |
| 3.优先脱扣过电流继电器的整定(线路分析10分、调试10分、共20分) | | | | | |
| 4.任务报告(20分) | | | | | |
| 知识巩固测试(30分) | | 1 风油切断的工作原理(5分) | | | |
| | | 2.风油切断试验前应具备的条件(5分) | | | |
| | | 3.风油切断试验的功能确认(5分) | | | |
| | | 4.优先脱扣特性(5分) | | | |
| | | 5.优先脱扣过电流继电器的整定(5分) | | | |
| | | 6.优先卸载范围(5分) | | | |
| 完成日期 | | 总分 | | | |

# 项目七　船舶电站的航行试验

航行试验是船舶的船体、轮机装置和电气设备经系泊试验达到正常以后,同时消防及救生等安全设备装船完工,已经过必要的试验,船舶具备安全航行的条件下,所进行的海上航行试验。航行试验又分为轻载试验与重载试验两种。航行试验对电气设备而言,主要配合船体、轮机部分做相应的运行试验,并检查各电气设备在航行中,靠、离码头,起、抛锚时的运行情况。同时对系泊试验中无法试验的设备和项目进行试验,如舵机、锚机、导航仪器仪表、对外通讯装置等与电气设备。在系泊试验中已经提交的验收项目,航行试验中一般不再重复试验,仅按实际使用效用,观察其运行工况和检查其工作可靠性即可。在航行试验中,电机员要带领电工密切配合厂方做试验。要加强巡视值班,观察新设备在连续运行中所暴露的毛病并及时处理,注意积累管理该船的经验。

● **知识目标**

1. 能简单叙述航行试验的准备工作内容;
2. 能正确理解和掌握航行试验的基本内容和要求;
3. 能简单叙述描述船舶自动化系统航行试验的工作内容。

● **技能目标**

1. 会进行船舶航行试验的准备工作;
2. 会进行船舶自动化系统航行试验。

## 任务一　航行试验的技术准备

◎ **任务描述**

航行试验首先要明确试验的项目,要满足的有关规定,以及参加试验所以必须参加的部门和单位。通过讲述航行试验的目的、必备的条件以及航行试验计划的编制,使同学们能够了解并掌握航行试验的基本流程。

◎ **知识链接**

### 一、航行试验的目的

每艘船舶在建造的最后阶段,都要进行航行试验。航行试验应按规定的大纲进行,对船舶的航海性能、电气设备、导航设备和机械设备进行试验,验证船舶总体性能和设备的质量是否符合合同、图样、公约及规范等的要求。航行试验的目的是通过试验,对船舶进行最终验收。

航行试验是在船舶进行完系泊试验、已经消除系泊试验中所发现的质量问题,并在验船部

门规定的系泊试验项目符合试航条件后方可进行。规定的系泊试验项目有主辅机械设备、救生设备、消防设备、锚设备、舵设备、航行设备、信号设备、通信设备、舱底排水系统及防止油污设备、压载水装置、水密装置、倾斜试验报告、载重线标志勘划、吨位丈量、警报及安全设备等。

参加航行试验的人员有验船师、船东代表,船厂质量检验部门、设计或技术部门、生产管理部门以及有关车间的人员,并各司其职。

**二、进行航行试验必备的条件**

(1)必须在完成全船性的船体、轮机、电气等项目的系泊试验,将试验中所发现的缺陷消除,并在工厂检查人员、船舶检验机关的专业人员或军方代表检验后,航行试验方可进行。

(2)由设计单位编制的航行试验大纲,必须经有关技术人员统一认定,并做好试验准备后才能执行。

(3)航行试验计划编好后,必须经有关部门和人员协调统一,如海区选择、保航要求、试验项目、配合舰船的各种台或站。有关协助计划及各种补给计划等必须经有关部门批准。

(4)新造船舶在航行试验前必须完成倾斜试验,并配备好各种安全器材和设施。

在系泊试验和航行试验的过程中,电气管理人员还要做好下列工作。

(1)把全船电气线路图纸和实际电气线路作认真的核对,如发现问题与差错,应立即与厂方交涉;

(2)检查电气备件、备品、物料、工具等和账单是否相符合,建立好有关账目并填写电机、电器原始数据记录表;

(3)船舶试航中应该详细记录好工作日志。各种仪表指示的数据,在航行、机动、停泊二种状态时都要认真记录下来,这是将来检修、维护的重要原始参考资料。

**三、计划的编制**

航行试验是船舶建造中的最后一个工程阶段(首制或特殊要求的船舶例外),同时又是及其重要的一个阶段,它是对船舶设计质量、建造质量、配套质量的总体检验。因为各方面造成的问题在航行试验中都容易暴露出来,所以试验工作十分复杂。

电气设备的航行试验计划是整个船舶试验计划的重要组成部分之一。电气设备试验具有项目多、试验过程复杂、协作面广(各种测量仪器,有时还需舰船、飞机配合)、需要较强的技术力量等特点。因此电气试验计划的制定必须与全船试验计划相协调。

在电气航行试验计划中,不少航次需要全速运行,如计程仪试验、电气转速表试验等。还有不少项目(如锚设备、消磁设备、声呐、雷达试验)需到特定试验区进行。为提高试验经济性,计划人员必须统筹兼顾,准备好预备试验项目,以便及时调整。

要求在执行试验计划前,对将进行试验的设备。做好技术准备,对设备的工作可靠性、参数精度、系泊试验中可能出现的故障、指标现实性、设备的质量和互相的联系协调情况都应充分掌握,力争一次试验成功。

在组织各项目的试验中,必须明确职责,分工负责,坚守岗位,服从命令听指挥。发现问题及时进行协商才能解决。

综上所述,编制好电气航行试验计划是非常重要的。

1. 编制电气航行试验计划

(1)根据船舶电气试验大纲拟定航行试验项目。

(2)根据试验的特点分为电气单独试验项目和需其他专业配合的项目两类。

(3)根据试验大纲和仪器、设备的技术说明书要求,选定每个项目的试验海区、海情、配合舰船等。

(4)指出各项目试验所需的仪表、仪器、专用工具。

(5)要从试验顺利和不顺利两方面考虑,制定出各项目的相应安全保证及应变措施。

(6)指出各项目所需技术力量和岗位,拟订劳动力安排。

(7)制定某些项目的协调配合计划和联络信号及方式。

(8)估计每项目的试验时间,供编制全船航行试验计划用。

(9)编制电气航行试验计划草案时,应以每航次为单位,并采用列表形式指明试验项目、内容、技术指标和要求、对海区与海情的要求、参加单位等。

(10)计划草案制定后,由建造师召开讨论会,请设计室、技术部、检验部、验船单位等部门人员参加讨论,对计划进行修改补充,然后送交产品总建造师审批汇总。

2. 电气航行试验计划的协调

(1)由工厂产品总建造师召开计划协调会,对试验海区、驾驶航向、速度和具体试验方进行统一部署,提出每航次的具体执行方案(日期、出航时间、会合地点、试验指挥和执行人员等)。计划协调会应邀请船东代表、验船机构代表参加。

(2)由专业建造师召开本专业各大试验项目的技术协调会,如某雷达或声呐,在试验中需空军飞机或海军潜艇配合时,则必须编制好详细的双方航行计划(或飞行计划),明确会合海区、具体经纬度、时间、联络信号等,并做出航线图。

(3)由总建造师召开试航计划会,对试航前的工作进行统一布置。

## 四、航行试验的准备工作

1. 组织机构的准备

(1)建立试航领导小组,分工负责试航的各项工作,包括试航人员的生活服务工作准备。

(2)执行试验任务的技术力量(工艺、技术、检验人员)和劳动力配备。

(3)做好上级检查机关和专职技术指导力量的组织。若船上装有刚研制成功首次试装的设备或仪器,还需请制造厂有关人员参加。

2. 图纸资料的准备

航行试验可能远离工厂,为解决试验中可能发生的技术问题,应准备好设计部门编制的航行试验大纲、技术说明书、安装工艺资料与图纸及相关记录表格报告等,经验船部门和船东代表确认后,作为船舶进行试验和检验的依据。

(1)试验大纲主要包括以下一些内容:

①电气试验大纲;

②特殊电气设备试验大纲;

③无线电通信试验大纲;

④各种雷达试验大纲;

⑤导航仪器试验大纲;

⑥各种水声仪器试验大纲;

⑦特殊电子设备试验大纲;

⑧无线电干扰试验大纲。

(2)技术说明书：

①发电机调压器说明书；

②自动舵说明书；

③电话(包括自动电话)说明书；

④各种雷达、导航、声呐设备说明书；

⑤各种无线电说明书；

⑥各种电子设备说明书；

⑦各种工程电器说明书。

(3)安装工艺与资料图纸：

①电气设备安装工艺说明书；

②电气设备配套表；

③全船电缆册；

④各专业及综合导电系统图；

⑤各系统电气设备接线图；

⑥各专业系统图和原理图；

⑦电缆铭牌清册；

⑧各舱室电气设备布置图；

⑨修改通知单和联系单；

⑩船舶电气安装与调试规程。

(4)其他技术文件：

①试验计划和方案；

②专业协调会纪要；

③仪表、仪器和专用工具清单；

④按试验要求，准备必要的记录表格和报告样式。

3. 船舶浮态、供应品准备及救生浮具的准备

(1)按试验大纲要求，调整船舶的吃水和纵横倾，记录船舶首、中、尾吃水。

(2)准备足够的试验用的燃油、滑油。应对燃油，滑油进行取样化验，试验结束后留作比较。

(3)准备好充足的生活用水及生活用品，以满足船上人员日常生活的需要。

(4)船厂应为试航人员每人备一件救生衣。

4. 仪器、仪表及工具的准备

试验用的仪器、仪表应具备计量部门签发的有效的合格证书。

(1)常用工具和仪表的准备。万用表、高阻计、钳形表、螺丝刀、扳手、套管、电烙铁、清洁工具、电吹风等，一般每个作业班次都应有一定数量的配置。

(2)专用工具、装备和仪器的准备。对一些特殊用途的专用工具、设备、精密仪器或仪表，需按试验大纲要求进行准备。船舶航行试验前需准备工具如表 7-1-1 所示。

根据试验大纲及常见故障排除的需要，应准备的仪器、仪表如表 7-1-2 所示。

**工具清单**

表 7-1-1

| 序号 | 工具仪表名称 | 序号 | 工具仪表名称 |
|---|---|---|---|
| 1 | 大截面冷压钳 | 11 | 电罗经配液工具 |
| 2 | 300～500W 电烙铁 | 12 | 12 件绘图仪 |
| 3 | 电炉、电水壶 | 13 | 装有弱电工具的备品箱上船 |
| 4 | 电焊机 | 14 | 300mm 三角板 |
| 5 | 气割、气焊工具 | 15 | 微型计算机及相应耗材、计算器 |
| 6 | 水银式 0℃～150℃、0℃～300℃温度计 | 16 | 对讲电话 |
| 7 | 晶体管点温计、数字温度计 | 17 | 电源拖板 |
| 8 | 酸、碱性电液比重计 | 18 | 秒表 |
| 9 | 数字、英文字母的钢字码 | 19 | 仪表插座板 |
| 10 | 手电钻及钻头 | 20 | …… |

**试航用常用电工辅助材料清单**

表 7-1-2

| 序号 | 材料名称 | 用　途 | 序号 | 材料名称 | 用　途 |
|---|---|---|---|---|---|
| 1 | 各种规格和形式的螺钉 | 补充被振落的螺钉 | 8 | 棉纱 | 清洁设备 |
| 2 | 各种绝缘套管和黄蜡管 | 修复设备的接线包扎线头 | 9 | 蒸馏水、硼砂、硫酸 | 配蓄电池电解液 |
| 3 | 绝缘胶带 | 包扎线头 | 10 | 砂纸(00 号或 0 号) | 清洁触头 |
| 4 | 橡皮及聚酯薄膜 | 修复水密和绝缘 | 11 | 轴承油、汽油 | 保养电机轴承 |
| 5 | 水密填料 | 加强水密 | 12 | 松香、焊锡 | 加工接头 |
| 6 | 白布和绸布 | 清洁精密仪器 | 13 | 导线、电缆 | 供临时使用 |
| 7 | 酒精或四氯化碳 | 清洁触头及仪器 | | | |

上述两表中的工具或仪器、仪表清单仅供参考,各试验船舶可根据实际情况有所增减。

5. 电工材料的准备

船舶试航阶段,工程建造已初步完成,故所用电工材料较少,仅在加装工程时才需一定的电工材料。一般试航中需要一定量的辅助材料如表 7-1-3 所示。

**试航用常用电工辅助材料清单**

表 7-1-3

| 序号 | 材料名称 | 用　途 | 序号 | 材料名称 | 用　途 |
|---|---|---|---|---|---|
| 1 | 各种规格和形式的螺钉 | 补充被振落的螺钉 | 8 | 棉纱 | 清洁设备 |
| 2 | 各种绝缘套管和黄蜡管 | 修复设备的接线包扎线头 | 9 | 蒸馏水、硼砂、硫酸 | 配蓄电池电解液 |
| 3 | 绝缘胶带 | 包扎线头 | 10 | 砂纸(00 号或 0 号) | 清洁触头 |
| 4 | 橡皮及聚酯薄膜 | 修复水密和绝缘 | 11 | 轴承油、汽油 | 保养电机轴承 |
| 5 | 水密填料 | 加强水密 | 12 | 松香、焊锡 | 加工接头 |
| 6 | 白布和绸布 | 清洁精密仪器 | 13 | 导线、电缆 | 供临时使用 |
| 7 | 酒精或四氯化碳 | 清洁触头及仪器 | | | |

6. 易损耗元件及器材准备

船舶上安装的电气设备种类规格极多,对每个系统的设备易损耗元件和器材的品种、规格、数量要做好统计工作,并做好这些元件、器材的准备工作,以便试航中备用。试航电气易损耗元件准备清单如表 7-1-4 所示。

易损耗元件及器材清单　　表 7-1-4

| 系统 | 序号 | 易耗元件的名称 | 型　号 | 数　量 |
| --- | --- | --- | --- | --- |
| 照明系统 | 1 | 各种规格的白炽灯泡 | | |
| | 2 | 各种规格的灯管 | | |
| | 3 | 各种型号灯具的灯罩 | | |
| | 4 | 各种型号规格的插座 | | |
| | 5 | 各种规格的开关 | | |
| | 6 | 日光灯起辉器 | | |
| | 7 | 日光灯镇流器 | | |
| | 8 | 各种规格的白炽灯头 | | |
| | 9 | 各种灯具固定配件 | | |
| 供配电系统 | 1 | 主开关的脱扣线圈 | | |
| | 2 | 调压器中的低频放大晶体管 | | |
| | 3 | 调压器中的低频稳压管 | | |
| | 4 | 各种规格的熔断器芯 | | |
| | 5 | 各种规格的指示灯泡 | | |
| | 6 | 红、绿、黄指示灯罩 | | |
| | 7 | 熔断器夹 | | |
| 电力拖动系统 | 1 | 常用接触器线圈 | | |
| | 2 | 常用继电器线圈 | | |
| | 3 | 各种规格指示灯泡 | | |
| | 4 | 各种规格指示灯罩 | | |
| | 5 | 各种接触器、继电器触头 | | |
| | 6 | 限位开关 | | |
| | 7 | 熔断器芯 | | |
| 电话系统 | 1 | 耳机和送话器芯 | | |
| | 2 | 氖泡 | | |
| | 3 | 晶体管元件 | | |
| | 4 | 0.1A、0.5A、1A、2A 玻璃管保险丝 | | |
| 自动控制系统 | 1 | 干簧继电器 | | |
| | 2 | 控制继电器 | | |
| | 3 | 各种熔断器芯 | | |
| 其他 | 1 | 各种规格接线冷压接头 | | |
| | 2 | 各种规格塑料套管 | | |

船舶上安装的电气设备的易损耗元件和器材一般是以专业类别来进行划分的，通常分强电和弱电两大类。

(1)对弱电系统中各专业。如导航仪器、无线电通信仪器、雷达等，通常要求把该类设备的航行备品箱在试航前装上船，并在航行前进行清点，以防止遗漏。在试验中发现元件损坏时，及时从备品箱中取出使用。

(2)对于强电设备中的易损耗元件，一般按不同系统来储备。如按照明系统、配电系统、电力拖动系统、电话系统、自动控制和测量系统所进行的储备等。有些半成品(如部分常用线

圈)可由工厂自行加工。

## ◎ 任务实施

### 一、填写航行证书申请

在船舶电站实训室及工厂企业进行参观,了解实际船舶航行试验的工作流程;并根据生产实习的实船资料,练习填写不同船级社所制定的船舶试航申请书,并比较它们的异同;在练习过程中,注意检查电气备件、备品、物料、工具等和账单是否相符合,建立好有关账目并填写电机、电器原始数据记录表。

一般而言,船厂在确定试航日期后,都要由质量检验部门向验船部门申请船舶试航证书,得到批复后,航行试验方可实施。证书的样式如表 7-1-5 和表 7-1-6 所示。

经验船部门审核,对已具备试航条件和船舶签发船舶试航证书。如果验船部门提出意见,质量检验部门应尽快向有关车间或部门反馈,以便落实解决。

### 二、附加材料

1. CCS 船舶试航申请书 1

**CCS 船舶试航申请书 1** 表 7-1-5

**中华人民共和国船舶检验局**

**船舶检验证书**

船　　名＿＿＿＿＿＿　　船旗国＿＿＿＿＿＿

船舶种类＿＿＿＿＿＿　　船籍港＿＿＿＿＿＿

试航日期＿＿＿＿＿＿　　参加试航人数＿＿＿＿＿＿

试航区域＿＿＿＿＿＿＿＿＿＿

试航目的＿＿＿＿＿＿＿＿＿＿

该船下述项目均已符合有关规定的要求,具备试航条件,兹申请签发试航证书。

1. 主、辅机械设备
   (包括主机启动、换向)
2. 救生设备包括救生艇、筏、救生浮具、抛绳设备和遇难信号等
   救生艇数量＿＿＿＿＿＿
   救生圈数量＿＿＿＿＿＿
   消防设备
3. 锚设备
4. 舵设备
5. 航行设备
6. 信号设备
7. 通信设备
8. 舱底排水系统及防止油污设备
9. 压载水装置
10. 水密装置
11. 倾斜试验及船舶稳性
12. 载重线勘划
13. 吨位丈量
14. 警报及安全设备

申请日期＿＿＿＿＿＿　　申请人＿＿＿＿＿＿

备注:

日　　期＿＿＿＿＿＿

地　　点＿＿＿＿＿＿　　验船师＿＿＿＿＿＿

2. CCS 船舶试航申请书 2

**CCS 船舶试航申请书 2**　　　　表 7-1-6

中华人民共和国船舶检验局

船舶检验证书

编　号________

船　名________　　船旗国________

船舶种类________　　船籍港________

船舶所有人________　　船舶呼号________

制造厂________　　船厂编号________

总吨位________　　主机功率、转速________

核准试航人数________　　试航区域________

兹证明

对申请人在船舶试航申请书中提出的航行条件进行了审查，认为该船具备试航条件，同意进行试航。

本证书有效期至　　年　　月　　日

备注：

发证地点________　　发证日期________

## ◎ 任务考核

<table>
<tr><td>学生姓名</td><td>教师姓名</td><td colspan="4">工　作　任　务</td></tr>
<tr><td></td><td></td><td colspan="4"></td></tr>
<tr><td colspan="2" rowspan="2">考核标准</td><td>优</td><td>良</td><td colspan="2">及格</td></tr>
<tr><td>对船舶航行试验相关知识点的掌握牢固、明确，能正确掌握航行试验的申请方法；任务执行积极主动，实施过程完整，报告格式标准，内容完整、清晰。</td><td>对船舶航行试验知识点的掌握一般，基本能正确理解航行试验申请方法；任务执行过程比较主动，实验操作过程较好，报告格式标准，内容完整、清晰。</td><td colspan="2">对船舶航行试验知识点的掌握比较牢固，但对具体航行试验申请方法的理解不够清晰；基本完成任务实施过程，报告格式标准，内容比较完整、清晰。</td></tr>
<tr><td colspan="2">考核内容(70 分)</td><td>小组评价<br>(20%)</td><td>小组互评<br>(20%)</td><td>教师评价<br>(60%)</td><td>得分</td></tr>
<tr><td colspan="2">1. 确定航行试验的电气试验项目(15 分)</td><td></td><td></td><td></td><td></td></tr>
<tr><td colspan="2">2. 电气航行试验计划的协调(15 分)</td><td></td><td></td><td></td><td></td></tr>
<tr><td colspan="2">3. 航行试验证书申请(20 分)</td><td></td><td></td><td></td><td></td></tr>
<tr><td colspan="2">4. 任务报告(20 分)</td><td></td><td></td><td></td><td></td></tr>
<tr><td colspan="2" rowspan="6">知识巩固测试(30 分)</td><td colspan="3">1. 船舶航行试验的目的(5 分)</td><td></td></tr>
<tr><td colspan="3">2. 船舶电站航行试验的必要条件(5 分)</td><td></td></tr>
<tr><td colspan="3">3. 船舶航行试验的内容(5 分)</td><td></td></tr>
<tr><td colspan="3">4. 船舶航行试验计划编制的主要内容(5 分)</td><td></td></tr>
<tr><td colspan="3">5. 填写 CCS 船舶试航申请书(5 分)</td><td></td></tr>
<tr><td colspan="3">6. 编制电气航行试验计划(5 分)</td><td></td></tr>
<tr><td>完成日期</td><td></td><td colspan="4">总分</td></tr>
</table>

## 任务二　船舶电站及自动化系统的航行试验

### ◎ 任务描述

由于航行试验一般在指定的水(海)域里进行的实效试验,试验的条件和环境均比系泊试验要恶劣得多,为确保试验的安全顺利进行应做好充分的准备工作,了解航行试验的基本内容及要求。

### ◎ 知识链接

船舶电站及自动化系统,主要指船舶电气及动力方面的自动控制设备和系统。随着自动化技术的发展,船上的自动控制系统功能要求越来越高,各种类型计算机被广泛应用到各个控制系统中,使机舱逐步实现"无人管理"。不同等级的自动化船舶的控制内容一般包括以下几种:主机以及辅机集中监控装置和遥控装置;燃油、滑油冷却水的自动温度控制和液位监控;船舶电站自动控制系统;自动记录机器运转参数的各种装置。船舶的自动化程度越高,包括的自动化控制系统的种类越多,其控制功能及内容也越多,因而也对控制系统提出更高要求。

采用自动化系统的最大的优点就是可以使设备经常处于最佳运行状态,出现异常时及时发现和排除,而不影响正常航行,并对控制系统能作自动检测,从而提高工作效率,降低成本。自动化系统的构成一般包括控制部分、安全部分和报警显示部分三个方面。控制部分是指控制的方法和位置,用程序管理的方法来进行局部控制、集中控制和驾驶室遥控;安全部分是指根据出现的故障的危害程度,以自动或手动进行保护性动作、降转或降速、转入备用设备或者自动停止运行;报警和显示系统是指设备运转中出现故障时,以某种方式显示记录下来,并根据需要发出视觉和声响信号提醒工作人员。使工作人员可以根据提示采取有效的解决办法。由此可见,自动化系统在船舶的正常生产作业过程中,意义重大。因此做好航行试验也对安全生产起到极其重要的作用。

**一、电气系统的初步检查**

在船舶航行试验中,对电气设备还应做一般性检查及运行试验。

(1)在船舶航行试验的每次出航前和试验后,均应测量电网的绝缘电阻。同时还要定期检查发电机、配电装置、电力拖动装置和其他电气设备的绝缘电阻。

(2)在各种工况航行状态中,检查和观察各设备、系统的工作情况,是否满足设计要求,并具有需要的功能。

(3)观察船舶在全速航行和全负荷作业的状态下,各系统的工作的可靠性,在此期间,不应产生中断和不正常现象。

**二、需要进行航行试验的系统及设备**

(1)蓄电池充、放电系统。

(2)全船舱室机械电力拖动,如泵、通风机、冷藏机等系统。

(3)各种照明系统,它包括航行灯、信号灯、电风扇等。

(4)各种电话系统。

(5)各种警铃系统。

(6)各种警钟系统。

(7)各种信号报警系统。

(8)各种传令钟系统。

(9)各种转速表系统。

(10)舵角指示系统。

(11)广播系统。

(12)电站。

(13)电力网。

(14)其他。

## 三、强电设备航行试验一览表

航行试验的强电项目指标和要求如表 7-2-1 所示。

航行试验强电项目指标和要求　　表 7-2-1

| 设备名称 | 试验项目 | 内容 | 要求 |
|---|---|---|---|
| 电站与电网试验 | 供电可靠性 | 船舶在停泊、进出港、航行作业(战斗)等工况下观察电站容量、供电电压、频率、功率因数的波动范围,是否符合要求 | |
| | 发电机并联运行的可靠性 | (1)有功与无功功率分配差度应符合《规范》要求<br>(2)并联工作后启动一台大容量的电动机,不应引起失步、停顿或跳闸 | |
| | 发电机转移负载 | 将正在运行的发电机负载转移到另一台发电机,不应引启停电 | |
| | 工作可靠性 | 通过观察。测量绝缘电阻、温升及其他参数,进一步检查在各种航行状态时的可靠性 | |
| 舵机装置试验 | 舵机系统电器工作可靠性 | 检查各种航行工况下电机及控制系统工作可靠性 | 海区的大小可根据船的航速而定,并可考虑一旦舵失灵时仍有回转余地 |
| | 操舵试验 | 船舶以高、中、低三种航速和倒车中速航行时,测量电机电流、电压等参数及操舵速度,从一舷 35° 至另一舷 30° 的时间不超过 28s,如装备双机时应不超过 15s | |
| | 操舵方式的转换试验 | (1)自动操舵运行试验 1h,检查工作可靠性;<br>(2)随动舵试验,要求正确可靠;<br>(3)人力舵试验,要求正确可靠 | |
| 锚机系统试验 | 浅水抛锚试验 | 观察船舶上锚机电气设备的工作情况,记录电流、起锚速度及起锚时间。配合船体和轮机专业做锚机系统安装调整试验 | 要求水深为 30 ~ 50m,海情 2 ~ 3 级 |
| | 深水抛锚试验 | 进行抛、起双锚试验,自海底依次拔起单锚(一锚破土,另一锚停止不动),然后同时起双锚,记录破土时电流,每档起升锚速度及时间 | 要求水深为 50 ~ 200m,海情 2 ~ 3 级 |

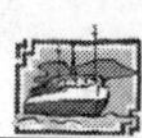

续上表

| 设备名称 | 试验项目 | 内容 | 要求 |
|---|---|---|---|
| 航行灯与信号灯试验 | 航行灯控制器效用试验航行灯、信号灯可见距离和视角检查 | (1)开和闭各路航行灯,检查工作性能和报警装置的可靠性;<br>(2)派交通船观测各灯的可见距离和视角。测试时带通信工具并与本船雷达配合测定 | 在锚泊条件下进行。一般安排在晚上七时以后进行 |
| 配合船机专业做好消摆装置试验 | 生摇试验 | (1)在3~4级海情下进行;<br>(2)按专用技术试验大纲指标进行 | |
| | 稳定试验 | (1)在3~4级海情下进行;<br>(2)要求横摇不超过5° | |
| 消磁装置调整 | (1)消磁站无绕组消磁;<br>(2)抗干扰调整 | 按专用技术指标试验 | |

## ◎ 任务实施

### 一、机舱集控台检测报警点航行试验

集控台检测报警点是自动化系统的重要组成部分。它能对被监控的机、电设备及其安全和控制系统运行的工况实行检测,对所出现的故障发出声光报警,并根据自动化技术的要求将报警信号延伸到工作人员滞留处。使值班人员随时可以了解设备运转的情况,并且根据监测情况采取相应的措施。对于被监控的设备工况可以由数字、图形和模拟状态的方法显示,并且可以自动记录下来。

集控台的报警信号应该同时发出声响和视觉信号,视觉信号一般以红色表示,清晰可见;声响信号应该具有足够的响度,并与火警、电话延伸铃及其他声响信号有明显的区别。

1. 试验前应具备的条件和内容

进行检测点检验的首要条件是线路安装结束。这里要考虑两个因素,一是对设备试验运行有影响的检测点应该先分批做检验,例如,发电机的燃油柜液位检测点等。二是全封闭设备的检测点,应该在安装之后封闭之前进行检验,以免以后无法进行实际检验。对于系统运行的综合报警点,允许放在系统试验中去做。所以,这个检验的时间往往很长。

在做检测点检验之前,集控台监测系统的自检程序应该先运行结束,以保证对设备的监控检测的正确性。

检测点包括的内容一般有几个方面,一是压力方面的检测和控制;二是温度变化的检测和控制;三是液位方面的检测;四是工况运行方面的检测。这里较复杂的是工况运行方面的检测,有些必须实际运行后才可以检测,是无法用模拟手段进行试验的。

检测点包括的范围有:主机系统、锅炉系统、发电机系统、首侧推系统,以及机舱一切与动力运行有关的设备的船用设备,例如,污水处理装置、各类油水柜等。

2. 试验的实施和方法

当进行集控台检测报警点检验时,应该注意检测元件动作参数的准确数值,安装在设备上

的位置和报警状态。对于可以调整的检测点，试验结束后应该立即锁住，以免因误操作而改变。对检测中有疑问的数据，应及时汇集设备人员、船东、验船师的意见进行修改。修改后应有文字依据，以备后查。对于试验中出现的较小的误差，允许征得船东、验船师的意见当场进行调理，调整后重新进行试验。

如果集控台检测报警系统是由计算机系统控制的，应做到硬件应尽可能模块化，以便于检测和更换；操作指令的输入方式应尽可能地简单方便；软件程序经试验合格后，不得随意更改。为保证数据程序不因失电而丢失，应配有不中断电源作为保护的措施。

(1)报警系统的试验：

①报警系统的供电方式应该是双套电源。当主电源失电后，能自动转接到独立的备用蓄电池组，并同时发出报警，蓄电池组的容量应该至少能维持供电15min。为保证应急供电，平时应对蓄电池组实行监控，当24V失电时，也可以发出声光报警。

②报警系统的自我检测。当报警系统自身发生故障时，应及时发出报警。较先进的自检系统能及时指出故障部位，较简易的至少对线路的短路、开路或保险丝断等进行报警。

③报警的声响和视觉信号均应符合船级社的规范要求。当报警应答后，应可以消音，但光信号必须一直保留到故障消除为止。报警应答消音后，闪光可以转为平光信号。

④报警信号应发送到值班轮机员住室，驾驶室和轮机员常滞留的场所，例如餐厅、休息室等。报警信号应与集控台检测报警点一致。当轮机员应答后，机舱应有显示。较先进的显示方法是当呼叫后轮机员未作应答，能将报警信号自动转到驾驶室或轮机长室。

⑤集控台的绝缘应符合技术要求。若工作电压大于100V时，绝缘电阻值不小于1MΩ，工作电压小于100V时，绝缘电阻不小于0.5MΩ。

(2)对压力报警点的试验。实现压力报警可以通过压力开关，压差开关及压力传感器等来完成。试验时，一般使用手动液压泵对被检测的压力传感器进行测试，通过试验泵对该设备进行增压或减压，对其控制点进行调整，通过压力表观察达到所需监控显示报警的设定值，检查显示报警，应达到正确无误。

(3)对温度测量点的试验。温度测量通常是利用热膨胀、热电变换、电阻变化等方法进行测量的。一般分为100℃以下和100℃以上两种试验方法来检验的。

①100℃以下温度传感器的检验一般采用实际加热的方法。将温度传感器插入试验装置中，调节温度调节器，使温度箱中的介质的温度升高或下降，通过标准温度计观察达到所需的设定值，检查报警显示状况，应达到正确无误。

②100℃以上热电阻式传感器的试验方法。它是利用导体或半导体的电阻值随温度变化的特性来测温的，表7-2-2所列的是我国常用的热电阻的基本参数。试验时将接线盒中的温度传感器的接线断开，在该处接上可调电阻，根据温度所对应的电阻值标准图表册查出所需设定的温度值所对应的电阻值，调节可调电阻达到所需电阻值，检查显示与报警，应正确无误。

③100℃以上热电偶式传感器试验方法。热电偶的结构简单，尺寸小，热惰性小、输出为电信号(热电势)。通常使用精度较高的毫伏计精确测量热电偶产生的热电势的毫伏数。检验时，在接线盒中将温度传感器的接线断开，在该处接上毫伏表，根据温度所对应的电压(毫伏)值标准图表册，查出所需设备的温度值对应的毫伏值，调节毫伏计达到所需的值，检查显示与报警状况，应正确无误。

常用热电阻参数表　　表 7-2-2

| 名　称 | 代　号 | 分　度 | 温度测量范围 | 0°时的电阻值 $R_0$ 及其允许差(Ω) | 电阻比 W100 及其允差 |
|---|---|---|---|---|---|
| 铂热电阻 | WZP | $P_{11}/P_{12}$ | ~200 ~ +650 | 46 ±0.046/100 +0.1 | 1.3910 +0.0010 |
| 铜热电阻 | WZC | Cu50/Cu100 | ~60 ~ +150 | 50 ±0.05/100 ±0.1 | 1.428 ±0.002 |
| 镍热电阻 | WZN | Ni50/Ni100 | ~60 ~ +180 | 50 ±0.05/100 ±0.1 | 1.617 ±0.007 |

(4)对于液位报警的检验。液位报警点一般都是以浮子的形式出现,检验时应用手动的方法进行实际检测。检验中应该重点注意浮漂安装的位置和延时的时间选择。这是为了防止由于船的摇摆,或者液面处于临界状态时所产生的误报警,而采取的延时措施。延时的时间一般都是可以调整的。

(5)工况检测报警点的检验。这种报警点一般以两种形式出现。一种是重要故障或保护系统动作的单独报警点,首先要搞清楚几种状态的报警,然后按功能逐一进行测试,以保证每种状态的报警的传递均正确无误。

3.检验结果的记录

检验过程中,对于各检测点的数值变化都应该有详细的记录。表 7-2-3 是某船的检测点记录表样式,以供参考。

监控检测点记录表　　表 7-2-3

| 序号 | 通道 | 检　测　点 | 单位 | 设计值 | | 试验结果 | | 结论 |
|---|---|---|---|---|---|---|---|---|
| | | | | 下限 | 上限 | 指示 | 音响 | |
| 1 | M101 | 主机 1 号缸排气高温 | ℃ | 390 | 420 | | | |
| 2 | M102 | 1 号发电机超速停车 | R/min | | 2070 | | | |
| 3 | M103 | T500 公共报警 | | | | | | |
| 4 | M104 | 污水处理装置故障 | | | | | | |
| 5 | M105 | 集控台 24V 电源故障 | | | | | | |

## 二、自动电站试验

电站自动化的任务要保证供电的安全可靠和提高运行的经济性。尤其是在无人值班或一人值班的机舱,由于整个程序的自动化,减少了人为的误操作,可使整个电站处于最佳运行状态。

对自动电站的一般要求有:能够随时迅速的自动启动发电机组并自动投入电网运行;能自动准同步并车和进行功率分配;能自动地识别和调整负载的均衡和分配;必要时启动备用机组投入电网;瞬态条件反应所产生的大电流信号不应使发电机组产生不必要的自动启动;具有能自动卸载、程序启动等一系列保护发电机组的措施;故障断电后又恢复供电时能自动合闸。

由于自动电站具有很多优点,所以目前即使有些自动化程序并不是很高的船舶也选用自动电站。

1.试验前应具备的条件

由于自动电站的运行正常与否直接影响到机舱大部分动力设备的工作情况,而对自动电站的考核就是检查对机舱大部分主要动力设备工况运行的影响。所以试验前应具备下列

条件。

(1)柴油发电机组和配电板试验完毕。柴油发电机组和配电板各种试验，如启动试验、柴油发电机报警装置试验(包括安全保护装置试验)、主配电板保护装置试验、柴油发电机负荷试验、柴油发电机特性试验、柴油发电机并联运行试验及配电板联锁试验等均应满足试验要求，控制及运行可靠。

(2)为发电机服务的各辅机试验均满足要求，控制及运行可靠。

(3)船舶上安装的大功率负载(如消防泵、压载泵等)试验完毕，满足试验要求，控制及运行可靠。

(4)发电机燃油单元试验完毕，且其重燃油自动转换柴油试验完毕(若设有时)。试验满足要求，控制及运行可靠。

(5)机舱具有顺序启动的各辅机单机试验完毕。其结果满足要求，控制及运行可靠。

(6)检查自动电站各有关的控制线路接线正确、可靠。各有关的电气元件应完成好且清扫干净。其绝缘电阻大于1MΩ。

*2. 检验的内容和实施方法*

自动电站试验一般具有下列内容：

(1)自动电站报警试验。自动电站的报警板一般设有下列报警：发电机主开关闭合输入信号不正常；汇流排电压输入信号不正常(电压高/低，频率高/低)；发电机主开关不正常脱扣；发电机主开关不能闭合；发电机电压/频率不能建立；发电机自动同步故障；发电机自动电路不正常；发电机主开关断开电路故障；发电机自动负载转移电路故障；发电机优先脱扣等。在试验过程中要逐项进行试验，观察并记录报警动作顺序及动作情况，确保准确无误。

(2)检验和判断自动启动状况。一般具有三台发电机的自动电站都采用1号机组—2号机组—3号机组—1号机组的循环启动指令来控制机组。当出现下列任何状态时，发出“增机”指令后应能自动启动机组并自动并入电网。

①运行机组重载；

②运行机组故障，例如滑油压力低，冷却水出口温度高；

③外负载引起的电网断电(可利用机械接吻扣进行试验)；

④大功率询问，当大功率、设备需要投入工作，而运行机组储备容量不够；

⑤正要启动的备用机组故障，启动指令续递。

(3)正在运行中的发电机组自动解列的试验。当两台发电机并联运行时，产生的解列信号时一般有两种状态。一种是轻负载状态，即负载总容量已小于单机容量的80%时，自动电站能否发出解列信号，应解列的机组自动将负载转移到运行机组后，主开关跳闸。另外一种解列状态是当并联运行的机组中某一台发出不正常或故障报警，需即刻退出运行。此时自动电站具有两种处理功能：负载轻时，自动单机解列；负载重时，应能够自动启动第三台备用机组投入运行，取代不正常机组，然后故障机组自动解列。上述试验均可以利用手动负载转移或模拟的方法来进行试验，以检验自动电站的程序是否正确。

(4)大功率询问试验(即重载问询)。一般当运行试验的机组的负载接近85%时，如需要启动一台大负载设备时，设备的启动按钮与自动电站的大功率询问相连接。这时，自动电站应立即发出增机指令，并启动备用机组与电网并联运行后，方允许该负载接入电网。当大负载退

出电网后,自动电站可以根据负载情况进行自动转负载解列。

(5)运行机组自动并联运行试验。当机组根据指令自动并联运行后,在各种工况负载的运行时间应该在10分钟左右,并将运行时的工况负载变化所引起的电压、电流、频率、功率变化记录下来,填入表7-2-4内。

自动电站并联运行记录表

表7-2-4

| 负载(%) | 电压(V) | 频率(Hz) | ______发电机 | | ______发电机 | | ______发电机 | |
|---|---|---|---|---|---|---|---|---|
| | | | 功率(kW) | 电流(A) | 功率(kW) | 电流(A) | 功率(kW) | 电流(A) |
| 100 | | | | | | | | |
| 75 | | | | | | | | |
| 50 | | | | | | | | |
| 25 | | | | | | | | |
| 50 | | | | | | | | |
| 75 | | | | | | | | |
| 100 | | | | | | | | |

(6)自动分级卸载和分级启动的试验。当电站运行机组的负载超过了额定负载时,可自动分一级、二级将次要负载自动卸掉,以免影响机组运行。当断电后恢复供电时,自动电站应能自动合闸供电,为避免因负载同时启动造成的电流冲击,甚至使发电机主开关再次跳闸,自动电站能够对重要的负荷进行分级启动,每两级启动间隔3~6s。

3. 检验结果的记录

在自动电站的试验过程中,应加强监测,如备有打印设备应该将试验经过打印出来,对于试验中出现的问题,要作具体分析,允许对人工的误操作忽略不计。对于错误程序指令,应立即进行修改,并重新进行试验。表7-2-5是某船自动电站试验的记录表格形式,仅供参考。

自动电站试验记录表

表7-2-5

船名______　　　　试验时间______年______月______日

| 序号 | 试验项目 | 试验内容(简略) | 结论 |
|---|---|---|---|
| 1 | 自动电站报警 | 绝缘低报警、失电报警 | |
| 2 | 优先程序试验 | | |
| 3 | 失电/故障停机 | 油/水高、低温等 | |
| 4 | 故障换机 | 发现故障自动换、停机 | |
| 5 | 汇流排异常换机 | | |
| 6 | 重载增机 | | |
| 7 | 轻载减机 | | |
| 8 | 汇流排短路故障 | 失电修复后自动合闸 | |
| 9 | 大功率询问 | 自动增机、并车、分配 | |

## ◎ 任务考核

<table>
<tr><td>学生姓名</td><td>教师姓名</td><td colspan="4">工 作 任 务</td></tr>
<tr><td></td><td></td><td colspan="4"></td></tr>
<tr><td colspan="2" rowspan="2">考核标准</td><td>优</td><td>良</td><td colspan="2">及格</td></tr>
<tr><td>对船舶自动化系统航行试验相关知识点的掌握牢固、明确，能正确掌握自动化系统航行试验的申请方法；任务执行积极主动，实施过程完整，报告格式标准，内容完整、清晰。</td><td>对船舶自动化系统航行试验知识点的掌握一般，基本能正确理解自动化系统航行试验申请方法；任务执行过程比较主动，实验操作过程较好，报告格式标准，内容完整、清晰。</td><td colspan="2">对船舶自动化系统航行试验知识点的掌握比较牢固，但对具体自动化系统航行试验申请方法的理解不够清晰；基本完成任务实施过程，报告格式标准，内容比较完整、清晰。</td></tr>
<tr><td colspan="2">考核内容(70 分)</td><td>小组评价<br>(20%)</td><td>小组互评<br>(20%)</td><td>教师评价<br>(60%)</td><td>得分</td></tr>
<tr><td colspan="2">1. 机舱集控台检测报警点航行试验(操作 5 分、操作调试 10 分，共 15 分)</td><td></td><td></td><td></td><td></td></tr>
<tr><td colspan="2">2. 行中的发电机组自动解列的试验(操作 5 分、操作调试 10 分，共 15 分)</td><td></td><td></td><td></td><td></td></tr>
<tr><td colspan="2">3. 填写机舱监控检测点记录表(20 分)</td><td></td><td></td><td></td><td></td></tr>
<tr><td colspan="2">4. 任务报告(20 分)</td><td></td><td></td><td></td><td></td></tr>
<tr><td colspan="2" rowspan="6">知识巩固测试(30 分)</td><td colspan="3">1. 需要进行航行试验的系统及设备(5 分)</td><td rowspan="6"></td></tr>
<tr><td colspan="3">2. 机舱报警检测试验应具备的条件和内容(5 分)</td></tr>
<tr><td colspan="3">3. 机舱集控台检测报警点航行试验的内容(5 分)</td></tr>
<tr><td colspan="3">4. 自动电站航行试验的一般内容(5 分)</td></tr>
<tr><td colspan="3">5. 船舶自动电站航行试验的工作内容(5 分)</td></tr>
<tr><td colspan="3">6. 编制自动电站试验记录表(5 分)</td></tr>
<tr><td>完成日期</td><td></td><td colspan="3">总分</td><td></td></tr>
</table>

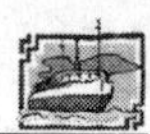

# 参 考 文 献

[1] 林华峰,等.船舶电站[M].哈尔滨:哈尔滨工程大学出版社 1998.
[2] 陈国民,等.船舶电工[M].北京:国防工业出版社,2008.
[3] 杨庆堂,等.船舶电工识图[M].哈尔滨:哈尔滨工程大学出版社,2011.
[4] 许缪.电机与电气控制技术[M].北京:机械工业出版社,2005.
[5] 廖兆荣.数控机床电气控制[M].北京:高等教育出版社,2006.
[6] 徐慧,等.数控机床电气及 PLC 控制技术[M].北京:国防工业出版社,2006.